经济学原理与中国案例解读

耿 强 著

微信扫描
获取配套资源

南京大学出版社

前　言

2019年年初,新华日报约我在《经济周刊》开设一个专栏《财经小课堂》。希望我能用通俗易懂的语言,对发生在中国的各种鲜活案例进行经济学分析,尤其是将经济学专有名词和相关理论进行解读,让更多的人能够喜欢上经济学。我欣然接受,并坚持写作近三年。在这些不到三千字的专栏文章的基础上,我又进行了完善和增补,最后挑选了87个专题,汇集成本书。

在87个专题中,有37个专题被认为是更偏重基础理论和专有名词的,被归为理论篇。其中较为有趣的内容包括沉没成本、损失厌恶和边际效用等;从聚焦行为决策的微观经济学名词到熊彼特假说、齐夫定律和盖茨比曲线等宏观经济问题;从强调方法论的因果分析到金融投资核心财务指标净资产收益率;从当下非常关注的中等收入陷阱问题到黄金白银王者之战的经济史总结。这些内容都可以从理论部分中看到。

本书更多的是将中国正发生的真实经济事件,结合相关经济学理论进行讨论,这样的50个专题被放在第二部分现实篇。近年来,中国出现了很多有趣的新商业模式:零工经济、国潮经济、会员经济等。在互联网技术快速革新的背景下,数字经济新时代的国人当然应该尽快了解"元宇宙""区块链"以及互联网平台垄断等经济学视角的解读。伴随"美丽中国""健康中国"的到来,有关极端气候、碳交易、介乎保险、时间银行等新现象,也需要经济学理论的介入。以上这些内容都出现在本书的现实部分。

在专栏文章见报之前,我经常会让"耿强读书会"的几十位同学先睹为快,目的是让他们先审阅一下,指出其中可能存在的问题和不足。在本书的写作过程中,南京大学的崔周洲、姜哲琪、赵辰雨和王哲四位同学参与了撰稿、整理和审校工作。在此,对他们一并表示感谢!

最后,本书献给爱人林玲、女儿耿乐嘉。

耿　强

2022年8月

目　　录

理论部分

沉没成本：不念过往，不畏将来 …………………………………… 001
损失厌恶：二鸟在林，不如一鸟在手 ……………………………… 005
边际效用递减：得不到的永远在骚动 ……………………………… 008
边际成本：免费时代，真的会到来吗？ …………………………… 011
拉弗曲线：税率下调，政府收入反而会增加吗？ ………………… 014
交易成本：对"中国经济增长奇迹"的一种解释 ………………… 016
规模经济：中国竞争力的底气所在 ………………………………… 019
斯密定理：长三角一体化的经济学原理 …………………………… 022
熊彼特假说：一定的垄断才会产生创新？ ………………………… 025
筛选理论：大学文凭的信号显示功能 ……………………………… 028
齐夫定律：北上广的人口还会更多吗？ …………………………… 030
蛛网模型：为何中国的猪肉价格总是上蹿下跳？ ………………… 032
盖茨比曲线："美国梦"在逐步消退 ……………………………… 035
贫穷的本质：远比想象中复杂 ……………………………………… 039
技术与泡沫：支持与崩溃 …………………………………………… 043
方便面指数靠谱吗？ ………………………………………………… 046
噪声理论：人类判断的普遍缺陷 …………………………………… 049
因果分析：经济学研究中的方法论突破 …………………………… 052
三元悖论：开放经济条件下的不可能三角 ………………………… 056
有效汇率：一国货币对外竞争力的更有效衡量 …………………… 059
从 GDP 到 GNP：一国增长和开放的双 G 驱动 …………………… 063
资源诅咒："雷霆雨露"，皆无定论 ……………………………… 066
中等收入陷阱：发展中国家难以破解的"魔咒"？ ……………… 069
刘易斯拐点：中国经济面临的人力资源挑战 ……………………… 072
技术性失业：AI 时代的颠覆与新生 ……………………………… 075
恩格尔系数：从食物支出比例看经济增长成效 …………………… 079
净资产收益率：股权投资回报的关键指标 ………………………… 082

杜邦分析：公司财务分析的最快"手术刀" ………………………… 086
并购与商誉减值：股价过度反应的催化剂 ………………………… 090
股权激励：完善治理结构，有效挽留人才的良药？ ……………… 094
黄金还是白银：货币史中的王者之争 ……………………………… 098
金本位制："日不落帝国"崛起过程中的货币支持 ……………… 100
格雷欣法则：劣币驱逐良币的逆淘汰 ……………………………… 102
比特币：区块链技术的第一个成功应用 …………………………… 104
Libra：天秤币，能挑战现有的货币体系吗？ …………………… 108
DCEP：中国央行自己的数字货币指日可待？ …………………… 112
现代货币理论：美国财政政策新的理论基础？ ………………… 116

现实部分

会员经济：复购率才是一般消费品的王道？ …………………… 119
"粉丝"经济：互联网改变了客户关系 …………………………… 123
假日经济：美好生活需要更多的带薪休假 ……………………… 126
零工经济：全球用工新趋势 ………………………………………… 130
赛事经济：体育和商业如何双赢？ ………………………………… 134
国潮经济：中国消费市场新风口 …………………………………… 137
终身雇佣制：从中日历史、文化来源的比较分析 ……………… 141
容貌经济："颜值即正义"背后的经济学意义 …………………… 145
瑞幸咖啡：应该不是对标星巴克 …………………………………… 149
消费券：特殊时期精准撬动消费的利器 ………………………… 154
网络直播：互联网时代的营销利器 ………………………………… 156
网络直播：中国目前的各大"江湖门派" ………………………… 160
网络直播：喧嚣背后的冷思考 ……………………………………… 164
数字经济：定义及经济内涵 ………………………………………… 166
数字经济：四个基本经济规律 ……………………………………… 169
数字经济：中国经济高质量发展的"新引擎" …………………… 171
"元宇宙"：人工智能发展的未来方向？ ………………………… 175
区块链：不能错过的互联网新应用 ………………………………… 178
互联网垄断：新技术带来的新问题 ………………………………… 182
运河经济：因运而生，因运而盛 …………………………………… 186
铁锈地带（Rust Belt）：如何重新"擦亮"并焕发光彩 ……… 190
区域一体化：长三角经济的中国实践 ……………………………… 193
区域金融中心：南京的发展与未来 ………………………………… 196
社区生鲜：疫情下的电商新赛道 …………………………………… 199

肥尾现象:极端气候的经济学分析 ·········· 203
碳中和:中国经济转型发展的决心和承诺 ·········· 205
卖"碳"翁:美丽中国新市场中的领跑者 ·········· 210
航班延误险:概率角度分析"诈骗案" ·········· 214
公募REITs:资产配置新选择 ·········· 217
家族信托:财富传承的好帮手 ·········· 221
内部创业:业绩增长的新方向 ·········· 224
北交所:专精特新中小企业的新利好 ·········· 231
《财富》500强:中美大公司的对比 ·········· 238
医疗服务:奢侈品还是必需品 ·········· 240
介护保险:老龄化社会的重要保障 ·········· 242
医疗费增长:人口老龄化是主要原因吗? ·········· 246
时间银行:养老服务的一种新模式 ·········· 249
传染病经济学:政府在市场失灵时的关键作用 ·········· 253
K型复苏:疫情冲击加剧全球经济分化 ·········· 255
新旧基建:稳经济的重要抓手 ·········· 257
美国疫情:不同阶层不同的命 ·········· 261
中国竞争力:从2021年上市公司半年报的视角 ·········· 264
中国股票:值得期待的新兴增长市场 ·········· 266
中国电影:未来可期的全球最大票房市场 ·········· 269
学区房"溢价":教育资源配置如何更公平? ·········· 274
RCEP:全球经贸关系"大群"的"小群"化趋势 ·········· 278
经济危机:1929年美国大萧条的"前车之鉴" ·········· 282
小微企业:产业链的"毛细血管" ·········· 287
双循环经济:内循环为主背景下的中国内需变革 ·········· 290
扭住供给侧改革主线,注重需求侧管理 ·········· 296

理论部分

沉没成本：
不念过往，不畏将来

每个人在日常生活中都需要做出选择，小到选择几点钟起床，搭乘何种交通工具去上班，大到选择读书还是就业，是继续工作还是离职跳槽。

选择的含义就是挑选，经过权衡后进行取舍。我们在做决策的时候，通常认为未来的获益是最重要的。但其实，我们在决策时还受到过去已经投入成本多少的影响。这种投入已经付出且不可收回，它对决策所带来的影响经常是隐性且不易察觉的。

既往已经付出且不可追回，但与当前决策无关的成本，这在经济学中被称为"沉没成本"（Sunk Cost）。理性的决策者认为，当前决策所要考虑的仅仅是未来需要付出的成本及所带来的收益，而不应考虑既往已经发生的费用，即沉没成本不应该属于决策所需考虑的范围。但在现实生活中，由于不舍得沉没成本，而未能做出理性选择的例子随处可见。

某天，你在南京新街口逛街，看到一家新开的网红奶茶店，在好奇心的驱使下，排队等候40分钟后，你终于买到了这家店的招牌奶茶。拍完照分享到社交网络后，你迫不及待地喝下一口，结果发现你选错了口味，里面含有你极其不喜欢的某种东西。这个时候，你是扔掉这杯奶茶，还是硬着头皮喝完它？

前面拐角处有一家电影院，新引进的大片正在热映，于是你花费70元买了一张电影票。不幸的是看了10分钟，你全然没有进入观影状态，甚至觉得剧情有些无厘头。开始仅仅是有些不舒服，到后面这种感觉越来越强烈，这个时候，你会选择起身离开吗？

买奶茶的费用和排队的40分钟，买电影票花费的70元和已经观看的时间，都是无法收回的沉没成本。无论你是否喝光奶茶、看完电影，前面投入的时间、金钱都没有任何退回的可能。理性的经济学思维方式应该是，把沉没成本从你的决策依据中剔除出去，你只需要考虑喝完奶茶或看完电影是否能带给你足够多的（预期中的）愉悦（收益）；如果答案是否定的，就应该果断扔掉奶茶，立刻起身离开电影院。

有句谚语说得好："不要为打翻的牛奶哭泣。"但在真实世界中，绝大多数人考虑到已付出的成本，都会坚持所谓"自己选择的路，跪着也要把它走完"。

这种被沉没成本影响的思维方式，经常会被商家应用在营销策略中，比如大额消费时需要预付定金。当你最终冷静下来，对商品即便不再有强烈的购买欲望，因为预付的沉没成本，也会买下那件其实并不特别需要的商品。

在企业竞争领域，沉没成本通常体现在一些专用设备上，这些设备一旦建成基本就没法转做他用。但这些沉没成本会成为该企业的"护城河"，给潜在的竞争者设立了较高的进入门槛。这时候，沉没成本就具备了类似抵押物的信号显示功能，如果有人愿意支付不必要的沉没成本，那么，这个沉没成本越大，显示其对这件事的真实意愿就越强烈。

在金融领域，沉没成本是指投资者在进行投资后不能通过市场交易得到补偿的那部分成本损失。沉没成本具有现实基础，资产的专用性、信息不对称性以及政府管制等都会导致沉没成本的产生。西方学者根据先前投入资本性质的不同，认为沉没成本包含货币投资以及努力、精力或时间的投资。我国学者施俊琦等则将沉没成本进一步区分为针对货币投资的货币性沉没成本和针对努力、精力或时间的行为性沉没成本。其中时间沉没成本较为特殊，因为货币、努力等资源的投入程度都可以通过时间反映出来，但单纯的时间成本并不应作为沉没成本。

那么，沉没成本究竟可否严格算作成本呢？从理性人假定这一角度来看，决策者应根据当下的资产状况与市场情形做出最优选择，发生在过去的沉没成本不应该作为决策依据，但在现实中，沉没成本却多多少少会使投资者产生情绪波动进而影响其当期决策。与传统经济金融学领域寻求效用最大化的研究模型相比，关于沉没成本的研究更多涉及的是心理学方向的思考，尤其是在行为金融学领域，人们对沉没成本的理解也在不断加深。

行为金融学分析沉没成本时，往往认为投资者基于理性的推理判断无法战胜自身的感性波动，相比传统规范分析框架中的理性人假设，行为心理学的这一观点更贴近真实的人性。当有效市场失效时，决策者的理性往往会被感性所左右，倾向于关注已经无法挽回的沉没成本，使他们对当下或未来的投资决策产生扭曲。这一过程就是沉没成本效应，它是指决策者在进行投资时，先前投入的资本常成为其决策依据，而不再根据理性的收益和成本分析进行投资判断。

对于沉没成本效应的发生原因，现有解释包括认知、动机和神经三个方面。

针对认知的研究，学界分别提出了预期理论、心理账户和查询理论。预期理论较为经典，其观点为投资者首先会对沉没成本和继续投资收益进行估值，一旦他们认为继续投资收益高于沉没成本，那么此时终止投资将意味着投资者不仅失去了挽回沉没成本的机会，还会将潜在损失转变为确定损失。心理账户被用于解释消费行为中的沉没成本对消费者的影响，如商家营销定金一例，若消费者认为后续获得产品的效用大于先前支出，心理账户将达到平衡，消费者便愿意承担定金这一沉没成本而支付尾款。查询理论则涉及多个可替代沉没成本的选择，以用于解释为何决策者选择沉没成本而放弃替代选择，该理论认为决策者会对沉没成本和替代选择进行查询并比较，对相对重要的选项赋予较大权重，进而影响后续决策。

动机机制包含投资者的自我申辩和避免浪费两部分。自我申辩是造成沉没成本效应很重要的心理动机之一，投资者出于自尊心的自我维护，损失发生时往往不愿意承认自己的过失，希望通过继续投资取得收益证明自己先前决策的正当性。避免浪费则是人们为了保持自己道德上的良好声誉，而选择通过继续投资让沉没成本持续发挥作用。

神经机制是从脑科学角度通过分析沉没成本发生时决策者大脑相关领域的生理变化，来预测、验证沉没成本对投资者决策变化的影响。该方法另辟蹊径，长远而言对沉没成本效应的探索和解决具有潜在意义。

沉没成本效应往往会导致投资者决策扭曲，当前对这一扭曲机制的主流看法较多涉及心理学，也有观点从理性假设出发解释这一现象。较为经典的有掉入陷阱理论、承诺升级理论、前景理论和后悔理论。掉入陷阱理论是指决策者实现收益的过程中，只有不断地投入资金、时间和精力等成本，同时承担可以接受的较小损失，才可以获得较为可观的补偿。如前文中提到的看电影的例子，时间与金钱已然投入，人们不愿意立刻离开电影院，而期待会出现精彩的部分，只好继续忍耐漫长无聊的剧情，好似掉入了先前决策所致的陷阱而难以脱身。承诺升级理论则是从金融理性决策角度来分析沉没成本。理性而言，决策者在进行投资时应仅考虑当下资产配置情况与所处投资环境而不计之前的决策影响。但当出现投资损失时，决策者可能通过追加投资来弥补已然的损失而不选择退出止损，从而形成一种不断追求投资的心理惯性，这一行为就是承诺升级。决策者自信已经做出了最优选择，无视那些不支持自己决策选择的信息。即便决策造成的损失很大，决策者也会不断寻找理由来说服自己相信最初决策的正确性。若决策者认为改变决策会带来更多的沉没成本，那么他就很难放弃再投资的机会，从而使得承诺升级程度加深。前景理论由卡尼曼和特沃斯基于1979年提出。在马科维茨早期构建的均值方差分析模型中，假定金融市场具备诸多不确定性条件，这一假定与现实相符。同时还假定金融市场上的诸多投资者大多为风险厌恶型，他们的投资策略会相当保守。但卡尼曼和特沃斯基则认为不然，投资者在金融市场中除追求营利这一理性目的外，也急于证明自身决策能力，在进行投资时反而可能倾向于通过承受风险并最终脱颖而出来满足自尊心。在这种不确定性条件下，个人会变得不那么排斥风险，即具有一定的风险偏好，甚至在投资策略上变得极为激进。后悔理论认为，金融市场上存在沉没成本效应，使得决策者害怕投资失败后产生后悔，同时基于自尊而寻求投资成功带来的满足感，他们可能会尽快卖出已盈利的金融资产，而对不断发生亏损的金融资产却不愿出售，希望能在长期挽回沉没损失。当投资者意识到如果较早改变决策就可以避免已然损失甚至带来更多效益时，便会产生后悔心理，后悔也可作为决策的动机之一。当投资者面对金融市场上的诸多不确定性进行投资决策时，将处于一种被动的立场，由于不确定改变决策是否会招致更严重的后果，从而可能产生不舒适的"后悔"情绪，因而人们往往按照以往决策继续执行。

在现实决策中，首先要从观念上理解沉没成本效应，在投资决策依靠理性认知的同时防范自身心理认知产生的偏差；其次应在心理上接受沉没成本，在损失发生时积极面对解决，并且在改变决策时给予自己适当的激励；最后还应注意到充分全面的信息对解决沉没成本效应的重要性，只有避免了信息不对称性，掌握充足可靠的信息，才更有可能在舍弃沉没成本后做出正确的改变。如此方得"不念过往，不畏将来"。

参考文献：

[1] 汤吉军.沉没成本与金融市场投资决策扭曲研究[J].学习与探索,2019(02):131-136.

[2] 武瑞娟,王承璐,杜立婷.沉没成本、节俭消费观和控制动机对积极消费行为影响效应研究[J].南开管理评论,2012,15(05):114-128+151.

[3] 相鹏,耿柳娜,徐富明,张慧,李欧.沉没成本效应的产生根源与影响因素[J].心理科学,2017,40(06):1471-1476.

[4] 施俊琦,李峥,王垒,黄岚.沉没成本效应中的心理学问题[J].心理科学,2005(06):31-35.

[5] Kahneman D, Tversky A. Prospect theory: An analysis of decision under risk[M]. Handbook of the fundamentals of financial decision making: Part I. 2013: 99-127.

损失厌恶：
二鸟在林，不如一鸟在手

"曾经有一份真诚的爱情放在我面前，我没有珍惜，等我失去的时候我才后悔莫及，人世间最痛苦的事莫过于此。"《大话西游》中这段经典台词曾经击中了多少人的内心。但你是否想过，如果至尊宝真的珍惜了这段感情，拥有圆满爱情给他带来的愉悦和失去爱情带来的悲怆相比，具有同等分量吗？

根据诺贝尔经济学奖获得者卡尼曼和特沃斯基的理论，人们在内心感受上，对损失和获得的敏感程度是不同的，损失带来的痛苦要大于等量获得所带来的快乐。同样一件东西，你得到它产生的愉悦，跟失去它产生的痛苦相比较，往往后者更加强烈，这一现象被称作"损失厌恶"（Loss Aversion）。

下面是两个经典的行为经济学试验：

（1）在100%能得到1 000元和有50%的可能得到2 000元（还有50%的可能获得为0）这两个选项中，大多数人会选择前者。

（2）在确定性损失1 000元和有50%的机会损失2 000元（还有50%的机会损失为0）这两个选项中，同样的实验者却会选择后者。

在试验（1）中，面对确定性收益，人们选择见好就收，"二鸟在林，不如一鸟在手"，此时他是一位"风险厌恶"者；而到了试验（2）中，面对的是确定性损失，他却变成一个"风险喜好"者，带着赌一把的心态选择了后者。人们对于客观上同等数量的利与害、得与失的主观感受是截然不同的。

在股票市场上，人人都知道投资有风险，但往往因为"损失厌恶"而对风险做出不理性的判断。当持有的股票上涨时，人们往往偏向于保守，见好就收，安慰自己"落袋为安"，这往往会错过真正有价值的优质公司；当持有的股票下跌时，忍受不了亏损，不愿意承受"割肉"带来的痛苦，产生投机心理"不如赌一把，万一哪天涨回来呢"。这也是一些赌徒或投机者在输钱时比赢钱时更难离场的关键原因。

在市场营销中，"试用期"这个营销策略其实也是"损失厌恶"理论的具体运用。当一个人拥有某项物品时，他对该物品价值的评价要比未拥有之前大大增加。因此，在服装市场上，某些成衣品牌店会特别优惠地把衣服"借"给买家试穿，甚至承诺七天内无条件退货。作为买家的你，一旦把衣服拿回家试穿了几天后，会发现心理上产生了一种奇怪的感觉，总觉得这件衣服本身就属于自己。所以，当你要把衣服退还给店家时，就会很不乐意，最终干脆便不退了。由于"损失厌恶"的存在，对损失的宣传往往会带来更好的营销成果。比如不断宣传科技、信息的快速变化，造成已有知识不足且过时的焦虑恐慌感,于是大量知识付费产品得以快速销售。再比如反复宣传各大富豪、明星财产受损的新闻,以及各种负面案例,向来是保险公司的常用策略。

硬着头皮喝掉排很久队买到的不喜欢的奶茶,高价买票后,电影不好看却不愿意离场,这些都是由于"沉没成本"而影响了理性决策,但其实都有"损失厌恶"在背后捣鬼。"损失厌恶"用效用曲线表示会更直观,获益的效用曲线会随着获益额的增长而愈发平缓;与之相反,对于损失部分而言,损失部分的效用会随着损失额的增加而相对变得愈发陡峭,整体的曲线呈"S"形(见下图)。

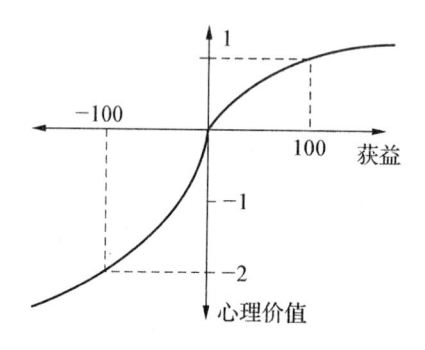

损失厌恶中存在一种短视损失厌恶。在证券投资中,长期收益可能会周期性地被短视损失所打断,短视的投资者过分强调潜在的短期损失,也就成了我们所说的过分保守者。这些投资者没有意识到,通货膨胀的长期影响可能会远远超过短期内股票的涨跌。由于短视的损失厌恶,他们在其长期的资产配置中可能过于保守。

在实证研究中,往往对损失厌恶程度设置一个系数,在效用函数上,损失比收益具有更大的斜率,此时损失收益的斜率之比就被当作损失厌恶程度的度量。在大量实证研究中,损失厌恶系数为一个固定常数λ,特沃斯基在1979年的实证实验中计算出的常数据为2.25,被长期沿用。后来也有不少学者对此质疑,认为损失厌恶系数受到很多因素影响,是随着投资者损益情况变化和投资者心理偏好变化的动态变量,并提出了很多计算系数的模型。

在神经生理学方面,不少学者对于损失厌恶做了研究,在摄入了可以减少损失厌恶带来痛苦的药物以后,被试者减少了过度的排斥反应,从神经角度证明了损失厌恶的科学依据。

在资本市场上,常用损失厌恶解释"股权溢价之谜",反映在过去一个多世纪里,美国年均股权溢价超过了传统一般均衡模型的解释,即合理水平下相对的风险系数能够与股权溢价相匹配,但在这种现象中存在明显差异。短视损失厌恶对这一现象做出了很好的解释,短视损失厌恶是在行为金融学的基础上内化了"损失厌恶"和"短视"。他们认为,投资者对于投资绩效不去频繁评估,而是愿意承担其风险,则能表明风险资产越有吸引力,风险溢价会相对降低。但现实情况是,短期的评估是常见的、普遍的,投资者本身的消费计划、心理偏好都会影响他们损失厌恶的程度。对于投资者而言,投资者存在评估期和持有期,投机者和过分保守者的评估期相对较短,只有在评估期稳定、长期的情况下,实际股权溢价才会与预期估计的理论值相一致。在博彩领域,与投资领域类似,由于博彩者在进行博彩前有"博彩输钱可能性大"的心理预期和朴素认识,故而相比投资,博彩给民众带来的损失厌恶程度会更大。对金融市场的损失厌恶的研究,对国家金融政策的制定有着很强的启示意义。金融市场的不稳定,监管制度的不完善,导致投资者心理预期降低,更容易造成高的损失厌恶。国家加强金融市场监管,采取有效的措施稳定金融市场的波动,使得投资者能够倾向于长期性周期性稳定的风险评估,能够一定程度上降低风险溢价。

参考文献:

[1] 孙力强,吕鹏.短视损失厌恶的行为金融理论简评[J].中南财经政法大学学报,2008(01):81-85.

[2] 米辉,张曙光.财富约束条件下损失厌恶投资者的动态投资组合选择[J].系统工程理论与实践,2013,33(05):1107-1115.

[3] 林志炳,蔡晨,许保光.损失厌恶下的供应链收益共享契约研究[J].管理科学学报,2010,13(08):33-41.

[4] 段贺兵.投资和博彩:民众的朴素理论与损失厌恶[D].上海:华东师范大学,2019.

边际效用递减：
得不到的永远在骚动

"娶了红玫瑰，久而久之，红的成了墙上的一抹蚊子血，白的还是床前明月光；娶了白玫瑰，白的便是衣服上沾的一粒饭黏子，红的却是心口上的一颗朱砂痣。"

伦理学家谴责道："这是典型的渣男特质啊，当初求婚时的甜言蜜语呢？当初结婚时的海誓山盟呢？"心理学家辩解道："对于美好的事物，长期拥有以后的满足感随着时间的增加越来越少，这是一种已经得到验证的心理现象。"经济学家补充道："这在经济生活中是一种基本而普遍的规律，我们叫它边际效用递减（Marginal Utility Diminishing）规律。"

效用，在经济学中指人们消费某一商品或服务所带来的获益或心理满足感（经济学研究中通常假设人们做出决策的最终目标是为了让自己的满足感达到最大）；边际效用，就是每多消费一个单位的商品或服务所带来的效用的改变，带来的增加量。边际效用递减，意思是对于商品或者服务来说，刚开始消费时给你带来的满足感是最大的，随着拥有数量的增多，每多消费一个单位的商品或服务所带来的主观效用的增量反而是逐渐递减的，最后一个单位的效用最小。也就是俗话中说的第一口糖最甜，第一口饭最香，而得不到的往往寝食难安。

经济学家曼昆总结的经济学十大原理中，第三条就是理性的人总是考虑边际量。边际量，即某个经济变量在一定因素影响下发生的变动量。对于商品的价格来说，每增加一个单位某商品带来的边际效用，才是我们愿意为该商品付出的价格。由于边际效用是递减的，伴随着对该商品拥有量的增加，我们愿意付出的价格也就逐步下降。如果用横轴代表需求量，纵轴代表"愿意付出的价格"的话，可以得到一条向右下方倾斜的需求曲线，这条曲线被著名华人经济学家张五常称为"经济学的两大最基础原理之一"。

当代西方经济学鼻祖亚当·斯密在《国富论》中提出关于钻石和水的悖论："对于人类来说，水是生命之源，具有巨大的价值，相比之下，钻石的用途很少，价值应该比较小。但是，在市场交换中，为什么钻石的价格比水昂贵得多呢？"用边际效用递减规律给出的解释是这样的：水虽然对人类具有巨大的价值，但是太容易获得，总量太多了，再增加一杯水带来的边际效用微不足道。而钻石作为一种奢侈品，可以给人们带来炫耀等效用，因为数量稀少，每多拥有一个单位的钻石给人们带来的效用依旧很大，因此我们愿意付出较高的价格来购买，正所谓"物以稀为贵"。

对于生产厂商来说，当然是要采取各种策略，尽量抵消这一规律中消费者满意度递减的影响，差异化经营和多品牌化经营是常用的手段。就连欧米伽、宝格丽、卡地亚、路易·威登等奢侈品牌也不断推陈出新,改进产品,添加新元素,赋予新含义,制造新概念,"拥有他们的产品变成了时尚"。这样,消费者在购买新运动鞋时,其消费偏好已经发生改变了,不再是原来的边际效用了。企业经营者也可以借此制定更好的经营策略,提高企业竞争力。

说回红玫瑰与白玫瑰的话题。对于一段美好的感情,同样需要认真经营,不断创造新鲜感,获得新体验,共同维持双方的满意度,这样红玫瑰才会一直是"朱砂痣",白玫瑰才会一直是"明月光"。

在经济学史上,第一个提出边际效用递减并做出系统性论述的是德国人赫尔曼·戈森。其基本观点为:如果人们不断获得同一种满足,那么这种满足的程度将不断递减直至饱和;在重复这一种满足的过程中,每次初始感到的效用也会递减,持续时间也会减少。在戈森对边际效用递减做出定性研究后,奥地利学派和数理经济学派又分别运用不同方法完善了这一理论。我国学者高鸿业则做出了更具体、全面的定义:"边际效用递减规律,是指在一定时间内,在其他商品的消费数量保持不变的条件下,随着消费者对某种商品消费量的增加,消费者从该商品连续增加的每一消费单位中所得到的效用增量即边际效用是递减的。"

关于边际效用递减规律发生的微观原因,主要有商品本身性质和个人心理两个方面。每种商品都有多种潜在用途,对于特定商品,通过理性决策,消费者购入的第一份往往会用于较为重要的用途,而第二份或更后期购入的则会用于次要用途,因此每一份商品所产生的效用往往会逐渐下降,从而造成边际效用递减。

应注意到边际效用递减规律不仅适用于正效应,也适用于负效应。初入投资市场的投资者可能会为第一次较大的投资损失而捶胸顿足,而在经历了多次投资失误后则会对亏损结果表现得更加冷静沉稳,并不断积累投资经验,降低未来投资失误概率,当然前提是每次亏损均在投资者心理和财力承受范围内。现实中人们也是在一次次挫折磨难中依靠自身毅力提高自己的受挫力和面对困难的勇气,边际负效用递减成为潜在的激发机制。同样,投资者会为第一次成功欣喜若狂,而在经历较多次后也会显得习以为常,表现得更为收敛,养成不骄不躁的稳重品性。

在理论上看似与边际效用递减规律针锋相对的,有马太效应和规模经济效应。马太效应体现为强者愈强,弱者愈弱,反映了社会上的贫富分化现象。所谓规模经济,就是指生产商在生产未达到一定规模时,随着产量的增加,分摊到每一产品的平均成本不断降低,从而使得厂商生产每一份商品获得的利润提高。这两种理论貌似与边际效用递减冲突,却有着内在发生机制的区别。边际效用递减是外在物质和服务对于个体心理的影响结果,马太效应和规模经济则是个体能力或决策对外在物质价值实现和社会资源分配的影响结果。

除了上述不同理论对边际效用递减规律的冲突外,还有一些社会现象和特别商品似乎无法用边际效用递减规律解释。上瘾品,如烟酒,甚至毒品,沾染者往往在生活中无法轻易戒断,且不会轻易产生厌弃情绪,可以认为一定数量的烟酒等上瘾品在每一时段产生的效用相等,与边际效用递减相悖。在收集类商品中,如邮票和游戏皮肤,收集爱好者往往给予收集品的最后一部分最高的心理价值,这一现象也有悖于边际效用递减。

合理认识、运用边际效用递减的规律,在让我们进一步了解社会发展运作的同时,可以指导我们做出更优的生活投资决策,激励我们不断激发潜能来克服自己现有能力的边际效用递减。

参考文献:

[1] 吴丹涛.对边际效用递减规律的再认识[J].惠州学院学报(社会科学版),2008(04):75-78.

[2] 张昆仑.边际效用递减规律新探[J].现代财经—天津财经学院学报,2004(04):8-10.

[3] 赫尔曼·戈森.人类交换规律与人类行为准则的发展[M].王秀山,译.北京:商务印书馆,1997:9.

[4] 保罗·萨缪尔森,威廉·诺德豪斯.微观经济学[M].第16版.北京:华夏出版社,2001:63.

[5] 高鸿业.西方经济学(微观部分)[M].第4版.北京:中国人民大学出版社,2007.

边际成本：
免费时代，真的会到来吗？

边际成本（Marginal Cost）是指每多生产一单位产品带来的新增成本。不随产量变动而变动的成本是固定成本，即使企业不生产也会产生的成本，通常包括厂房和设备的租金、企业借入资本的利息等。可变成本是指随着产量变动而变动的成本，一般包括原材料费用等。对于麦当劳而言，卖给消费者的饮品成本中店铺租金、制作饮料的设备成本、水电成本、人员工资、品牌宣传成本等占据很大比重，而每一杯饮料的边际成本，如包括原材料以及包装费用等相对很少。

通常在产品生产的初期，一般会需要较大的固定成本投入，等达到一定的生产规模时，再生产一个额外产品的成本就越来越低。服装厂达到一定的产量后，再生产一件衣服的成本是很低的；如果飞机上只搭载一名乘客，那么整架飞机的运营成本就是这个乘客产生的成本；而如果是两名乘客，则每位乘客产生的成本会减半；如果达到90%的上座率，额外增加一名乘客的成本无非就是一份空中快餐。

第一次工业革命以来，大机器生产天然具有高固定成本、低边际成本的特征，于是扩大销量就成为利润扩张的必然选择，全球化并无限扩张的市场成为资本的内在需求。标准化的集装箱对世界的改变被严重低估了，集装箱进入航海运输之后，运费从货物价值的一半降为不到10%，"没有集装箱，就没有全球性的沃尔玛"，大幅下降的海运成本，将全球的市场需求再次无限扩张。

知识密集型行业的边际成本大多是较高的人力资本支出，如律师、会计师、演员、教育培训行业从业人员等。美国经济学家威廉·鲍莫尔在1967年就发现：三百年前的莫扎特四重奏要四个人演，三百年后依然要四个人。服务行业，尤其是那些机器（技术）难以替代的劳动密集型行业，都存在边际成本很难递减，从而单价不断攀升的"成本病"。2000—2014年美国公立大学学费平均增幅达80%，远高于一般物价水平的上涨；近几年中国大中城市出现的天价"月嫂"，也是类似原因导致。

伴随互联网技术革命和人工智能时代的到来，"成本病"有可能逐步改善，从而出现更多的免费产品。当司机、翻译、餐厅服务生、热线客服人员等被人工智能取代，他们服务的边际成本将快速下降。杰里米·里夫金在《零边际成本社会》中描绘了一种可能的未来："产消者"以近乎零边际成本的方式制作并分享自己的信息、娱乐、绿色能源和3D打印产品，学生可以获得免费开放式网络课程。在零边际成本社会中，通过协同共享以接近免费的方式分享一系列基本商品和服务。

产量不断扩张的过程中，会经历边际成本递减和递增的不同阶段。从个人角度出发,我们尝试学习新技能时,往往不熟练或根本摸不清门道,在之后的实践中不断探索诀窍,熟练度渐渐提高,形成习惯后基本不再需要脑力投入。这一阶段的规律为边际成本递减,边际产量递增。然而人的精力毕竟有限,在实践到某个程度后,熟练度不再增加,而我们的疲劳度不断累积,为了维持效率我们又需要投入脑力,但已然不可避免效率下降,这时便是边际成本递增而边际产量递减的阶段。对企业而言,培养新职工到老职工这一阶段便是边际成本递减的阶段。经过企业初期的快速扩张期后,大企业病渐渐降临。企业虽然想使现有生产规模适度增加,但是面临老职工的退休保障问题、较大规模员工的管理问题、生产安全保障问题,以及生产设备折旧损耗与新设备的购入等的限制,想让产量明显提高意味着更大规模的投入。这个阶段对应的生产规律便是边际成本递增,企业若不能选择适于自身资本条件的产量规模将有可能进入衰退期。

  随着制度与技术的不断演进,人们开始探寻如何延缓或避免边际成本递增阶段的出现。从制度上而言,维持边际成本递减规律的根本在于对各个环节、各个方面成本的把控。二战后跨国公司的出现直接改变了国际贸易格局,各国资源在更大程度上打破了国际流通限制,主导的产业间贸易因专业化分工而被产业内贸易替代,即同一产业内不同公司间的贸易。随着跨国公司的进一步发展,为克服交易成本与价格歧视,形成产业链的垂直一体化,公司内贸易又成了大势所趋。公司内贸易的内部定价使得各项成本不受外部市场诸多不确定因素影响,在公司成规模后能合理控制各项生产要素成本水平,使得边际成本持续递减。同时现今的跨国公司更倾向于通过收购产业内相关公司形成在该产业内的一套完整产业链,使得整套产品的生产过程完全掌握在自己手中,如海尔集团近几年并购通用电气等系列措施,力图在家电产业形成自己的产业规模以与格力抗衡。垂直一体的产业链使得产品每一阶段的交易成本可控,同时进一步降低了企业的外部依赖,加强垄断优势。

  互联网＋、物联网、人工智能这些概念下的高科技产业,直接推进了信息获取的零边际成本趋势。随着硬件设施一次次指数级的成本下降,以及在互联网技术广泛应用下信息高速公路网的构建,企业获取、传递信息的成本几乎为零;人工智能使得制度决策从人工转向更高效理性的智能系统,从获取信息到处理再到最终决策的时间成本基本被削减,决策的滞后性得到有效解决;物联网则使决策在落实过程中实现具体资源情况的实时反馈,形成具体准确的供应链信息,方便管理调配。

  可再生能源技术的兴起使得能源趋于零边际成本变得可能。随着太阳能、风能、潮汐能等利用率的提高,化石燃料比重进一步下降,预计若干年后新能源占比将超过传统能源。这些平日生活中触手可及的能源的充分利用将使得人类不必再花费大量时间勘测石油、天然气,在危险的煤炭矿坑中工作,在经过必要的基础设施投入后能源的运输成本也将大幅降低。生产制造业中,随着知识经济的发展,知识获取成本趋向于零,职工知识水平的提高将使各环节生产成本逐渐下降。近年来非集中式办公的推广进一步改变了产业生态,在节省了员工时间、交通成本的基础上提高了信息的传递与处理效率,推动产业由基于资源的地域化集聚转向基于信息的网络化集聚,生产决策的产生更加快速准确。无人驾驶汽车、分布式新能源的供给,使得共享经济的比重越来越多,而边际成本将不断下降,直至接近零。

参考文献:

[1] 刘蕾,鄢章华."互联网+"背景下产业集群"零边际成本"趋势及其发展策略研究[J].科技进步与对策,2016,33(19):54-60.

[2] 杰里米·里夫金.零边际成本社会[M].北京:中信出版社,2014.

拉弗曲线：
税率下调，政府收入反而会增加吗？

1974年的某天，33岁的青年经济学家阿瑟·拉弗在华盛顿与一些知名记者、政治家共进晚餐，其中重点人物是时任福特总统办公厅主任的拉姆斯菲尔德和其副手切尼（后任小布什政府的国防部长和副总统）。

拉弗竭力向众人解释税收与税率之间的关系：税率在从零不断提升的过程中，会出现某一关键点，在这之后税率的继续提升会让政府总税收下降。情急之下，拉弗拿出餐布，在上面画出了日后名声大噪的拉弗曲线（Laffer Curve）。

1980年1月，里根总统刚刚上任，第一堂集体学习的课程老师就是拉弗。当拉弗讲到"税率高过某一点时，人们就不再愿意工作了"。里根回应道："对！就是这样。二战期间的战时收入附加税高达90%，我们只要拍四部电影就达到这一档税率了，第五部电影赚来的钱将有90%用于缴税，于是拍完四部电影后，我们就不再工作，转而到乡下度假去。"里根用本人的经历验证拉弗曲线的内在原因：高税率会让人们更少工作，低税率反而会激励人们更努力。里根主政八年，大力推行减税政策，最终把个人所得最高累进税率从70%降到28%，资本利得税率从28%降到20%，企业所得税率则从46%下调到33%。1982—1999年，成为美国经济的超级扩张期，被称为"20世纪最持久的繁荣阶段"。

2017年12月，美国国会通过特朗普的税改方案：企业所得税率从35%下调至21%；海外利润一次性汇回，现金资产按15.5%的税率减征，非流动资产按8%的税率征收；个人所得税税率最高档税率从39.6%下降到37%；住房利息还可以抵扣。华为总裁任正非对这样的政策做出的回应：税收降下来有利于促进投资，有利于吸引投资，有利于繁荣经济，有利于精简政府；在一定程度上促进了各国政府积极减税，从而缩小政府规模和财政负担，最终有利于经济发展。

2018年10月1日，中国正式施行新个人所得税法：对部分收入来源合并征税，基本减除费用由3 500元提高到5 000元，调整中低档税率对应收入级距，增加专项附加扣除。财政部最新数据表明，2019年一季度个税同比下降29.7%，累计减税1 686亿元，人均减税855元，累计约9 163万人的工薪所得无须缴纳个人所得税；其中36～50岁的人群是政策享受的主力，占比达五成。另外，增值税小规模纳税人起征点由3万元提至10万元后，享受增值税减税纳税人新增330万户，小微企业普惠性政策新增减税576亿元。

古典经济学家休谟说过，过高的税像极端的贫困一样通过制造失望而摧毁工业，甚至在达到这种程度之前,过高的税就会通过提高劳动者和生产者的工资,使所有商品价格上涨。弗里德曼犀利地指出,高度累进的税率能征收到的税款数很低。这个国家里的最有才干的人把他们的精力投入如何实现低税率上,而更多其他人把纳税的多少当作主要因素,来决定他们的经济活动。

在拉弗看来,传统的凯恩斯需求管理政策是完全不合理的,正是政府政策不断刺激人们的消费需求,物价不断上涨带来通货膨胀,相对购买力不断削减导致经济滞胀。真正需要政策干预的应是供给侧而非需求侧,而主导企业生产决策的主要因素是税后利润。政府调节税收至合理水平,不仅有利于激励企业进行生产投资,也可创造可观的财政收入,同时推进社会繁荣。

2021年年末中国央行的降准降息举措,从机制来看同下调税率属于异曲同工,旨在减缓不同企业在疫情之下的资金压力,激发生产投资热情,从供给侧拉动国内消费需求增长,进一步推进经济内循环体系的构建。

拉弗曲线这一理论也并非尽善尽美。首先,拉弗构建该模型的理论逻辑并不严密,他受启发于减税不仅可以促进经济发展还不会造成通货膨胀的观点,以及萨伊定律的核心观点供给创造需求。拉弗曲线的提出过程只是以前理论的结合延伸,缺少历史文献和往期数据的规范论证,只是对税率和税收关系做出了定性描述。其次,虽然拉弗指出曲线中存在一个税率可使政府税收最大,却并未提出如何确定这一税率和采取这一税率的现实依据。即便确定了该最优税率,也仅可保证政府税收最大化,不能确定这一税率是否是激发企业活力的最优税率,或是适合当前情形经济发展的最优税率。无论是发达国家还是发展中国家,都在依据过往历史经验情况变化不断完善适合自身发展的税率制度。

参考文献:

[1] 寻子员.拉弗曲线理论分析及其启示[J].山东财政学院学报,2003(04):25-28.

[2] 周伟,武康平.个税免征额、税率与拉弗曲线[J].经济学家,2011(10):68-76.

[3] 周伟,武康平.个人所得税、政府转移支付与个体行为激励——基于拉弗曲线的统一讨论[J].南开经济研究,2011(05):98-112.

交易成本：
对"中国经济增长奇迹"的一种解释

  1931年，一位21岁的英国大学生利用假期时间在美国游学。旅程中，他对一个问题产生了浓厚的兴趣：如果市场交易是最有效率的，公司这类组织为何要存在？公司为何有大有小，而它们规模的大小又是什么因素导致的？

  这个年轻人就是罗纳德·科斯，他将自己对这个问题的思考写成一本书《公司的本质》。在这本书中，他提出了"交易成本（Transaction Cost）理论"并详细阐述了企业规模的问题，60年后他据此获得了诺贝尔经济学奖。该理论认为：真实的市场交易存在各种费用，公司是为了降低每次交易带来的费用。又因为企业的内部管理存在组织协调成本，并且一般伴随规模的扩大而不断增加，当企业的管理成本大于市场交易成本时，企业的规模就不会再扩大。2008年，98岁高龄的科斯专门在芝加哥大学组织并主持了纪念中国改革30年学术研讨会。用自己的奖金邀请了中国50多位学者、企业家、官员，大家一致认为：中国快速增长的"经济奇迹"正是得益于践行了科斯降低交易成本的思想。经济学家周其仁认为：中国的基本经验不是别的，正是经改革开放大幅降低体制成本，才实现经济增长；真实的中国经验是以降低体制成本为纲领，靠改革开放释放出中国在全球市场的比较优势。在2019年4月19日，中央政治局会议中明确提到："国内经济存在下行压力，其中既有周期性因素，但更多是结构性、体制性的。"首次将体制性因素列入影响经济增长的因素，这是对持续深化各项制度改革的进一步强调，未来中国经济改革的重点依然是通过供给侧结构性改革来有效解决结构性、制度性问题，在合理推进转变政府职能与简政放权并行共进的同时，进一步清理和规范中介部门，降低企业交易成本，释放市场对资源配置的效率。

  经济学家张五常说：凡是在有人与人社会交往的地方，就一定存在交易成本。经济学家阿罗将交易成本扩展为：一个经济体系运行的成本。《新帕尔格雷夫经济学大辞典》的定义是：交易成本就是一系列制度成本，包括信息、谈判、起草和实施合约，界定和行使产权，监督管理的成本以及制度安排的成本。

  交易成本可分为外生与内生两种，地理条件阻隔和信息交流限制是外生交易成本的两个主要因素，中国的高铁网、高速公路网、通信网络的建设大大降低了外生交易成本。由人与人之间的不信任、欺诈、掠夺或不平等竞争构成的体制性交易成本，逐渐成为阻碍中国财富积累的内生性因素。第一位对交易成本做出系统化分类的学者是2009年诺贝尔经济学奖得主，同时也是科斯思想的集大成者。在1980年出版的经济学经典著作《资本主义经济制度》中，他首次将新制度经济学定义为交易成本经济学，开创了以交易成本为基础的经济制度比较分析模式。威廉姆森将交易成本进行了初步分类,主要有搜寻成本、信息成本、议价成本、决策成本和监督交易中所产生的成本。有关交易成本产生的原因,威廉姆森认为主要来源于人性和交易环境特征共同影响下的市场失灵现象构成的交易壁垒、人的有限理性、投机主义、现实中资产的专用性、市场环境的不确定性与复杂性、少数专属或异质性交易、信息不对称以及交易氛围。威廉姆森提出这些原因可以归结于商品交易的三项特征:交易商品的专属性、交易的不确定性和交易的频率。

威廉姆森后来进一步将交易成本归为购前、购中、购后的交易成本和约束成本。其中购前的交易成本指买卖双方进行谈判、签约等产生的成本;购中的交易成本包括双方解决谈判问题的成本,建构和营运的成本,以及解决双方纠葛的相关成本;购后的交易成本是契约生效后所不能适应的现实条件导致的成本;约束成本则是达成信誉所需要的成本。

购前的交易成本中主要有搜寻成本、比较成本和测试成本。搜寻成本,比如你打算购入一台新的笔记本电脑,想去线下实体店亲身体验比较,于是立即使用地图 App 搜寻较近的几家实体店并前往,在走访了诸多店铺,听取了店员的诸多介绍后你相中了某一款型号并决定了配置,但因为价格较高,你决定在电商平台上进行购买,于是又花费了十多分钟搜寻口碑较好的店铺。其中寻找实体店铺和好的电商平台所耗费的时间精力,路途中的交通费等都是为了找到合适的目标商品以及供应平台所付出的搜寻成本。比较成本是比较诸多同类差异产品的过程中产生的购前交易成本。例如,当你第一次在美国大街上,面对各式餐馆寻找适合胃口的餐铺,由于适合西方人的美食做法可能并不适合中国人,你并不想留下一次不好的饮食体验,但如果想确定哪一家最合适自己却需要尝遍每一家,试吃过程的开销便是比较成本。这时你看见了一家麦当劳,可能便会欣喜地走进去,因为只要吃过一家麦当劳便可以知道剩余所有麦当劳的味道,虽然并不能获得最大的满足感,却极大地节约了比较成本。大众点评、豆瓣这类网络平台通过用户评级系统帮助我们减少试错成本。测试成本则是指为确定产品好坏,在体验不同产品而产生的时间、人力、资金等成本。会产生测试成本的产品一般不是餐饮这类仅有短期效用的商品,而是诸如家电、汽车这类具有长期效用的商品,投资中选择一个合适的投资分析师也会产生测试成本,这也催生了评级机构的产生。例如,你为确定某部电器的耗电情况,并不需要根据自家电表,产品上的中国能效标志便可以让你有直观了解。成立于美国曼哈顿的穆迪公司则是为金融机构信用进行评级,帮助投资者衡量投资风险。

购中的交易成本包括协商成本和付款成本。协商成本主要来源于信息不对称。商业谈判中有诸多策略,如"最终期限""不露面的人"等,以与可能不太诚信的协商方斡旋,以求达成利于己方的协议。这一过程中采取诸多策略产生的成本便是协商成本。付款成本也是因信息问题产生,尤其是海外贸易中,常产生先交货还是先交钱的问题,这是由于双方未建立可靠的信用体系,而构建这一信用体系最终使交易达成所产生的成本便为付款成本。现实中"信用证"则可以有效解决这一问题。例如,贸易商在某银行设有账户,该银行对其生产情况较为清楚,便可以为贸易商开出信用证并加以资金冻结等操作让购买方放心。淘宝通过店铺星级以及评价体系让购买方放心商品质量,支付宝则向商家承诺了资金到账的有效性。

  购后的交易成本包括运输成本和售后成本。运输成本较好理解,即产品从商家到买方手中这一过程所产生的运输费用。售后成本则为对产品问题的售后服务所产生的成本。其实所有的售后成本都会加在商品价格中,推高价格,对交易的达成造成阻力。如何降低售后成本也是企业需要考虑的难题。例如,家电修理,可以在生产设计过程中尽可能地将产品模块化,维修过程中可以较快地发现问题并仅需更换较少部件,节省售后的时间与资本。这一策略在手机、电脑这类高端电子设备的生产设计中已得到广泛、深入的应用。

参考文献:

  [1]朱迪.供给侧改革背景下制度性交易成本测度及降低成效差异比较[J].金融发展研究,2021(08):51-56.

  [2]李慧,卢现祥.特殊制度、制度性交易成本与经济增长质量[J].学术界,2021(10):75-86.

  [3][美]奥利弗·E.威廉姆森.资本主义经济制度[M].北京:商务印书馆,2020.

规模经济：
中国竞争力的底气所在

20世纪初期，美国福特公司引入流水线生产，进行大规模的专业流程分工。在1908年，生产一辆T型汽车需要12.5个小时；到了1925年，时间减少到只需要10秒钟，而每辆汽车的价格只有最初的10%。福特汽车的成本，伴随着生产规模的扩大而快速降低。这就是规模效应的体现，经济学中称为规模经济（Economy of Scale）：某种商品的生产，长期平均成本与它的产量成反向关系，产量越大，平均成本越低。规模效应越明显的行业，越有可能产生领先占有市场份额的企业，通过更低的产品定价拦截其他对手，获得竞争优势。

斯密在《国富论》中认为，规模经济的产生在于产量足够多才可能在工人中实现专业化分工，而专业化会使劳动者更精通某一项工作，可以简单地理解为"干中学"和"熟能生巧"。规模经济更容易发生在固定成本投入巨大，而边际成本相对较小的行业中，汽车、飞机产业是这样，科技研发投入巨大的前沿创新产业，如医药、芯片产业更是这样。规模经济的特征，强调了足够大的市场需求对于产业发展的关键作用。

美国总统特朗普曾经签署行政令，禁止美国公司使用华为的相关产品，美国商务部工业与安全局宣布将华为列入所谓"实体清单"，要求任何向华为出售产品的美国公司必须获得许可特批。在2018年华为的700亿美元采购中，大约有110亿美元来自高通、英特尔和美光科技等美国公司，这些公司主要集中在目前看起来其他国家短期难以替代的芯片产业。这些芯片产业前期投入的研发和设备所需金额都非常巨大，但是一旦进入流水线量化生产，规模效应就十分明显，进而持续投入，保持领先优势。

英特尔的前CEO格鲁夫说：如果全世界每个人都买一片我们的CPU，我可以把CPU的价格定成1美元。强大的规模效应使得这样的行业天生具备更强的垄断特征，谁先抢夺到关键市场份额，获得时间优势，率先实现规模经济，就可以降低价格，压垮竞争对手。这种谁先获得足够多的订单，谁就可以成为赢家，并且进一步依靠成本优势打压对手的正反馈，使得芯片行业最终只会存在一两家的垄断格局。

美国政府对华为的禁运，短期给中国的相关高科技行业带来了比较明显的冲击，但失去华为这个大客户，包括中国的巨大市场，其实对美国的芯片公司是有很大风险的。有机构调查了美国2016年半导体行业公司对中国市场的依赖性，其中射频厂商思佳讯（Skyworks）公司83%的营收来自中国，高通61%的营收来自中国，博通、美光、NVIDIA分别有55%、55%、54%的收入来自中国。损失掉的中国订单，不是利润和销售额下降的问题，而是中长期被彻底替代的风险，是在销量大跌之后还能不能保持研发优势的问题。很多的潜在竞争者(包括华为自己),一直以来被这些行业巨无霸强大的规模效应压制,基本无法正面竞争,此时将会抓住时间,迅速获得市场份额,打破原有的垄断格局,一旦形成替代,美国公司的垄断地位将会遇到巨大威胁。

中国是经济全球化的受益者,更是贡献者,中国的发展是世界的机遇。快速增长的中国,为全球的高科技公司提供了最大规模的市场需求,放弃如此大的市场和未来,对美国的高科技公司而言,是一种不理智的行为。

从起因而言,规模经济可分为来自企业生产规模扩张后边际成本递减带来的内部规模经济,以及行业整体规模扩张后交易成本降低带来的外部规模经济。企业自身的壮大使得固定成本能分摊到更多产品中,提高产出的同时带来投资的增加,个体成本进一步下降,带来收益的增加。行业整体规模的扩大通常促进生产效率的提高,行业中各个企业生产的平均成本都会有所下降,同时有可能在某一地区形成行业的集聚经济,多个企业在享受规模经济的同时,也进行良性竞争,在互补领域上充分合作,协同发展。

规模经济在生产角度又可分为产品、工厂、企业、行业四个层次。产品上,流水线工人通过生产单一产品不断提高熟练度,从而使得专业化生产优势不断累积,因此扩大单一产品的生产规模可进一步降低平均成本提升收益,达到规模经济。工厂的规模经济基于单一产品的规模经济,通过提高不同产品的生产线技术水平,带动生产效率和产品质量,促使整个工厂生产产品的平均成本下降,从而提高产品效益。企业的规模经济则是通过新建工厂、添加生产线的方式扩大生产规模,同时分散生产以提高收益。行业规模经济是企业个数增加使得总体行业规模扩大,不同企业的协同效应进一步提升,集聚经济得到加强,最终提升总体的经济效益。

规模经济理论的思想起源可追溯到亚当·斯密的分工协作理论,他提出分工有利于生产专业化的提高,利于提升工人的熟练度,形成独有的生产技巧,提高劳动效率,工厂中细致的分工协作利于节约成本实现高效益。新古典经济学派的代表马歇尔则于1938年首次提出规模经济概念,并指出了内部规模经济和外部规模经济两种起源。同时他还就规模经济与垄断现象展开细致研究,认为自由竞争导致的生产规模扩张产生的规模经济,提高了产品市场占有率的同时也不可避免地造成垄断,在一定程度上阻止了竞争,扼杀了新兴企业活力并造成资源非饱和流动。这就是著名的"马歇尔冲突"。社会面临的难题便是如何在市场竞争和规模经济间做出合理均衡,取得最优生产配置。马歇尔对于规模经济的解释基于呈"U"型的长期平均成本随产量变化的曲线。企业发展初期处于边际成本递减阶段,产量增加可分摊固定成本与研发费用,使得平均成本下降,规模经济阶段;产量增加到一定程度后,受制于固定成本与管理成本,企业成本上升幅度大于产量规模扩张效应,便进入了规模不经济阶段。

对于如何寻求产量的最优点,即规模经济效用最大化,科斯从交易成本入手给出了答案。他指出,企业本质上作为契约组织是市场的进一步演进,他将企业成本分为内部组织管理产生的成本和因外部市场交易制度导致的成本,当内部组织成本小于外部市场交易成本时,企业扩张规模可使效益提升,而生产规模扩张也会导致管理成本增加,限制企业发展;当内部组织成本与外部交易成本相同时,继续扩张规模企业将得不偿失,因此这时企业将达到最佳规模点,同时边际交易成本和边际管理成本也是相等的。

参考文献：

[1] 王素超,王丽霞.规模经济、集聚效应与流通效率的空间差异性研究[J].商业经济研究,2020(09):14-16.

[2] 曹勤伟,段万春.科学研究的规模经济悖论与多维绩效分析[J].科学学研究,2021,39(10):1758-1769.

[4] 王玲瑶.中国制造业规模经济的微观效应研究[D].北京:北京交通大学,2021.

[5] 亚当·斯密.国民财富的性质和原因的研究[M].北京:商务印书馆,2011.

[6] 阿弗雷德·马歇尔.经济学原理[M].北京:商务印书馆,1964.

斯密定理：
长三角一体化的经济学原理

古典经济学的祖师爷亚当·斯密终身未娶，花费九年时间写成一部巨著《国民财富的性质和原因的研究》，用了五篇三十二章，详尽分析了经济增长的源泉和经济运行的内在规律。熊彼特评价道：《国富论》或许是除了达尔文的《物种起源》外，迄今出版的最为成功的科学著作。

在国富论的第一篇第一章《论分工》中，斯密开宗明义地指出：要增加一个国家国民的财富，即实现经济增长，途径就是提高劳动生产率，劳动生产率的提高则依赖分工，分工是经济增长的源泉。而分工是由交换决定的，分工程度受到交换能力的限制，也就是说分工的深度是受到市场范围大小影响的。后来的学者将这一系列思想进行提炼并概括为"斯密定理"（Smith's Theorem）：经济增长取决于市场规模的扩大，市场规模的扩大会促进分工和专业化程度的加强，进而提高劳动生产率并推动经济增长。如下图所示。

市场规模的扩大 ⇒ 分工和专业化程度的加强 ⇒ 劳动生产率的提高 ⇒ 经济增长

分工起因于交换能力，分工的程度要受到交换能力也就是市场规模的限制。"市场过小，无法鼓励人们终生专务一业，因为在这种状态下，他们不能用自己消费不了的劳动生产物的剩余部分随意换得自己需要的别人的劳动生产的剩余部分。"斯密发现，"有些（如搬运工）只能在大都市产生和发展，水运开拓了市场，各种产业的分工和改良都是从沿江沿海一带开始，再扩展到内地"。斯密强调，人口、已有的财富水平还有交通状况，是市场规模的重要影响因素。

马歇尔认为，市场容量的增加可以使厂商至少在两个方面受益，一方面随着市场容量的增加，劳动分工进一步细化，企业的生产成本相应会降低，使得更高的产量可以更低的成本获得；另一方面，随着市场容量的加大，企业的联合或者扩张加快，企业的竞争对手减少，为厂商带来规模经济和外部经济。英国经济学家杨格拓展了斯密定理，他认为报酬递增是与社会化大生产或产业整体相联系的，报酬递增取决于现代形式的分工或者迂回的生产方式，产业间分工成为报酬递增的媒介，劳动分工取决于市场规模，市场规模又取决于劳动分工，两者相互促进，循环演进，自我繁殖，引发规模报酬，最终导致经济进步，市场规模成为内生而摆脱了外在约束，使得劳动分工动态化了。

"斯密定理"最关键的因素便是市场规模的扩大,包括市场范围"量"的扩大与市场深度"质"的增加。前者侧重于空间地理和人口,从区域市场、国内市场到全球市场的扩张;后者侧重于市场化程度的深入,即有利于市场交易发生的因素不断增多,使各个经济主体之间的交易费用更小,从而让劳动分工更加专业细致,生产效率得以提高,产生以前没有的新需求。目前长三角一体化的提速,将成为对斯密定理最好的验证。

　　长三角一体化,首要的任务是进一步降低区域间要素流动的障碍,核心是打破一些地方的行政壁垒,深化区域内分工,为产业集聚的发展提供重要的前提,降低区域间产业结构的同质性,避免重复建设和恶性竞争,实现更加合理的资源配置。其次,形成协同与互补,通过集群内企业间的合作、协同,横向上形成物流、信息流、技术流的共享,纵向上形成更好的上下游互动,产生更多垂直一体化的合作。

　　马歇尔认为,瓦特改良蒸汽机正是由于发明活动中分工的提升。威廉配第曾经用服装制造的例子来讲述专业化的作用,认为专业化分工提高了服装制造技术。他还认为,正是因为荷兰人对商船进行了分门别类的处理,才使得荷兰产品的运输费用大幅低于其他国家。

　　华人经济学家杨小凯直接指出古典经济学的研究核心就是分工对经济发展的影响。他称赞马歇尔"将分工网络描述为经济组织,对分工的发展含义极富洞见",但也不吝批评地指出马歇尔将经济学关注的焦点带偏了——"从分工对经济发展的意义转向了供求的边际分析"。马歇尔建立的新古典经济学无法解释为什么在既有的一定量的资源禀赋下,分工会带来经济增长和生产力提高。杨小凯认为,马歇尔之所以提出外部规模经济的想法,是为了弥补其理论中有关分工部分的不足。但这种弥补似乎是自欺欺人的,因为单一行业的大规模生产天生就是忽视分工的。

　　英国经济学家杨格指出,"只考察单个厂商和一个特定行业的规模变化效果时,递增报酬机制可能被误解。因为累进的行业分工和专业化才是递增报酬实现过程中的一个关键。这就要求将整个经济的运作都视为一个相关的整体",这也是杨格拓展并复兴斯密定理的重要原因。在杨格的理论基础上,杨小凯进一步认为,分工的水平和市场的规模同时受到交易效率的影响,随着交易效率的提高而提高。

　　虽然中国古代的某些朝代商业繁荣,但是为什么中国难以产生类似欧洲的商业革命,进而出现工业革命？这可从斯密定理的角度来尝试解答。① 市场规模方面。即使是在商业较为发达的明清时期,中国古代社会交易量最大的往往也只是地方性土特产品,比如典型的四大米市、三大茶市。交易成本依然很高,并没有减轻到可以形成全国性大市场的程度。② 分工和要素流动性方面。中国古代封建土地所有制将小农牢牢绑定在土地之上,限制了劳动力等生产要素的自由流通,导致社会无法进行分工的深化,不利于斯密动力的产生。③ 文化方面。文化观念上,差序格局影响深远,"父母在,不远游",更多偏好农业定居的大家族生活,阻碍了人口流通,不利于商业经济和资本主义对要素自由流通的需求。自管仲界定"士农工商"四大社会等级以来,中国的社会结构和分工成分几乎没有发生大的变化。久而久之,在惯性的作用下,封建土地所有制所催生的小农经济过度追求独立生产,力图将自己打造成一个独立经济体,排斥分工协作和新技术,形成一种自我停滞与自我锁定,向商业社会迈进缓慢。

参考文献:

杨小凯,张永生.新兴古典发展经济学导论[J].经济研究,1999(07):67-77.

熊彼特假说：
一定的垄断才会产生创新？

创新理论奠基人，奥地利经济学家熊彼特，在其代表作《资本主义、社会主义和民主》(1942)强调："大规模控制企业已成为经济进步最强有力的机器……完全竞争不但不可能而且效果不佳，没有资格被树立为理想效率的模范"，"与完全竞争相适应的企业，在许多情况下其内部效率，尤其是技术效率很差……在发展和判断新的可能性时处于不利地位。"他认为，创新活动需要持久化和制度化，而大企业才可负担得起研发项目费用，创新成果的收获也需要企业具有某种市场控制能力。这个重要的观点，被后来的研究者总结为熊彼特假说(Schumpeter's Hypotheses)：① 企业规模与创新正相关，大企业的创新能力更强；② 垄断与创新正相关，行业内企业间竞争强度过大，利润摊薄会造成创新不足。

"熊彼特假说"关于企业规模和市场力量促进创新的理论，是对传统古典经济理论的巨大挑战。新古典经济学将自由竞争市场视为促进经济增长的最有效的市场结构，并通过一般均衡分析证明完全竞争是一种总福利最大化的完美制度。

熊彼特批评这套理论没有认识到动态变化，财富和增长的效果应该用更长期的竞争结果而不是某时刻来衡量。企业拥有市场力量并没有消除竞争，而是出现了新的竞争方式。企业虽然通过创新在竞争中获得了有利地位，但其他企业也会以同样的方式取代现有企业的地位，这种"创造性破坏过程"不断推动整体经济的发展。

19世纪末期，美国巨富洛克菲勒创造出了一个庞大的石油帝国——标准石油公司，这家公司巅峰时期控制了美国石油行业的90%。在一个崇尚自由竞争的环境下，洛克菲勒认为他们的托拉斯大企业，其实有以下好处：完全自由竞争的状况下小公司没有好的生产措施，造成的是大量浪费和破坏。油田被发现是个随机事件，会让油价极不稳定，这个行业没人愿意投入研发，因为市场和未来的利润都完全不可预期。而标准石油可以提供便宜且质量更有保证的石油，人们买得越多市场就越大，规模经济才可能实现，获得的利润会投入更多的研发创新。

硅谷投资人彼得·蒂尔对今天的互联网企业也有类似观点：只有建立起垄断，你才能有足够的利润去投入做研发，去考虑未来长远的事情。一个公司利润薄如刀锋，每天都挣扎在生死线上，它显然没有能力给用户提供更好的服务，更没有资金为更长远的未来做准备。

过度的竞争会降低行业的平均利润，也直接影响企业研发创新的信心；但过度垄断也直接导致自我满足、安于现状、丧失研发热情，同时利用已有地位和控制力打压中小竞争者。真实数据的验证尚未有定论,支持和反对"熊彼特假说"的文献不相上下。正面临创新驱动新时代的中国,对"熊彼特假说"进行更加深入细致的争辩、讨论,显得尤为重要。

熊彼特的核心思想即垄断促进创新,在20世纪50年代兴起的新熊彼特主义经济学中再次得到体现,并结合新古典经济学有了进一步发展。这一派学者主要从三个视角研究创新过程:微观上为企业新技术的相互学习与研发竞争,产业上主要为市场结构对产业和企业动态的影响,宏观上则是国家经济增长对创新的鼓励。

关于熊彼特假说的实证分析,1966年美国学者菲利普斯以美国1958年企业数据为支撑,研究企业对新技术的研发和企业规模的联系,结果表明前者与后者间存在较强的正相关性。但同时期也有学者通过实证分析得到了完全相反的结果。

基于上述两个不同的研究结果,后续学者提出了企业规模与科技创新之间存在非线性关系。舍勒(1965)运用多个指标衡量得到了倒"U"型曲线,而邦德(1982)则运用1976年美国2 600家企业数据得出了规模与创新之间的正"U"型曲线。现代观点较客观地认为对于新兴技术领域,小企业更具创新活力;而在已经非常成熟的技术领域,由于已处于规模效益递减阶段,想再取得实质性突破需要大量人力资本投入支持,因而大企业推动创新作用更为显著。

现代学者威尔顿在2013年提到,熊彼特假说的成立主要取决于制度条件和市场现实结构,主要包括市场集中度、资产流动比率、各行业开放程度和政府补贴力度等因素。过往研究主要基于美国这一成熟的资本主义市场国家,将结论单纯移植到中国市场环境下,忽略了我国社会主义体制与市场的强政府干预和高行政壁垒的特征,不能精准刻画熊彼特假说在我国市场上的实证情况。

熊彼特假说在日韩两国运用于早期的经济发展时期,主要表现为"优势扶持"政策,即将资源、资本集中于优势产业,形成国内一定的专业化垄断,短时间内取得了经济的快速腾飞。但目前两国学者也开始对"优势扶持"政策提出批评,认为垄断企业借势不断扩张遏制新兴企业发展,已经对技术创新产生严重影响。这说明在较为开放的市场条件下适度运用熊彼特假说利于经济繁荣,不加节制则可能导致长期的垄断桎梏。

参考文献:

[1] 李伟.基于熊彼特假说的技术创新与市场结构关系研究述评[J].科学经济社会,2007(04):87-90+95.

[2] 夏清华,娄汇阳.规模与垄断如何影响企业商业模式创新——对熊彼特假说的新检验[J].学习与实践,2018(04):22-34.

[3] 荆文君.互联网行业垄断会阻碍创新吗?——兼论熊彼特假说争论的新解释视角[J].财经问题研究,2021(07):44-56.

[4] 张伯超.我国制造业企业自主创新能力提升研究[D].上海:上海社会科学院,2019.

[5] Phillips A. Patents, potential competition, and technical progress[J]. The

American Economic Review, 1966, 56(1/2): 301-310.

[6] Scherer F S. Market Structure, Opportunity, and the Output of Patented Inventions, 55AM[J]. Econ. Rev, 1965, 1097(10.2307): 18092301097.

[7] Bound J, Cummins C, Griliches Z, et al. Who does R & D and who patents? [R]. National Bureau of Economic Research, 1982.

[8] Wilton T. Purposive diversification and economic performance [M]. Cambridge: Cambridge University Press, 2013.

[9] [美]约瑟夫·熊彼特.经济发展理论[M].北京:商务印书馆,2011.

筛选理论：
大学文凭的信号显示功能

"命运属于自己，成功依靠努力。""拼一个秋冬春夏，赢一生无怨无悔。"每每读到这些话语，都能感受到满满的拼搏向上的正能量。寒窗苦读12年的莘莘学子，无不憧憬着进入大学，开启人生新的篇章。但是，大学究竟能够带给我们什么呢？不同大学的文凭，对一个人的终身成就，到底意味着什么呢？

父母告诉我们："要认真读书啊！只有考上好大学，才能找到好工作，未来赚的钱才会更多。"的确，美国相关文献数据证实，拥有大学文凭的人，比起没上过大学的人，年工资收入要高出73%。但是，为何会有这个溢价呢？是因为读过大学的人学到了更多知识，增加了人力资本吗？传统的教育经济学一直秉持这种观点：正规学校的老师通过传统的课堂讲授，扩充了学生的认知能力和知识边界，进而提升整个社会的劳动生产率。经济学家迈克尔·斯宾塞给出另外一个很有趣的观点：大学文凭主要的功能是信号显示，让雇佣者在信息不对称的劳动力市场上，更便捷地对候选者进行区分。1973年发表的这篇《就业市场的信号》为题的论文，帮助他在2001年获得了诺贝尔经济学奖。

斯宾塞的筛选理论(Screening Hypothesis)基于一个重要的假定：在其他因素相同的情况下，能力强的人在学校获得文凭的付出相对较低。在劳动力市场，应聘者总是会隐藏自己的信息，在一个信息不对称的招聘过程中，如何才能在短短几次面试和几十分钟内准确判断一个人的能力呢？学历和不同等级的大学毕业证，就成为最好的甄别工具。筛选理论更倾向认为个人的能力是天生的，大学的专业知识并不是最关键的，学生本身能力就很强，但是需要一个显性的信号来展示，于是好大学的毕业证就成为最好的信号。然而，进入工作岗位之后，信号的筛选功能就不再需要了，单纯文凭间的大学差异也就越来越不重要了，更重要的是各自的实际工作绩效。

筛选理论给我们一些衍生的启发：首先，无论大学是提升了人力资本还是提供信号供甄别，大学的文凭都是需要的，没有大学文凭这个入场券，面临的选择就会少了很多。其次，好大学不但入学分数高，本科教育也应该更严格一些，这样才可以更好地发挥筛选功能。最后，大学课堂中给我们提供的知识，在职场工作中也许是不匹配的。未来的工作和生活需要的能力是更全面和更多元的，提醒大家仅有大学文凭是远远不够的，还需要更多社会实践能力的提升(Learning by Doing not by Listening)。

斯宾塞认为："20世纪50年代和60年代发展中国家的教育扩展并未加速这些国家的经济发展，反而使受教育者大量失业，这说明人力资本理论关于教育能提高人的认知能力，从而提高劳动生产率，促进经济增长的论断是不完全正确的；教育的作用主要不在于提高人的认知水平,而是对具有不同能力的人进行筛选。"

对于雇主而言,他们更希望从有限的求职者中选择更为优秀、更为出众的人来填补空缺的岗位,为自己和公司服务。由于交流的有限性和求职者本身的掩饰效果,雇主无法第一时间摸清求职者的能力,也就无法找到最优选。尽管这种了解非常局限,但可以通过很多其他客观存在的背景去了解。比如性格、种族、家庭环境等,这些客观条件能综合反映求职者对于该职业的适配程度。求职者自身能通过后天努力去获得或改变的,最重要的显性特征,即不同学校的文凭。对于雇主来说,文凭等能够反映求职者自身努力程度和对已有天赋挖掘使用的基本情况。一个人的能力与他获得信号所需花费的成本成反比,在其他因素相同的条件下,能力较高的人获得较高的教育水平只需要支付较低的成本。

人力资本理论认为,受教育程度是绝对与工资水平成正比的,受教育程度越高,劳动生产率越高,相对应的求职者就会获得较高的工资。筛选理论则认为,教育与工资之间并没有直接的关系,受教育水平仅仅是作为筛选求职者的一个信号而已,该信号用来反映求职者的能力和可能的贡献,并不是直接与劳动生产率挂钩。如果说人力资本理论侧重于说明劳动市场中工资结构随着受教育水平的改变而改变,那么筛选理论则侧重于说明劳动力选择过程中的筛选作用能够有效地影响教育对于经济的增长作用。它在本质上只是"不完全信息"条件下的一种"信号"。过度追求文凭信号带来的筛选效果,也会走向另一个极端,使得人们过度追求高等教育资源,以文凭论,无法正确匹配个人能力和文凭含金量,会导致高等教育资源过度使用和过量发展。

参考文献:

[1] 洪柳.教育与经济:从人力资本理论到筛选假设理论[J].教育评论,2012(06):144-146.

[2] 卢曼萍,许璟.从筛选假设理论看我国大学生就业问题[J].教育与职业,2005(09):76-77.

[3] 张继平,董泽芳.从筛选假设理论看高等教育入学公平的特点[J].教育与经济,2016(01):27-32.

[4] 贺滨.筛选假设理论与"学历教育"现象——基于新制度经济学视角分析[J].企业家天地(理论版),2010(09):29-30.

齐夫定律：
北上广的人口还会更多吗？

哈佛大学语言学家乔治·齐夫(George Zipf)在整理自然语言的数据库时，发现某一单词出现的频率与其在频率表里名次的常数次幂成反比，也就是说极少数的单词会被经常使用，而绝大多数单词很少被提及，这种20/80法则在很多领域都被逐步发现，这种幂律分布被称为"齐夫定律"(Zipf's Law)。在城市经济学中，齐夫定律体现为人口规模最大的城市是第二大城市的两倍，是第三大城市的三倍，以此类推。

从主要经济体2017年的城市人口规模来看，齐夫定律普遍存在。美国纽约有851万人，大约是洛杉矶(397.6万人)的2倍，芝加哥(271.6万人)的3倍。日本东京市区有863万人，约2倍于横滨(370万人)，3倍于大阪(271.7万人)。德国柏林约有350万人，恰好2倍于汉堡(175.4万人)，约3倍于慕尼黑(130万人)。中等经济体量的巴西、俄罗斯、韩国等，人口分布也同样基本符合齐夫定律，甚至首位城市人口更多。巴西最大城市圣保罗有1 067万人，大约2倍于里约热内卢(597万人)。俄罗斯首都莫斯科有1 415万人，近3倍于圣彼得堡(513万人)。韩国的首尔有1 050万人，大约是第二大城市釜山(353万人)的3倍。

著名跨学科研究组织圣塔菲研究所所长、物理学家韦斯特从万物互联的复杂性系统论证了齐夫定律普遍存在的成因。动物、植物、生态系统、公司、城市，这些网络化组织相互联系，不断进化，使得规模总是带来指数式的变化。齐夫定律在大城市的集聚效应，背后的机理反映在更低成本的基础设施，更高频的连接带来更高效的产出上。哈佛大学经济学教授格莱泽批评《瓦尔登湖》的作者梭罗是一个环境破坏者(梭罗一次野炊就烧毁了300英亩的森林)，事实上居住在郊区别墅比居住在市区公寓的用电量要多88%。同时，在人工智能高科技的时代，城市中更多面对面的人际交流，多元文化的碰撞无疑使得创新、创意更加重要。

目前中国的人口分布现状，与齐夫定律的描述存在一定的偏差，2017年常住人口最多的几个城市分别为上海(2 418万人)、北京(2 171万人)、广州(1 490万人)、深圳(1 302万人)。这主要有两个原因，一是目前中国的城市化率刚刚超过50%，国际经验认为在城市化率30%到50%期间，大量农村人口涌向城市，城市人口会普遍性增加；在城市化超过50%后，人口将向一二线城市加快集聚。中国的人口分布在近十多年的确呈明显的头部集聚效应，2004—2016年超大型城市(人口1 000万以上)增加了两个，特大城市(人口500万到1 000万)增加46个，而中型城市(人口100万到300万)却减少93个。第二个原因是中国总人口规模过大，总量接近14亿之多的巨大人口，如果只集中在某一个城市,将会超出资源环境承载极限,而以特大城市为核心的城市群,更有可能成为中国城市分布的齐夫定律。以上海、北京、广州和深圳为核心,已经形成的三大核心城市群中,长三角城市群常住人口约1.5亿人,京津冀约1.1亿人,珠三角约0.8亿人。

格莱泽说:"城市是人类最伟大的发明与最美好的希望,城市是最健康、最绿色、最富裕、最宜居的地方。"未来,以北上广深为核心的城市群,人口还会继续增加。在城市规模方面,学者针对不同国家城市规模的历史数据进行研究,得出理论成果,包括齐夫定律在内的三项法则,即首位城市法则、位序—规模法则和齐夫定律。其中,首位城市法则是指一个国家有一个非常巨大的城市,除该城市以外的其他城市在规模上都会小于该城市,通过这个城市的规模和总的城镇人口之比,得到首位度,或者通过该城市与其他二三线城市人口之比,可以分析该国城市化水平和城镇体系发展差异。在中国,明清时期的北京可以一定程度上称为首位城市。与之相对应的还有首位级城市,通俗来讲,首位级城市即是我们大众俗称的一线城市。在我国,北京、上海、广州、深圳都可以称得上首位级城市。位序—规模法则与齐夫定律相类似,解释为在城市体系中,城市规模与位序之间存在关系,城市规模分布与齐夫法则的理想规模相类似,也就是上文中举的美国城市、日本城市的相关例子。基于齐夫法则,对我国城市规模分布进行分析,结果显示我国的齐夫系数约为0.82。研究表明,人口增加或GDP增长时,城市首位度升高。在我国,城市化仍在发展的进程中,我国的城市规模分布也并未达到齐夫法则的理想规模,处于首位城市和位序规模之间的过渡状态。而使城市规模分布更加均衡,则要在工业化水平、交通运输水平或外资利用水平等方面有所提升。

参考文献:

[1] 方明月,聂辉华.中国工业企业规模分布的特征事实:齐夫定律的视角[J].产业经济评论,2010,9(02):1-17.

[2] 云可心,徐赐文.基于Zipf法则的中国城市规模分布及其影响因素分析[J].统计与管理,2020,35(09):47-52.

[3] 魏守华,孙宁,姜悦.Zipf定律与Gibrat定律在中国城市规模分布中的适用性[J].世界经济,2018,41(09):96-120.

[4] 爱德华·格莱泽.城市的胜利[M].刘润泉,译.上海:上海社会科学出版社,2021.

[5] 杰弗里·韦斯特.规模[M].张培,译.北京:中信出版社,2018.

蛛网模型：
为何中国的猪肉价格总是上蹿下跳？

1930年，美国的舒尔茨、荷兰的丁伯根和意大利的里奇，各自独立提出了蛛网模型，引入时间因素对商品的供求进行动态分析。他们发现，商品在供求失衡时有两种可能，一种是可以最终自动收敛到供求均衡的状态，一种可能是逐渐偏离并且越来越远离均衡点的发散状态。几位经济学家发现，最终是收敛还是发散主要取决于该商品的供给、需求弹性的大小。当供给弹性大于需求弹性时，价格和产量的波动就会越来越剧烈，使得经济状态逐渐远离均衡点，表现为"发散型蛛网模型"。如果该商品生产周期较长，自身又不易储存，生产者对经济未来变动缺乏足够信息，容易跟风形成"羊群效应"，具备这几样特征的商品，其蛛网特征更为明显。中国的猪肉市场供求关系就很符合"蛛网模型"描绘的情况，而且更像是发散性均衡的结果。

受文化习俗和消费习惯等因素影响，中国人对猪肉的消费量是惊人的。2018年，全球一共生产1.13亿吨猪肉，中国人吃掉其中的5595万吨，以不到1/5的人口消耗了全球近一半的猪肉。国人在饮食习惯上对猪肉的依赖和偏好，使得猪肉的需求弹性相对较小，价格的变动对需求总量的影响相对较弱。生猪存在着自然的生长发育周期，母猪从出生到产过一胎仔猪成为"能繁母猪"，大约需要1年时间，而再次受孕、仔猪断奶、标准育肥，又大约需要10个月。中国的生猪需求量太大，长期一直都是散户散养，标准化、规模化程度低，散养户对市场信息和预测能力很弱，基本没有抗风险能力，大多依据市场生猪的现价进行产能的扩张和收缩。如果遇到传染性较强的疫情，中国猪肉市场的供给波动非常剧烈。其中衡量生猪养殖业供给能力的两大核心指标是"生猪存栏数"和"能繁存栏数"，分别与3个月后、6个月后的猪肉供给相关。

养殖户的成本投入与收益回报之间存在时间差，生产规模一旦确定就无法中途改变，因此下一期的生猪供给量很大程度上与养殖户对猪肉的价格预期有关，而预期很大程度受到当期价格的影响：生猪的现在市场价格升高导致养殖户对未来的预期更加乐观，其补栏行动将导致下一期生猪供给量增加，而供给的过剩又会使得当期的猪肉价格下跌，这时养殖户的亏损预期会促使他们淘汰母猪来减少下一期的供给，使下一期生猪价格升高。这样价格与产量之间的反复作用，也被称之为"猪周期"。近20年来，中国的猪肉价格经常3~4年为一个周期，大幅波动，也成为中国消费物价指数波动的主要贡献者。可以认为，中国的生猪市场存在一个"发散型的蛛网模型"。

举例来看，由于2018年8月爆发非洲猪瘟，一旦在猪场内发现生猪感染，只能立即封锁疫区，对所有生猪全部扑杀并进行无害化处理，导致生猪存栏量在短期内大幅度减少。同时养殖户还在恐慌性抛售,有规模的大型养猪场对补充供给愈发慎重,而散户大量认赔退出市场,进一步加快了生猪存栏量的降低。与此同时,养殖产业的污染防治标准不断提升,中美贸易战背景下饲料价格快速上升,这给现存生猪养殖者带来大幅的成本上升压力。2018年年末能繁存栏量跌破3 000万头,2019年年末生猪存栏量跌到3.1亿头。根据中国畜牧业信息网数据,22个省市的平均猪肉价格从2018年每千克19.48元上涨至2019年10月的34.7元。生猪价格持续在每公斤40元的历史高位波动,并且一直持续到2021年3月。这么高的价格,使得生猪养殖的利润率不断抬升,也吸引了大量的供给产能的扩张。2020年,产能得到迅速恢复,到了年末生猪、能繁存栏量分别已经高达4.1亿头和4 160万头;2021年6月能繁母猪存栏量为4 564万头,达到了2018年8月爆发"非洲猪瘟"后的最高水平。供应端充裕直接导致生猪价格断崖式下跌,从2021年3月至6月,猪肉价格一路下滑到每千克15元,到9月触底到11.1元。这样猛烈的价格下挫,让行业龙头企业都难以承受,温氏股份在2021年净亏损146.6亿元、正邦科技净亏损188.2亿元、新希望净亏损79.2亿元。

　　猪周期不是我国独有的经济现象。自20世纪20年代,欧洲和美国的经济学家便发现并展开了对猪周期的研究。1925年美国农业经济学家摩迪凯·埃泽基尔、1927年德国学者阿瑟·汉瑙分别在美国和欧洲的生猪市场发现了猪肉价格周期波动的经济现象。猪周期的产生有内外部两个来源,外部因素包括猪粮比价的波动、政府政策和猪瘟疫情或某些突发事件等,养殖业中生猪价格并不是盈利的唯一因素,还受到饲料价格的影响。玉米等价格变化,它们都会导致生猪产业价格、产量和利润发生波动;内部因素则是生产者对未来市场持有的主观预期和生产心理,从事养殖业的生产者更为谨慎,面对市场的变化不会立马调整生产决策。按养殖周期来算,需要10个月左右产量的变化才能影响市场,当猪价上升时生产者不愿意立刻扩大供给,一般会在3到4个月获得利润后再扩大;下跌时,面对先前较大的设施投入,生产者不愿意立刻减少供给,会忍受5到6个月亏损才做出调整。这两个滞后决策过程和猪肉价格的平稳期一起组成了完整的猪周期。随着专业化、规模化和组织化的猪肉养殖业的形成,20世纪90年代后发达国家的猪周期时间也明显加长。美国在逐步成为猪肉净出口国,2020年其猪肉产量占全球的11.7%,出口量占22.9%;德国作为欧盟最大的猪肉生产国,2020年的猪肉产量和出口量分别占全球的4.7%和12.2%。猪肉的跨国贸易越来越频繁,使得其价格也更易受国际粮食价格、猪瘟、国际政治等众多因素影响。

　　中国政府一直在努力平稳猪肉价格,2007年国务院就发布了《关于促进生猪生产发展稳定市场供应的意见》(国发〔2007〕22号)以稳定猪价,此后在2009年、2012年和2015年国家发改委相继出台相应政策应对猪价波动。猪价在我国的波动周期大致为三年(朱增勇,2022),而2018年猪瘟下生猪价格大涨和2021年价格大跌的幅度都远远超出了以往周期。2021年8月猪肉价格大幅下滑时,农业农村部等六部委联合发布《关于促进生猪产业持续健康发展的意见》,提出建立生猪生产逆周期调控机制,防止产能大幅波动,形成长期稳定的猪肉供应安全保障能力。除了前文中提到的供给循环和需求刚性对猪价周期波动的影响外,近几年环保与疫情因素也加大了猪肉价格周期的起伏幅度。我国的生猪养殖业经营粗放型特点突出,养殖过程中产生的污染物没有得到科学处理,造成了比较大的环境污染。国家关于绿色发展理念的提出和环保政策的相继实施,为达环保指标,生猪供给有所减少。2018年猪瘟的大规模爆发大幅削减生猪数量,新冠疫情则影响了猪肉的跨地区运输,造成区域性价格暴涨。此外,我国猪饲料的原料大豆常年依赖进口,疫情之下我国削减了大豆和豆粕的进口量,增加了生猪养殖成本。

猪肉价格是造成我国CPI变化的主要因素,2016年至2020年猪肉价格变动与CPI变动高度相关,2019年3月至2020年7月猪肉价格变化对CPI变化贡献度为49.2%(易振华,2020)。在猪肉价格过度下跌时,欧美普遍采取短期市场调控政策,美国农业部市场服务局(AMS)通常会收购当月猪肉产量的20%～30%,作为冻猪肉库存,欧盟则以私人冻猪肉收储与出口补贴的方式调控市场,以在未来面对猪肉供不应求价格上涨时调整库存平抑价格。我国目前的中央储备主要为应对突发事件和救灾需要,地方储备用于局部应急和节假日市场供应,面对整体市场波动时猪肉储备的"蓄水池"规模不够大,较大程度依赖市场供求变化平抑价格波动。除了供需政策鼓励外,也可通过金融措施,如通过涉农银行、信用社发行创新金融产品,丰富生猪价格指数保险产品,推进生猪价格期货上市等手段,保证养殖户资金链稳定。中国猪肉供给的集中程度也在不断提升,2021年生猪出栏量居前的五家企业(牧原股份、正邦科技、温氏股份、双胞胎、新希望)合计出栏9 004万头,占全国生猪总出栏的13.4%。其中,牧原股份出栏4 026.3万头,市场份额达6%。希望通过市场竞争结构的改善,能够缓解一直以来上蹿下跳的猪肉价格。

参考文献:

[1] 邬梦雯.上市猪企股价连续数日回升是为何?[N].期货日报,2022-03-23(001).

[2] 朱增勇,马佳.欧美猪周期比较研究及其应对措施启示[J/OL].价格理论与实践:1-7[2022-04-05].

[3] 童龙弟,张应华.破解猪肉价格周期的金融对策分析[J].大众投资指南,2021(03):15-16.

[4] 易振华.猪肉价格变化特征、走势展望及对CPI的影响——基于猪周期视角的分析[J].浙江金融,2020(10):32-39.

[5] Zawadzka Danuta. The History of Research on the "Pig Cycle"—Problems of AgriculturalEconomics / Zagadnienia Ekonomiki Rolnej 205144 [R]. Institute of Agricultural and Food Economics-National Research Institute (IAFE-NRI),2010.

盖茨比曲线：
"美国梦"在逐步消退

We beat on, boats against the current, borne back ceaselessly into the past.

《了不起的盖茨比》(*The Great Gatsby*)是美国作家菲茨杰拉德的著名小说。讲述一位出身贫寒的底层青年盖茨比，爱慕富家千金，不断努力，追求人生成功，试图迈入上流社会，却最终结局悲惨。描述了即使在20世纪之初美国的繁华时代，阶层晋升也是极其艰难的。20世纪20年代的美国，刚刚成为全球第一大经济体，经济高速发展的同时，贫富差距拉大、阶层固化、社会道德滑坡等危机日益沉重。2013年，加拿大经济学家迈尔斯·克拉克(Corak)提出了关于收入差距与代际流动性的相关关系理论，并受小说的灵感，命名为"盖茨比曲线"(The Great Gatsby Curve)。

盖茨比曲线，横坐标为衡量收入差距的基尼系数，纵坐标为衡量代际流动性的代际收入弹性，即父辈的收入水平对下一代收入水平的影响。父母收入每提高一个百分点，下一代收入水平会增加几个百分点；该数值越大，表示收入的代际流动性越低，父辈经济阶层直接影响或者决定子女的阶层的可能性就越高。克拉克引用丹麦、挪威、日本、加拿大、英国、印度、智利、秘鲁等21个国家和地区的相关数据，得出一条向右上方倾斜的曲线，意为收入差距越大的地区，代际流动性越低。收入不平等的地区，个人的经济地位就越由其父母的地位决定，子女超越父辈阶层的可能性就越小。如果说基尼系数反映的是横向同一代人的收入差异、静态的不平等的话，那代际收入弹性反映的就是纵向不同代际的跨越可能性，是动态的不平等程度。在美国，这条曲线更多地用来讨论"美国梦"的幻灭与否，克拉克将这条曲线命名为盖茨比曲线，用意不言自明。

通常代际收入传递的途径主要有两种：一是财产资源性的继承，一是教育发展类的投资。高收入人群本身拥有较为丰厚的资金、房产、股权、荣誉等财产，通过合法传递延续至子代，并具有更强的保值增值能力；而在教育发展类的投资方面，随着高收入群体与中低收入群体的收入差距逐步拉大，高收入群体有能力通过购买价格高昂的教育服务产品及相关投资提升子代的教育素质，而中低收入群体多数仅能维持在公共教育水平或一般性教育服务产品的购买，两者之间的差距明显拉大。

美国最新的数据证实，以哈佛、耶鲁八大藤校再加芝加哥、斯坦福、麻省理工、杜克这十二所顶尖大学为例，他们的本科生中，15%的学生来自全美最富裕的1%的家庭，41%的学生来自最富裕的5%的家庭；中位数收入以下的所有50%的美国家庭能进入这十二所大学的可能性小于前1%的家庭。美国政治学协会前任主席罗伯特·帕特南的著作《我们的孩子——美国梦正处于危机》中做了非常翔实的美国社会调查，首先他选择了自己高中时的毕业班,这是一个位于美国中部俄亥俄州克林顿港镇上的一所非常普通的公立高中学校,1959 年该高中共有 150 名毕业生。50 年后帕特南重新调查了这一届毕业生,发现他们一生的经历还是非常好地验证了代际流动的"美国梦"的,有 3/4 的同学受教育程度是超过其父母的,很多不但是家族里的第一位大学毕业生,甚至是第一个顺利完成高中学业的。这当然是美国二战以后 50 年时间国家整体教育投入和资源大幅提升的结果。但是,统计分析发现,父母的社会经济地位、是否有工作、是否上完高中、是否是单亲家庭,还有父母的肤色等,与这一届毕业生在最终教育学历和一生的职业经历都无关。而到了 2012 年,家庭经济收入在前 25% 家的孩子大致有 58% 顺利拿到大学本科文凭,而家庭收入在后 25% 的这一占比只有 12%,进入好大学的差异更是高达 17 倍;更为细分的数据发现,收入差异会比成绩差异更重要,在收入低的群体中即使成绩是上游的孩子最终大学毕业的比例是 29%,而成绩差的富家子弟却有 30% 的比例获得大学文凭。而文凭带来的收入差距近年来还在不断扩大,从 1980 年到 2012 年,拥有大学本科学历的全职男性,小时工资薪酬上升了 20% 到 56% 不等,而同时期的高中文凭男性实际薪酬下降了 11%,高中都没有读完的下降了 22%。

家庭经济收入差距在近 50 年的拉大,无疑是美国代际流动性下降的首要原因。自 1979 年到 2005 年的 1/4 世纪里,最底层的 1/5 美国家庭在扣除了通货膨胀之后的平均税后实际收入每年增长只有 900 美元,处于中间的 1/5 家庭,增长了 8 700 美元,而最顶端的 1% 家庭,飙升了 74.5 万美元。不同收入阶层的家庭在子女教育上的支出比例也是不同的,从 1983 年到 2007 年,前 10% 收入的家庭不断增加,对单个孩子的平均投资增加了 75%,每年教育预算大约为 6 600 美元,而收入垫底的 10% 的家庭同期的同比数据下降了 22%,孩子的教育投资年预算也只有 750 美元,相差近 9 倍的教育投资必然带来不同的教育投资收益。收入不高带来下一代的教育机会下降,而工资薪酬的学历差距还在不断扩大,进一步扩大了下一代的收入差距。除了恶性循环的收入和教育的两个变量之外,近 50 年美国还有很多的社会变迁加剧了代际流动性的降低。比较明显并且影响大的包括邻里隔离、中小学的教育隔离、婚姻的阶层隔离等。

由于高速公路系统的四通八达和城市郊区的不断开发,更多的富人开始搬离低收入的邻居,即使同一肤色的人群,富人和穷人也很少住在一个社区里了。居住上的空间隔离,基本构造了孩子成长过程中最为重要的社会关系可能,如邻居、朋友、可能的良师益友等。这些社会资本的拥有与否,不仅可以提供精神和情感的支持,更是关键阶段帮忙渡过难关的物质来源可能,尽管过去 20 年美国的亲属和非亲属社会关系在普遍缩小,社会关联越来越少,越来越内聚和同质化,但是低收入阶层缩小得更快。

全国知名的私立学校,同一社区内学校的质量也差异巨大,甚至在同一个学校内依然出现快班和优生集中班。在 20 世纪 50 年代出生的不同家庭背景的孩子,在一个小组讨论作业,在一个球队团结作战,在一个派对狂欢,这样的情况再也不会出现了。由于社区的隔离,随之带来学校生源和校园环境的严重差异,以加州橘子镇的两所中学为例,在生均经费、老师资源等投入的指标上两校基本一致,但是产出指标(毕业率,SAT 考分、逃课和中途休学率)上,两校差异高达十倍之多。美国人的真实生存状态,与其说是人与人之间的不平等,不如说是邻里社区的不平等。

越来越少的美国年轻人跨越阶层组建家庭,这样不同阶层也很难有机会组建一个大家庭的内部交流,伴随而来的是美国不同阶层婚姻维系情况发生比较大的差异。在1950年代,各个阶层的夫妻关系都相对稳定,离婚不常见,总体的非婚生子女相对较少,只有4%左右。到了2010年之后,只有高中文凭的女性生育第一个孩子的年龄比60年前还下降了,普遍在不到20岁就有了孩子,更惊人的比例是这些女性在生育的时候有65%处于非婚姻状况,黑人女性这一比例高达80%;而受过大学教育的女性基本生育第一个孩子的年龄中值在30岁,并且只有2%的白人女性是在非婚姻状况下生育的。自己的收入相对较低又不稳定的情况下,还单独抚养孩子,是一件非常艰难的事情,有跟踪研究发现,这些非婚生子女基本在五年之后,只有不到1/3的还可以和亲生父亲保持联系或收到经济资助。1980年之后,美国对毒品犯罪管理得越来越严,并且扩大了监禁人数,据统计,在1990年之后生的黑人孩子中,他们的父母如果是没有大学文凭的,大概超过一半都有入过狱的经历。儿童成长的环境和生活经历,会影响一个人发育的各个方面,大脑结构的发育、共情能力、抗压能力都会受到影响。勇敢、敏锐、乐观、自控力、责任心、心理和情绪的稳定,这些被称为非认知能力和技巧,在后工业化时期,对个人成功的作用甚至超过学习成绩、身体健康等因素。

从18世纪至今的300多年里,中国的教育精英比例增长迅速,精英人才从1700年的10万多增加到今天的1亿多,扩大了近1000倍。在这300多年中,中国的代际流动经历了以下变化。首先是在20世纪之前,封建政府以科举为主要的选拔手段,进入仕途成为精英教育的主要目的,科举制下,尽管大多数精英人才来自官员家庭,仍旧存在近三成的精英来自平民阶层,通过掌握科考所需的专业知识,成功跻身精英阶层,故而是一个存在着新旧精英更替的流动性社会。1905年废除科举以后直至1952年院系调整,商人和专业技术人才的子女逐渐取代官员子女,成为占比较多的教育精英,并逐渐形成惯性。由于这些人经历过中国的工商业发展和转型,律师、金融从业者、医生等为主体的专业职业技术人员逐渐掌握了更多的社会资源,教育精英的代际流动也向这一部分家庭倾斜。晚清、民国的教育精英呈现出不同的来源,家庭背景结构性转变源自国家与社会对知识、学术和才能的定义与价值取向的转变。

1952年院系调整和学科改革以后,工农子弟成为教育精英中的主力,这种转变有效地改变了我国的教育精英构成,直至20世纪末的近半个世纪里,我国的代际流动最为显著。以北京大学和苏州大学为例,20世纪50—60年代以后,工农无产者家庭的孩子在大学教育中获得了最多的提升,成为当时录取的主力;1978年恢复高考之后,拥有一定文化、教育背景优势的家庭子女开始占据一部分比例,但工农子弟仍旧是录取的大部分。

中国的高校招生政策在持续调整,国家近年来加强了对自主招生的管理,严格控制自主招生的比例在5%以内,并限制自主招生对社会来源的影响,推行各种"贫困生帮扶计划",各大高校对贫困地区和农村地区采取招生照顾,一定程度上改善了精英家庭的结构。中国历史上不同时期不同的教育环境、教育资源获取、社会结构和社会地位的变化,使得教育精英的来源不断更新转变,呈现不断流动与代谢的特点。

参考文献：

[1] 梁晨,董浩,任韵竹,李中清.江山代有才人出——中国教育精英的来源与转变[J].社会学研究,2017,32(03).

[2] 梁晨,任韵竹,王雨前,李中清.民国上海地区高校生源量化刍议[J].社会科学文摘.2017(11).

[3] 梁晨,李中清,张浩,李兰,阮丹青,康文林,杨善华.无声的革命:北京大学与苏州大学学生社会来源研究(1952—2002)[J].中国社会科学.2012(01).

[4] [美]罗伯特·帕特南.我们的孩子:危机中的美国梦[M].田雷,宋昕,译.北京:中国政法大学出版社,2017.

贫穷的本质：
远比想象中复杂

据世界银行《2018年贫困与共享繁荣：拼出贫困的拼图》报告统计，按购买力平价计算，以每日支出不足1.9美元的国际贫困线标准衡量，2018年全球仍有大约6.56亿人处于极端贫困状况。全球各类组织尤其是西方发达国家，对贫困现象也并不是没有付出努力，他们在50年中仅仅对非洲的援助，就达到2.3万亿美元，但成效甚微。甚至有学者认为简单直接的国际援助弊大于利，直接的物质资助会扭曲对贫困人口的激励，使得不劳而获的期望变高；另外物质援助必须和当地政府合作，通常带来更多的腐败甚至军阀力量的增强。

贫困产生的原因极为复杂，扶贫也比我们想象的要困难很多。诺贝尔经济学奖获得者巴纳吉和迪弗洛在《贫穷的本质》一书中，通过对五大洲贫困人群最集中国家和地区的一线调查，从日常生活、食品供给、教育的效果、疟疾与疫苗的关系等多个细微层面，探究贫穷真正的根源。

首先，贫困人群缺乏有效获取信息的能力和途径。而极端贫困的人每天只有1.9美元，他只能将大部分的钱花费在食物上，获取信息的渠道——报纸、电视和书籍都是需要花钱的，并没有多余的钱和能力用于获取信息，他们对很多信息一无所知，甚至连一些基本常识都不具有，而这些信息的缺乏将导致他们失去摆脱贫穷的机会。比如他们并不知道基础教育的重要，很早就让孩子辍学，让第二代人日后成功的概率大大减少；并不知道购买商业险来提高自身的保障等。

第二，贫困中的人缺乏长期发展的眼光。由于生活资源的长期匮乏等原因，多数形成了目光短视的思维模式，仅仅专注于眼前确定性收益的获得，而无法以长远的眼光思考问题。相比较未来一段时间才会看到的收益，贫穷的人更倾向于选择获取眼前的得到感。调查显示，当穷人有多余的钱时，他们并不会用来购买教育或者培训，他们会把钱用在无关紧要的事情上，比如隆重的丧事、昂贵的婚礼等。教育是个长期投入还不一定见成效的事，与其把钱压在遥不可及的未来，不如花钱买点粮食，改善伙食，他们宁可选择着眼于眼前。

第三，贫困中的人缺乏应有的认知水平。穷人多从事体力劳动，身体消耗很大，虽然他们会在健康上花大量的钱，但花销并不科学。例如，他们基本不相信疫苗，认为没打疫苗的人也没有生病，所以打了疫苗根本没用。他们认为，接种一种疫苗只能预防一种疾病，并不能预防所有疾病，都是医生忽悠人的。他们认为，花小钱在健康的预防上没必要。可一旦健康出了大问题，他们就是向高利贷借钱也要治疗，由此全家陷入贫困难以自拔。

2019年诺贝尔经济学奖与此前不同,获奖者主要贡献不在于提出新理论,而在于引入了一种新方法,即采用随机实验的方法探索消除全球贫困的最佳方案。三位做贫困研究的学者平分诺贝尔经济学奖金。他们是阿比吉特·巴纳吉(Abhijit Banerjee)、埃丝特·迪弗洛(Esther Duflo)和迈克尔·克雷默(Michael Kremer)。评委会认为,他们通过实验的方法对贫困产生的原因进行了系列研究,相关的结论提高了我们消除全球贫困的能力。

在过去的20年里,实验已成为发展经济学家研究减贫问题的主要方法,以实验为基础的新方法改变了发展经济学,已经成为整个经济学研究的一个重要方法论工具。经济学家们通过精心设计的实验,在目标人群中寻求更好的解决方案。例如,20世纪90年代中期,克雷莫和他的同事在肯尼亚西部农村进行了一项田野实验:一组学校拥有更多的教科书,另一组则被给予了免费的学校餐食。实验表明,更多的教科书和免费的校餐都对学习效果没有任何影响。如果教科书因素有积极的作用,也只适用于最好的学生。三位诺奖得主将消除全球贫困这个宏观性问题从营养、健康、教育、生育、风险管理、贷款、存款、创业、政治参与等方面分解成为个人或群体层面细小、精确、容易处理的问题,通过大量的田野实验,多方面研究探讨穷人的生存、选择和突围,以及援助制度对穷人的意义。他们扩充了大家对贫困问题的理解,对实际的贫困政策实践都做出了重要的贡献。

这次颁奖鼓励更多的发展经济学家研究中国的脱贫问题。中国是全世界最大的发展中国家,特别是在脱贫方面取得了举世瞩目的成就:累计减贫8.5亿人,按照世界银行每人每天1.9美元的国际贫困标准,中国对全球减贫的贡献率超过70%,按照精准脱贫攻坚战的要求,中国政府郑重承诺,在2020年完成现行标准下贫困人口的全面脱贫。中国有很多很好的研究主题和研究素材,如何提升理论水平和用理论来指导脱贫值得研究,但国际发展学经济学家缺乏对中国脱贫的研究。作为经济学研究的一个工具,探究扶贫的方法,中国研究者可以借鉴和采用该方法来巩固脱贫方面的成果。

什么样的人是真正的穷人?为何"越穷越容易生病,越生病未来就更穷,穷人是未来更穷的原因"?穷人们并非不够努力、不愿意学习,但生存本身就可能已经占去了他们95%的时间,再加上错误的观念和匮乏的资讯,穷人们根本没有剩余的资金来长期投资自己。一方面缺乏有效的资讯而无法做出正确决策,另一方面因为朝不保夕而放弃投资去及时行乐,又或者因为出身卑微只能自怨自艾自生自灭。"有些人光是活下去,就已经拼尽全力了。"贫穷是短视的原因,短视又是贫穷的根源,穷人因此跌入贫穷陷阱,陷进恶性循环。

穷人其实更好面子,却不重视自身营养健康。研究发现,在18个国家的贫困人口中,食品消费只占农村穷人总消费的36%～79%,占城市穷人总消费的53%～74%。也就是说,穷人并没有用全部的钱来填饱肚子,用于自身更健康地成长生存,而是漠视自身营养健康,把钱花在了买电视、手机,以及大肆操办婚丧嫁娶等虚荣性消费上。在一次田野调查中,三位经济学家来到一处贫困的村落考察,他们发现,当地许多儿童表现出营养不良的状况,但许多家里都有电视机。村子里的人说,他们会用攒很久的钱买一部电视机。学者们感到奇怪:电视机并不能改善他们的经济情况,但是吃得更好、更健康却可以帮他们更好地提高生产力。为什么宁可买电视机,也不愿意花钱改善自己的营养状况呢?因为村子里的人认为电视机比食物重要。

大多数非洲儿童遭受疟疾,2008年约数万人丧生。科学研究发现,在疟疾传播严重的地方,人们睡在一种特殊的经过杀虫剂处理的蚊帐里面,可以有效减少疟疾的感染。有人会质疑,买一个经过杀虫剂处理的蚊帐需要多少钱呢,穷人是否难以支付这样一笔开支呢?答案很简单,只要10美元,并且附带的服务还有使用说明和人工服务等。倘若将蚊帐赠送给穷人,他们会认为不花钱就能得到蚊帐,既不会珍惜,又会对施舍习以为常,他们会习惯在需要其他物品时也不花钱,而是等着人们免费送。萨克斯认为,应该向穷人提供"梯子",帮助他们度过基于健康的"贫穷陷阱",帮助他们逃离。从大多数人的心理出发,很多人都会对穷人伸出援手,即使穷人买不起"梯子",也会给予他们馈赠,这就使得他们很快习惯赠予和施舍。

产生这种结果的原因,一方面在于穷人本身的认识不足,信息辨明能力不够,更重要的是其错误的心理。经济学上有一个名词叫作"心理沉没成本",即人们会根据价格来判断物品的质量,并且只愿相信他们的判断,对于穷人而言这种现象更为明显。他们可能会认为支付很多钱的东西会很贵,也就很有价值。而当某物品是廉价的,人们便有可能认为它没有价值。

教育也是穷人之所以贫困的重要因素之一,不同阶层会进行不同的教育投资,接受不一样的教育资源。穷人为何会持续忽视教育呢?越贫穷的人,会越漠视教育。研究发现,提高穷人的文化教育水平,并不能简单地通过多建学校、减免学费来实现。举个例子,2005年,在印度,一家政府机构组织测试了70万名乡村学生的学习程度,70万名印度青少年中,7~14岁的孩子,70%不会做除法题,60%的读不懂一个简单的故事。调查发现,在乡村地区,很多低收入的家长并不重视孩子的学习,他们本身就不知道孩子上学有什么用,自然也不相信孩子接受教育后会通过学识改变自己的命运。这就形成了一种恶性的代际循环,一代一代贫困下去。这个方面的原因也与教育机制和阶层固化情况息息相关,不恰当的教师鼓励和过于悲观的预期,会很大程度上使得发展中国家的教育体系不能给予每个人一套健全的基本技能,不能发掘人才并合理使用人才。教育机会本身已经难以获得且非常昂贵,如果教育投资的预期回报不高且严重不确定,那让穷人投资下一代的教育就是勉为其难了。

人口增长对环境也具有潜在影响。在世界上的有些地方,人口的增长使得安全可靠的饮用水数量不断下降。不仅如此,人口的增长还会增加对粮食的需求,所以也就愈发增加了对于灌溉用水的需求。研究表明,穷人生活缺乏保障,避险方式落后,越穷的人越会通过生育来避险。他们认为,孩子一方面可以充当劳动力,另一方面由于基数大,其中只要有一个能够挣钱,就能给家庭生活带来改善。但实际结果往往相反,孩子越多遇到的风险反而越大,任何一个孩子生病带来的后果可能都是灾难性的;由于数量众多,父母为每个孩子投入的资源就会变少,孩子的教育投入只能被锁定在很低的水平上。

三位经济学家从不同的角度进行了深入的实地调研,帮助我们更为深刻地认识到贫穷的本质。国家不能把希望简单地寄托在提供食物或是增加学校、增加老师上,这样并不会解决他们的贫困问题。更需要普及健康知识,提高穷人的抗风险能力,以及缩短教育的回报周期,建立合理有效的人才培养和挖掘机制,用科学的思维来指导扶贫。

参考文献:

阿比吉特·班纳吉,埃斯特·迪弗洛.贫穷的本质[M].北京:中信出版社,2013.

技术与泡沫：
支持与崩溃

英国经济学家卡萝塔·佩蕾丝在《技术革命与金融资本》一书中，将每次技术革命划分为两大时期：头二三十年称为"导入期"，后二三十年称作"拓展期"。导入期和拓展期又分别包含两段，共四大阶段——爆发、狂热、综合和成熟。她分析历次技术革命与金融资本的关系，指出"技术革命—金融泡沫—崩溃"在历史上总是循环往复的。

工业革命以来，技术革命和金融资本的关系很值得研究。金融资本对技术进步存在着从支持到追捧到狂热然后最终泡沫崩溃的循环。一方面，要充分肯定技术进步后面金融资本的强力支持。蒸汽机的改良者瓦特背后有着重要的资助人：罗巴克和博尔顿。如果没有充足的资金，瓦特是不可能集中精力专注于技术研究和开发的。瓦特的创新是受两个商人的赞助，而爱迪生的知遇者则是资本家摩根。爱迪生创立电力照明公司，在资本运作下又合并成立了"通用电气公司"，"无意间"开启了人类历史上的电力工业大革命。至于铁路、运河、汽车、互联网等人类历史上的新技术、新行业，都能看到背后金融资本的身影。

另一方面，历次技术革命中都反复出现泡沫和破灭的金融动荡。伴随第一次技术革命的金融投资泡沫是18世纪80—90年代的"运河热"。在"运河热"之后兴起的是"铁路热"。"铁路热"使铁路股票成为当时伦敦交易所最主要的交易产品，同一时间美国纽约交易所挂牌交易的铁路股票从1835年的3只增加到1840年的10只，再到1845年的38只。英国的"铁路热"在1847年崩溃，美国华尔街在1857年崩盘。在这两次早期的金融投资泡沫后，伴随着第三次即钢铁、电力和重工业时代与第四次石油、汽车与大规模生产时代的到来，金融投资史上又相应爆发了1884—1893年和1920—1929年的两次泡沫。到了20世纪90年代，对网络股的追捧成就了信息产业革命中金融投资热潮的巅峰，纳斯达克指数从1 000点上涨到5 000点以上，随后市场从狂妄转为恐慌，最终崩溃。从2000年4月开始，纳斯达克指数最低跌至2 800点，跌幅近半，网络股中跌去90%以上的股票比比皆是。近年来，对新能源相关概念的追捧也是非常狂热，特斯拉公司在销量还不到丰田汽车十分之一的时候，资本市场的市值已经是后者的4倍。

拥有新技术但缺乏资金的企业家可以通过发行股票上市获得长期资本，尽快将新技术量产占领市场并获得规模效益。购买企业股票的投资者，他们看重的是新兴技术有比传统产业更快的利润增长率，"创造性破坏"，即用颠覆式的结果完全替代某个传统产业。技术革命最后的获胜者，会给投资人带来巨额回报，比如购买美国苹果公司的股票能带来20倍的收益，中国的腾讯公司可能带来50倍的回报。基于逐利目的的金融资本,实际上也催生了一些伟大的企业。同时,高新技术企业的风险也很大,所谓"一将功成万骨枯",新技术本身和它的市场适用性也存在着很多不确定性。另外,如果新技术企业的利润额不能持续维持越来越快的增长,金融资本的预期就有可能反转,一旦出现踩踏似的集体行动,就是金融市场的大幅调整。

卡萝塔·佩蕾丝原本是一位石油行业的研究者,在试图解释20世纪70年代的石油危机时,她敏锐地察觉到全球经济正开始一种长期的转变,即从基于石油的大规模生产转向基于芯片和微电子技术的信息经济。这促使她开始研究经济的结构性转型问题,从而奠定了《技术革命与金融资本》这本书的基础。为此,她提出了两个关键词——"技术—经济范式"和"发展的巨潮"。前者指的是经济发展中技术演进的模式,作为一种组织经济和资源的新范式,它指导着每次技术革命扩散的新"常识";后者代表的是每次技术革命及其范式在经济和社会系统中启动和展开的过程。

卡萝塔·佩蕾丝把人类至今的发展划分为五次技术革命。第一次是以英国为代表的产业革命,此时所谓的"技术—经济范式"是:工厂生产、机械化和时间观念;第二次仍是以英国为代表但是逐渐扩散到欧洲大陆和美国的蒸汽铁路时代,此时的"技术—经济范式"是:大统一市场、规模化和标准化;第三次是以美德为代表的钢铁、电力和重工业时代,"技术—经济范式"是:世界统一市场、垄断卡特尔、电力成为工业动力、超大规模经济(垂直一体化)以及会计准则;第四次是以美国为代表的石油和汽车时代,"技术—经济范式"是:大众市场、进一步发展的规模经济(水平一体化开始体现)、集权化的金字塔结构、能源密集型、职能专业化以及民族国家之间的对抗;第五次也是以美国为代表的信息和远程通信时代,"技术—经济范式"是:信息密集型、非集权化的网络结构、知识成为资本、全球性的及时互通互动、市场细分、异质性和多样性特征明显。

在爆发阶段、狂热阶段、协同阶段和成熟阶段中,前两者是新技术的扩散过程,是新技术发展的"巨潮",称为导入期;后两者是新技术成为经济增长的"常识"的状态,称为拓展期。导入期和拓展期之间往往是一段过渡期或者自救期,在这段时期的开始正好是狂热阶段金融崩溃的结束,人们开始进行反思和自我纠偏,逐渐建立一套"完整的调节体系"和"有效的防御机制"。在规章制度的约束下,社会开始进入充分就业状态,大规模的生产性投资开始进行,为进入拓展期做好准备。

约每半个世纪会发生一次技术革命,其全部成果在一段时滞之后被采纳。大约每半个世纪某些特定的事件就会顺次再发生一次,即技术革命—金融泡沫—崩盘—黄金时代—政治动乱。20世纪初的互联网泡沫的破裂非常适合做案例,信息革命提高了生产率,金融市场解放了财富驱动力,但是"生产率的爆炸性增长和金融狂热的迸发",导致了"经济欣快症"和随之而来的信心崩盘。这种现象的产生可以归结于以下三个原因:技术的演进方式是革命的、性质是彻底的;经济系统和社会系统分割,社会—制度框架具有惰性,制约着技术—经济领域的变革;金融资本和生产资本的职能分割,二者追求利润的方式不同。

研究金融尤其是金融危机的金融学家们和研究技术变迁的经济学家们虽是同源,但彼此之间的隔绝却是惊人的。经济学家们认为创新和新技术的扩散需要金融资本的支持,金融学家们也认为生产商品和服务的实体经济是金融发展的基础,但是金融与技术之间的关系却一直被忽略了。熊彼特作为研究创新的鼻祖和集大成者,实际上是很看重金融和经济的融合的,他认为:"企业家和金融家是相互依赖的关系,共同促进创新"。熊彼特明确提出重大创新有赖于金融资本。但是,后来的经济学家和金融学家,有的甚至是熊彼特理论的追随者,却都对于金融和技术之间的复杂关系缺乏更深度的研究。

实际上,金融资本和产业资本的关系一直是政治经济学领域的重要论题。产业资本和金融资本究竟是在融合还是在分离,学者们众说纷纭。卡萝塔·佩蕾丝认为,二者的关系是一个动态的过程,爆发阶段是金融资本和产业资本的蜜月期,资本大量投资新技术,蔑视旧资产;狂热阶段,金融资本和产业资本分离,资产的账面价值和真实价值分离,泡沫倾向明显;协调阶段,二者再度耦合,资产的账面价值和真实价值合一,推动健康发展;成熟阶段,二者又开始分离,金融资本开始转向新区域和新部门转移,下一阶段的种子开始萌芽。

参考文献:

卡萝塔·佩蕾丝.技术革命与金融资本[M].田方萌,译.北京:中国人民大学出版社,2007.

方便面指数靠谱吗？

对于"方便面指数""服务员外貌指数""华尔街裙摆指数"等趣味经济学指数，在以之为独特观察视角的同时，仍应理性分析其研究价值与背后机理。方便面，通常被视为廉价、方便、不健康的食物，近年来在中国市场的销量经历了"V"型走势，大幅下跌后再度上涨。以方便面销量衡量经济景气度增减的"方便面指数"真的靠谱吗？方便面重新火热究竟是疫情期的短期效应，还是另有玄机？

有研究人员在2000年对泰国方便面和泰国经济之间的关联性进行研究，发现方便面的销量与泰国经济增减呈现负相关，"方便面指数"成为观察经济形势的一个另类维度。2013年以来，中国方便面销量从462.2亿包新高后连续三年下降，最低为2016年的385.3亿包，后逐步回暖，2018年重回400亿包，2019年持续上涨。疫情期间，方便面市场回暖势头明显，仅疫情暴发的第一个月，淘宝上搜索"方便面"的人数增长了200倍。综合中国经济近年来的整体环境，并不能简单地以负相关来解释"方便面指数"与经济增长的关系，也不能单纯地以疫情特殊性的短时效应解释近三年来方便面市场的回暖。"方便面指数"的变动与市场替代品、产品本身、产业结构和消费环境有更深刻的关系。

主要替代品外卖的增长迅猛。2016年以来，以美团、饿了么为代表的互联网外卖平台快速崛起，相较于被刻板定义为"不卫生"的方便面，品类丰富且不需加工的外卖餐食迅速被大众接受，初始阶段的高补贴模式，使得外卖产品性价比更高，挤压了城市中的方便面市场。随着双寡头垄断格局转型，平台对商家的抽佣比例提高，对消费者和商户的补贴降低，包装及外送费用增加，外卖餐食逐渐失去了价格优势。外卖单均价格已在35元以上（含配送费），与此相比，方便面的价格优势再次凸显。

方便面产品自我升级迭代。2016年以来，中国市场的方便面产品呈现诸多新亮点，逐步摆脱"不健康"和廉价标签，以"非油炸"、丰富配料为特色，整体价格明显上涨，部分品牌单品均价翻倍；品类不断丰富，日本、韩国、中国台湾等地的方便面产品进入大陆市场并广受欢迎，并出现了大量与方便面相类似的酸辣粉、河粉、小馄饨等地方特色方便速食；产品定位的时尚化，方便面产品的营销策略更加贴近城市时尚人群，采用明星代言、高投放广告、艺术化产品外包设计、影视剧植入等方式争取青年白领市场。

即使在销量最低的2016年，中国市场依然消费了全球三分之一以上的方便面。方便面作为相对廉价的速食品，仍是大量城镇低收入群体的重要消费选择。而另一方面，在饮食习惯相对接近的高收入国家中，韩国的人均方便面消费量是中国的3倍，2018

年韩国人就消耗了 38 亿包方便面。算下来平均每人每年吃掉 74.6 包,2019 年中国方便面销量有望维持在 400 亿包以上,人均一个月吃掉 2.4 包。日本是中国的近 2 倍,未来中高档方便面市场仍有发展潜力。综合来看,2013 年以来"方便面指数"的"V"型走势,与中国经济的增减并无明显关联,主要是其作为单一产品的市场环境变化的折射。

除了泡面指数以外,还有很多有趣的小众指数,最为有名的是裙摆指数。这是 19 世纪经济学家提出的,指的是女性裙摆越长,股市越低迷,女性裙摆越短,资本市场则越呈现上涨的趋势。这之间存在着一定的相关性,股市投资者可以通过女性的裙摆长短对经济有感性的认知。但要解释背后的经济逻辑,也存在一定的困难,看似毫无关联的事物又是如何联系在一起的呢?在理论提出的时代,丝袜属于一种奢侈品,人们购买丝袜是因为经济上行,就业稳定时,人们会增加奢侈品的支出,以满足精神上的需求;而当经济下行的时候,人们会放弃购买这样一种奢侈品,女人会减少对于自身装扮的物品的购买,更多地去购买生活必需品。因此,在理论提出的年代,裙摆理论会产生非常有效的作用。但是,到了丝袜不再是奢侈品的今天,人们购买丝袜并不太会受到经济和生活水平的影响。但根据裙摆理论,可以做出一些适当的合理的推断,比如"口红指数""包包指数"等。当就业形势严峻,收入不稳定的时候,人们很难愿意花费一笔金钱购买相对奢侈的包;忙于生计,人们不愿意装扮自己而改变心情。当经济条件改善时,人们就会更注重自身的心情需要而非生存需要,会愿意花钱购买"不实用"的包包。还有一种对于"裙摆指数"的解释是,当面临悲观无助的情绪时,人们更多地会采取防守的态度,更加低调保守;而当经济向好时,人们就会更多地产生积极乐观的情绪,就会外向张扬,从中也可以窥探经济发展和裙子长短之间的相关性。这样的解释类比到包包上也不无道理。

但这样的类比也要根据环境进行分析,存在一种"口红效应",是指在美国,当经济下行时,口红销量会直线上升,原因是在美国的文化和消费价值中,口红属于廉价化妆品,当经济下行时,人们仍存在消费欲望就会转向消费廉价的奢侈品,所以口红的销量便会反其道而行之,和经济增长呈现负相关的关系。口红效应在电影行业中也能找到具体事例。当经济危机发生时,各行业一片萧条,但电影行业却乘势大行其道,找到了上涨的机会,此时的替代效应远大于减少的收入效应,因而"口红效应"在电影行业中有着广泛的实例。2008 年,全球金融危机,但电影票房不降反升,主流院线超过 40 亿元,相对于 2007 年有着近 30% 的上涨。不仅如此,在日本的市场调研中,尽管其他行业相继遇冷,游戏行业却销量大增。这些都可以用"口红效应"来解释。同样地,"口红效应"在不同的消费领域均可以来比,当该商品除了本身实用价值以外,还有一些附加价值,有较低的绝对价格,能够引发消费者的消费欲望,便都可以相应地类比到这个指数里,与经济增长情况产生相关关系。

几年前,中国台湾的综艺节目上一个奇怪的言论引发了热议,言论称大陆吃不起"涪陵榨菜",背后隐藏的经济含义是大陆经济的下行,更多暗含着讽刺的意味。很早之前,便有"榨菜指数"这一说,这一指数通过涪陵榨菜这几年在各地区销售份额变化情况,推断人口流动趋势,反映的是农民工的流向,一定程度上反映了中国的经济结构性变化。涪陵榨菜在华南地区销售份额在 2007 年时为 49%,后来逐年下滑,2011 年降至 30%。华南地区流动人口流出速度非常快,那里有着大量高耗能、低附加值的加工制造业,吸引了农民工的流入,但随着经济结构转型、产业结构升级、劳动力成本不断上升,沿海发达地区原有的对于大量人力密集的产业逐渐被替代,造成 2007 年后农民工的不断流出。农民工从东南沿海地区回流中西部地区,能够加速中西部地区的城镇化建设,提供更丰富的劳动力资源,并且有利于承接东部地区的产业转移。榨菜指标背后存在很多相关的经济信息,能够给予政府政策一定的建议,让政府针对农民工流动采取不同的产业结构转型升级的政策,做好社会保障体系的建设,更有效地补贴农民工,发挥好回流的劳动资源优势。与政府进行调研的农民工流动数据相比,这样的指标更敏感,也更便捷有效,能够让政府迅速捕捉信息做出决策,以便更为合理地制定政策措施。

小众指标在反映现状的速度上相比官方指标要快,显示的信息也更为灵敏,对于背后蕴含的经济含义也有着一定的相关性和合理性。这些趣味指标往往和人们的日常生活相挂钩,与传统指标不同的是,人们能够从日常生活中常见的事情或物品上面观察背后的经济内涵,并对背后的经济现象做出理性的猜测和判断,更能了解到经济形势的变迁。以小见大,很难有人为加工、虚浮夸大的可能,也更能真实地反映经济发展状况。

参考文献：

[1] 马丽.裙摆是经济硬指标?[J].中国新时代,2012(04):112-113.

[2] 立波.榨菜指数 & 趣味经济指数[J].农产品市场周刊,2013(37):1.

噪声理论：
人类判断的普遍缺陷

美国一位著名的法官弗兰克尔，发现美国联邦法官在量刑中存在着许多难以解释的差异性，他提供了一系列真实却令人震惊的案例：两名男子都因兑现假支票而违法，金额都不多，分别是 58.4 美元和 35.2 美元，但两人最后的刑期却千差万别，分别是 15 年和 30 天；两起类似的挪用公款案，分别被不同的法官审理后，判决结果分别是 117 天和 20 年。更为严谨的研究也发现同样的问题，将 16 起完全相同的虚构案件交给 208 名法官进行判决，结果存在巨大差异：有一起诈骗案，所有法官判决的刑期平均值是 8.5 年，但其中有一名法官给出了终身监禁的判决。人类在对同样的事件给出判断时，结果总是不同，这种判断的差异可以理解为决策不够准确的"噪声"。诺贝尔经济学奖获得者卡尼曼在《噪声：人类判断的缺陷》中认为，人类判断决策时普遍存在一种缺陷，就是"噪声"的偏误。

整体人类都有一些共同的心理偏误，比如都存在的"损失厌恶""过度自信"等，如果是因为这些共通的心理倾向带来的和理性决策不一致的结果，一般被称为"偏差"。偏差一般能归因到一个共同的原因。而噪声不同，它的来源是随机且飘忽不定的，不同的人有不同的噪声原因，同一个人在不同时刻也会有不同的缘故产生不同的判断。医生诊断、面试官打分、分析师对明天行情的意见，都因为噪声的存在，而很难一致。

按照卡尼曼的分析，不同法官面对同样的案情而产生不同判决结果，被称为水平噪声。不同的招聘官，对同样一个候选者评价差异巨大；对同样的投资标的，不同的分析师结论常常截然相反；外科医生对同样的病情，也会给出不同的诊断方案，这些都属于水平噪声。如某位法官总体倾向于从轻处罚，但对惯犯却非常严格；另外一位法官对有色人种的判罚相对宽容。这类受到犯罪情节或者被告特征影响而造成的判罚差异，被称为另外一种噪声：模式噪声。模式噪声通常来源于某些个体比较稳定的个人偏好。更有趣的噪声可能来自不可捉摸的随机因素，它们是不稳定的，被定义为情景噪声。比如恰巧今天天气晴朗，或者昨天晚上本地的橄榄球队艰难获胜了，通常法官的判决都会相对宽容。这些噪声可能来自情绪对判断的影响，而有些情景噪声则很难找到确定的原因。有学者研究发现，高校在招聘研究类岗位时，阴天时更关注候选人的学术情况，而晴天则会对学术之外的事情更加敏感。该学者对此调侃道：云会让书呆子看起来更不错些。

单个人的决策或判断无法避开误差，那三个臭皮匠是否能顶一个诸葛亮呢？卡尼曼认为群体的决策并不更优，反而更容易增大噪声。最常见的是对未来预判的时候，常常由于客观无知而带来无法判断的状况。"常看晚间新闻的人都知道,没有无法解释的股市波动,无论今天的股市是大涨还是大跌,你都可以从晚间新闻中找到答案!"常态谷的概念:我们对世界的理解,取决于我们自己编故事的能力,我们几乎总是能为每件事情找到似乎合理的解释。类似豆瓣的电影评分系统,也在无形中扩大了群体的误判。五分评价系统,在每个人心中的标准是不同的,你的四星半可能已经是最牛的史诗级作品了,但是其他人有可能是起评分。这种匹配的批判体系,会放大水平噪声。群体中发言的顺序以及第一个给出明确判断的,会对后来者以及群体最终的观点有重要的影响。"谁占了先机,谁就会占尽优势",有专门的实验证明,随机指定某首流行歌曲为热门歌曲之后,它会被自我强化,之后的下载量会越来越多,从而会持续热门。在网络评论中,如果第一条评论是赞成票,之后下一个访客对该评论继续赞成的可能性增加32%,这一效应在5个月之后,依然可以让其评论受到的平均赞成票增加25%。一些流量明星,很注意"控评",就是在网络评论区特别关注置顶的头几条评论。"任何事情都取决于他们最初受欢迎的程度,最好想尽一切办法,让产品在第一个星期就获得巨大成功。"

群体之间的充分交流,会产生好的效果吗?结论是观点会更加极化。如果互相讨论,并清楚了解大家各自的选择,群体中更多人会向主导地位的观点不断转变,也使得群体更加团结,更加自信,并更加极端,而群体最终的判断可能更不明智。现在一些"粉丝部落",通过群体极化现象,对某些流量明星从一般喜欢,逐步变为"脑残粉"。

"噪声就像地下室漏水,它之所以能够被容忍,不是因为人们认为它是可以被接受的,而是因为它一直未被发现。"而且在医疗、教育、刑事司法、国际外交等领域出现误判,带来的后果是具有很大危害性的。如何能有效解决噪声问题呢?卡尼曼尝试性给出了几个解决方案。比如把决策过程交给一个每个个体都能独立做判断的群体。群体加大噪声的原因主要来自他们的互相影响,缺乏独立性,如果他们每个个体都互不打扰,很多独立判断的汇总会减少噪声。德尔菲法主要原则就是,独立做判断,然后汇总独立判断的结果。例如,预测明年的经济增长,可以让50位专家各自预测,然后把他们的预测结果汇总后做一个均值并反馈给每一位专家,让他们知晓这一结果是众人平均后的结果,允许他们进行修改,如此反复几轮,得到的预测结果往往比专家们聚集在一起要准确得多。如果用量化的打分匹配容易产生不同标准的误差,可以用排序来取代。用10分或者100分直接给某员工评价,容易造成噪声,可以先分为优、良、中、差、极差等五档,然后将员工先放入你认为的某一档中,然后对同属一档的员工进行排序。这样每次评价的时候,其实都有对比的人做标杆,不至于出现标准不一的情况,减小了匹配噪声。

如果人类的决策判断中必然带有各种噪声,并且这种噪声的误判可能产生非常多的危害,那么模型、算法是否会好一些呢?卡尼曼的答案是肯定的。谷歌公司在招聘新员工的时候,一般就分为两个环节,第一个环节是完全标准化的考核和面试,每项考核都独立打分,独立评估,并且细节都标准化,可以量化为考核结果,最终生成一份求职者档案。第二个环节是招聘专家委员会,根据这个档案再讨论最终的雇佣意见。这种"先模型后人类"的原则,综合考虑了两种决策各自的优缺点。还有很多人目前还不太信任模型和算法，特别是对算法有相对更高的准确率要求，如自动驾驶的事故率，即使低于人类开车的事故率，依然不足以让他们信任，他们可能会要求最好是零事故。

参考文献：

［以色列］丹尼尔·卡尼曼,［法］奥利维耶·西博尼,［美］卡斯·R.桑斯坦.噪声：人类判断的缺陷[M].杭州：浙江教育出版社,2021.

因果分析：
经济学研究中的方法论突破

　　古典经济学家大卫·休谟认为：所谓因果关系，只是来自我们的想象，是我们养成的心理习惯。哲学家穆勒曾为这一结论给出过解释：如果一个人吃了某道菜之后死了，只有当他同时又没有吃这道菜并活着，这两种状态同时被我们观察到，才可以说，这道菜是他死去的原因。很明显，人类无法构建这样两个同时并存的时空，所以因果关系只是一种迷信。

　　但是，医学领域在验证各种新药疗效结果时，使用随机实验的方法，主动创造出"一个基本相同的双重时空"。1948年，药学科学家马歇尔将一群肺结核患者随机分为两组，一组接受链霉素治疗，被称为实验组；另外一组仅仅卧床休息，被称为对照组，最终结果证实：链霉素是肺结核症状改善、死亡率降低的原因，这也成为人们接受的共识。也正是因为这一方法的广泛使用，人类才会在近一百年取得了如此大的医疗科学进步。

　　随机实验可以帮助我们尽量接近因果关系，这一思想大致可以总结为：我们去比较同一个研究对象，在接受处理和不接受处理两种状态下看其结果，结果的差异被认为是接受处理导致的；当无法同时观察到同一研究对象的两种状态时，可以用随机实验的方法，随机分组，其中一组接受处理，一组不接受处理。

　　经济学家穆来纳森和伯特兰，就共同设计了一个精妙的就业市场的经济学实验。他们虚构了一批简历，除了姓名不同，其他的信息基本没太大差异，而精妙之处就在于他们虚构的姓名恰好都是常用的白人姓名和黑人姓名。他们在招聘广告上找到地址，每个岗位会收到两种姓名的简历各一套。整个实验寄出了应聘销售、文秘、行政管理、客服等岗位的近5000份简历，然后看收到回复的概率。最后的结果是面对相同的岗位，能力基本一致的应聘者，白人会比黑人多出50%的回复机会，并且黑人能力提升后在就业市场上的回复提升并不明显，不同行业或岗位对上述结论没有改变。这个实验，非常简洁有力地证实了美国劳动力市场存在的种族歧视现象。戴维·卡德、乔舒亚·安格里斯特和吉多·因本斯等三位计量经济学家获得了诺贝尔经济学奖。获奖主要源于他们在方法论上的一系列突破，促使劳动经济学、犯罪经济学、教育经济学等诸多领域出现了越来越多的因果分析类经济学论文，并且由于因果推断的结论如此确定，对政策的影响也更大了。因果推断方面的突破，成为现代经济学革命突破性内容。

　　通过建立数学模型来探究事物之间的因果关系，并用该模型继续外推对未来进行预测，是人类做任何研究时最渴望达到的目标。因果关系是指原因和结果之间的关系，原因和结果的个数是未知的，原因可能是多个，结果也可能是多个，从原因推导结果，可以采用我们原文中所说的随机实验的方法,也可以断点回归,双重差分等。从原因到结果就是我们现在常说的因果推断,随着计算机技术和人工智能的日益发展,该方法与机器学习的结合越来越紧密。随着因果推断成为热门,越来越多的因果推断工具逐渐被人们熟知和熟练掌握,包括很多计算机语言。值得注意的是,人们常常会把因果关系和相关关系混为一谈,因果关系一定是相关关系,而相关关系并不代表其具有因果关系。

随机实验是因果分析的重要手段。前文中也用了大量篇幅对随机实验进行介绍。随机实验在很多领域都有广泛的应用,在实验前,无法断言即将发生的结果,在相同的条件下可以重复大量实验,而这种实验是以随机或偶然方式发生的。随机试验需要遵循一些基本原则。首先最重要的是随机化原则。这是最为基本的原则,是指所有的参与者都有机会被分配到干预组或者是对照组。这样的随机性能够有效地消除偏差,有效地对参与者采取干预措施,实施干预。随机化的分配使得各组之间的差异仅仅是由干预造成而非其他人为可控的因素。其次是对照原则。实验中的所有被试之间的差异性都可控并一致,在此基础上进行干预或不干预,保证被实验者仅仅存在干预项的差异而非其他差异。最后是盲法原则。双盲设计是随机对照实验中较为重要的一个环节,参与者同时知道同样的信息,以避免不同的信息和信息未知对于被实验者的心理产生影响,从而引起实验结果的偏差。我们需要确定的是,要在实验前确定实验可能发生的所有结果。

学者陈玉宇、蔡洪滨、周黎安以及方汉民等在贵州村庄进行了随机实地实验,探索小微保险政策对于生产行为因果效应的影响的研究(2010)。2007年,我国养猪业因为蓝耳病遭受了很大程度的影响,中国农村受到的冲击尤为严重。由于中国的母猪大多是小规模散养,容易感染猪瘟,造成较高的死亡率。针对严重的猪瘟,中国政府采取了积极的政策措施来遏制,主要手段是向农户提供政府补贴的保险。尽管如此,农户因为仍要承担风险,并没有积极投保。陈玉宇几位学者对这一现象进行了实验和预测。在贵州省的480个村庄中,陈玉宇等人将其分为三个组,包括对照组、低激励组和高激励组,通过对被实验者提供不同的激励方式来影响其投保率。在该实验中,由于分组的随机性,陈玉宇等人控制偏差和变量,使得各个组仅有激励方式这一个变量的差异,而非其他的差异。实验结果表明,获取正规小微保险能够影响农民的生产效率和经济发展,能够证明正向激励的有效性。实验结果推动了地方政府对于激励农户投保的政策推出,有效改善了农户的投保率。

2013年,陈玉宇与中国疾病预防控制中心一起,在重庆和宁波进行接种疫苗以防治"慢阻肺"疾病的随机实地实验。近三年的数据表明,接种疫苗是行之有效的手段,接种疫苗人群的成本收益比要远高于未接种人群,花费一元接种疫苗,能够省下几十元的医药费用,也会很大程度上节省国家在这一方面的开支。

随机实验的应用能够很有效地推动因果推断方法的进步,运用在发展经济学领域,能够更有效地影响政府政策和机构,以更有效的方式去服务于大众。由于因果推断能够准确清晰地反映影响因素,也就使得政府政策更加有针对性。在扶贫方面,随机实验也是极为有效的工具,使得更多扶贫政策和结果得以量化,不仅在经济领域,在任何其他领域都能够得到合理有效的利用,影响了发展中国家的扶贫机构和政府政策,能够改善贫困地区人民的生活,保障人民的利益和财产安全。

准实验是大数据时代探究因果关系的另一重要方法,它基于观测数据,通过统计和计量手段,构造出类似于随机实验的状态。在现实中,政策等冲击的处理组和控制组之间可能存在固有差异,不满足随机分组的条件,直接比较得到的结果是"处理效益"和"选择偏误"的和,但是如果组间差异来自可以观察到的变量,我们只需要在计量回归中控制住这些变量,使得潜在结果和处理变量之间条件独立,依然可以进行较为准确的因果推断。准实验的方法发展至今已较为成熟,除了控制回归法外,还有断点回归法、双重差分法、工具变量法以及机器学习中的一些方法等。

断点回归法将聚集在政策实施临界点附近的样本,看成是局部随机实验的对象。这样做法的合理性在于,处理组和控制组之间除了连续变量之间细微的差别之外,并不存在系统性差异。以一本大学的录取为例,位于一本录取线上下几分的考生不存在显著的差异,可能只是运气不同,但是却被分数线人为地划入处理组(一本大学)和对照组(其他大学),因此一本线附近可以看作是一个局部随机实验,处理组和对照组之间收入的差异就是接受一本教育与收入提高之间的因果效应。学者刘鑫桥基于中国教育追踪调查数据,对一本线两侧的薪酬差异做了断点分析,发现一本线两侧的学生在薪酬上存在明显的跳跃,一本线线上的学生约比一本线线下的学生每月收入高 2 300～2 560 元 (2019)。

评估政策试点的效果是因果推断的重要应用,不同于陈玉宇等人在贵州村庄进行的小范围随机实验,全国范围内政策试点城市的选择往往并不是随机的。以新型农村社会养老保险为例,这一政策旨在改善农村老年人贫困状况,因此试点也是从各个省市较为落后的农村开始。试点的非随机性给因果推断带来了困难,可能试点地区老人生活水平在政策实施后依然低于非试点地区老人,但是并不能由此断定政策没有效果;试点地区老人生活水平的改善也不能完全归功于政策,因为在政策实施的这一时间段里,可能存在其他影响老年人生活状况的变化。双重差分法是解决这一类问题的因果推断方法,它的基本操作是用处理组政策实施前后结果的差减去对照组政策实施前后结果的差,两次差分消除了组间差异和时间趋势的影响,从而得到政策的真实效果。张川川等人使用全国性的微观数据发现,新农保的实施与农村老年人收入水平的提高、贫困率的减少、主观福利的改善有着显著的因果关系。

在控制变量无法观察或存在反向因果关系的时候,条件独立假设无法满足,工具变量能够帮助我们捕捉因果关系,它只通过冲击自变量影响因变量,从而剔除了选择偏误的干扰。英国学者 Nathan Nunn 就使用这一方法探究了奴隶贸易与非洲落后经济之间的因果关系(2018)。观测数据显示被掠夺奴隶数量与国家经济发展水平之间存在显著的负相关关系,但是这种相关关系可能是选择偏误导致的,殖民国家可能更加偏好掠夺经济本来就落后的国家,因此不足以证明因果关系。Nathan Nunn 选取每个非洲国家和最近的奴隶市场之间的距离作为工具变量,这一距离由欧洲和拉美地区的种植园、金银矿所在的位置决定,和非洲国家本身的特征无关,但是显著影响着每个国家被掠夺的奴隶数量。使用工具变量分析后发现,奴隶贸易以割断种族融合、削弱国家政权的方式阻碍了非洲经济的发展,被掠夺人口数量越多的国家越贫困。因果推断不仅为政策的实施、药物的采用提供参考,还能还原历史的真相,让我们看清曾经发生过的一切对当下的影响。

数学模型与计量工具的发展,使得因果推断能够更加清晰地刻画真实世界,运用于各种复杂的情形。比如断点回归与双重差分法的叠加使用,是因果推断近年来的创新,它在探究重大事件对个体的影响这一问题上大有可为。以疫情管控对人心理状况的影响为例,武汉于2020年1月23日封城,个体的异常心理状况的发生概率可能在这一天发生跳跃,但是1月23日本就是一个特殊的时间节点,因此心理状态的变化可能不完全是因为封城,如果能够计算出2019年1月23号前后的跳跃,然后用2020年断点回归的结果减去它,就可以消除潜在因素的干扰。由于缺乏日度微观数据,国内针对此类问题的研究还很少,随着大数据的发展和计量软件功能的改进,我们能够获得更加丰富的数据,构建更贴合实际的模型,发现越来越多的因果关系。

参考文献:

[1] 陈云松.逻辑、想象和诠释:工具变量在社会科学因果推断中的应用[J].社会学研究,2012,27(06):192-216+245-246.

[2] 苗旺,刘春辰,耿直.因果推断的统计方法[J].中国科学:数学,2018,48(12):1753-1778.

[3] 蔡洪滨,陈玉宇,周黎安.新型农村合作医疗的发展前景、管理体制及社会效果[J].中国卫生政策研究,2010,3(04):27-31.

[4] 刘鑫桥.分数线效应是否存在——基于高考分数与高校毕业生薪酬的断点回归设计[J].教育发展研究,2019,39(05):46-53.

[5] 张川川,John Giles,赵耀辉.新型农村社会养老保险政策效果评估——收入、贫困、消费、主观福利和劳动供给[J].经济学(季刊),2015,14(01):203-230.

[6] Nunn N. The Long-term Effects of Africa's Slave Trades [J]. Quarterly Journal of Economics,2008,123(1):139-176.

三元悖论：
开放经济条件下的不可能三角

三元悖论(Mundellian Trilemma)，也称三难选择或不可能三角，由米德冲突发展而来。英国经济学家米德在20世纪50年代发表论文提出：一国经济开放之后，政府可能面临无法同时实现内外均衡的两难困境，比如在经常项目顺差与国内通货膨胀并存，或经常项目逆差与国内失业并存的情况时，无论是紧缩还是扩张的支出政策，都会在国际收支平衡和国内充分就业两个目标之间，顾此失彼。蒙代尔和弗莱明在20世纪60年代，将资本项目是否开放引入模型，将米德冲突进一步扩展：资本流动完全自由时，无法在汇率不变的情况下，实施相应的货币政策，并可能最终导致固定汇率的崩溃，而浮动汇率制度下货币政策将会更加有效；资本项目如果不开放，资金不能跨境流动时，可以在维持汇率稳定的情况下，实施货币政策，并取得预期的效果。1997年经济学家克鲁格曼通过对亚洲金融危机的实证分析，将蒙代尔—弗莱明模型完善为"三元悖论"。

三元悖论的基本内涵是，在开放的宏观环境下，一国不可能同时实现货币政策独立性、汇率稳定及资本自由流动三大目标，只能选择其中两个而放弃第三个目标。三元悖论的运行机理是：若一个经济体实行固定汇率，且允许资本自由流动，汇率往往低于(或高于)应有的市场均衡水平，外部资本将会流入(或流出)该经济体以追逐套利机会。由于政府承诺汇率固定，息差将放大市场套利空间，国际资本流量放大，本经济体货币面临升值(或贬值)压力，而受制于固定汇率制，被迫卖出(或买入)本国货币，增加(或减少)货币基础量，使得本国货币政策必须被动对冲外资的流入(或流出)，从而失去货币政策对内宏观调控的独立性。

从实践来看，美国坚持货币政策调控的独立自主，同时开放资本账户，允许资本自由流动，因此美元的汇率基本是自由浮动的；中国香港出于国际贸易中心的考虑，实行联系汇率制，港币挂钩美元汇率，香港的发钞银行以1美元兑换7.8港元的比价，事先向外汇基金缴纳美元，换取等值的港元"负债证明书"后，才增发港元现钞，作为国际金融中心，香港地区的资本流动又是完全自由的，所以在很多时候香港只能跟随美联储的货币政策，而失去了很多的独立性；马来西亚、泰国等国家，过早地开放了资本项目，同时继续维持汇率固定，货币政策的有效性必然会大打折扣，国际对冲基金寻找到机会，冲击和做空这些国家的汇率和股市，最终导致东亚金融危机爆发。

1997年亚洲金融危机从泰国不断蔓延到韩国、俄罗斯，最后甚至影响到了巴西等新兴经济体，不过从损失角度看，无疑东南亚经济创伤最重。1997年2月到5月，索罗斯等对冲基金不断在泰国金融市场大肆抛售泰铢，引发汇率大幅波动，股指由年初的

1 200 点跌至 461 点，泰国央行的外汇储备在坚持了几个月后，被迫在 7 月 2 日宣布放弃固定汇率制。泰铢自 1980 年与美元挂钩，汇率一直固定在 1 美元兑换 20 铢，直到 1997 年依旧维持在 1 美元兑换 25 铢的水平，放弃固定汇率的政策一宣布，泰铢迅速跌到 1 美元兑换 56 铢的水平。泰国股市自 1996 年 2 月的 1 400 点连续下跌至 1998 年 9 月的 204 点，下跌 85%。金融动荡传染速度很快，印尼盾自 1996 年的 1 美元兑换 2 000 多贬值到 1998 年的 15 000，跌幅惊人；雅加达综合指数自 1997 年 7 月的 742 点跌至 1998 年 9 月的 255 点，下跌 66%，导致执政长达 32 年的苏哈托总统辞职。马来西亚汇率从 1997 年 7 月的 1 美元兑换 2.52 林吉特猛跌至 1998 年 1 月的 4.88 林吉特；股市从高点的 1 277 点跌至 1998 年 9 月的 261 点，跌幅达 80%。韩国汇市自 1996 年的 1 美元兑换 800 韩元到 1998 年最低贬值至 1 700 韩元；股市自高点的 1 145 点一直跌到最低 277 点，总体跌幅达 76%。亚洲金融危机还把俄罗斯也卷入进去，最终导致卢布贬值了 70%。俄罗斯股市跌幅超过 81%。1997 至 1998 两年，受金融危机影响的亚洲各国 GDP 纷纷负增长，泰国 1997 年负增长 2.75%，1998 年继续负增长 7.63%；韩国 1998 年负增长 5.47%。

如此惨重的损伤，验证了三元悖论一再强调的规律：要想维持本国货币政策有效，固定汇率和资本自由流动不能同时存在。东亚经济体在快速追赶的过程中，一方面希望维持稳定的汇率来促进出口，通过出口导向战略带动经济增长和产业升级；另一方面又遵循完全自由市场的理念，希望尽早金融自由化，开放资本市场的自由流动。需要重视的是，1994 年之后很多东亚国家的出口逆差已经不断增加，而且资本还在不断外流。韩国国际收支的经常项目和资本项目双逆差不断增加，贸易逆差从 1995 年的 102 亿美元到 1996 年的 245 亿美元，而资本项目逆差从 1995 年的 114 亿美元增加到 1996 年的 234 亿美元。双赤字的国际收支快速损耗了韩国的外汇储备，从 1995 年的 72 亿美元降低到 15 亿美元。1994 年泰国经常账户逆差为 89 亿美元，1995 年为 140 亿美元，1996 年达到 163 亿美元，分别占当年国内生产总值的 6.4%、8.5% 和 9.1%，远远超过了国际 5% 警戒线水平。资本项目同样大幅逆差，1996 年高达 173 亿美元。逆差的国际收支，需要汇率及时做出贬值的调整，强势维持原有比率需要雄厚的外汇储备以及资本项目的管制。不幸的是，这些东亚国家这两项都不具备。外汇储备不足的泰国被迫不断借入外债，而且更多的是短期外债，1996 年年末泰国外债达 1 128 亿美元，占 GDP 比重为 62.1%，占外汇储备比重为 292%，其中短期外债占总外债的 42%，一旦汇率大幅贬值，这些美元结算的外债给国家带来更大的伤害。

三元悖论充分反映了一国开放程度越高，面临的外部风险越大的情况。在人民币国际化和资本项目日趋开放的大趋势下，我们更应该谨慎小心，如何平衡经济的内外均衡，有效管理宏观金融风险，谨防发生系统性风险，是中国现阶段必须面对的重大课题。

参考文献：

[1] 周姝彤.汇率制度选择的国际经验——基于三元悖论分析[J].工业技术经济，2022,41(03):98-105.

[2] 王大卫,叶蜀君.资本自由流动、货币政策独立性、汇率制度稳定性三元发展趋势研究——基于三元悖论理论[J].北京交通大学学报(社会科学版),2021,20(02):50-57.

[3] 丁志杰.从特里芬难题到三元悖论陷阱——为发展中国家汇率和资本流动管理正名[C].《IMI研究动态》2017年下半年合辑,2017:1313-1317.

有效汇率：
一国货币对外竞争力的更有效衡量

2019年8月5日，人民币兑美元的汇率比价"破7"，美国财政部紧接着就"气势汹汹"地将中国列为"汇率操纵国"，这一单边主义和保护主义行为甚至不符合美国自己设置的量化标准，这一不负责任且自毁国际信誉的行为，给中美经贸关系发展增添了新的障碍，让全球金融市场更加动荡。同一时间，中国人民银行发表声明：中国实施的是以市场供求为基础、参考一篮子货币进行调节、有管理的浮动汇率制度，在机制上人民币汇率就是由市场供求决定的，不存在"汇率操纵"的问题。

"破7"并不意味着人民币将会放任大幅贬值，属于正常的市场波动，之所以大家如此关注，更多是因为是个整数关口而已。自2008年年初至2019年8月，欧元、英镑、加元与美元汇率均贬值20%以上；新兴经济体中，印度、南非、墨西哥三国较美元贬值40%以上；资源依赖型国家中，俄罗斯、土耳其较美元贬值61.23%和71.25%。而人民币对美元的汇率自2008年金融危机以来仅贬值了3%左右。而根据国际清算银行公布的数据，2005年年初至2019年6月，人民币名义有效汇率升值38%，实际有效汇率升值47%，是二十国集团经济体中最强势的货币，在全球范围内也是升值幅度最大的货币之一。

相比于单一的人民币对美元的汇率，用"有效汇率"来衡量人民币更加科学。有效汇率指数（Effective Exchange Rate，EER）是选取一国的主要贸易伙伴国的货币组成一个货币篮子，将各双边汇率按照贸易往来的比重加权计算，得出能更充分、客观反映一国商品的国际竞争力。在此基础上，调整各国相对价格水平变动影响，进一步得到实际有效汇率指数（Real Effective Exchange Rate，REER）。目前主流的国际机构（如国际清算银行、经济合作与发展组织和国际货币基金组织等）和一些中央银行（如欧洲中央银行、美联储等）都在定期发布基于国家层面的实际有效汇率。

2018年中国前十大贸易伙伴总计占贸易总额的66%，前三位的欧盟、美国与东盟贸易总额三者加总占比40%，日本、韩国、德国与澳大利亚合计占比也达20%，俄罗斯、巴西与印度贸易额也将近1000亿美元。从贸易权重的角度可以发现，美国占比也并不占绝对多数，在国际贸易伙伴多元化的今天，应该更多关注人民币的实际有效汇率情况，以及其相对变化与国内其他经济指标的关系。

近期人民币汇率出现了一定幅度的贬值，是特朗普宣布对3000亿中国商品加征10%关税，给全球经济带来巨大不确定所引发的市场波动，是美国单边主义和贸易保护带来的系列反应。伴随中国继续扩大开放的坚定决心，人民币国际化程度的不断加深，未来人民币汇率的双向波动将会继续扩大，汇率弹性将会继续增强。

美元指数衡量美元对一篮子货币的汇率变化程度，是反映美元在国际外汇市场强弱情况的指标，以全球主要国家与美国之间的贸易结算量为基础，用加权方式计算出美元的整体强弱程度。

在当今社会，美元汇率走势在全球金融市场上发挥着极其重要的作用，会通过贸易、投资等渠道，对其他国家的金融市场产生广泛且深刻的影响。从大的周期阶段可以大致把 1971 年布雷顿森林体系解体至今的美元指数划分为三个比较完整的大周期，每轮周期大致 15~20 年时间。第一轮从 1971 年到 1985 年左右，从低点 80 点左右上升到最高达 160 点，涨幅一倍以上，也是三轮大周期中波动最大的一次，这和当时里根总统的一系列经济政策有紧密关系。20 世纪 70 年代石油危机带来的滞胀，让 1981 年获胜就任新总统首先要面对的经济问题就是卡特总统留下的 14% 的通胀率，勇猛的美联储主席沃克尔在当年 6 月将联邦基金利率提高到了 20%，并且维持了一年多时间，终于将通胀控制了下来。而高利率无疑提升了外国资本的流入和美元的强势。相应地，美国维持了 70 多年的债权国沦为净债务国，并且贸易逆差持续加大。1985 年 9 月，美国和日本、联邦德国、法国以及英国在纽约广场饭店举行汇率会议，达成联合干预外汇市场，让美元对主要货币汇率有秩序贬值的协议，史称"广场协议"。随后，美元指数一路下跌，在 1993 年最低跌回了 80 点左右，在这一时期，日元相对升值幅度最大，日元对美元从 1984 年年初最高 251 日元兑换 1 美元升值到 1988 年年初的 120 美元兑换 1 美元，四年时间升值一倍以上。

美元指数第二波周期上涨，主要是因为 1997 年开始的东南亚金融危机，之后进一步蔓延到东亚的中国香港、日本和韩国，甚至俄罗斯金融市场也大幅震荡，这些都使得全球资本避险需要流向美国，也使得美元指数在 2001 年前后最高升到 120 点左右。华尔街互联网股票的泡沫崩盘、"9·11"事件、房地产的次贷危机、2008 年金融危机，一连串的负面影响，使得美元指数在 21 世纪的头十年，大多在 80 点上下波动。伴随着经济的缓慢复苏，美联储逐步退出量化宽松政策之后，美国进入新一轮加息周期，美元指数在 2015 年全年涨幅超过 9%，在 2016 年突破 100 点。2020 年新冠疫情以来，诸多不同方面的影响，使得美元指数在 90 和 100 之间波动。具体如下图所示。

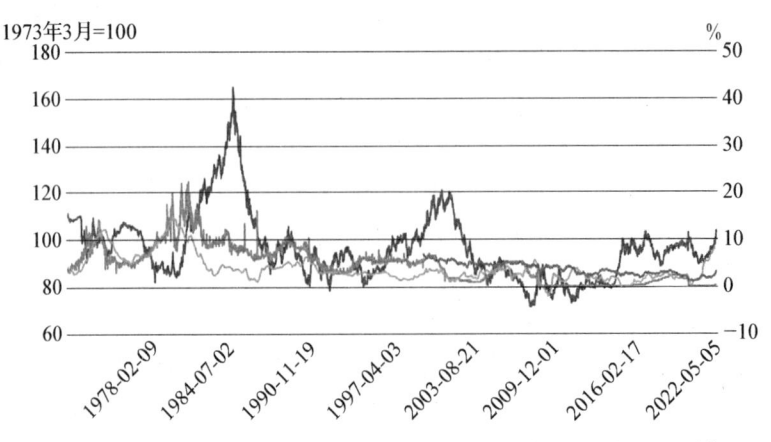

— 美国:美元指数(左轴)　— 美国:联邦基金利率(右轴)　— 美国:CPI:当月同比(右轴)
— 美国:长期国债收益率曲线:10年(右轴)
数据来源:同花顺 FinD

在疫情尚未发生时,可以对美元指数的涨跌周期进行探究。在美元涨跌的第一个周期,1980年,美国正遭受着滞胀的危机,美联储采取了强势的政策推动,美元走势向好,利率不断提升,通货膨胀逐渐得到控制。1980年以后,美国贸易赤字不断扩大,利率提升,资本大量流向美国。经历了长达四年的美元上涨后,经济走势略有下滑,货币政策变松,美国和欧洲国家签订了广场协议,要求联合干预外汇市场,以诱导美元进行缓慢地贬值,以期解决美国的贸易赤字高垒,美元便走入了下行趋势,指数不断下跌。在第二个周期中,2002年以前,经济增速高、通胀率低,政府财政状况也有所改善。随着互联网的迅速发展,生产率不断提高,经济进入了高速增长的阶段,美元指数不断上升。而2002年,美元已经有下跌的趋势,特里芬难题是这次美元指数下行的重要因素之一,美国逆差不断扩大,人们对于美元币值的稳定不断丧失信心,消费者、投资者、制造业等相关企业的信心都在不断下跌,造成了美元这次的不断下行。经历了这样两个完整的经济周期,可以从中吸取一定的周期性教训。经济基本面是美元指数涨跌的最根本原因,也是决定美元汇率的长期影响因素,这里的基本面指的并不单单是美国一国的经济基本面,也包括一篮子货币中其他发达国家的经济基本面。经济增长对于美元指数上涨有着非常重要的意义,尽管其中并没有绝对的正相关性。美元利率的上涨对于美元指数上涨也有非常重要的意义,存在一定程度的正相关性,但也不是决定因素。其次还有对美国政府以及美元币值稳定的信任问题,在广场协议下,美元币值遭到了质疑,引发了这轮周期中美元指数的下跌,第二次也是由于特里芬难题背后美元币值稳定受到了怀疑,因而产生了长达六年的指数下跌。当然,特里芬难题长期存在于美元指数涨跌的整个周期中,维持美元币值稳定与向国际社会提供美元流动性之间存在矛盾,长期美国的经常性项目逆差,会使国际社会对美元丧失信心。在美元指数涨跌对于其他国家而言,存在一定的滞后性,美国经济向好,在宽松的货币政策和财政政策下,美国不断走出泥潭,但其他国家的经济转好要相对落后一些。

美元指数未来的走势也值得思考,尽管这种预测面临很多不确定性,但仍有一些背后的因素可以用来窥探。2021年,美国的GDP连续三个季度增长,增速高于欧洲,为美元的不断走强奠定了经济基本面基础,美国的经济基本面相对于其他发达国家,仍占有非常明显的优势,决定了美元指数上涨的走势方向。尽管美国仍面临极为严峻的疫情蔓延,但由于疫苗接种率的上涨,防控形势的相对好转,也会对美元产生一定的提振作用。美联储的货币政策的边际变化也很大程度上影响了美元指数的走势,美联储对通胀做出了稳定预期,通胀对于美元指数涨跌的影响变小,美联储也会侧重经济增长和就业率的提升,美联储退出货币宽松政策,一定程度上助长了美元指数的上涨,但这种退出货币宽松政策的预期不断被反驳,也造成了对于美元币值的怀疑,市场紧缩预期落空,造成美元指数的小幅度转弱。美债收益率也值得考虑,美债收益率预期再度上行,美元指数会因此上涨。在2020年3月,美国物价指数和通胀水平已经恢复到了疫情前的水平,但失业率略有上升,对美联储的货币政策产生了掣肘,也就影响到了美元指数的上涨程度。不但如此,新的病毒变异种在多地多点爆发,疫情形势仍旧非常严峻,全球经济复苏会因此遭受重大影响,这对美国的经济基本面会产生一定程度的影响,但随着疫情蔓延以及地缘政治的风险,避险情绪会上涨,仍利于美元指数上涨,所以综合来看,美元指数仍有长期强势上涨的可能,但也存在短期的弱势。

参考文献:

[1] 刘猛.美元指数走势成因及前景[J].中国外汇,2021(10):70-71.

[2] 孙树强,龚珈玉.美元指数走势:从历史看未来[J].债券,2019(03):82-86.

[3] 陈德胜,郑后成.美元指数影响因素分析及走势研判[J].南方金融,2015(03):67-73.

从 GDP 到 GNP：
一国增长和开放的双 G 驱动

国内生产总值 GDP，是英文 Gross Domestic Product 的缩写，指在一定时期（通常为一年）内，在一国国土内生产并实现销售的所有最终产品和服务的价值总和。经济学家萨缪尔森认为，GDP 是 20 世纪最伟大的发明之一，GDP 像是描述天气的卫星云图，帮助决策者判断经济处于周期的衰退阶段还是繁荣阶段，是需要扩张刺激还是需要收缩控制。中国经济增长的奇迹，通过 GDP 可以做纵向和自身比较，又可以横向和其他国家对比。从 1978 年到 2017 年，40 年的时间，中国的 GDP 总量增长了 224 倍，和当年美国 GDP 对比来看，从只相当于美国的 6.3% 左右提升到 66%。

同时，还有一个核算经济实力的指标，国民生产总值 GNP，英文 Gross National Product 的缩写，指在一定时期（通常为一年），一国国民生产并销售的最终产品和服务的价值总和。两个核算经济总量的宏观经济指标的核心差异，在于国土原则还是国民原则，GDP 核算在一国国境内创造的产值，当然包括外国投资的相关收入；而 GNP 核算一国国民在全球创造的产值，尤其是本国居民和企业在国外投资或者工作获得收入，应该计入 GNP。

改革开放初期，中国是比较典型的储蓄短缺和外汇短缺同时并存的双缺口状态，通过大量出口和外商直接投资，中国外向型经济得到了飞速发展，同时 GDP 的增速明显高于 GNP。经过一段时期的发展，随着本土企业竞争力的提升，对海外市场的需求增长，全球产业链布局调整等因素，对外投资逐步提升，伴随而来的是 GNP 的增速加快。1995 年之后，中国已经转变为储蓄过剩和外汇过剩的双过剩格局。邓宁（Dunning）的对外投资发展阶段论和发达经济体的历史经验来看，人均 GNP 5 400 美元到 9 000 美元之间，一国经济增长开始从 GDP 驱动向 GNP 驱动转变，对外投资量超过外资进入量。美国、德国、日本先后在 1970 年、1974 年和 1980 年前后，进入 GNP 大于 GDP 的阶段。到了 2018 年，美国的 GDP 比 GNP 少 0.246 万亿美金。日本的 GDP 比 GNP 少约 3.7%。以"亚洲四小龙"为代表的出口导向型经济体，大多经历过由 GNP 远小于 GDP 到 GNP 反超 GDP 的发展过程。

中国目前正处于这一阶段，2015 年中国实际利用外资金额 1 365 亿美元，而同期中国对外投资量已经超过这一数字 100 亿美金，成为资本净输出国。每个经济强国的崛起，都与大量的资本输出有关，英国在 19 世纪通过强大的资本输出成为当时的头号强国，美国在二战之后，取代英国成为资本输出的第一大国，日本在 20 世纪 80 年代，政府明确将国家战略从"贸易立国"向"投资立国"转变。通过中低端产能的海外转移，加快促进国内的产业结构调整和升级。

中国应该积极推动GDP到GNP的战略转变,GNP驱动强调主动性开放,推动中国双向开放战略,加速以中国跨国公司为主导,整合全球资源的产业价值链,成为"链主"。加快中国制造业,尤其是装备制造业、高铁、高速公路基建等基础设施产业,提高在全球的资源和市场配置能力,扩大与世界各国的利益汇合点和优势互补点,实现GDP、GNP双轮驱动的中国经济增长新时代。

2009年年初已有学者预测中国当年GDP将超过日本,诺奖获得者克鲁格曼在访华时甚至给出了中国GDP超过美国的时间,但当时有学者对这一"赶日超美"的提法也有不同的观点:其一,中国人均GDP并不高;其二,GDP中居民消费占比较少,伴随投资的边际贡献下降,经济总量的增速会下降;其三,中国为增加GDP,长期刻意压低资源价格吸引外资,造成生态问题的同时也降低了产出效率,忽视了生产质量。

美国自20世纪70年代经济增长便不再仅依赖于国内市场,私人依托跨国公司对拉美、中东的制造业和石油业进行投资,每年海外投资至少能取得15%的收益率,推进了GNP驱动经济增长。日本自1992年地产和股票资产泡沫崩盘以后,GDP增速逐步停滞,GNP却飞速发展,GNP与GDP的差额也逐年扩大。2012年日本GDP增速为-0.36%,GNP增速却为1.16%。2013年至2018年日本GDP和GNP总量虽然都有所下降,两者间平均差额却为4 067亿美元,较上一时期扩大2 167美元。强大的GNP驱动力是让日本看似经济低迷却实力不减的重要原因。高效的经济发展模式往往优于低效数值的堆砌。

过于注重GDP这一本土计算概念,将使经济发展重心放在对外招商引资方面,本土企业将对外资形成严重的依赖性,逐渐丧失自主创新和面对市场风险的能力,导致产业发展一定程度畸形,还容易形成技术短板,在核心技术问题上被人卡脖子。现在我们关注到了国民收入结构的问题,侧重到更能体现收入的GNP指标,经济发展更偏内生性,这将使我国企业更注重产业升级和员工的培养,提升自主创新能力,提高生产效率的同时提供更多优质就业机会,形成良性循环。

但过于看重GNP,也可能因过度侧重对外投资而导致本土基础产业结构流失。日本经济学家小岛清提出的比较优势理论在很大程度上影响了日本的对外投资战略,他认为应将不适应本国市场的劣势产业移植到适宜的发展中国家去,尽可能适应当地发展需求。这种做法虽然让松下、东芝等品牌享誉国际,为本国经济带来不小利益,但对劣势产业在本国的不加保留也使得本土基础工业流失,对外投资企业也渐渐增加了潜在的竞争对手。

GDP和GNP的取舍并不是简简单单厚此薄彼的事情。过度注重GDP指标为我国经济发展带来了一定问题,但也不应完全否定自改革开放以来GDP高速增长对经济和民生的贡献。任何经济理论和指标优劣的评判都应结合它所应用的具体环境和实际情况。改革开放初期GDP增长推动了就业率的提高和出口产品的快速增加。"全面建成小康社会"的实现和全面脱贫战略的达成,我国多年GDP高速增长奠定的基础功不可没,当下推进的乡村振兴战略也离不开这一坚实的体量基础。从GDP驱动转向

GNP驱动也离不开GDP为我国创造的诸多有利条件。中国经济体量高达11万亿美元,居于世界第二,人均GNP近8 000美元,正是走向GNP大国的发展阶段。"一带一路"倡议建设依靠中国庞大GDP体量的国际影响,让中国成为沿线国家对外直接投资的东道国。十九大报告中习近平总书记提出"推动形成全面开放新格局",将中国对外开放战略从引进来推向走出去,构成了双向并重的战略格局。GNP的增长之所以要依靠对外直接投资带动,一个重要原因是在全球化趋势下,当今世界任一经济体都无法摆脱外部经济环境的影响。平日购买的一瓶矿泉水,水本身可能来自居住地附近,制作瓶子消耗的石油却大部分来自中东地区。新能源车的加工制造过程可能都在中国的工厂中进行,制造电池中必不可缺的钴矿石却来自刚果,车辆的设计者及各项技术专利拥有者也来自世界各地。我们生活中任何一个微小的物件,都是产业链全球化带来的作品。

科斯在《公司的本质》中指出企业的作用就是减少交易成本的产生。让本国企业走向世界,在全球产业链各环节中具有一定影响力,能帮助本国产品降低成本,在国际市场上更具竞争力,同时也在海外为本国居民提供就业岗位,进而提升GNP。2017年日本经营的海外矿山数量为148座,世界第一,矿产市场掌控2 381亿美元仅次于美英澳三国。日本的经济动力很大一部分来自本国企业扎根全球后,相对充足且低廉的金属资源供应。

"人类命运共同体"的提出,意味着中国企业所要进行的对外投资,不应是只利于本国经济、国际政治影响力的掠夺性投资,而是在为本国创利的同时也相应带动当地人民的经济生活水平,实现双边互惠的效果。中国企业走向全球市场,也是在摆脱长时间的外资依赖,走出国内的经济舒适圈,去闯荡波涛汹涌的国际市场。

在"双G"驱动模式下,GDP和GNP核算方法共有的缺点也值得被考虑。第一是二者都不能完全反映一个国家的经济发展水平,如地下经济活动和家庭劳动与闲暇的价值无法计入,居民福利的提高可能不能直接反映。第二是无法体现一国产品服务的结构,庞大的资金数额可能一国重点用于基础设施建设,另一国却注重军事研发投入。第三是无法反映市场价值的真实性,GDP只是注重量的累积,没有质的反映;GNP却将一切社会活动都视作生产活动,统计范围过宽,重复计算的概率也较大,得到的结果可能过于夸大。如何解决这些瑕疵,让经济发展成果表现得更直观真实,这需要我们在后续新的发展节点上提出更合理的经济衡量指标,不断完善理论的同时也让理论更切合实际。

参考文献:

[1] 赵霄伟.从GDP与GNP差额来看中国对外开放战略[J].中国经贸导刊(理论版),2018(14):4-8.

[2] 宋慧中,别曼.广场协议后日本经济增长问题研究与启示——剖析日本经济低迷之谜[J].南方金融,2020(12):54-62.

[3] 田立.从金融的视角看经济[M].北京:中国金融出版社,2012.

[4] [日]小岛清.对外贸易论[M].周宝廉,译.天津:南开大学出版社,1987.

资源诅咒：
"雷霆雨露"，皆无定论

资源诅咒（Resource Curse），又被称作"富足的矛盾"（Paradox of Plenty），如果某个国家或地区拥有大量某种不可再生的天然资源，却反而会形成工业化长期低水平停滞，产业结构难以转型升级，过度依赖某单一资源经济结构的窘境。丰富的自然资源对于一个国家来说，可能是经济发展的"诅咒"而不是"祝福"。

比较典型的国家如委内瑞拉，作为世界上石油储备最丰富的国家之一，在1929年成为世界第一石油出口国后，将近50年里都几乎是世界上发展最快的国家，其人均GDP在20世纪80年代一度突破4 500美元，成为拉美最富有的国家。然而"成也石油，败也石油"，委内瑞拉多年来一直过度依赖石油出口，占到出口总额的90%和政府美元外汇收入的95%。石油"资源诅咒"，不仅让委内瑞拉的国民经济对国际原油价格波动更加敏感，同时也影响了国内其他产业的竞争力。2014年下半年国际油价大幅下跌开始跳水后，委内瑞拉至今已连续5年遭遇经济萎缩和严重的通货膨胀，面临经济崩溃的严重危机。

资源丰富本身并不是弊病，人类早期聚落分布所在地一定是土地资源和水资源丰富充沛的，近代工业化后煤炭、石油和重金属等矿产资源则成为经济发展的支柱之一，资源丰裕国家早期对资源的开采也确实对当地居民的收入有促进作用，同时利于引进重工业和轻工业，利于完善工业结构。但是对资源的过度采集造成的生态破坏，以及过于依赖资源红利造成的产业升级桎梏，才是导致"资源诅咒"的客观原因。对于"资源诅咒"这一现象的学术研究，很多社会学家和心理学家认为这主要是由于"轻易得到的富裕会导致懒惰"这一心理因素。政治学家则通过分析"资源诅咒"的政治传导机制，认为资源丰裕的国家更容易出现"寻租"现象，政府倾向于资源带来的租金而忽视制造业方面的发展，也缺乏技术研发方面的投入，腐败问题滋生；同时资源丰富本身也会招致他国垂涎，产生频繁的政治、军事冲突。经济学家对于"资源诅咒"的研究大多聚焦于背后的利益机制，比如丰裕的资源通过一些机制取代了其他生产性、经济性活动，资源型产业扩张导致人力资本积累不足，难以支撑持续高速度的经济增长，本币的升值将使制造业出口受挫，出口结构更偏向于资源密集型产品，单一的资源型产业结构容易使资源丰裕地区患上"荷兰病"，资源部门的扩张和制造业的萎缩降低资源配置的整体效率。1956年，荷兰壳牌石油公司发现了储藏量丰厚的北海油田，通过石油的大量出口迅速增加了国家财富，同时导致荷兰盾汇率上升，这无疑影响到工业、服务业的出口，大量人才与资本纷纷集中涌入石油开采及相关行业。石油的发现反而让荷兰在国际竞争市场的整体竞争力下降,被称为"荷兰病"。萨赫和维纳(1994)以 GDP 中初级产品的出口额占比来表示一国资源丰裕度,发现资源丰裕国和贫乏国之间发展速度的差距是显著的。他们根据 1971—1989 年 97 个国家的 GDP 比重数据,发现即使排除了人均收入、贸易政策、政府效率等变量的影响,"资源诅咒"带来的负面效应依然存在。

过度依赖某些自然资源,会使得国家抗风险能力下降。比如中东产油国,一国的财政收入 70%~90% 都依赖石油出口,石油和天然气的出口影响了俄罗斯 40% 的财政收入。当石油价格大幅下降时,这些国家的财政会受到非常大的冲击。2008 年美国金融危机之后,国际油价从每桶 115 美元的高位最低跌至 2016 年年初的不足 30 美元,此后开始触底反弹。油价的起伏不定,使中东产油国经济大起大落。海湾产油国家的财政赤字也在不断攀升,2020 年海合会成员国(沙特、巴林、阿曼、科威特、阿联酋和卡塔尔)政府财政赤字高达 1 430 亿美元,创历史新高。

丰富的自然资源对当地居民收入有明显的带动作用,人们会忽视社会经济管理、完善的政府和金融机构等制度建设对经济的长期作用,减弱人们对技术产业投资,劳动生产效率处于低水平。石油开采权只是让一小部分特权人士富可敌国,而分配并不平均,他们的消费主要带动的还是海外的奢侈品,不能形成对本国商品的内需拉动,更难带来产业技术升级。更为麻烦的是,丰富的自然资源很容易吸引各国势力的争夺,中东地区连年战火纷飞,背后不乏大国为利益争夺而进行的代理人战争,1948—1982 年先后爆发了五次中东战争,给当地人民带来非常大的伤害。在产权制度不清晰、法律制度不完善、市场规则不健全的情况下,丰裕的自然资源还会诱使资源使用的"机会主义"行为及"寻租"活动的产生,造成大量的资源浪费和掠夺性开采;资源的开发也加大了生态环境的压力,对资源的过度开采导致经济的发展不可持续。

但我们也能看到,有些资源丰富的国家逃离了"资源诅咒",却享受到了"资源祝福",比如挪威、澳大利亚、美国、加拿大等。这些国家采取建立资源价格调控机制、发展资源"关联产业"、强化人力资本积累、加强政府监管力度等,成功地将丰裕的自然资源有效利用,并转变成经济增长的主要因素和动力,避开了"资源诅咒"。同时,借助禀赋资源优势,顺利地实现了国家工业体系的转型与跨越,建立了良好的社会制度,使得国民经济健康发展,综合国力稳步提升。

在我国,"资源诅咒"可能在省际层面一段时间成立(徐康宁,王剑,2006),20 世纪 90 年代以来西部地区的能源开发与经济增长之间有显著的负相关性,原因可能也是资源密集型产业挤出了科技创新、人力资本投入并引发了寻租腐败行为,制约了经济增长的同时也对当地教育和地区开放度产生了影响。2005 年,时任浙江省委书记的习近平就提出了"绿水青山就是金山银山"的"两山"理论,号召人们将保护生态环境作为践行重点,经济发展与生态保护并行。"两山"理论成为发展经济绿色转型、克服"资源诅咒"的重要思想。中国必然要走"创新、协调、绿色、开放、共享"的经济高质量发展道路,同时实现"经济增长、资源节约、环境友好"。"创新、协调、绿色、开放、共享"的新发展理念,符合我国国情,顺应时代要求,给我们在新时代下如何发挥好资源优势,从而赢得

"资源祝福"、避开"资源诅咒"指明了方向和道路,对破解发展难题、增强发展动力、厚植发展优势具有重大指导意义。

参考文献:

[1] 张智光.超循环经济:破解"资源诅咒",实现"两山"共生[J].世界林业研究,2022,35(02):1-7.

[2] 李江龙,徐斌."诅咒"还是"福音":资源丰裕程度如何影响中国绿色经济增长?[J].经济研究,2018,53(09):151-167.

[3] 方颖,纪衎,赵扬.中国是否存在"资源诅咒"[J].世界经济,2011,34(04):144-160.

[4] 徐玲.挪威政府如何战胜荷兰病.得到头条,2022-03-01.

[5] Matsuyama K. Agricultural productivity, comparative advantage, and economic growth[J]. Journal of economic theory,1992,58(2):317-334.

[6] Sachs J D, Warner A. Natural resource abundance and economic growth[R]. NBER Working Paper No.w5398,1995.

中等收入陷阱：
发展中国家难以破解的"魔咒"？

中等收入陷阱（Middle Income Trap），一般描述的是欠发达国家在快速追赶一段时间，收入水平达到或接近中等收入国家后，经济增长和收入继续提升乏力，国民经济陷入长期停滞，人均国民收入难以突破中等收入水平上限，长期无法实现由中等收入国家向高收入国家的跨越，陷入"中等收入陷阱"。比较典型的是南美洲部分国家，比如20世纪初的阿根廷一度是世界上人均收入最高的国家之一，1920年其人均GDP 3 473美元，同时期的法国也只有3 227美元。20世纪70年代，阿根廷达到中等收入水平，之后阿根廷经济发展深陷困境，如今又再次面临本币大幅贬值、经济衰退等难题。"中等收入陷阱"似乎已成为阿根廷难以打破的"魔咒"。

"中等收入陷阱"往往是诸多因素共同作用的结果，原因也不尽相同，主要的因素有：劳动力成本上涨的同时，科技创新能力不足，陷入生产率停滞；过度依赖外部资源，核心原材料与资本、技术等全部依赖进口，经济内生发展动力缺乏；完全依赖天然资源，依靠出售初级产品获利，没有及时进行技术产业的升级，陷入"资源诅咒"；体制机制改革滞后，权力寻租引发贫富差距拉大，阶层矛盾激化；政治民主化背景下，政党轮换过快且"威权"与"民粹"不断交替，政策环境不稳定。

拉美国家深陷"中等收入陷阱"的经历值得我们反思。1982年墨西哥财长埃尔索格向美联储主席沃克尔通报：墨西哥几乎耗尽所有的外汇储备，无力偿还到期的债务本息，而后墨西哥得到西方国家的紧急贷款与商业银行的银行债务延期，墨西哥的债务危机虽得到短期缓解，但这个事件标志着80年代南美各国债务危机的开端，并导致了南美各国更加严重的通货膨胀。之后巴西、阿根廷、委内瑞拉、智利等国相继告急，通报自己国家外汇储备不足，纷纷推迟清偿债务。

南美国家从飞速发展到通胀无法控制，再到深陷外债危机，过程大体相似。巴西作为南美国家的代表，经济发展阶段也十分典型。巴西经济于20世纪50年代腾飞，曾以两次"巴西奇迹"成为经济发展的全球典范，但之后也因严重的恶性通胀成为全球经济发展警示案例的典型。20世纪60年代中，巴西的经济发展呈现出了一定的滞胀特征，一方面通货膨胀现象连年居高不下，1962年至1967年间巴通胀率长期处于20%至80%之间，另一方面经济增长不断下滑，GDP增长率持续下降。由于经济滞胀，政府放弃既有经济发展战略，由进口替代型转向出口主导型，于1974年通过《第二个全国发展规划》，大规模引进外资的同时扩大国家信贷规模，谋求维持较高的经济发展来抵消通胀影响。这两种举措使得流动性资产比重在经济体中大幅上升，进一步加剧通货膨胀，

20世纪70年代末巴西平均通胀率为44.2%,产生了严重的负面冲击。巴西不仅有丰富的经济资源,而且已具备相对发达的工业体系,但长期实行进口替代策略使得国内没有形成自主可控的制造业,第二次石油危机火上浇油,债务危机逐渐蔓延为全面危机。

危机的发生只是表象,实质上是南美诸国长期的政策战略和产业结构问题的长期积累。

首先是经济政策观念的守旧和金融机制的不完善。南美各国普遍认为大量的外国贷款与通货膨胀是国家经济迅速发展的必要条件,实施高速度、高投资、高目标的经济发展战略,超过了国力的承受能力,不得不再次举债,陷入恶性循环。其次是各国产业过度依赖石油和农牧业等资源产业,产业结构单一。委内瑞拉过度依赖于石油产业、阿根廷主要依赖于农牧业、玻利维亚主要依赖于采矿业与资源出口。而基础工业的薄弱使得居民基本生活物资依靠进口。同时西方国家不断向拉美输入过剩资本,压低初级产品价格而抬高工业品价格,可谓雪上加霜。最后是货币超发。拉美各国政府大力扩张国家信贷,吸引企业投资后产生的巨额的财政赤字只能通过量化宽松政策,即继续发行货币维持。长期执行赤字财政和信用膨胀政策,叠加公共开支剧增,不少企业管理不善导致亏损严重,造成物价无止境的上涨。拉美国家分配制度的不合理使得社会两极分化严重,政治两极摇摆不定使得社会动荡、治安混乱,贩毒与黑帮在社会中横行,这些社会政治因素也使得拉美国家难以排除"中等收入陷阱"。

相较之下日、韩则是突破"中等收入魔咒"较好的案例。二战后日韩同样遭遇了严重的通货膨胀,经济发展阻力极大。但两国都制定了合理可行的经济发展政策并抓住时代机遇,实现经济跃升跻身于发达国家之列。在朝鲜战争期间,日本依靠美国的大量支援实现重工业复苏,制订了"电力五年计划",并以制造业为经济支柱,实行"国民收入倍增计划",在经济发展的同时减少贫富差距,使得当今社会收入状况呈"橄榄型",极端贫困人员较少。1968年日本GDP超过西德成为世界第二,在1987年成为发达国家。韩国则于20世纪60至90年代之间确立出口导向战略,开展"韩国经济开发五年计划",GDP增长率保持在10%以上。21世纪初,韩国经济进入换挡期,GDP增幅下降到2%左右,但1970年至21世纪初韩国的消费结构的变化和居民收入的稳步提高使得韩国突破中等收入瓶颈,迈入高收入国家行列。

日、韩两国跨越"中等收入陷阱"成功的经验,首先是为适合发展阶段而不断合理地调整经济结构。日、韩在二战结束初期都为传统农业国,因此20世纪50年代后都以工业和制造业为发展重心,在步入中等收入阶段后向第三产业为主导进行转型,经济的发展模式也从以低廉劳动力为吸引优势的粗放型转变为依靠高精尖技术的精细型。其次是对科技创新主导产业升级的确立与良好落实。韩国于1982年提出"科技立国"战略,日本于同时期也确立了类似的"创新立国"战略。经过国家战略和产业措施的结合过程,日、韩致力于提高自主创新能力,在国际产业链中抢占先机实现上游位移,在精密电子、装备学、高科技行业中构建国际技术壁垒并占有较大的市场份额。完善的社会保障体系也是维持两国经济换挡和长足发展的重要支柱,收入再分配作用使得基尼系数长期处于0.35以下,城乡差距也不断缩小。

跨越"中等收入陷阱"的过程，实质上是发展中国家从后发追赶向超越领先的转变，是经济发展方式转型升级，并带动国民收入稳步上升的过程。跨越"中等收入陷阱"，不仅仅意味着经济总量的增长，更是以技术进步、机制创新、社会完善、人民幸福感增强为代表的经济发展质量的提升。按照世界银行的标准，2018年中国的人均国民总收入为9 732美元，已超过中等收入国家平均水平，距离高收入国家阈值差距进一步缩小。

作为最大的发展中国家，中国经济仍在经历"三期叠加"的关键阶段，但新的经济发展方式逐步展现出强大动能。目前，中国已建立起全球最完善的产业体系，产业结构不断优化；中国在高铁、通信、互联网等部分高新技术产业中居于全球领跑者行列；中国逐步建立起全世界最庞大的医疗服务网和社会保障体系，福利水平逐步提升。党的十九大指出，我国社会主要矛盾已经转化为"人民日益增长的美好生活需要和不平衡不充分发展之间的矛盾"，这是对未来中国发展方向、发展目标的精准定位，更是跨越中等收入陷阱的有力保证。

参考文献：

[1] 韩永辉,谭舒婷.跨越"中等收入陷阱"、新发展格局和高质量发展——基于拉美和日韩国际经验的比较和启示[J].南方金融,2021(06):34-48.

[2] 王昊东.跨越"中等收入陷阱"的研究[J].现代商贸工业,2021,42(35):109-110.

[3] 邓宇.共同富裕背景下中国跨越中高收入阶段的现实挑战与路径选择[J].西南金融,2021(11):3-16.

[4] 裴平.国际金融学[M].南京:南京大学出版社,2013.

刘易斯拐点：
中国经济面临的人力资源挑战

1954年，发展经济学家阿瑟·刘易斯提出著名的"刘易斯拐点"假说：在发展中国家有两个生产效率不同的部门，现代工业为主的资本主义部门和维持生计的传统农业部门。传统农业部门存在大量剩余劳动力，劳动的边际生产力相对很低甚至是负数。工业部门在增长和扩张时，可以用不变的工资水平源源不断地从农业部门获得所需要的劳动力。直到现代工业部门将传统农业部门的劳动力吸收殆尽，此时的农业部门劳动力减少，劳动生产率反而提升，农业经济部门和城市经济部门的劳动边际生产力相等时，工资也不再出现差异，二元经济增长模式转变为同质的现代经济增长模式，剩余劳动力被吸收完，这个时点被称为"刘易斯拐点"。在这之后，现代工业部门的继续扩张，必须承受劳动成本上升的压力。"刘易斯拐点"的到来常常被认为是人口红利逐渐消失的反映。从1978年始至2008年的改革开放期间，中国实现了年均10%左右的GDP增长率和8.6%的人均GDP增长率。以基期价格计算，农村居民人均收入提高近7倍，年均增长率7.1%；城镇居民人均可支配收入提高7.2倍，年均增长率7.2%。蔡昉(2005)以人口抚养比为参考指标，估算出1982年至2000年人口红利对人均GDP增长率的影响为26.8%，并预计在2013年左右随人口抚养比由下降转为提高，人口红利也将不再发挥优势。

一般认为，二战后的日本、韩国分别在1960年前后和1970年前后经历了"刘易斯拐点"。值得关注的是，越过"刘易斯拐点"之后的日本经济增长并没有放缓，高速增长至少持续到20世纪70年代初期。同样，韩国劳动力成本上升后，依然在很长时间内维持了经济的高速增长。"刘易斯拐点"的跨越并不意味经济增长的衰退，通过经济增长方式的转变，增长的动力完全可以由劳动力红利驱动转换为技术、创新等新动能驱动。

改革开放以来的中国增长奇迹，其中伴随而生的最重要的一个事实就是农业剩余劳动力向现代工业部门的大规模转移，劳动力要素的跨区自由流动完成了人类经济史上少有的如此大的资源重新配置，为这一时期的经济增长和生产率提升提供了源泉。研究估算，20世纪80年代中期，中国农村有30%～40%的劳动力是剩余的，绝对数为1亿到1.5亿人(Taylor,1993)。从1978年到2020年期间，农业劳动力比重从71%下降到24%，而同期粮食总产量却增加了1倍多，肉类产量增加了6倍多，水果产量到2019年增加了28倍之多。这个过程完全符合刘易斯二元经济论的分析，工业部门不断从农业部门吸收剩余劳动力，同时农业部门的边际生产力还在不断提升。从2004年开始，中国沿海地区开始出现"民工荒"现象，随后全国范围内纷纷出现用工紧张情况，整体中国劳动力的报酬开始持续上升,雇主纷纷开始通过提高工资的方式来吸引更多劳动力,完全符合"刘易斯拐点"时刻的描述。从2004年开始的普遍劳动者工资上涨,到2010年中国劳动年龄人口总量到达最高点,这段时间有学者称为中国的刘易斯拐点转折区(蔡昉,2010)。

与美、日、韩等国不同,中国跨越"刘易斯拐点"的阶段恰好与互联网技术革命,以大数据和人工智能为核心的新技术革命叠加。工程师的重要性不言而喻,伴随劳动力成本的上升,工程师人数增长并带来相关信息产业的快速进步,这一技术驱动的特征非常明显。在劳动力密集型中低端制造业逐步向越南、柬埔寨等区域转移的同时,中国正依托全球数量优势明显、综合素质较高、成本相对较低的工程师群体,在新兴科技产业领域显现突出的国家竞争力,人力资源的红利在工程师数量上越来越凸显着新增红利。

统计数据显示,中国科技人力资源增长迅速,从2005年的4 252万人,增至2017年的8 705万人,其中大学本科及以上学历3 934万人,而2015年美国科学家工程师总量仅为2 320万人。按照第七次全国人口普查登记的数据(截至2020年11月),中国每10万人中拥有大学文化程度的已经有15 467人,全国人口中,拥有大学(大专及以上)文化程度的人口已经有2.18亿人。与2010年相比,拥有大学文化程度的人口占比由8.9%提高至15.5%,与2010年第六次全国人口普查相比,增加了近9 597万名大学生,同时期文盲人口(15岁及以上不识字的人)减少了1 690万人。劳动年龄人口的素质显著提高,可以带来生产效率的提高,对科技创新、研发都起到正向的拉动作用,人才红利将逐步得到释放。同期,自2013年研发人员总量超越美国,中国研发人员总量长期稳居世界第一,2017年达到621.4万人。从成果来看,根据专利合作协议(PCT),2018年中美两国申请数量分别为53 345件和56 142件,差距微弱,且中国的增长速度更快。支撑中国科技人才数量和质量实现质的飞跃的重要支撑,是20世纪90年代末开始的高校扩招和中外高等教育规模结构的差异。2017年中国本科和研究生毕业人数分别为800万和60万,与此同时,中国高等工程教育的规模居世界第一位,工科专业招生数、在校生数、毕业生数均居世界首位,数倍于美国等其他主要经济体,理工学科背景的科技人力资源比例和规模持续上升。中国已拥有世界最大的科研人才资源,中国研发人员每年可以提供超过370万人的增量,占世界总量近30%。2020—2030年将是我国的工程师红利阶段,通过提高整体劳动力质量,有效改善渡过"刘易斯拐点"之后劳动力总量下降带来的影响。面对新一轮以信息数字、人工智能为核心特征的技术革命,中国已经将发展人工智能上升到国家战略层面,并力争在2030年达到世界领先水平。在大力发展人工智能产业的同时,还要时刻增加人力资源的供给能力,尤其需要在教育培训方面提早应对。高等教育和高职院校要建立人才培养方案和专业结构的动态调整机制,增设机器学习、大数据等课程,并推动人工智能和其他行业的相互融合,输送应用型人才。

以工程师为主体的科技人才资源优势,赋予了中国企业更有竞争力的研发和创新能力,成为新时代"中国智造"和"中国创造"的核心竞争力。在互联网和新技术革命时代,以研发能力为表征的工程师红利碰撞以零边际成本为表征的市场规模红利,催生模式创新和新技术应用场景创新,为中国经济注入新动力。

参考文献:

[1] 蔡昉.刘易斯转折点与公关政策方向的转变[J].中国社会科学,2010(6):125-137.

[2] 蔡昉.人口转变、人口红利与刘易斯转折点[J].经济研究,2010(4):4-13.

[3] 易定红.供给侧改革背景下制度性交易成本测度及降低成效差异比较[J].中国劳动,2020(05):5-19.

[4] 许经勇.刘易斯拐点与城乡二元结构并存引起的思考[J].黄河科技学院学报,2021(03):31-36.

[5] 李全喜,胡韵华."十三五"期间自动化及保护行业经济运行情况分析及未来发展的相关建议[J].电器工业,2020(05):32-36.

[6] 张倪.中国工程院院士倪光南——"互联网+"环境下的"工程师红利"[J].中国发展观察,2018(01):34-35+30.

[7] Taylor, J. R. "Rural Employment Trends and the Legacy of Surplus Labor, 1978—1989", in Kueh, Y. Y. and R. F. Ash(eds.) Economic Trends in Chinese Agriculture: The Impact of Post-Mao Reforms. New York: Oxford University Press, 1993.

技术性失业：
AI 时代的颠覆与新生

在 2020 年美国总统的选战中,民主党华裔候选人杨安泽(Andrew Yang)特别引人注目。除了无条件给予所有美国成年人每月 1 000 美金的"普遍最低收入"之外,杨安泽的核心政策主张是改变技术进步对就业的侵蚀。在民主党党内第二次辩论会中,他明确指出:亚马逊和自动化技术正在威胁着美国人最普遍的工作机会,AI 和各种机器人会替代掉很多现有工作岗位,比如自动驾驶会让美国现在几百万卡车司机和为卡车司机服务的人失去工作,亚马逊的崛起已经让大量美国线下小零售店破产倒闭了。

凯恩斯曾提及:"一种新的疾病在折磨我们,某些读者也许还没有听说过它的名称,不过在今后几年内将听得不想再听,这种病叫作'技术进步导致的失业'。"技术性失业(Technological Unemployment),意指由于技术进步,机器和设备代替人的趋势加强,对劳动力的需求相应减少,造成局部的劳动力过剩引起的失业现象。技术性失业是伴随人类技术水平不断进步,机器能力持续迭代上升而长期存在的经济现象。古罗马皇帝韦帕芗曾因担心影响搬运石柱的工人失业,拒绝采用使用工人更少、成本更低的新型石柱搬运工具。在颠覆性技术出现的产业革命时期,影响更为剧烈。19 世纪初,工业革命时期的英国,曾经爆发过手工业者捣毁机器,抵制机械化大生产的"卢德运动"。当下,以互联网和信息技术为基础,以大数据和人工智能为引领,新一轮技术革命发展迅猛。这一轮技术革命,将对部分智力劳动者进行替代,对知识型人才产生就业冲击,比如在影像医学方面可能替代部分医生,在新闻领域替代部分新闻记者,对会计、律师等行业都会有影响。有研究认为,到 2030 年美国现有岗位的 47% 可能会自动化并被机器人替代,办公室行政、销售以及各种服务行业都属于未来就业高风险的行业。

以特朗普为代表的美国保守势力,把美国近二十年来失业人数增加、收入不平等愈加严重等现象都归因于全球化,尤其是和中国之间的贸易逆差。但是,麻省理工学院(MIT)著名经济学家阿西莫格鲁(Daron Acemoglu),通过详尽的实证计量分析得到结论认为:机器对就业的替代不容小觑,每千名美国劳动者中每增加一台机器人,就业率就会降低 0.18%~0.34%,工资也会减少 0.25%~0.5%;整体制造业中每增加一个机器人,平均就有 3.3 名工人被取代。研究同时发现,工业机器人的大量使用,与中美贸易、外包、IT 投资的迅猛递增基本无关。

一般认为,高科技的投入可能挤走劳动力,产生替代效应(Displacement Effect),技术进步将会增加失业人口。另一方面,科技进步提升了生产效率,可能创造新的就业岗位,产生生产率效应(Productivity Effect),增加就业人口。到底哪一种效应更胜一筹呢？阿西莫格鲁分析了 19 个行业，从国际机器人联合会（IFR）整理了机器人的详细统计信息，该数据库提供了 1993—2014 年世界上 50 个国家各个行业机器人使用的存量，覆盖了 90% 工业机器人市场，结合美国人口普查局、经济分析局和劳工统计局等不同区域、行业、年龄、学历等就业、工资的详细情况，将高科技对其他行业的溢出效应纳入，最终的结论是替代效应更大。按照他们的测算，1990—2007 年机器人从美国劳动力市场抢夺 36 万到 67 万个工作岗位。

机器人在美国汽车行业的渗透率超过了其他行业，密歇根州的机器人集中度最高，在底特律、兰辛和萨吉诺的就业受到的影响最大。在 1993 年至 2007 年期间，美国和西欧的机器人投入量翻了近 4 倍，大量机器人被投入各个行业，这些机器不可避免地与工人们产生竞争关系。由于对不同年龄和学历的人群就业影响是不同的，综合起来会导致最终人群之间的收入差距不断拉大。容易被机器替代的行业和工种失业概率增加的同时，它们的工资还面临下降压力。使用分位数回归研究显示，那些没有大学学历的就业人群受到的负面影响更为显著。近三十年，美国大学生相对于高中生的工资差距扩大了 30%，2009 年研究生学历的劳动者的收入是高中毕业学历的 236%。

工业机器人是人工智能技术落地应用的重要场景，在人工智能、5G、物联网快速发展的今天，工业机器人的应用场景越来越多，功能越来越强。IFR 的数据显示，2009 年到 2019 年 10 年内，全球工业机器人存量从 2009 年的 102 万台加速增长到 272 万台。2014 年之后保持着每年 10% 以上的增长势头。其中工业机器人运营量最大的是汽车行业，汽车企业总装工程的自动化率已经达到 10% 左右，而冲压、焊接及涂装等工程的自动化率已经达到 70% 以上。协作机器人在 2016 年迎来了爆发式增长，当年全球销量突破 1 万台，同比增长超过 90%。2017 年到 2019 年销量从 1.65 万台迅猛增长到 2019 年的 3 万台，增长率维持在 30% 以上。根据 IFR 的统计，2018 年全球协作机器人占工业机器人安装量的比重上升至 3.3%。传统的机器人只能对大型工厂中的工人进行替代，随着协作机器人的诞生，流水线上的机器人伙伴会越来越多。2015 年，中国美的集团开始引入机器人工厂，工人需求慢慢从 1.1 万人降低到 4 300 人。2016 年，京东开始利用自动搬运机器人、分拣机器人、智能快递车等构筑成的智能物流站，使日订单分拣能力达到 30 万单，而人员投入比例减少了近 70%。2020 年，小米的"黑灯工厂"实现了全厂生产管理过程、机械加工过程和包装储运过程的全程自动化无人黑灯生产，一部手机 200 多道工序绝大部分都依靠智能设备自动化完成，年产量达到百万台，但工人使用量大幅减少。在 AI 技术的赋能下，智能机器人正在加速渗透各个行业，从 2015 年到 2017 年我国工业机器人全球渗透率从 27% 上升到 41%，这也引发了国人对机器替代人工的忧虑。2013—2017 年，中国 286 个地级市的面板数据实证研究表明，工业机器人应用对中国制造业的就业总量存在显著的负影响，工业机器人渗透度每提升一个百分点，将导致制造业就业总量下降 3.35 个百分点（韩民春，2020）。

不同于凯恩斯、富兰克林等关于技术进步造成劳动力闲置和失业增加的担忧，有更多的经济学家相对乐观许多，他们认为技术革新会带动生产率提升，带来更多的财富增长，提升人均收入水平；更重要的是新技术会带来新的行业，创造新的就业机会。实际上,技术进步导致机器取代人类劳动即技术性失业并不是一个新的问题。二者的关系自李嘉图以来就引发了多次激烈的争论,之后众多的经济学家对这个话题展开了持续且深入的研究。乐观派经济学家们认为,技术进步导致原有的劳动岗位被新的机器或者技术所取代,但是这些机器或技术的应用又会创造出全新的劳动岗位,存在一系列的补偿机制。他们认为,在市场价格机制的推动下,要素自由流动,市场机制会调节劳动力在不同行业间的转换。技术革新的一个成果是生产总成本得到降低,产品价格下降进一步导致市场需求增加,需求增加使得厂商需要聘用更多的员工来提高产量。生产效率提升,全社会普遍收入增加,带来消费和投资增加,对服务业劳动力需求增加。

例如,集装箱的出现引发现代物流业变革,大量传统的码头搬运工人失去了工作,其中却有相当一部分通过技能培训转而成为吊车工、叉车工、通信员等技术工人。同时,集装箱革命催生了航运业的巨大发展,带来了全球贸易的大幅增长,为制造业带来大量新就业岗位。新技术革命在带来技术性失业的同时,也激活产业业态和就业新需求。在人工智能逐步淘汰、取代一部分传统技术性就业岗位的同时,创造性、服务性、交互性的环节,人工智能无法取代,以创意、协作、沟通、体验为重点的创意型岗位,如设计师、高级销售、体验师等,将有望大量出现。

综合来看,尽管技术进步带来全社会效率提升,部分失业会被新行业的就业需求增加而填补,但是在劳动力的行业转换过程中会存在很多的结构性困难。孔高文(2020)的实证研究表明,在不同地区机器人应用对劳动力就业存在的影响具有异质性。在低学历员工占比较高、劳动力保护较弱及市场化程度较高的地区,机器人应用的负面冲击较大,并且年龄相对较大的劳动力在技能学习和行业转换上存在较大困难。在着力推进人工智能技术创新的同时,也需要推动教育和职业培训方面的同步更新,为有可能出现的大量技术性失业人群提供及时的帮助。政策制定者要因地制宜、全面协调就业政策,在提高生产效率的同时,最大幅度减小对劳动力市场的冲击显得尤为重要。翁玉玲(2019)认为人工智能时代如何让劳动者分享人工智能的成果,十分重要。她认为,要有效应对人工智能背景下劳资对比力量、劳动力市场需求变化带来的新挑战,适时转变劳动关系的调整重心,加大就业促进政策,强调企业社会责任,使科技革新下的劳动者能够共享人工智能的成果。

浩浩荡荡,技术进步的趋势是无法阻止的,从古罗马的石柱搬运器到人工智能,一部人类文明史,就是一部社会发展与技术革新互相推动的进步史。习近平总书记,在《扎实推进共同富裕》一文中专门强调:新一轮科技革命和产业变革有力推动了经济发展,也对就业和收入分配带来深刻影响,包括一些负面影响,需要有效应对和解决。

参考文献:

[1] 韩民春,韩青江,夏蕾.工业机器人应用对制造业就业的影响——基于中国地级市数据的实证研究[J].改革,2020(03):22-39.

[2] Brynjolfsson & McAfee How Artificial Intelligent Transform Business? [J].

Brynjolfsson & McAfee,2014.

[3] PADALINO S, VIVARELLI M. The Employment Intensity of Economic Growth in the G-7 Countries [J]. International Labor Review, 1984, (Vol. 123, No. 2 (Mar. -Apr.))

[4] 翁玉玲.人工智能时代的劳动法功能调适[J].西安交通大学学报(社会科学版),2019,39(01):145-152.

[5] 孔高文,刘莎莎,孔东民.机器人与就业——基于行业与地区异质性的探索性分析[J].中国工业经济,2020(08):80-98.

[6] 习近平.扎实推进共同富裕[J].求是,2021(20).

恩格尔系数：
从食物支出比例看经济增长成效

恩格尔系数(Engel's Coefficient)，通常指居民家庭中食物支出占消费总支出的比重。1857年，德国统计学家恩斯特·恩格尔(Ernst Engel)，通过对153户家庭的预算和支出进行详细统计后发现，在家庭的收入与该户分配于食物和其他项目的支出之间，存在着一定联系。这是经济学中最早确立的定量函数关系的研究。他还发现收入较高的家庭用于食物的支出一般多于较穷的家庭，但食物开支在总预算中所占比重一般同收入成反比。后来的学者将恩格尔发现的规律扩大到国家的宏观经济发展中，认为恩格尔系数的降低可以作为一国经济增长的证据。

时至今日，恩格尔系数仍是衡量地区或国家富裕程度和发达程度最常用的观测数据。20世纪70年代，联合国粮农署根据恩格尔系数对国家和地区的贫富状态做出界定：60%以上为绝对贫困，50%~60%为勉强度日，40%~50%为小康水平，30%~40%为富裕，低于30%为最富裕。改革开放40多年来，解决温饱、消除贫困，是每个中国人都能感受到的巨大进步，40多年来中国的恩格尔系数持续下降。1978年中国农村家庭的恩格尔系数约为68%，城镇家庭约为59%；1996年，中国城镇居民恩格尔系数首次跌破50%，初步迈入小康水平；2003年，中国农村居民家庭恩格尔系数已经下降到46%，城镇居民家庭约为37%，加权平均约为40%；2017年，中国城乡居民恩格尔系数为29.3%，首次处于30%以下。40年的时间，恩格尔系数下降一半，是中国改革开放成就的证明，表明千家万户的生活水平得到了实实在在的提高和改善。

应当看到，恩格尔系数本身也存在一定的不合理性。尤其在做横向对比时，往往无法考虑到地区的特殊文化性而造成误判。比如广东的恩格尔系数长期高于全国平均水平，背后恐怕离不开广东人的"吃货属性"。爱吃、会吃，追求饮食的高水平，将饮食和商务活动紧密结合，是广东地方文化的重要标签。而宁夏的城乡居民恩格尔系数却一直低于全国平均水平，可能和宁夏粮食产出丰富，供给充足，以及高价格食材的消费相对较少有关。

同时，恩格尔系数无法继续衡量人们对更高水平美好生活的追求。马斯洛五层次需求理论认为，维持自身基本生存的需求是人们最基础的需求，在低阶段需求得到满足后将会不断追求高阶段需求，包括安全、社交、尊重和自我实现等方面的需求。这些在经济发展进程中，往往引导着新的消费增长点，如医疗、教育、旅游休闲等。恩格尔系数随富裕程度降低的背后，折射出人在拥有更多财富后追求高阶段需求的能力和意愿的上升。随着发展水平的提高和可支配收入的增加，人们追求幸福生活的能力和意愿逐渐增强，"幸福"和"发展"的概念也不仅仅局限于简单的食物和温饱。在保证最基本的食物供给之上，人们对教育、医疗、安全、住房、尊严和个人成就的追求同样强烈。传统的恩格尔系数，用菜篮子定义了从贫困到小康的跨越，但从小康到美好生活的跨越，丰富的不仅仅是菜篮子。美好生活和高质量发展还需要更多更全面的衡量指标。

影响恩格尔系数的客观因素可分为个人、家庭和地区三个层次（黄彦彦，郭克莎，2021）。个人层面上主要因素有年龄、受教育程度和婚姻状况。年龄可大致反映家庭所处的生命周期阶段和个人可能的收支状况、食品偏好等，受教育程度与收入有一定正相关关系，婚姻状况会影响个体的劳动参与情况和食品支出。家庭层面上主要因素有人均收入、总资产、家庭结构和家庭规模。家庭结构中老人与小孩的占比较大会增加医疗和教育费用的支出，降低恩格尔系数；由于家庭规模对食品支出的规模效应，家庭规模的扩大会导致恩格尔系数下降。地区层面主要有地区经济发展状况和食品价格两个因素。地区经济发展水平越高恩格尔系数越小，食品价格较大的波动性会导致居民短期内恩格尔系数的变化。同时基尼系数变化也会对恩格尔系数产生影响，基尼系数变大会降低恩格尔系数，1996—2010年中国基尼系数的变化对恩格尔系数变化有22%的贡献度（王宋涛，谢兰兰，2013），表明收入差距扩大会降低恩格尔系数，但同时也导致相对贫困现象增多，社会整体福利下降，出现居民总体生活水平提高的假象，这体现了单用恩格尔系数衡量居民生活水平的局限性。另外，人均GDP、CPI指数等宏观经济指标同样与恩格尔系数具有一定关联性。

基于相对收入假说，影响恩格尔系数的主观心理因素主要与社会地位相关。由于居民的消费决策并非是独立偏好的，他们往往会受到周围家庭相对消费差异的影响，当发现自己的消费水平高于他人时往往会获得更大的消费效用，居民因具有这种地位寻求的心理动机而做出地位性消费。地位性消费来源于收入差距，收入差距扩大使得居民消费水平和消费对象差异扩大，社会地位随之产生差异，高收入群体的外在和炫耀式的消费行为会对中低收入群体产生示范效应，让他们在进行消费时与高收入群体攀比，进行更多非食品支出，使得恩格尔系数下降。

20世纪90年代后，中国的恩格尔系数的大幅降低似乎说明了我国居民生活水平的飞跃，但也有学者认为恩格尔系数下降的主要原因是市场化改革后居民医疗、教育和住房支出的大幅提升（杭斌，申春兰，2005）。1996年，城市最低收入群体的恩格尔系数高达58.28%，2002年城市最低收入群体的可支配收入较1996年有所降低但恩格尔系数却降至47.27%。如果考虑到2002年的城市居民消费价格总水平较1996年上升1.6%和食物消费价格水平下降10.1%的影响，2002年以1996年为基期的实际恩格尔系数应该为53.53%，同时2002年城镇最低收入户较1996年人均可支配收入下降3.1%，人均教育和医疗支出却提高了78.5%，这两部分支出的猛增明显挤出了食品支出，使得人均食品支出较1996年下降7.4%。高收入群体挤占效应并不明显。

伴随教育、医疗体制改革的不断深入，这一情况有了明显改善。恩格尔系数2000—2011年共降9.46%，下降趋势较之前放缓，原因在于收入效应对恩格尔系数的影响被消费结构效应和价格效应削弱（谢清心，2020）。居民膳食结构的改变，外出就餐增多带来了食物消费结构,推动 2000—2011 年的恩格尔系数上升 1.29%,食物价格上涨推动恩格尔系数上升 10.42%,食物消费总量减少和收入提高分别导致恩格尔系数下降 5.7% 和 15.47%。食物价格上升对低收入阶层的恩格尔系数下降抑制作用更大。单就收入对恩格尔系数的影响而言,收入增加可更大限度地提高高收入群体的福利水平,对低收入群体带来的福利水平影响轻微,这是由于高收入群体膳食结构已处于较优状态,低收入群体收入提高后仍会将大部分增加收入用于提高膳食水平。

关于如何进一步降低恩格尔系数,提升居民生活水平,可以从三个方面入手。首先,应倡导居民健康饮食,避免营养过剩和餐饮浪费,促使居民调整膳食结构。其次,保障食品供给,尽量降低食品价格上涨带来的居民福利损失,应结合我国饮食习惯,尤其注意调控猪肉价格波动。最后,在制定经济政策时更多向低收入群体倾斜,建立健全低收入人群的社会保障制度,制定相应福利政策,针对性地缓解价格上涨或突发事件对低收入群体带来的压力。

参考文献:

[1] 黄彦彦,郭克莎.家庭负债于恩格尔系数分化[J].经济学动态,2021(11):43-57.

[2] 余峰.如何正确测度我国农村居民的恩格尔系数——基于宏观和微观视角的实证研究[J].经济问题,2021(7):37-44.

[3] 谢清心.21世纪我国恩格尔系数变化研究[D].南京:南京农业大学,2020.

[4] 舒群.我国城镇居民恩格尔系数的影响因素分析[D].太原:山西财经大学,2019.

[5] 杭斌,申春兰.恩格尔系数为什么降得这么快[J].统计研究,2005(01):33-37.

[6] 王宋涛,谢兰兰.公平分配与居民福利——收入差距对中国居民恩格尔系数的影响分析[J].统计与信息论坛,2013,28(03):56-62.

净资产收益率：
股权投资回报的关键指标

巴菲特说："如果非要我用一个指标进行选股，我会选择净资产收益率（Return On Equity，ROE），那些 ROE 能常年持续稳定在 20% 以上的公司都是好公司，投资者应当考虑买入。公司能够创造并维持高水平的 ROE 是可遇而不可求的，因为这样的事情实在太少了！因为当公司的规模扩大时，维持高水平的 ROE 是极其困难的事。"巴菲特一生最好的搭档也是挚友查理·芒格说："如果 ROE 较为稳定的话，长期来看，一只股票的回报率约等于它的 ROE。"

净资产收益率，又称股东权益报酬率或权益报酬率，是净利润与平均股东权益的百分比，是公司税后利润除以净资产得到的百分比率。该指标可以反映股东权益的收益水平，用来衡量公司自有股权资本的运行效率。该指标值越高，说明股权投资带来的回报越高，该指标可以体现自有资本获得净收益的能力。

假定有两家公司：公司甲和公司乙，其股价目前分别为 100 元、200 元，每股收益都是 10 元，ROE（净资产收益率）分别为 15%、30%，那么 PE（市盈率）分别为 10 倍和 20 倍。PB（市净率）应该是净资产收益率和市盈率的乘积，两家公司 PB 分别是 1.5 倍和 6 倍。净资产分别为 66.7 元和 33.3 元。假定这两家公司一直不分红，每年的盈利自然变成第二年的净资产，累积下来，10 年后公司甲的净资产为 269.84 元，乙公司的净资产为 459.07 元；假定 10 年后，估值依然保持不变，两家公司的股价分别为 404.76 和 2 754.42，10 年的年均复合增长率分别为 15% 和 30%，恰好等于两家公司初始并一直维持的 ROE 水平。这个例子里面有一个非常重要的假定是，两家公司坚持十年不分红，这将使净资产规模有一个复利的增长，分别扩大了 4 倍和近 14 倍。在如此扩大规模的情况下，资产的边际收益一般会开始下降，能依然维持 ROE 不变，这基本上是一个难以完成的任务。

巴菲特本人早年投资的喜诗糖果，是他最引以为傲的成功案例之一，也是他从"捡烟蒂"投资转变到"价值投资"的标志性一步，有些价值投资粉将巴菲特收购喜诗糖果的 1972 年称为价值投资元年。当时，喜诗糖果的净资产约 800 万美元，净利润约 200 万美元，ROE 约为 25%。巴菲特出价 2 500 万美元收购，约为 3.1 倍的 PB。在之后的几十年里，喜诗糖果为伯克希尔创造了出色的利润和现金流，同时也为巴菲特不断投资提供了充足的流动性。在 2007 年的致股东信中，巴菲特特别提到喜诗糖果，称其一共为伯克希尔公司创造了近 14 亿美元的税前利润。巴菲特另一个经典的投资案例是买入可口可乐的股票，1988 年可口可乐公司的 ROE 达到 30% 以上，巴菲特以4倍左右的PB买入。这笔投资在之后的十年里给他带来了同样高达30%的年化收益率。

从2010年到2020年,能持续保持ROE 20%以上的公司,中国A股市场一共有11家。其中2007—2019年,格力电器的加权ROE年平均值为33%,而其市值大约上涨了4 260%,年化复合增长率约为35%,两者非常接近。格力电器的这种超常规的利润增长,反映了这家公司在这段时间内强劲的营业收入和利润的同步增长能力。当期产生的利润,不分红留存进行扩大规模,并能产生同样的利润率,通过复利会产生非常大的威力。

按照芒格的思路,提高回报率,最好能有持续不断增长的ROE。ROE是一个比率,其增长无非分子增加或者分母减小。如果公司把利润当期分红分掉,ROE的分母——净资产保持不变,公司下一年净利润继续维持,就可以保持ROE不变。但是,这种来源于超高分红比带来的ROE改善,并不能代表公司竞争力的持续提升,更像一个能持续获得现金流回报的固定收益型资产。

一直以来,中国上市公司都比较吝啬,"重融资、轻分红"一度成为中小投资者对中国上市公司诟病的顽疾之一。为改变"铁公鸡"现象,证监会早在2001年就把现金分红作为再融资的基本考核条件,2008年进一步将再融资条件提升为:近三年现金方式累计分红不少于年均可分配利润的30%。根据上市公司协会的统计,2018年全体上市公司的分红总金额达到1.15万亿元,平均股息率2.41%,与美国标普500指数和道·琼斯工业指数的成分股大体相当了;2019年现金分红总计约1.36万亿元,有现金分红的公司占全部上市公司总数的66%。沪深交易所和中国上市公司协会每年基于现金分红总额或股利支付率分别评选"上市公司丰厚回报榜单"和"上市公司真诚回报榜单",褒奖分红较多的上市公司。

与此对应的是,二级市场也经常把高分红方案作为短线炒作的题材。四方股份在2020年净利润3.4亿元的情况下,决定发放现金红利7.97亿元,占当年净利润的234%,股息率按照公布议案时价格计算高达13.6%,这一消息马上刺激到其二级市场股价,两个涨停板给予回应。但是,在此之后,其股价就一直回调,并无更多出色表现。该公司自2010年上市以来累计分红已达25亿元,且一直没有通过增发、配股从资本市场融资,但是其股票投资回报并不理想,至今市值也没有太多增长。

另外一个高分红的案例是佛山照明,自上市以来累计分红金额近50亿元,常把当年净利润的80%以上分掉,24年来只增发和配股各一次,累计融资仅8.12亿元。按照中国股市中充斥着只融资不分红的"坏孩子"假说,佛山照明应该是典型的"好学生"代表,但其二级市场给投资人的回报并不出色。这可能是因为在保持高分红比例的同时,其ROE(净资产收益率)水平却不断恶化,从2016年的21%下降到2020年的5%。上市二十多年的双汇发展现金分红累计高达400多亿元,基本上把所有赚来的利润都分掉了。其中2015到2019年净利润一共才233亿元,而派发现金红利228亿元,分红率高达98%。按照其33%的ROE水平,6倍的PB,持有等待红利的股息率也有5%左右,能称得上是一个不错的稳定现金流回报的资产了,但是其二级市场同样回报一般,总市值仅从2015年年初的700亿元涨到2019年年底的960亿元。

巴菲特认为:"金子本身并不会繁育出新的价值,债券也很少回馈投资者,而精挑细选出来的普通股票和土地则是具有生产性的资产,很有可能会为投资者带来丰厚回报。"意思就是投资标的物本身造血能力如何,反映到股票上就是ROE。投资者进入股票二级市场,一般不会满足于股票分红带来的债券性固定收益,除非在保持高分红的同时股价依旧表现不俗。伊利股份近三年的现金分红比例均超过65%,复权来看其市值也一直在稳步增长,近十年涨了8倍多,这主要得益于它的ROE连续十年稳居20%以上。ROE常年保持在20%以上的还有家电龙头美的集团,自2014年整体上市以来,到2020年六年时间总市值涨了近7倍。可见,从中长期的投资回报来看,仅有高分红的标的远不如稳定保持高ROE的标的。A股市场选取2017—2020年连续四年ROE持续超过15%的公司,只有88家,占全部上市公司的不到3%。用这88家公司的相关数据进行实证计量检验,发现了一些有意思的结论:投资这些优质公司,二级市场的投资回报,与他们各自的股利发放率没有相关性,与ROE水平存在一定的正相关,而对ROE的增长有很强的正相关,与买入时的初始PB水平则显著负相关。综合来说,股票的投资回报来自不断增长的ROE以及相对便宜的估值。

如果公司的分红不多,每期利润会不断累积为公司净资产,ROE分母将不断变大,此时还能保持ROE的稳定高回报,说明公司在规模扩张的同时还能维持高额利润,这类公司的股权投资回报通常会很高。股票投资价值的优势之一就是复利增长。巴菲特认为:"股票之所以回报超过债券,就在于存留收益能够继续创造更多盈利",这一重要原理在20世纪20年代就被发现并充分利用在股票投资中,引发了之后的股票市场大涨。凯恩斯也认为"管理良好的企业一般不把所有盈利分发给股东。如果不是所有时候,至少在好的年景,企业会保留一部分盈利然后再投回到业务中去。因此这就有了复利的成分,有竞争力的企业运营继续支持良好的工业投资"。

巴菲特自己掌控的伯克希尔哈撒韦公司,就践行了上述原则。这家公司每股价格现在已经超过45万美金,甚至因为股价过高导致纳斯达克系统无法显示。历史上这家公司仅象征性地分过一次红,1967年向股东支付了上市后首次也是唯一的一次红利,还仅仅只有每股10美分。同样不喜欢分红的,还有美国的一些科技公司。20世纪80到90年代间,微软和甲骨文等公司为股东提供了飞速增长和利润,但并不喜欢支付股息。腾讯似乎也不太喜欢大手笔分红,近几年的分红比例基本保持在10%左右。但这些公司,在不分红的情况下,维持了高ROE,使得市场的股价走势非常强劲,投资人获益满满。

经过统计,近10年内中国A股上市企业中,ROE连续超过15%的企业有31家,连续超过20%的企业有12家,连续超过25%的企业只有1家。在ROE连续超过20%的企业中,有10家企业在2015年到2019年都获得了超过市场的超额收益。5年累计超额收益超过20%的有5家,分别是海康威视(37.41%)、恒瑞医药(22.62%)、伊利股份(21.62%)、海天味业(23.50%)、晨光文具(39.20%)。其中同属于医药行业的华东医药的分红率达到27.6%,而恒瑞医药只有14.31%,恒瑞医药的5年累计超额收益22.7%比华东医药的17.0%高出了5.7%。同属于白酒行业的洋河股份与贵州茅台,洋河股份的分红率达到了40.82%,贵州茅台则为36.02%,而茅台获得了17.3%的累积超额收益,洋河只有不到4%。这些在一定程度上反映了高ROE、低分红率确实能为公司的价值增长提供较强的竞争力。

杜邦分析：
公司财务分析的最快"手术刀"

在公司财务分析中，运用的最基本也是最重要的分析框架是净资产收益率等于销售净利润率、资产周转率和权益乘数三者的乘积。这一分析框架名为"杜邦分析法"。

杜邦分析法来源于美国杜邦集团的一位普通销售员弗兰·克布朗的一篇关于公司运营效率的报告。报告提出：公司股东的净利润率可以进一步分解为公司资产运营效率、公司债务负担和产品的销售利润率。这一分析思路先是在杜邦集团内广泛运用，随后成为公司财务分析中普遍运用的方法。

从这个分析框架可以看到，起码有三种途径来获得股东回报。通常，不同行业都有其中某一两种的获利因素。贵州茅台单纯依靠超过50%的销售净利润率就可以保持超过30%的ROE（净资产收益率）水平；招商银行2020年共发放贷款及垫款5.04万亿元，获得净利息收入1 850亿元，可以算出其利差获得的收入也就是3.7%左右，但是其杠杆率高达11.45倍，所以招商银行始终能维持15%以上的ROE水平；很多公司既没有茅台那么强大的稀缺性和提价能力，也很难达到银行那么高的权益乘数。因此，快周转就成为它们的重中之重。

周转率最高的行业是商贸流通业，他们的利润率通常都不高，需要周转速度足够快。比如厦门象屿2020年3 600亿元的营业收入，只有16亿元的净利润，净利润率只有0.45%，但凭借4.71的总资产周转率，其ROE超过了10%。京东在自建物流和智慧供应链的支持下，库存周转天数已经降到31天，超过零售巨头沃尔玛和亚马逊的40天周转速度，接近行业标杆Costco的30天水平。但是Costco总共只提供几千个SKU（Stock Keeping Unit，库存控制的最小单位），而京东自营近500万个。另一家电商平台公司南极电商，经过努力运营，总资产周转率提升了一倍有余，从0.3增加到0.8，也使其ROE近5年都能保持在20%以上。

奶制品行业的伊利股份，其资产周转率一直保持在1.5附近，属于高水平稳定状态，故ROE也是高水准稳定在20%上下。同行业的蒙牛最近几年的总资产周转率在1左右徘徊，光明乳业最近5年也只有1.3左右，相比而言就显示出竞争力的差异了。矿泉水市场占有率第一的农夫山泉，总资产周转率从2018年的1.09提升到1.24，对其ROE提升贡献很大，这一核心指标的提升，凸显其获得市场份额背后的战斗力。李宁公司在北京奥运会之后，对市场判断失误，导致库存积压，资产周转率下降非常明显，从2008年顶点的1.88下降到2013年的低谷0.97，相应的ROE也快速下滑，一度变成负数，股价更是暴跌不止。近年来，李宁公司扭转颓势，到2019年资产周转率再度回到

1.31的较高水平,ROE水平也超过20%,再度成为有竞争实力的体育服饰品牌。而海澜之家2020年的总资产周转率只有0.63,比李宁相差一倍还多,积压的库存品对快消类服装产业来说是致命的。兴起于南京的独角兽企业SheIn,在快时尚行业更是把周转速度提升到了极致,通过接受小规模订单和先预定再生产等方式,将打样到生产的周期压缩到7天,甚至领先行业巨头近7天。总体来说,无论在哪个行业,一家公司的资金周转能力是其核心竞争力之一,所谓"天下武功,唯快不破"。

在杜邦分析中,总资产周转率是我们对一个公司经营能力的考查指标,它等于总销售收入/总资产。通俗地讲,就是公司能够用资产一年做几次生意。传统制造业,如服装制造企业、饮料制造企业、农产品肉类加工企业等,本身毛利率不高,必须通过有效运用公司投入的总资产来创造营收,不能让资产闲置在仓库里,一般总资产周转率大于1是比较健康的。它们的ROE水平很大程度上与它们的总资产周转率挂钩。例如,太平鸟,在2014年、2015年,ROE做到了33.49%、35.65%,这时的总资产周转率在1.57、1.61左右;到了2019年、2020年,ROE下降到了19.23%、15.64%,这时的总资产周转率为1.21、1.16。流通业、快消类行业,产品卖得快,资金周转得就越快,它们的总资产周转率通常都大于2。例如,华统股份、龙大美食、禾丰股份,它们的总资产周转率长期维持在2以上,才能保持ROE在15%以上的业绩水平。世界最大的超市沃尔玛,总资产周转率20年来都保持在2.4左右,从2005年开始一直到2017年ROE都保持在20%以上。

京东方、中芯国际、药明康德、台积电、宁德时代等资本密集型公司,2020年资本周转率分别为0.35、0.17、0.44、0.53、0.39。这些行业每隔一定时间都需要大量投入资金更新设备,开发新的技术,保持在行业内的竞争优势。它们的资本周转一般都在1以下。

周转率是对一个公司经营能力的总体考察,可以通俗地理解为一年做了几次生意,如果把做生意这个过程进一步拆解,可以将其拆解为:营业周期=存货周转天数+应收账款周转天数。存货的周转天数能反映公司产品的畅销程度,是否出现库存积压的问题。上文中提到的李宁,在2008年后产能过剩导致了存货积压问题,使其存货周转天数从50天左右上升到了2015年100天左右,显著地影响了营运周期,降低了周转率。女装拉夏贝尔在业绩优异的2013—2017年,存货周转天数都保持在210天左右,但是从2018年开始存货周转天数逐步上升到了2019年的417天、2020年的592天,变长的存货周转周期反映出拉夏贝尔产品滞销的问题,这对于一个服装企业来说无疑是致命的。

一些轻资产行业因为行业自身特性存货周转天数较长。比如房地产行业、酿酒行业,它们的存货周转天数可以达到1 000天左右。对于这些企业更需要关注现金流是否充足。它们的营业周期已经远远超过了它们的应付账款周转天数,现金流充足、资金链稳定对于该类企业尤其重要。

企业的经营过程可以分解为三个主要流程:资金转化为资源的采购过程;资源转化为产品的过程;最终产品转化为资金的销售回款过程。分别对应应付账款周转天数、存货周转天数和应收账款周转天数,三者合称为经营周期。缩短这三个过程就意味着加快了资金的周转次数,提高了资金的周转效率。第一个采购过程和第三个销售回款过程,受制于企业在产业链中的地位而决定的预付账款和应收账款周期,需要通过商务谈判或是提高产业链地位来改善。格力在其产业链中的品牌地位,为他的资本周转提供了巨大的帮助。采购过程中,格力对自己的供应商有严格的管理制度,严格供应商的供货质量,供货时效,与供应商建立了长期的良好合作关系。对于销售回款,格力将应收账款周转率控制在了 15 以上,周转天数不超过 25 天。第二个生产过程取决于企业自身内部管理能力,缩短生产周期就是缩短资源转化成产品的过程。想要缩短生产周期就要在各个生产环节中减少物料停滞、等待时间,即创造一个"连续流"。原材料从仓库领出之后不间断、不停滞地从各个加工工序或生产环节"流"过,而不是在每个工序加工之后放置在工位旁处于停滞和等待的状态,最为理想的状态就是"单件流"。企业通过对产业链进行管理,实现对客户的需求快速地做出反应,快速地出货,并对后续供货量进行实时调整,防止库存的堆积。如果一个企业能够实现这样的连续流,有两个方面的好处。一方面能缩短交付周期。企业接到客户订单之后,假设订单信息处理过程及原材料采购过程中没有产生额外的时间浪费,缩短生产周期将直接缩短产品的交付周期,有利于增强企业在交付时间上的市场竞争力。特别是服装制造业这类时尚产业。另一方面能降低库存。实现连续流可以大幅降低库存,在制品数量可以大幅度减少。企业能够通过观察市场反应快速调整出货量,避免商品滞销的情况发生。以 SheIn 的生产管理为例,它需要实现一个稳定的连续流。所谓"稳定"就是要消除生产过程中的异常和波动,这些异常和波动包括上游供应商无法及时交付产品,客户需求波动难以及时调整出货量等。稳定的过程是连续流的重要准备,如果在稳定性不能基本保证之前试图建立连续流,障碍可能会较大,从而导致无法创建平稳、连贯的连续流。传统的时尚产业按照季节开发服装,一件衣服从设计到下单再到上架需要 3 个月左右的时间。品牌设计师们往往需要冒着一些风险去猜测未来数月会流行什么,这就会导致客户需求的波动。SheIn 坚持做"小单快反"的模式,先小量出货来观察市场反应,在了解市场需求后再选择合适的生产规模,这样的方式使得生产过程更加平稳连贯,也防止出现因为客户需求波动导致的供不应求或者库存堆积的情况。SheIn 还严格控制供应商的交付周期,严格规定从打样到生产的时间。它将整个流程缩短到 7 天,供应商从收到 SheIn 的订单、面料到将成品送到 SheIn 仓库只需 5 天,面料制作 1 天,裁剪、车缝和收尾 3 天,二次工艺(绣花和印花)1 天。SheIn 一方面快速调整对客户需求的预期,建立了能够快速调整出货量的"小单快反"模式;一方面严格控制上游产品的交付周期,建立了稳定的"连续流",大大缩短了它的生产流程,实现了极短的生意周期。

总资产周转率作为一个企业的核心竞争力之一,不同行业间因为从事业务的不同有着显著的差异,但在一个行业内如果能有较高的总资产周转率,那么这家企业往往有着较强的运营能力。

与周转率同等重要,可以提升净资产收益率的重要指标是权益乘数。权益乘数是衡量公司资产中由股权融资的部分的杠杆比率。它的计算方法是用公司总资产除以总股东权益，它还可用于表示公司用于收购资产和维持运营的债务融资水平。高乘数表明公司资产的很大一部分由债务融资。权益乘数，可以将该指标理解为一个杠杆系数，是期初期末总资产平均值除以期初期末平均所有者权益的值。由于所有者权益等于总资产减去总负债，这个指标就是当期平均的资产负债率，当平均负债占比越大，所有者权益越小，权益乘数就会越大，杠杆越大。企业有较高的负债程度，自然会给股东带来较多的杠杆收益，但债务的财务负担是需要现金流支持的，过多的财务费用在降低净利润的同时，更重要的是会给企业带来财务风险。

商业银行应该是权益乘数最大的行业了，2020年的财务报表显示，工商银行、招商银行、宁波银行、紫金农商银行的权益乘数分别是11.46、11.45、13.67和14.69。无论是国有大行、股份制银行还是城市商业银行、农村商业银行，杠杆的倍数都超过10倍，并且规模越小的银行，通常倍数越高。招商银行在总资产收益率只有1.24%的情况下，获得14.2%的ROE。但是，杠杆放大银行收益的同时，也放大了它可能的损失。如果一家银行总资产的1%变成了坏账，其净资产损失就是10%以上，有可能一年的利润也无法弥补这一损失。在高杠杆的行业属性背后，银行的风险把控至关重要，资产质量决定生死。1982—1992年，美国平均每年倒闭银行208家之多。2008年美国金融危机之后，全球银行共同遵循的监管标准《巴塞尔协议》再次大幅提升对银行业资本充足率的要求，而中国银行业制定了比《巴赛尔协议Ⅲ》更严格的标准。

中国权益乘数比较高的行业，其次就应该是住宅房地产行业了。2020年，万科、碧桂园的杠杆倍数分别高达5.34倍和7.84倍。房地产行业的高负债来源于土地或住宅这类银行最为喜爱的抵押物，以及中国住宅销售特有的预售制度，开发商可以把收到的购房者的购房款投入后续房子开发建设中，购房者通常要一年后才能够收到验收合格的商品房。在运营环节对上下游进行融资，也是住宅开发商常用的融资模式，尽量多、尽量长时间地占用合作方资金，对上游工程承建方先垫资建设，再分期付款。对下游供应商，先供货，只付一定比例首付款，其余的尽量拖延支付，或者开具一年后才能承兑的商业汇票。杠杆过高的房地产行业波动起来对上下游关联企业影响颇大，甚至被称为"周期之母"。央行和住建部在2021年进一步限制开发商的债务融资，特别推行了"三条红线"新规①。

商贸流通行业通常也体现出低利润率、高杠杆、高周转的财务特征。苏美达和厦门象屿的销售净利率只有1.7%和0.55%，但它们的权益乘数分别达到4.08和3.79。一般商贸流通行业，拥有较大的收入规模和较好的现金流，能够获得较低廉的融资成本，但是如果对贸易产品价格的判断不够准确，风险波动也是在所难免。现代商贸流通行业转型的目标是增加供应链服务和产业链运营的能力，围绕产业链上客户的需求，通过提供终端需求信息、融资、分销和物流等收取服务费用；深度参与产业链各环节的市场信息收集和整理，通过大数据等新分析工具，为整个产业链的整合提供新增价值。

---

① 中国人民银行：《住房建设部、人民银行联合召开房地产企业座谈会》，https://pbc.gov.cn/goutongjiaoliu/113456/113469/4075935/index.html。

并购与商誉减值：
股价过度反应的催化剂

知名大 V 吴晓波拟将知识付费的"吴晓波频道"作价 15 亿元卖给全通教育。尽管公告发布不到 1 个小时,就引来深交所的问询函,但市场还是用两个涨停做出了非常乐观的正面回应。在资本市场,并购故事向来最吸人眼球,且很容易让市场过度反应。有学者统计创业板数据,发现在并购消息公布的前后十天窗口期,持有该股票将获得 10% 的超额收益率。但更多的相关研究也发现,并购在中长期对企业的绩效提升并不理想。以全通教育为例,自 2015 年至今,先后收购西安习悦、继教网等 14 家公司,股价却从 2015 年最高点每股 99.42 元跌到每股 8.75 元,2018 年净利润亏损 6.2 亿元,公司市值从 500 多亿元到还剩 50 亿元。

在美国,1979—1989 年期间共发生 2 000 多笔杠杆收购,但这些并购最终并没有提升企业的长期竞争力。学者认为,并购数量的增加和经济增长速度下行、公司利润普遍下滑、公司内部人控制、货币政策宽松与信贷扩张等都有关联。在中国的 A 股市场,2015—2016 年间的并购数量猛然增加,和美国 20 世纪 80 年代的背景有不少相似之处。市场往往对并购来的新增业务存在美好期望,对股价的上涨产生催化剂的效果。同时,在会计处理上也体现出高估值的部分,而这也正是商誉的来源。商誉是指企业在并购过程中购买的成本大于被并购方可辨认净资产公允价值的差额。截至 2018 年三季报,中国大陆 A 股全市场总商誉达 1.45 万亿元。其中,中小板和创业板占全部商誉的 45%,但二者业绩占比仅为 11%；主要集中在传媒、医药生物、计算机等轻资产行业。商誉在 2015—2016 年迅速攀升,过高的商誉占比可能给投资者带来两大风险——低估企业的债务负担和企业集中计提商誉减值导致的业绩波动巨大。

商誉是什么？其英文为 Goodwill,由字面可解释为对未来的某种美好的期望和愿景,可见在其形成之初,就带有一定的积极偏向。商誉是由以往的交易和事务中所产生,由公司所控制和拥有的,对其本身产生超额的经济利益的特殊经济资源。从某种意义上来看,作为企业的一个总计价账户,商誉表明其各项资产合计的整体价值大于个别价值之和,即商业角度上,其能够在未来的时间段内为公司本身所带来的超额利润的潜在经济增加值。举例来看,如 P 企业试图并购 Q 企业,而 Q 的资产扣除负债后的净额在 100 万元左右,但出价 300 万元仍被 P 收购,那么 P 为购买 Q 所额外支出的 200 万元溢价即是所多付出的商誉价值。一般而言,商誉可分为自创商誉和外购商誉。而由于自创商誉在会计过程中并未规定相应的计量规则,所以狭义上常将外购商誉视为商誉本身,即其产生与溢价并购重组紧密相关,是合并成本大于在合并过程中所取得的被购买方可辨认净资产公允价值份额的部分。

外购商誉源自并购,聚焦于企业并购场景,其价格的确定必然涉及一系列因素,总结以往文献,商誉的波动受并购时机选择、管理层过度乐观判断和特殊行为动机、内部信息管理等原因产生。

首先,若并购时机选择错误,对涉及商誉判别和估价的各项假设可能会因此失误,产生计量误差。例如,20世纪80年代末联合航空公司拟以每股300美元价格被收购,但在谈判期间产生的美股整体下跌使股价也持续跌落至223美元,伴随报价下调,原定的并购方案也宣告破裂。在短短几个月间,企业可辨别的净资产规模差异不可能剧烈波动,但商誉的波动却因整体市场行情而涨幅不定,它与谈判双方的主观情绪、宏观预期的判别和并购时机的选择等都有很强的关联性。

其次,由于委托代理的存在,企业管理层必然存在一定的个人动机,影响到并购的选择和商誉波动。根据Jensen(1976)对企业理论、代理成本及所有权结构的相关研究,高管的自利行为和个人野心会促使其构筑更为庞大的企业帝国,以过度乐观和自信的情绪进行对外投资和并购,这种不成熟和非理性的行为会导致被收购企业商誉的过高估计,也必然遭到市场的惩罚。例如,2002年美国在线时代华纳公司因之前的换股合并,造成了创纪录的989亿元的商誉减值。代理问题对商誉风险造成了极为严重的影响,当管理层的任期有限时,他对扩大企业规模、短期获取更多薪酬和项目扩张的偏好,使得对过度并购的动机极为强烈,接受高溢价企业收购的可能性也更为高涨。

最后,市场信息不对称和信息披露管理同样会致使商誉为投资者带来更大风险。在并购期间,管理者更易对被收购企业的未入账资源价值、协同效应等积极信息进行适当披露。但随着市场更迭和项目发展,一旦成效不佳,消息的集中迅速披露则必然造成市场的剧烈反应和股价的大幅下跌。

由于商誉是因企业的成长性、品牌度和先进的管理和技术水平等因素所产生的获取超额利润的能力,其往往并不具备直接辨别特征,既不属于无形资产,也不能脱离于企业本身而存在,更不能进行企业间的资产转移;只能依存于企业整体进行差额计算的间接计量。因此,对商誉价值的评估往往具备很强的主观性,计价入账等行为常易被财务人员操纵,造成资产虚假的恶性循环。由于商誉是对预期利润值的判断和考量,就必然会存在盈亏的波动偏差,如业绩按积极的预期涨幅较大,源源不断的现金流和可持续的盈利扩张规模会覆盖企业的超额支出,使其不需进行商誉减值;而若预期错误、企业面临大量亏损,则需在会计报表上进行商誉减值的说明。作为一项资产,商誉的风险在于其收益的不确定性,也意味着必然存在减值风险和股价反应。商誉减值往往由以下因素产生:被收购企业的经营持续恶化,并未实现承诺业绩;所处行业产能过剩,相关政策和市场背景恶化;管理层团队发生冲突,或被收购企业技术壁垒受新行情冲击;宏观基本面的风险突出,如外汇管制压力、恶性通胀趋势等。

寻找增长新动能和防范化解重大风险,是中国经济可持续发展议题中的关键讨论事项,而企业并购作为存量资源配置的依托,逐渐受到各方的支持和关注。在2015—2016年期间,上市公司的并购规模迅速发展扩大,以相比2014年超7倍的增速水平迅速增长至1.61万亿元。在市场一轮轮的并购浪潮淡去后,其相应的并购商誉量也迅速增长,存在着波动不定的商誉减值和股价崩盘风险。投资者应该认真识别并购资产的质量以及带来商誉的含金量,深度挖掘被并购对象的盈利能力、财务质量、是否具有中长期的核心竞争力,以及并购双方的协同效应。

收购时的"美好的愿望"就像公司承诺的预期盈利能力,如果被收购的公司业绩不佳,"美好的愿望"无法实现时,就需要在会计处理上做一个商誉的减值和利润的亏损。2018年11月16日,证监会明确要求上市公司必须定期披露商誉及商誉减值测试。部分上市公司索性一次性大幅减值,这种"长痛不如短痛"的操作给市场带来很大的震动,引起股价不断下跌。天神娱乐预计商誉减值49亿元,预亏高达73亿~78亿元,接近其市值的两倍。坚瑞沃能一次性全额计提46.16亿元减值损失,营业利润由7.13亿元转为亏损36.42亿元。康尼机电计提大额商誉减值20亿元,股价全年跌幅70%。2018年年末,由于商誉减值造成全年亏损达到10亿元以上的公司约有60家,全年平均跌幅高达55%,而同期上证指数下跌24.6%。商誉并非是"洪水猛兽"。中长期来看,股价真实的反应仍然由盈利能力决定,无论是并购的消息还是商誉减值的会计处理,股价的过度反应只是暂时性的。

从政府监管部门层面来看,应积极引导企业进行理性并购,深度挖掘被并购企业的盈利能力、财务质量和核心竞争力,考虑并购双方的协同效应,做到价值的真实创造,从而避免和遏制过度投资的非理性造成的商誉减值和股价崩盘风险。

从投资者层面来看,一方面要利用新型工具度量投资企业的商誉比重,即通过商誉占净资产比率的判别来进行投资衡量。一般而言,当比重超过10%时,便需要对此类企业进行适当风险回避。另一方面要多维度留意被收购企业的业绩状况,对业绩情形的判别也可参考并购过程中所签订的业绩承诺和对赌协议,若未完成相应业绩,会面临一定减值预期,可适当进行资产配置和风险转移。

商誉减值还受到市场信息不对称和并购股价高估泡沫的制约,一方面需要监管者强化企业信息披露和信息管理,引导投资者进行理性判断;另一方面需要通过完善分析师和审计师等第三方的独立性和准确性,积极发挥第三方的信息治理功能,稳定市场定价效率和信息质量,降低市场的整体风险。

参考文献:

[1] 胡凡,李科.股价高估与商誉减值风险[J].财经研究,2019,45(06):71-85.

[2] 韩宏稳,唐清泉,黎文飞.并购商誉减值、信息不对称与股价崩盘风险[J].证券市场导报,2019(03):59-70.

[3] 曲晓辉,卢煜,张瑞丽.商誉减值的价值相关性——基于中国A股市场的经验证据[J].经济与管理研究,2017,38(03):122-132.

[4]高榴,袁诗淼.上市公司并购重组商誉及其减值问题探析[J].证券市场导报,2017(12):58-64.

[5]刘超,徐丹丹,郑忱阳.商誉、高溢价并购与股价崩盘风险[J].金融监管研究,2019(06):1-20.

股权激励：
完善治理结构，有效挽留人才的良药？

格力电器在2022年5月21日公布了新一期员工持股计划方案，该计划规模不超过9 472.8万股，占公司当前总股本的1.60%，整体资金规模不超过15.5亿元。员工持股计划购买公司股份的价格为16.36元/股，为董事会前一交易日收盘价32.72元/股的50%，基本是按照"半价"优惠给有资格的员工。本次持股计划覆盖超过12 000名员工，中基层干部、核心员工、技术专家等优先认购比例达97.47%。

西方最早的股权激励可能是1952年美国菲泽尔公司提出的股票期权计划，背景是当时美国的资本所得税远远低于员工工资所得税，于是公司将高管薪酬拆分成"现金+股权"，降低了现金薪酬金额，从而有效降低了个人所得税。此后，美国从立法层面对这一类激励模式予以了确认和鼓励。迄今为止，美国实施股权激励的企业达到了20 000余家，美排名前1 000位的公司，90%对管理人员进行股权激励。中国最早的股权激励可能是清朝晋商的人身顶股制，掌柜和资深伙计持有人身股，不用出资金可以分得股份，并按照事先定好的规矩分享经营利润，从而形成类似近代股权激励的一种激励措施。从股权激励的结算手段来看，可以分为权益结算和现金结算两大类。权益结算指通过股票期权、限制性股票、员工持股计划等权益方式进行激励，而现金结算主要通过股票增值权、虚拟股票、分红权激励等现金方式进行。从持股方式来看可以分为直接持股、代持和平台持股等不同形式。

股票期权模式，是指激励员工在付出相应的期权费后按协议价买入或者卖出一定数量相关股票的权利。企业给予内部高管或骨干员工一定时限内以特定价格购买公司普通股的权利，被授予方可以根据具体情形决定是否对该公司股票进行买卖交易，是一种可放弃选择的权利。限制性股票指公司按照预定的条件来对员工进行一定数额的股票激励，但需要满足相应的工作年限或业绩目标，若受激励员工未能达到相关条件，则不可随意出售。这种方式在我国较为流行，适合成熟型的企业模式。员工持股计划(Employee Stock Ownership Plans，ESOP)，是指公司或实际控制人将一部分股份由员工持股平台持有，持股平台根据相关协议将股票分给符合条件的员工，符合条件的员工通过持股平台间接持有公司的股份，并委托持股平台进行管理的一种股权激励方式。2017年，联通混改时曾进行了员工持股计划，计划的首次授予对象面向公司核心管理人才以及专业人才，总人数达到7 855人，约占员工总人数的3%，股份约占公司股本总额的2.8%。员工持股计划的期限包括限制性股票的有效期、禁售期、解锁期。有效期为60个月，禁售期为24个月，解锁期为限制性股票禁售期满后的36个月，分期逐步解锁 40%、30%、30%。

股权激励对公司而言，可以降低员工薪酬方面的现金支出，节约宝贵的现金流，尤其是对成长型或者初创型公司来说，用公司未来的增长和红利锁定现在的人才，不失为一种很好的方法。股权激励已成为中国上市公司的常用激励手段，自 2006 年到 2020 年年底，据中金公司统计，共有 2 547 家上市公司公布了 3 904 份股权激励方案，其中 764 家上市公司公布了 2 期及以上的股权激励方案，近 40% 的 A 股上市公司已实施过股权激励。在 2019 年一年，共有 434 家上市企业发布了 494 份股权激励方案，创出了历史新高，其中创业板的增长速度更快，有 145 家公司新发布了 167 个股权激励方案，数量已经超过了主板。这也表明越来越多的公司对科技创新型人才的重视，以及对股权的长期激励表示认同。近年来，股权激励计划越来越多地采用限制性股票的方式，激励对象必须在满足一定业绩要求后，才可以获得股票并行权。目前中国上市公司的股权激励方案中有效期为 4~5 年的最多，一般要包括 3~4 年的业绩考核周期，股权实施要在 2~3 年按比例逐步释放。

成立于 2010 年的小米集团，仅仅用了 8 年时间，将营收做到了 1 749 亿元，成为全球第四大智能手机厂商，全球最大的智能硬件 IOT 平台，并成功地在 2018 年登陆港交所，上市首日市值 3 800 亿元港币。小米的快速成功，离不开早期通过股权激励汇聚到最优秀的合伙人加盟。创始人雷军在成立小米的时候，已经是一个很成熟的企业家，并且有成功带领金山登陆资本市场的经验。他深知科技创新型企业中核心人才的关键作用，他制订了非常清晰的股权激励计划，最早通过 27.11% 的股权比例，绑定了其他 7 位各自领域的顶尖人才作为创始合伙人，这几位在上市首日也都获得了 30 亿元到 400 亿元不等的财富。在 2011 年，小米再次公布了普惠式的股权激励方案，有效期为自董事会批准之日起 10 年，并且激励模式、授予时间、数量、行权时间、行权价格等均由董事会授权的委员会批准即可，无须股东大会审批。截止到 2018 年 6 月上市前，该计划的人员已经达到 7 126 人，占到总员工的 38%，超过 1/3 的小米员工都可以分享到上市以及之后的财富增值。按照小米的财务报表等公开资料，大致可以推算出，上述 7 000 多名员工人均都有近 700 万元人民币的财富增值，激励力度很大。

小米的股权激励计划，很值得科技创新型企业学习。雷军通过 AB 股同股不同权的设计，将自己拥有的 A 类股份的投票权扩大 10 倍，使得在不断向外融资，稀释股权的同时，保持自己对公司决策的控制权。早期薪资结构中，通过"现金+股权"的薪酬结构设计，筛选出有创业梦想，希望和小米集团长期奋斗，并且有一定冒险精神的员工，同时节约了公司早期发展的现金流。所有股权购股权的平均等待期为 5.22 年，使得小米的员工流动性降低了很多，也增加了财务成本的摊销年限，减少了股份支付对当期利润的影响。华为虽然不是公众公司，它的股权也没有一个公开的二级市场流通交易，但是它设计的虚拟股权，基本上覆盖了一大半的华为员工，并且全部员工的持股比例高达全部股权的 98.99%。

任何制度都有双面性，股权激励制度也不例外。股权激励绝不是万能的，更不是药到病除的灵丹妙药，其有效性还必须依赖企业综合能力的配合，包括内部管理规范、公允合理的股权估值,相对清晰的未来增长战略等。

股权激励对已上市或拟上市企业而言,在核心员工激励与公司治理结构的完善方面确有较好作用。实施股权激励制度,是将经济的激励渗透到资本的增值过程中,将内部经理人、核心员工、公司未来增长以及公司股权价值提升进一步绑定在一起。但对更多的中小微企业,尤其在近期没有上市计划、面临外部激烈竞争、未来不确定性较大、内部经营管理并不完善情况下,股权激励的实施往往会遭遇较大的挑战,甚至有时会无法顺利推行。

首先,企业股权价值无法明确。在没有上市的情况下,由于没有方便流通交易的二级市场,大多数中小微企业的股权很难估值,也就很难有一个员工和原大股东之间都能认可的准确定价。员工并不认可企业所授予股份所对应的真实货币价值,甚至在一些极端情况下(如创业期的小微企业或经营遭遇困难的企业),员工认为企业给予的股权是企业为了短期内给员工低薪酬,挽留他们不离职的一种"画饼"做法。当员工不认可股权激励方案中股份所对应的价值时,股权激励就已经失去其初衷,对于核心员工既没有保留作用,也缺乏激励意义。在没有二级流通市场的情况下,股权的交易成为比较困难的事情,一般大股东回购的承诺也会存在一定的风险,这降低了这些股权的吸引力。

其次,股权分配有可能导致公司现有的控制权分散,使企业内部治理更加混乱。企业给予核心员工股票,员工进而掌握了一定的企业管理权限。例如,有些企业在给员工分配股权时,会同步进行企业工商信息变更,员工的身份由"雇佣关系"变为"合伙经营"关系。如果对该员工进行辞退,企业所承担的成本不仅仅为劳动关系的解除补偿,相关对应成本骤增。较高的辞退成本和辞退风险,使得股权授予变为部分核心员工在企业内部的"免死金牌"。结合公司内部各项治理不规范或部分管理制度、流程的缺失,甚至有可能出现部分少量股权持有者的拉帮结派,徒增内耗。

第三,股权分配后有可能让核心员工偷懒"搭便车"。当部分员工获得公司一定数额的股份,尤其是每年股份获益接近甚至高于每年的劳动薪酬时,他们反而会降低自己在工作上的投入。足够多的股份获益会让他们觉得在企业可以"搭便车",其他人的努力带来的红利他们会享受到,这与企业最初选择股权激励的初衷完全相悖。

最后,股权激励的有效性建立在对企业未来有足够的信心。股权激励是一种中长期激励,员工与企业双方都认为公司有更好的发展,在这种共识情况下,股权激励才会有意义。但有些中小微企业员工,往往并不看好现有企业未来的发展,他们甚至认为股权激励会影响他们未来跳槽的机会。他们认为自己持续努力获得薪酬提升的概率要高于整个企业竞争力提升再转换到股权收益增加的概率。

为了解决所有权和经营权分离的公司治理问题,为了能有更好的薪酬方案挽留并激励人才,越来越多的公司开始尝试股权激励。但巴菲特却说:股权激励除了让高管们的钱包更膨胀之外,并不能真正提高公司的业绩。美国有机构进行CEO和该公司员工平均薪酬的对比,用来衡量同一公司的薪酬差距。1978年这一比例是30倍左右,到了1990年已经到达60倍。2017年美国《财富》杂志调查美国大企业的数据,这一指标高达350倍,其CEO平均年薪高达1420万美元。2019年苹果CEO蒂姆·库克年收入为1.337亿美元,当年的固定薪酬为300万美元,奖金为770万美元,而股票期权的奖励高达1.23亿美元。当年美国家庭年收入的中位数仅有6.87万美元,两者比值高达2 000倍。

过去的几十年,美国大多数公司一般员工薪酬涨幅和企业平均利润涨幅相当,而CEO们的薪酬涨幅却远远超过企业利润,其中股票期权收益是主要贡献。美国收入最高的CEO收入中,股票期权的收入占比高达90%以上,英特尔公司CEO期权为主的长期报酬占全年报酬的97%,亨氏公司96%,美国有线电视99%。1998年,美国运通、花旗银行、可口可乐、波音、通用电气、强生等10家大公司总裁的平均期权收益占平均报酬总额的95%。联想的CEO杨元庆曾以超过1亿元的年薪拿下2014年中国"打工皇帝"的桂冠,其中基本薪金只有6%,奖金占比34%,而剩下的60%都来自长期股权奖励。但是2015年一季报显示,联想净利润同比下降了51%,手机部门亏损18亿元。根据公平理论,同一个组织或公司内部收入差距过大,低收入员工会有不公平心理,从而打击其工作积极性,并损害他们的敬业精神和对管理层的信任。

黄金还是白银：
货币史中的王者之争

"货币天然不是金银，但金银天然是货币。"马克思从人类历史发展的实际情况，以及金银自身独特的自然属性出发，给出了这个著名的论断。"金银天然不是货币"是说金银最初出现在市场上时只是普通商品，只有一般等价物固定在金银上，金银才成为货币。"货币天然是金银"是说金银天生就具备充当货币的属性，它具有体积小、价值大、便于携带、久藏不坏、质地均匀、容易分割等优点。

马克思在《政治经济学批判》中对贵金属有一段论证："自然界并不出产货币，正如自然界并不出产银行家或汇率一样。但是，由于资产阶级生产必须把财富在一种唯一的物的形式上作为物神结晶起来，金银就成了这种财富的相应的化身。金银天然不是货币，但货币天然是金银。一方面，银质或金质的货币结晶不仅是流通过程的产物，而且实际上是流通过程留下的唯一产物。另一方面，金和银是现成的自然产物；它们既直接是前者又是后者，没有任何形状的差别可以区分。"不同地理、文明、宗教背景的人群，先后经历过银本位制、金银复本位制、金本位制、信用货币制度等阶段。

那么，黄金和白银到底谁才是真正货币史上的王者呢？从历史先后来看，公元前6世纪，波斯人创制了大概是人类历史上最古老的金币，并以国王大流士的名字来命名。从国别来看，金银就各有表现了。中国在大多数时间里，白银使用得较多，尽管有历史记载在西汉时期曾使用过黄金作为支付交易工具，但从东汉以后，黄金基本就退出了流通领域，并始终没有取得过货币本位地位。白银则不仅有规制标准的银元宝，还有规制不均的碎银，便于进行日常交易。后期的交子、票号、银票等作为中国纸币流通的早期雏形出现，也都是为了解决大额交易时白银携带不方便的问题。日本大银矿的发现，尤其是欧洲大航海从墨西哥开采出大量的白银，自明朝中后期大量流入中国。一方面，葡萄牙、西班牙从中国购买大量的丝绸、瓷器，但更大的诱惑是两倍左右的金银价差。1500年左右，中国明朝的金银比价是7.5∶1，同时期欧洲的金银比价大致是13∶1。有学者估算，1550—1645年间，从外国流入中国的白银高达1万吨（2.5亿两），占整个美洲新发现并挖掘出的白银1/3还多。到了北洋政府时期，白银被正式确立为本位货币，地位更加重要。1929—1933年，经济大萧条蔓延全球，中国却未受到太大打击，很多学者认为与银本位制有一定关系。另外，中国历史上日常交易中更多使用的是铜钱，又称"银（铜）钱本位制"，到清朝时已经是"大数用银，小数用（铜）钱"。

西方国家货币制度中的金银争夺也是颇为精彩。18世纪之前，英国实行银本位制。面对格雷欣法则所言的劣币驱逐良币，牛顿力排众议，确立了金本位制。18世纪前期，英国完成了由银本位向金本位的过渡，1816年通过了《金本位制度法案》，以法律形式确认以黄金作为货币的本位来发行货币，确立每1英镑含7.32238克纯金。伴随"日不落帝国"的全球扩张，金本位制被推行到世界各地。18世纪60年代，英国成为世界经济和金融中心，与黄金固定挂钩的英镑成为国际贸易中最主要的清算手段，逐步形成了以英镑为中心，黄金为贵金属锚定的全球金本位制度，黄金和英镑共同成为全球各国的储备货币。伴随大英帝国的逐步衰落，金本位生存和发展的基础不断受到冲击，1931年9月19日英国宣布退出金本位。

美国原本一直实行金银双本位制，由于充当货币的金银比价与市场上的比价常常不一致，估值较低的会退出市场，实际中基本是由黄金和白银中的一种充当货币。然后在后续的一百多年中，美国就不断在金本位、银本位制之间来回横跳。在1792—1833年，实行银本位制；1834—1861年，实行金本位制；南北战争时期，短暂实行了纸币本位制；战后到1893年，再次回到银本位制；到了1893年，最终跟随欧洲大陆大多数国家实行金本位制，并在1900年通过《黄金本位法令》，从此白银才真正退出美国货币市场。19世纪后期，世界白银产量猛增，美国内华达州等地也发现了银矿，白银数量的增加，使得价格起伏不稳，本身价低体重也不适合巨额支付。更为重要的是因为英国带头确定金本位制后，经济发达国家纷纷跟随，到20世纪30年代以后，很少有国家再采用银本位制了。

但是，金本位制也并非完美无缺，首先其储藏量实在稀缺，使得商品交易不断倍数增加的情况下，会陷入货币不足而通货紧缩的窘境。更为严重的是，在各国都使用金本位制情况下，一国发生信用危机时，扩大货币供应需要更多的黄金储备，中央银行不但很难降低利率去缓解危机，反而需要提升利率以防止黄金外流。这就是1929年美国股市崩盘和银行破产后，美国政府反而提升利率的"自杀"式行为的原因，而学习英国放弃金本位制后的欧洲各国，可以逃离这一枷锁。放弃金本位意味着可以采取一种更灵活的货币策略。人类开始逐步选择放弃贵金属本位制，进入了现代纯粹信用货币制度。1923年，凯恩斯在《货币改革论》一书中抨击金本位制，称之为"野蛮人的遗迹"，认为英国不应该回归金本位制，而应该采取信用货币和浮动汇率。他呼吁道：我们终将挣脱黄金枷锁，我们终于能够放开手脚，开始做一些合情合理的事情了。我们深信脱离金本位制将开启世界货币历史的崭新篇章！

参考文献：

乔治·塞尔金，胡修修.美国金本位制兴衰史（下）[J].金融市场研究，2013(12)：135-145.

金本位制：
"日不落帝国"崛起过程中的货币支持

13世纪开始,地中海周边的商人们在大宗交易中广泛使用金币。但是直到18世纪,英国才正式抛弃银币,确立金本位。从此金本位制度和英国的国力互为帮扶,一路伴随,让一个大西洋岛国成为称霸世界的"日不落帝国"。在金本位制度的设立过程中,著名科学家牛顿阴差阳错起到了关键作用。

"上帝说,要有牛顿,于是一切隐藏在黑暗中的自然规律都被照亮了。"少年成名的牛顿,40来岁的时候却陷入了近似抑郁症的中年危机:失眠、沮丧、厌食。有位财政大臣推荐他出任"钱多、事少、离家近"的大英帝国皇家铸币局局长。

在贵金属充当货币的年代,金属货币却有着天生的缺陷:容易磨损。于是不足值的货币越来越多,以国家信用和统治者权威担保的贵金属货币信用不断下降,最终一个国家的货币体系很可能难以正常运转,国家不得不频繁重铸货币。

18世纪的英国,旧货币磨损贬值,新货币不受信任而遭国民抛弃,海外贸易逆差导致货币外流,再加上造币厂以次充好,英国的白银储量不断告急。当时英国金银比率为15.93:1,而在国外如德国汉堡,金和银的比率却接近于15:1,国内外的利差使得白银不断外流。白银外流愈加严重,人们纷纷以白银换取黄金获利,连铸币局自己也开始大量储存价值相对稳定的黄金。市场需求量的增加导致金价上扬,金子成为炙手可热的商品,而伴随黄金的大量流入,金价也开始自动回落,正式成为价格受市场调控的流通贵金属。

面对白银危机这个既定事实,牛顿认为与其坐以待毙,不如顺应潮流。他并没有主张实行金本位、彻底放弃白银,而是建议将铸造金币的价格降低,使黄金的价格固定下来。1717年,议会采纳牛顿的建议,将黄金定为每盎司3英镑17先令10便士。牛顿本来是想做拯救白银的最后努力,但是效果却是解放了黄金。从此,黄金正式与英镑挂钩,并逐渐取代了白银,成为主要支付手段。通过规定英镑与黄金的比价,英镑成为国际货币,英镑在世界市场流通,自由兑换。

金本位作为一种更稳定的货币制度,促进了英国生产能力的提升和国际贸易的扩张,更为重要的是资本向外输出。金本位制确立后,英国海外贸易快速发展,伦敦成为全球金融中心,资本实现自由流动,金融市场快速发展。而战争和金融是密不可分的,欧洲诸强的战争背后需要货币和借贷的关键支持,实行金本位最终使英国在战场上战胜西班牙、法国等银本位国家。英国成为世界霸主,"日不落帝国"的殖民地遍布世界,各殖民地在宗主国英国的影响下实行金本位制;和英国经济联系密切的国家,如葡萄牙等,逐渐采用金本位制。19世纪普法战争后,战胜国德国用法国的赔款购入大量黄金后,实行金本位,与此同时德国大量抛售白银,导致国际上银价暴跌,引起其他银本位制国家通货膨胀,这些国家被迫改为实行金本位。金本位于19世纪中期开始盛行,成为世界上大多数国家实行的货币制度。

金本位制度是世界金融史上第一个全球性的货币制度,创造了相对稳定的国际货币环境,帮助了一批欧洲国家崛起并一直延续到今天。

参考文献:

徐瑾.印钞者[M].北京:中信出版社,2016.

格雷欣法则：
劣币驱逐良币的逆淘汰

格雷欣法则(Gresham's Law)，又被称作劣币驱逐良币现象，由托马斯·格雷欣爵士在1560年提出。格雷欣爵士生活在英国的都铎王朝时期，家族靠对外贸易积累了大量财富，他的父亲和叔叔曾先后担任过伦敦市的市长，他本人也是当时英国最富有的商人之一。他发现在实行金银双本位制条件下，金银有一定的兑换比率，当金银的市场比价与法定比价不一致时，市场比价比法定比价高的金属货币(良币)将逐渐减少，而市场比价比法定比价低的金属货币(劣币)将逐渐增加，从而形成"良币退藏、劣币充斥"的现象。

都铎王朝的第二任国王亨利八世可能是英国历史上最任性的一位，他先后娶了六位王后(其中两位被砍头，一位被流放)，并为了迎娶第二任妻子与罗马天主教庭彻底决裂。然后自己成为英国教会的唯一首脑，获得所有教士入职的第一年收入和什一税，还没收了500多所修道院的土地和财产。即使这样，依然不足以支撑他对法国的战争开销。1542年，他开始对英国的贵金属货币进行系统性的贬值行为，在13到16世纪的400年间，英国基本能将铸造的银币维持在1先令含92.5%纯度的银，但是到了1551年，纯银的含量已经降低到难以置信的17%。十年时间，欧洲成色最佳、锻造最严格、出品最美观的钱币，沦为毫无信誉、不堪入目、掺杂的劣质金属多到无法掩盖的地步，史称大贬值时代(The Great Debasement)。当银币的成色大幅下降，在金银还维持原有兑换比率的情况下，金币就成为良币，银币就成为劣币。英国国民开始把金币藏起来，或者被运出国，到币值稳定且更能体现它购买力的国家，金币很快退出英国的交易流通领域。1558年，亨利八世的女儿伊丽莎白一世即位，格雷欣爵士专门写信给女王，向她解释为何劣币和良币无法同时流通，为什么成色更好的良币——金币在不断流出英国。面对一个濒临破产的国家，伊丽莎白一世勇敢地接受了格雷欣的建议，回收旧币，重铸足值的新币。

"劣币驱逐良币"，格雷欣并非是发现这一规律的第一人。早在古希腊雅典城邦时期，就发生人们制造贬值金币而将原有足值金币挤出市场的情况。法国数学家奥雷斯姆明确指出，如果政府固定两种或以上的流通货币的相对价格，那么被高估的币种一定会将低估的货币挤出流通领域。一般自由竞争的市场环境中，都是质量性能更好的产品将劣质产品挤出市场，为何在货币市场会恰好相反呢？原因的关键在于政府固定比价，比价的限定等于是同时将良币限定了最高价，将劣币限定了最低价。经济学供求规律告诉我们，被设置最高限价的产品将慢慢短缺和供给不足，而最低限价的产品将充斥市场。

　　无独有偶,400年后美国著名的经济学家乔治·阿克尔洛夫在《柠檬市场:质量不确定和市场机制》(柠檬一词在美国俚语中意思为"次品"或不中用的东西)一文中讲述了一个经典案例,关于二手车市场的"劣币驱逐良币"的现象,开创了信息不对称的逆向选择理论。阿克尔洛夫在对二手车收购和销售市场进行长期的观察和研究之后发现:商家和消费者对二手车质量的信息把握是不对称的,对于大多数消费者来说,他们在购买二手车之前,无法准确判断各个车辆质量的好坏,只知道二手车市场上汽车的平均质量。在此情况下,消费者最多也只愿意根据汽车的平均质量为想要购买的汽车支付价钱,这样质量高于平均水平的商家就会将他们的汽车撤出二手车市场。于是,剩下质量低于平均水平的汽车就留在了市场上,并充斥市场,将高质量的二手车挤出市场,最终导致的结果就是:二手车市场上汽车的平均质量越来越低,消费者愿意支付的价格也随之越来越低,高质量的二手车逐渐被迫退出市场。

　　狭义上来说,"劣币驱逐良币"也好,"逆向选择"也罢,都是因为信息不对称,导致物品的估值方(信息缺少的一方)估值被确定且无法更改时,物品的提供方(信息充分的一方)会选择提供实值较低的物品(劣币),致使实值较高的物品(良币)越来越少。广义上来说,"劣币驱逐良币"也可以泛指一般的逆淘汰(即劣胜优汰)现象。比如,在企业管理中,当能力较强的员工和能力平庸的员工得到相同报酬时,前者大多就会离开这个企业,最终企业只能剩下一些平庸的员工。造成这一现象的原因可能来自三个方面:首先,当事人的信息不对称,参与者无法获取全部信息,导致"劣币"同"良币"一样都具有相同的购买力;其次,法律法规政策不够健全,无法正确区分"劣币"和"良币",并对"劣币"采取限制和惩罚措施;第三,正向激励不足,未能给予"良币"符合其自身价值的"价格",使得真金也被埋没。

参考文献:

金菁.钱的千年兴衰史[M].北京:中国人民大学出版社,2020.

比特币：
区块链技术的第一个成功应用

2008年金融危机之后，中本聪在一个加密技术的论坛上发布了《比特币白皮书》。2009年1月3日，第一个比特币区块——创世区块诞生。中本聪的身份至今是个谜，没有人知道他的初衷是什么，但是或许连他自己都难以料想他的这一行为将拉开一个浩浩荡荡的加密货币时代的序幕。比特币是一种基于区块链技术的加密数字货币，不存在类似央行的发行机构，完全是一种去中心化（Decentralized）的电子货币，实现的是点对点（Peer to Peer，P2P）的支付。比特币（Bitcoin），无疑是近年来最热门的话题之一。它究竟是未来货币发展的必然趋势，还是疯狂炒作的又一颗"郁金香球茎"？

比特币不是任何有形的货币，它的生产和运行基于互联网，是一种开源形式的P2P数字"货币"。不同于人类早期的因其自然属性而选择的金银货币，也不同于近100年来人们习以为常的法币（Fiat Money）——由国家法律和主权信用支撑的纸币，比特币完全诞生于现代科技互联网时代。

比特币是区块链技术的第一个成功应用。传统金融体系的交易记录都被保存在银行中心的数据库中，而区块链则是比特币的账本，任何时刻产生的比特币的所有权以及交易记录，都记录在区块链账本中。任何人只要下载了客户端，就能接收相关信息。比特币的地址、私钥类似于个人账户与支付密码。个人拥有的比特币被锁定在个人地址上，只有运用私匙才能解锁并发往别的地址，实现交易。交易过程中会向全网发送一份账单，其他用户会对其校验，一旦通过验证，交易行为就成功了。第一个校验出这笔交易是否有效的用户，会被奖励一笔比特币。这笔奖励的比特币分为两个部分：一部分是交易的手续费，这部分由转账者支付，是系统中已经存在的比特币；另一部分则是系统新生成的比特币奖励。计算机的算力越大，越有可能得到比特币奖励。所谓的"矿工"就是专门进行验证交易信息并更新记录的人。总体而言，比特币有以下几个特性：

首先，总量有限性，发行不会失控。比特币发行的唯一来源是记账成功后系统的基础奖励。基础奖励最开始有50个比特币，每创建21万个区块后奖励会减半，到目前为止，减半已经发生了两次，成功记账只会得到12.5个比特币。估计到2140年左右，比特币总量将达到2100万个的上限。

其次，良好的匿名性，账户拥有者的身份不会被任何人知晓。人们可以随意地通过比特币进行转账交易，不用像银行转账那样需要核验各种身份信息，更不用与任何银行卡绑定。不过，这一特性也使得比特币在洗钱等非法交易中被大量运用，比特币自出现以来长期在黑市交易和"暗网"交易中发挥独特的"作用"（黑市匿名交易量仍然非常高）。

第三，比特币的生产和维持耗用了大量能源。"采矿"使得每生产一个新比特币都要通过高性能计算机执行加密过程解决复杂的数学难题。由于挖矿得到的货币数量和机器的运算能力大小成正比，从概率上看，采用性能越高的硬件，在所有矿工中算力的占比越高，更易获取比特币。"矿工"们为了获得更高的收益，彼此之间在算力上进行着较量，全世界10大矿池的算力总和占据了比特币算力的75%，算力的高度集中以及维持分布式去中心化的账户维持需要消耗大量的能源。比特币等挖矿对电力的需求极为强烈。根据国际能源署的数据，2019年比特币"挖矿"消耗50至70兆瓦时，约等于瑞士体量国家一年的电力消耗量。《自然气候变化》上的一篇论文显示，2020年比特币"挖矿"产生了6 900万吨二氧化碳，占全球碳排放量的1%。中国科学院预测科学研究中心主任汪寿阳在《自然》杂志发表论文称"在没有任何政策干预的情况下，中国比特币区块链的年能耗将在2024年达到峰值296.59太瓦时，产生1.305亿公吨碳排放。"2021年挖矿行业最大的新闻莫过于内蒙古自治区发布《关于确保完成"十四五"能耗双控目标任务若干保障措施》一文，一夜之间关停所有虚拟货币挖矿项目。目前，碳中和碳达峰任务正在紧密执行之中，国家也对虚拟货币挖矿行为保持着高压态势。中国也是全球少数几个对比特币等加密货币下达禁令的国家之一。

第四，比特币的价格容易大幅波动。比特币只是一堆数据，如果不与现实法币和实物挂钩，就很难确保其价格的稳定性。国家主权信用的承诺使法币在短时间内很难大幅贬值，这也是因此人们更愿意使用法币而不是回归金银货币的原因。与法币不同，在没有法律约束的情况下，实物所有者可以随心所欲地与比特币挂钩、脱钩，这使得比特币非常容易受非理性情绪影响，价格产生大幅度的波动。由于缺乏坚实的锚定物和坚定的共识，比特币的价格总是呈现一种过山车的状态。2017年，比特币价格曾一举突破19 000美元，但随后遭遇大幅回撤，2019年的低谷期跌到3 200美元附近。之后，比特币走出了一番波澜壮阔的行情，2021年创下新高63 564.50美元，但2022年年初则又回到了35 000美元附近。如此巨幅的波动，很难考虑将其作为稳健投资组合的一种配置。有一种观点认为，比特币ETF可以比较好地稳定比特币的价格，因为这可以给比特币带来更好的接受度和普及度，吸引专业的金融机构将其打造成一种新的另类大宗投资产品。比特币ETF虽然是2013年就已经在美国出现的金融概念，但是却一直被美国证券交易委员会(SEC)驳回。SEC主要担忧比特币市场波动巨大且价格容易被操纵。加拿大在这方面成为"第一个吃螃蟹"的国家。2021年2月18号，北美第一支比特币ETF在加拿大多伦多证券交易所进行交易，市场给予了热情的关注。ETF是一种追踪标的物价格的金融衍生品，相应地，比特币ETF就是以比特币的价格为基础，在传统的证券交易市场上开放给个人和机构购买。购买比特币的现货，一方面需要较高的认识水平，另一方面需要硬件成本、存储成本和安全维护成本。对于那些想要持有比特币但是却不想过度担忧密钥、存储等问题的个人和机构而言，比特币ETF或许是他们参与加密货币市场的重要途径。

货币的发展可以划分为以下几个阶段：物物交换的无货币时代；以贝壳和布匹等为

代表的实物货币时代；以金银贵金属为代表的金属货币时代；以金属本位但是开始流通纸币的代用货币时代；以国家政权信用为支撑的信用货币时代；即将到来的电子货币时代。电子货币时代，货币的信用是否仍然由国家政权信用决定，还是会由数学和算法决定？比特币被认为是后一种，它在某种程度上正挑战并动摇着现有的国家信用货币体系。国家或许会大肆印钞，无限量化宽松，但是比特币通过严密的加密算法决定了其总量仅有 2 100 万枚。在这个意义上，比特币可以认为是金属货币或者金本位货币的电子化。由于总量有限，比特币被称为电子黄金，因而谈及比特币时总是要将其与黄金进行对比。巴菲特对二者都持敬而远之的态度，他认为比特币和黄金都是非生产性的资产，投资它们与自己的理念相违背，"你所指望的，不过是接盘的人会支付更多钱买它"。美联储主席鲍威尔称加密货币为"投机工具"，他还将加密货币与黄金进行了比较，指出人类长期以来一直赋予黄金"一种它不具备的特殊价值"。桥水基金创始人达里奥说："如果你拿枪指着我的头，让我只能选一个，我会选择黄金。"但事实上，达里奥本人对于比特币的看法已经从 2017 年的"比特币泡沫论"转变成 2021 年的"比特币是一项了不起的发明，"他说，"类似于黄金的另类资产并不多，但当前对这种资产的需求正不断增加（由于当前正在进行的和未来会出现的信贷创造和印钞）"。

但看其市场表现，总量的有限性似乎并不能保证比特币的币值稳定，而无法做到币值稳定就无法成为真正意义上的货币。在漫长的货币发展历史中，人类颇有默契地放弃金属货币和金本位也不是没有理由的。货币除了作为信用的体现，也是经济交易的润滑剂。随着经济的增长，产品和服务增多，一种总量有限的货币天生就会掉入通缩的陷阱之中。货币主义的代表人物、诺奖得主弗里德曼在 1969 年提出直升机撒钱概念，认为通过某些手段向不景气的经济注入流动性会推动消费和投资，遏制通缩倾向。总量有限的比特币会束缚住政府的行为和手脚，而政府最不喜欢的就是自己的行为和手脚被外界束缚，这也是很多人看空比特币的一大出发点。

比特币自诞生之日起就充满了非议，无论是支持方还是反对方中都不乏一些商界、投资界的巨鳄。比特币的支持者中，马斯克是代表性人物，他的电动汽车公司特斯拉也一度允许使用比特币支付。华尔街对比特币的态度也正从排斥逐渐到接受、支持甚至持仓购买。贝莱德 CEO 拉里·芬克近期一改之前对比特币"洗钱指数"的称呼，考虑到比特币已经抓住了千禧一代的注意力，他认为比特币或将演化为全球性资产。同样的，摩根大通 CEO 杰米·戴蒙试图收回之前对比特币的猛烈抨击，摩根大通正在大笔买入比特币并加强了对相关技术和策略的研发。总体而言，华尔街正逐渐对比特币张开双臂，不少基金正积极建仓比特币。除了金融界，某些国家政权也对比特币持开放态度。2021 年的 9 月，南美小国萨尔瓦多宣布比特币取代美元成为本国的法定货币。

持反对意见的人似乎一直不少，诺贝尔经济学奖得主保罗·克鲁格曼曾经在纽约时报撰文称比特币是一个将以失败告终的巨大泡沫，是"包裹在自由主义意识形态这个茧中的科技神秘主义泡沫"。同为诺奖得主的斯蒂格利茨也表达了焦虑，认为比特币加剧了洗钱和其他犯罪行为。巴菲特和他的投资搭档查理·芒格一直是比特币的坚定的反对者。巴菲特在 2018 年的股东大会上直言比特币可能是"老鼠药"，2021 年他甚至拒绝在股东大会上发表关于比特币的言论,认为会伤害到很多人的感情或利益。巴菲特的老搭档查理芒格也一直坚决反对比特币。2018年,芒格称加密货币"完全是愚蠢的","专业加密交易员"令人厌恶"。2021年他再次发表看法,"比特币最终不会成为全球的交易媒介。它的波动性太大,不能很好地充当一种交易媒介"。芒格最激烈的反对声音是2021年伯克希尔哈撒韦的股东大会,称比特币为"凭空虚构的金融产品","我认为它从头到尾令人作呕,而且与文明的利益背道而驰","我当然讨厌比特币的成功,我不欢迎一种对绑架者和敲诈勒索者如此有用的货币"。

参考文献:

马可欣.反悔不只达里奥,华尔街一步步接收比特币[EB/OL].凤凰财经.2021-02-09.https://finance.ifeng.com/c/83jMUpxoiJ8.

Libra：
天秤币，能挑战现有的货币体系吗？

区块链技术的开枝散叶，使得Facebook的数字货币Libra应运而生。Libra有天秤之意，其意图成为全球价值新衡量标准的野心显而易见。

早在2018年，社交软件Facebook的创始人兼CEO扎克伯格就表态，要将加密技术结合到社交产品上。2019年6月18日，Facebook正式发布加密货币天秤币（Libra）的白皮书，意欲建立一套无国界的货币体系。Libra还将成立协会，由商业公司、学术机构和非营利组织总共28个初始成员，共同对Libra进行控制。

从底层技术上来看，Libra和比特币的根基都是区块链。不过，Libra的区块链技术被称为"联盟链"，这与比特币的"公有链"有所不同。"公有链"必须秉持"去中心化"的记账方式，使得每一笔交易的等待时间长达60分钟。"联盟链"则只要求"多中心化"，即由Libra协会的成员进行管控，每一笔交易只用等待10秒即可完成，为Libra在零售领域的广泛使用提供了可能性。

Libra的价值波动性介于法币与过去的数字货币之间。要兑换Libra，必须要用与美元、英镑、欧元、日元等一篮子低风险资产等值的资产来进行抵押。由于Libra无法保证这一篮子的货币比重保持不变，无法与某一法币产生固定的汇率，也就不如一般的法币稳定。Libra的核心优势在于支持便利的跨境支付和跨境汇款，兼顾加密货币的匿名交易等属性，发行公司Facebook本身拥有27亿用户的基础。看起来这个新货币有不少优点，但为何目前仍然受到各国政府包括美国货币当局的打压呢？

首先，Libra协会的客观中立性无法使各国信服。Libra协会充当"中央银行"，对流通中的Libra进行适当的调控。然而即便是与黄金挂钩美元的"布雷顿森林体系"，也因为与实际资产脱钩、人为操纵和滥发，最终崩解。Libra协会内部成员不乏各自立场的商业公司等组织，其自律性很难得到保证，也许会因控制Libra不当使各国经济产生波动。

其次，Libra会使得各国法币的地位受到威胁，对货币价值不稳定的国家来说最为致命。倘若市面上同时流通本国货币与Libra，由于持有Libra的安全性要高于持有本国货币，人们对本国货币需求下降，会使得本国货币进一步贬值，需求进一步下降，进而形成恶性循环，使得本国货币最终完全被Libra挤出。这对于任何一个拥有独立货币体系的国家来说都是难以容忍的后果。

同时，Libra仍存在匿名性的风险。Libra沿袭了过去数字货币所共有的匿名性功能，其本身所具有的跨境便利性会使得洗钱、非法集资、恐怖活动融资以及资本外逃难以受到监管,增加了各国对此类行为的监管成本,增加了社会的不稳定因素。

在各国施压下,Libra的推行受到重重阻碍,Visa、eBay、万事达等Libra协会的成员相继退出,Libra成为新货币体系引领者的前景已经十分渺茫。不过,这并不代表数字货币的终结。各国央行为保障法币地位,陆续展开对数字货币的研究,央行数字货币(CBDC)的时代也即将拉开序幕。

2019年6月18号,Facebook(现已改名为Meta,下文仍沿用Facebook的原名)发布Libra白皮书。在这份文件中,Libra表述了自己的使命——建立一套简单的、无国界的货币,为数十亿人服务的金融基础设施。

Libra白皮书2.0对这份使命进行了更为细致的阐述:"互联网和移动宽带的诞生令全球数十亿人得以获得世界各地的知识与信息、享受高保真通信,以及各种各样成本更低、更便捷的服务。如今,只需使用一部40美元的智能手机,人们即可在世界上几乎每一个角落使用这些服务。"

"尽管有了这种连通性,但世界上仍有很大一部分人口游离在外。全球仍有17亿成年人未接触到金融系统,无法享受传统银行提供的金融服务,而在这之中,有10亿人拥有手机,近5亿人可以上网。对于很多人而言,金融系统的某些方面与互联网诞生前的电信网络颇为相似。二十年前,在欧洲发送一条短信的平均价格是16欧分。如今,钱少的人却要为金融服务支付更多的费用,他们辛辛苦苦赚来的收入都被手续费侵蚀了,如汇款手续费、电汇手续费、透支手续费以及ATM手续费等。"

然而,在这份看似光明和普世的声明背后,Libra却接连受挫——核心发起成员相继退出,项目遭遇了各国的抵制。事实上,Libra刚一推出,就在世界范围内产生了巨大震动,因为各国都嗅到了以Facebook为代表的大型跨国公司巨头的野心。铸币权是国家的核心权力与特征,Facebook此举无疑触动了各主权国家的神经,将自比特币以来所产生的民间加密货币与官方货币之间的矛盾推向了高点。如果Libra成为世界性的超主权货币,那么无疑会对各国的货币政策、财政政策和汇率政策产生巨大冲击。尽管Facebook一直强调Libra网络旨在成为一个全球可访问的低成本支付系统——是对本币的补充,而不是替代,且觉得即使Libra代币在一个国家达到相当大的规模,也不太可能会干涉该国的货币主权和货币政策,但是各主权国家并没有放松警惕。数字货币是以密码朋克的自由主义理想为开端,但资本力量和国家力量一定会延展到数字经济空间,这是不以任何理想主义者的意志为转移的,Libra就是这一过程当中重要的事件(孟岩等,2019)。

首先是美国官员们对Libra的金融稳定性和数据隐私表示担忧,并担心Libra可能被洗钱者和恐怖主义金融家所滥用,造成经济权力过于集中。美联储主席鲍威尔表示,央行对此表示严重关切。Facebook实际控制人扎克伯格两次被国会传唤听证,并在听证会上遭到议员的强烈质问。德、法两国为首的欧盟多国也联手抵制Libra币,法国财长勒梅尔表示,国家能遵从大众的利益,但是企业天生追求私人的利益,无法像央行一样扮演最后贷款人的角色。希腊原财长瓦鲁法基斯提出要由IMF接管Libra协会。

中国的不少政要也表达了对Libra的悲观看法,原重庆市市长黄奇帆不相信Libra

会成功,"在数字时代,有部分企业试图通过发行比特币、Libra挑战主权货币,这种基于区块链的去中心化的货币脱离了主权信用,发行基础无法保证,币值无法稳定,难以真正形成社会财富"。时任央行行长周小川在一次演讲中对 Libra 的托管提出了三点根本性的质疑:如何确定 Libra 发行的准备金,是否会缺乏公众性?托管的钱究竟是真正留作备付使用还是另作他图?支付机构是否会产生赚取利息的动机?对于第三点,可以看到,Libra Association(即后来的 Diem Association)是存在会员费用的,机构或者公司若想要加入该协会,需要向 Facebook 缴纳 1 000 万美元的会员费用,以获得 Libra 区块链的数据权限,且会员费和理事会的投票权紧密联系,每 1 000 万美元对应一份投票权。就这一点来看,Libra 好像并没有白皮书中宣称的那么无私。更何况一旦 Libra 成熟起来,Facebook 这样的私企必然不会放过诸如转账(主要在跨境领域)或支付等手续费用。

迫于各方压力,2020 年 12 月 1 日,"Libra"更名为"Diem",原先配套的稳定币钱包"Calibra",现更名为"Novi"。领导 Libra 项目的大卫·马库斯说:"我们是支付行业的挑战者,我们将为使用 Novi 钱包的人在国内外提供免费的点对点支付。我们相信人们会更喜欢免费且更方便的服务,而不是那些价格更高且不以消费者为中心的服务。"从这场改名风波之中可以窥见 Facebook 的退让与挣扎,以及安抚不安的监管机构的用心。"Libra"意指"天秤",流露出成为全球价值新的衡量标准的野心,而"Diem"在拉丁语中是"日"的意思,根据 Diem 协会 CEO Stuart Levey 的表述,Diem 的目标是推出锚定单一美元的数字货币,对其结构进行精简。

事实上,Libra 或者说 Diem 的锚定资产经过了三次变化,从白皮书 1.0 提出的一篮子货币到白皮书 2.0 提出的单一稳定币,再到目前的单一美元。2019 年 9 月,Facebook 公布了 Libra 货币篮子的构成——美元(USD)50%、欧元(EUR)18%、日元(JPY)14%、英镑(GBP)11%和新加坡元(SGD)7%,其加权平均汇率构成 Libra 的价格基础;2020 年,Libra 白皮书 2.0 增加了单一货币稳定币的表述,比如 Libra USD、Libra EUR、Libra GBP 和 Libra SGD 等,但是仍保留一篮子货币稳定货币 Libra Coin。但这些努力似乎仍然不足以说服监管层,Libra 最终将其锚定单位设定为了单一的美元,这和 2019 年扎克伯格在国会听证会上所说的"Libra 将代表美国的利益"形成了略有讽刺意味的遥相呼应。

理想与现实之间的鸿沟越来越大,Facebook 正在收紧战线,不得不面对加密货币计划惨淡流产的现状。2021 年年底,Libra 之父大卫·马库斯(David Marcus)宣布离职;2022 年 1 月 27 号,Facebook 在 2019 年成立的旨在建立一个未来支付网络的财团——Diem Association 正在收尾,并将其技术出售给一家为比特币和区块链公司服务的加州小银行,价格约为 2 亿美元。《华尔街日报》对此不免辛辣地评论道:"这次出售代表了从一个几乎从一开始就受到挑战的企业中榨取一些剩余价值的努力。"

Libra 事件给中国的最大启示在于中国需要直面数字经济的国际新竞争,需要抓住技术变革的时机,适时推出中国的数字人民币,参与国际数字货币等基础设施的技术标准和技术规则的制定,在新的技术语境下突破美元霸权,突破 SWIFT 和 CHIPS 系统的限制。美联储在2022年1月20号发布的《货币与支付：数字化变革时代中的美元》报告中首次郑重声明了央行数字货币的重要性，阐述了数字美元的基本特征，特别强调了数字美元的发行需要得到国会的批准。在联储如此鲜明的表态下，可以预见，主流数字货币终将还是政权、国家和央行的信用产物而非民间、企业和纯粹技术背景的产物。

参考文献：

[1] 孟岩,邵青.Facebook数字货币：缘起、意义和影响[EB/OL]. https://zhuanlan.zhihu.com/p/69432191.

[2] 邹传伟.超主权货币的理想与现实——Libra从1.0到2.0的启示[EB/OL].第一财经杂志.2020(04).https://www.yicai.com/news/100601249.html.

[3] 解读Facebook加密稳定币Libra,看这一篇就够了[EB/OL].虎嗅网.2019－06－18.https://www.huxiu.com/article/304622.html.

DCEP：
中国央行自己的数字货币指日可待？

伴随着比特币和Libra等数字货币的不断挑战，各界开始讨论由经济体当局提供新形式央行数字货币的问题，由各国或各地区中央银行主导和发行的央行数字货币（Central Bank Digital Currency，CBDC）成为国际社会关注的焦点。从世界范围看，已有超过80个国家和地区启动了CBDC的研发与试验项目。其中，近一半的国家和地区的研发尚处在论证概念的阶段，少部分国家和地区的中央银行已开展了CBDC的试验项目。其中，加拿大（Jasper项目）、日本（Stella项目）、新加坡（Ubin项目），美国美联储也在探索其数字货币机理运用在美元上的方式方法。为了保护人民币的货币主权和法币地位，我国央行早在2014年就已经成立法定数字货币专门研究小组，截至2019年9月共申请了84条有关专利。央行的数字货币DCEP（Digital Currency Electronic Payment）的推行指日可待，而中国人民银行研究了六年之久的DCEP又有哪些特征呢？

从本质上看，DCEP可以理解为利用数字技术将纸钞进行数字化。我国央行发行的DCEP是对流通中的现金的替代，其价值同样基于国家信用，与法币的价值完全等同，只会因人民币本身的价值变动而变动，不会类似比特币那样被投机炒作而大幅波动。

DCEP作为数字货币的新形态，同样也运用了区块链技术。但央行是唯一的发行中心，去中心化的记账方式的重要性有所减弱。DCEP的区块链技术主要应用在存储DCEP的钱包地址的管理，以及对交易信息的监督。正如其英文（Electronic Payment）所表示的那样，DCEP的交易方式与过去电子货币的交易方式非常相似，同样是用手机来进行数字货币钱包之间的转账，但是无须联网，也无须和银行账户绑定。

DCEP的发行模式为"双层架构"，中央银行先将数字货币发行给商业银行和有关运营机构，商业银行和运营机构再将这些数字货币发放给公众。这种模式设计能够使得数字货币的价值受到中央银行和商业银行的双重担保，并且公众所持有的数字货币无论是以什么样的形态存在，本质仍属于央行的负债而非商业银行的负债，安全性几乎不用担忧。同时，央行不对商业银行数字货币发放的形式进行限制，可以充分发挥商业银行的自主创新精神。

相较于传统法币与电子货币，DCEP的优越性体现在以下几点：

一是双离线的特性。DCEP主要运用于零售场景，虽然DCEP同样要通过手机进行支付，但却更方便。DCEP交易过程中可以脱离银行账户，在离线形式下能够完成转账汇款与支付,达到和纸币相近的效果。不携带现金出门已经成为许多人的习惯,然而当遇到网络信号欠佳的情况时,电子货币支付便无法奏效,DCEP可以弥补这一缺点。

二是安全性与匿名性的权衡。DCEP与过去的数字货币一样尊重交易者的匿名交易需求,除了在对数字货币和现实货币进行转化的时候需要与账户绑定外,用数字货币进行交易时并不会将自己的信息暴露给他人。只有央行能够对交易信息进行查询,从而也能有效打击洗钱、非法交易等行为。

三是节约货币的印制、流通、更新、监察伪造的成本。当下纸币需求日益萎缩,然而M0仍在每年保持着一定的增长率,这意味着对流通中纸币的管理过程仍需要消耗不少成本,杜绝造假币现象也较为困难。倘若DCEP能够将大部分M0进行替代,则能够解决此类难题。

我国的数字货币被称为DCEP,所谓DC,指的是Digital Currency,即电子货币;所谓EP,指的是Electronic Payment,即电子支付手段。最近,E-CNY逐渐取代DCEP成为我国数字货币的新名称。这主要是为了避免别有用心之人假借电子货币(DC)之名炒作虚拟币,影响市场秩序。

2014年,中国的央行数字货币开始布局,该年法定数字货币研究小组成立,统筹进行数字货币的各项研究。2016年,中国人民银行数字货币研究所的成立,完成了第一代数字货币系统的搭建。2017年年末,经国务院批准,人民银行开始组织商业机构共同开展法定数字货币试点研发工作。2019—2020年,数字人民币逐步开展试点。现在的试点地区可以概括为"10+1"格局,即面向深圳、苏州、雄安、成都、上海、长沙、海南、青岛、大连、西安以及北京冬奥会场景开展试点。2022年元旦前后,央行数字货币App陆续上线各大应用商店,试点城市开放使用。

各主要国家都对本国的数字货币开展了研究试点工作。国际清算银行2021年的调查报告显示,65个国家或经济体的中央银行中近86%已开展数字货币研究,正在进行实验或概念验证的央行从2019年的42%增加到2020年的60%。央行前行长周小川认为,之所以会出现全球性金融基础设施建设这样一个议题,很大程度上也是因为数字货币的出现。我国十分重视数字货币的国际研讨与合作。在我国的数字货币试点期间,央行和国际清算银行(BIS)、国际货币基金组织(IMF)以及世界银行(WB)等国际组织进行了多边交流,期望在国际组织框架下共同制定法定数字货币标准,共同构建国际标准体系。目前,人民银行数字货币研究所已加入国际清算银行创新中心牵头的多币种法定数字货币桥(mCBDC Bridge)项目,并与多个BIS创新分中心以及各央行进行了合作。

作为一项重要的金融基础设施,央行数字货币的研发和试点得到了社会各界的关注和支持。从政策角度来看,《中华人民共和国国民经济和社会发展第十四个五年规划和2035年远景目标纲要》提到要积极参与数字领域国际规则和标准制定,稳妥推进数字货币研发,深化数字经济发展。2020年11月,商务部《全面深化服务贸易创新发展试点总体方案》指出,在京津冀、长三角、粤港澳大湾区及中西部具备条件的试点地区开展数字人民币试点等。2021年1月6日,国务院办公厅印发《要素市场化配置综合改革试点总体方案》指出,增加有效金融服务供给,支持在零售交易、生活缴费、政务服务等场景试点使用数字人民币。

从民间接受程度来看,根据《中国数字人民币的研发进展白皮书》的披露,截至2021年6月30日,数字人民币试点场景已超132万个,覆盖生活缴费、餐饮服务、交通出行、购物消费、政务服务等领域。开立个人钱包2 087万余个、对公钱包351万余个,累计交易笔数7 075万余笔、金额约345亿元。北京冬奥会作为数字货币展示的前哨,使用场景丰富。截至2021年年底,北京全市开立数字人民币个人钱包超1 200万个,对公钱包超130万个,覆盖食、住、行、游、购、娱、医等冬奥全场景40余万个,交易金额96亿元[①]。

从资本市场角度来看,2021年是数字货币的大年,板块持续活跃,热度不减。同花顺数字货币板块指数自2021年2月8日的低点999.82点一路攀升至2022年1月7日的1 727.68点,创下历史新高。盘面上,截至2022年1月18日,多只数字货币概念股被热炒,翠微股份自低点起动已增长近5倍;楚天龙自上市以来走出连板行情,最高点时,相比发行价增长近10倍。[②]

目前,央行数字货币的发展仍然存在着一些问题:

首先,个人隐私与社会安全之间的权衡。数字货币若想得到大众的普遍认可和接受,必须给予社会大众以交易的隐私权。但是过度强调隐私权,又会丧失数字货币在打击洗钱等黑市交易方面的作用。如何权衡保护隐私与打击犯罪之间的关系,以用好数字货币这把好武器,是需要斟酌的。

其次,数字货币的职能取舍权衡。有观点认为,应该在数字货币的发行过程中应用类似智能合约的功能,以达到反洗钱和防范偷税漏税等目的。但是,央行副行长范一飞对央行数字货币加载智能合约持审慎态度。央行数字货币是M0的替代品,这意味着数字货币应该只替代纸质货币行使价值尺度、流通手段、支付手段和价值贮藏等职能,不应该承载现钞所不具备的其他任何的社会与行政职能。范一飞表示,央行数字货币加载除法定货币本身功能外的智能合约,将影响其法偿功能,甚至使其退化为有价票证,降低我国央行数字货币的可自由使用程度,也将对人民币国际化产生不利影响。还会降低货币流通速度,影响货币政策传导和央行履行宏观审慎职能。

如何理解央行数字货币是M0的替代?根据货币主义学派的定义,M0是流通中的现金,M1是M0加上活期存款,M2是M1加上定期存款、储蓄存款以及其他存款。央行数字货币作为M0的替代品,应该只是M0的数字化。倘若直接使用央行数字货币替代M0、M1和M2,那么原有的支持M1和M2的银行间支付体系将很可能失去存在的必要。因此,绕过这套已经很成熟的系统另起炉灶,势必会造成资源浪费,而且支付效率也不一定有很大的提升。

---

① 冬奥会数字货币数据来自北京日报:《北京数字人民币冬奥全场景试点一年交易96亿元》,http://bj.news.cn/2022-01/27/c_1128304470.htm。

② 此处数据是笔者根据同花顺数据整理。

央行数字货币的发行关乎国家的货币金融主权。目前，随着各种数字货币的发行甚至泛滥，以比特币为代表的加密货币或者加密资产日益有侵蚀国家货币主权的倾向。Facebook推出的Libra币就彰显了跨国公司在这方面的野心。一般认为，一国的货币主权对于国家的货币政策、财政政策以及国际金融收支等方面都具有重要意义。一旦丧失，一国政府将失去经济调节的重要工具，很难进行逆周期调节，很难熨平经济波动。

央行数字货币并不会对微信和支付宝造成威胁。央行数字货币明确定位其是M0的替代，是流通中的现金的替代。不妨思考这样一个场景，央行数字货币普及之后，收取到的数字货币就相当于现在收取到的现金，你仍可将其充值到微信或者支付宝账户。实际上，数字货币对于微信支付宝等第三方支付工具而言很可能是一个机会。如果能够积极服务数字货币，第三方支付工具或将继续拓展使用场景和渠道。在试点城市，微信和支付宝都已经接入数字货币。

央行数字货币并不会加剧业已存在的数字鸿沟。所谓数字鸿沟是指年老一代无法与时俱进，跟进新科技新技术的发展。央行数字货币的普及是一个循序渐进的过程，不追求一蹴而就。我国的人口数量众多，国情复杂，瞬间替换不切实际，预计整个的普及时间线将延续数十年及以上。在这期间，国家将给中老年人留下充足的适应期，但同时也会积极出台相关激励措施，比如对纸币的某些交易收取一定费用，从而提高纸币使用的交易费用，以助推数字货币的普及。总之，数字货币和纸币的共生阶段将是一个比较漫长的过程。

央行数字货币之所以采用双层结构，除了上面提到的原因，还有一个重要因素是防范"金融脱媒"。所谓金融脱媒（Financial Disintermediation）是指在金融管制的情况下，资金供给绕开商业银行体系，直接输送给需求方和融资者，完成资金的体外循环，又称"金融非中介化"。如果人民银行直接面向公众发行数字人民币，那么央行将回到类似计划经济的时代，成为全民的银行，而不是银行的银行。这样一来，商业银行在经济中的地位和作用将大大衰减，这对于我国以银行为主体所建立起来的金融体系而言是非常不利的。

参考文献：

[1] 范一飞.关于央行数字货币的几点考虑[EB/OL].第一财经杂志.2018(01).https://www.yicai.com/news/5395409.html.

[2] 范一飞.关于数字人民币M0定位的政策含义分析[EB/OL].澎湃新闻.2020-09-14. https://www.thepaper.cn/newsDetail_forward_9170600.

[3] 中国人民银行数字人民币研发工作组.中国数字人民币的研发进展白皮书[R].2021.

现代货币理论：
美国财政政策新的理论基础？

2021年3月11日，美国新任总统拜登在白宫签署了历史上规模最大的经济刺激措施：1.9万亿美元经济救助计划，主要内容包括向大多数美国人发放1 400美元/人的一次性支票，加上2020年12月的600美元/人，个人支票补贴将达到2 000美元/人；将每周失业救助金从300美元/周提高到400美元/周，并将该项补助的时间延长半年至9月底；拨款3 500亿美元用于州政府和地方政府援助；拨款1 700亿美元用于K-12学校和高等教育机构；拨款1 600亿美元用于新冠病毒检测、国家疫苗方案等医疗卫生领域。自2020年新冠疫情以来，美国财政刺激总额累计已达5.7万亿美元，占2020年美国名义GDP的27%，刺激力度远超2009年次贷危机时期。

超常规的财政扩张政策，在促进美国经济加速复苏的同时，也进一步恶化了美国联邦政府的资产负债表。美国联邦财政赤字从2016年的5 850亿美元攀升至2020财年（截至2020年9月30日）的3.1万亿美元，赤字占GDP之比升至16.1%，创下1945年以来最高水平。美国联邦债务累计已经超过当年GDP，在全球都在担心美国财政压力是否会带来新的金融危机和经济动荡的时候，现代货币理论（ModernMonetaryTheory，MMT）从小众理论走向了前台，并成为拜登政府经济政策的重要理论基础。

MMT理论于20世纪90年代由少部分经济学家提出，是一门充满争议的学说。该理论最早由澳大利亚经济学教授米歇尔发明，并受到美国瑞恩教授、石溪大学凯尔敦教授等人推崇。核心观点包括：在不引起通胀的情况下，政府不存在财务预算限制，主权货币国家能够通过货币化方式为政府融资，从而使财政政策无须考虑名义预算约束。也被简单理解为，一国财政赤字可以通过银行发行主权货币解决。其具体方案可能包括四种：① 中央银行直接在一级市场购买政府发行的债券；② 中央银行将已经购买的政府债券转为零息永续债；③ 中央银行在其资产负债表中减持政府债券，同时减记政府债务；④ 中央银行直接对国库发行货币，供政府使用。这种观点刚刚被提出的时候，由于过于极端，使得很多知名学者对它进行了批评，克林顿总统时期美国财政部长萨默斯教授称其为"边缘经济学家所推销的疯狂主张"，将其贬低为"巫毒经济学"，并担心会导致恶性通货膨胀，更有可能导致美元货币崩溃。诺贝尔奖获得者克鲁格曼认为，当政府扩大财政赤字时，带来的通胀或者通胀预期，迫使央行必须提升利率，政府财政支出扩大与私人部门利率提高之间存在矛盾。但全球知名宏观对冲基金桥水基金的创始人达里奥却预判MMT"不可避免"。

尽管学术界依然争议不断，但伴随民主党拜登的胜选，一些政府官员越来越多地引用 MMT 理论,并且给自己的政策主张提供理论依据。他们希望通过财政支出的进一步扩大,用于全民医保、核销学生贷款和医疗贷款;"绿色新政"及相关产业补贴;还有"最终雇主"平台计划,为就业市场中的失业人群提供基本保障,这一平台将雇用所有具备工作意愿的公民,并对其提供法定最低工资、相关社会福利等报酬。

2008 年全球金融危机之后,越来越多的国家,尤其是发达国家开始陷入"低增长、低通胀和低利率"状况,与此同时以房地产和股票为代表的资产价格却不断创出新高。而能对上述四个主要特征给出统一理论框架进行解释的经济学,目前还没有诞生。

在传统的古典经济学中,市场可以自动调节。但当下很多行业产能过剩现象长期存在,价格机制并没有自动让市场出清。经典货币理论认为,所有的通胀都是一种货币现象,货币的超发必然带来物价上涨。然而现实却给出相反的结论,比如日本在长期货币超发后再次放弃每年 80 万亿日元的国债购买限额,转为无限量购债,即使如此,通胀仍然遥遥无期。

凯恩斯学派强调通胀和失业的权衡。其中,货币政策尤其关注货币供应量、名义利率对投资和消费的扩张刺激作用。持续 20 多年的日本货币扩张,换来的是私人企业杠杆率下降,私人投资并没有因为低利率而积极融资、负债扩张;美联储的量化宽松政策也没有换回私人企业的信贷扩张。

现代货币理论更多强调的是财政政策的有效功能,现代国家的货币基本都是主权信用货币,政府用主权信用货币采购,市场中才会有货币流通,从而政府也才可以用货币的形式收税。

在这样一套看似很奇特的逻辑下,财政收支再也不是量入为出、以丰补歉的平衡财政。财政的支出不取决于收入,而取决于要达成的功能;财政赤字亦无须担忧,需要关注的焦点不是赤字的多少,而是财政支出的目的和用途。财政赤字直接由央行货币发钞解决,发行即国债,回笼即税收。

传统理论难以解释的新现象,主要是来自美国经济的两个关键变化:一是贫富差距不断扩大;二是资产市场对货币庞大的吸收能力。不同收入群体的投资、消费偏好完全不同,美国 1% 的人群占有了 40% 以上的财富,过去 100 年里,4% 的公司创造了股市中大部分财富。这种极端分布不均的现实,在传统主流经济学模型中较少有相关分析。通胀的消失,并不代表货币也不见了,相反它们进入了获利更丰厚的资产市场。1995 年至今,日本在经济总量增长微弱的情况下,日经指数已经涨了 2.5 倍。近十年,美国国内生产总值增长了 30%,而美股的主要指数却增长了 3 倍。资产价格的膨胀,进一步加剧了财富在人群中的分布不均衡。

从某种程度上来说,现代货币理论是对上述两个缺陷的反击。既然商业银行不愿意对实体经济进行信用扩张,那么财政直接入场进行债券购买,类似于财政和央行直接充当放款人。在日本,央行持有财产信托、股票型 ETF 越来越多,美国联邦储备银行也开始买入包括企业抵押支持债券(MBS)等多种企业债。目前,美国央行持有的资产最多的还是美国国债,而这些财政债券可以直接购买各类公共服务,进行各种公共投资,以及最终雇主就业计划。

在新冠肺炎疫情大流行的背景下，主要经济体都采取了货币宽松政策。根据现代货币理论，采取财政扩张赤字等方式刺激经济发展更为有效。2021年以来美国的通胀开始持续上涨，物价指数创40年新高，对于这样一种背景是否能够印证MMT理论，引发了更多的关注。2008年金融危机之时，美联储实行的是零利率和量化宽松政策，直到2015年才逐渐退出量化宽松。当时的美国货币供应量、美联储资产负债表和联邦债券发行量都持续高位运行，所以美国逐渐宣布退出量化宽松政策，试图逐渐缩表。但赤字率在2015年降低后，又逐渐反弹，2020年以来因为新冠疫情，经济大封锁，造成极大的通缩压力，随着疫情缓和并得到相对的控制，经济重启和多轮量化使得通缩很快转为通胀，就业薪资水平也随着物价不断上涨。由于抗疫开支巨大，美国赤字率更是不断攀升，M2也大幅上涨，美联储通过购买美债迅猛扩表，国债规模高企，增加了美国发生财务风险和债务危机的可能。从财政支出看，美国债务高企，利息支出压力增大，疫情、地缘政治风险对非利息支出要求也变得更高，美财政支出将不断攀升。面对未来避免的债务危机和财政风险，美国采用货币赤字化的方式稀释债务的可能性逐步增加。

参考文献：

[1] 张晨,张敏.现代货币理论的政策实践及其现实影响[J].经济纵横,2021(12)：14-22.

[2] 刘国强,马玲玲.现代货币理论视角下政府救市行为分析[J].中国管理信息化,2021,24(15):154-155.

[3] 管涛.当现代货币理论遭遇高通胀[N].第一财经日报,2021-11-17(A11).

现实部分

会员经济：
复购率才是一般消费品的王道？

美国最大的连锁会员制仓储量贩店 Costco，在上海开设了中国大陆首家门店。该超市号称所有商品毛利率不超过 14%，加上茅台等抢手商品，首日开业出现惊人客流，导致开业半天即关门休息，迅速成为网络热搜事件。仔细研究 Costco 公司何以能够持续凭低价商品而获取盈利的秘密，可以发现其核心竞争力来自"会员制"带来的重复购买。在美国 Costco 的高级会员年费 120 美元，在上海的年费是 299 元人民币，上海闵行店开业首日就售出了 16 万张会员卡，苏州 Costco 的首日开卡数量更是直接打破了全球纪录。2018 财年 Costco 全年会员费营收为 31.42 亿美元，全年净利润为 31.34 亿美元。可以发现 Costco 是一家不靠卖商品赚钱的超市，仅靠会员费就撑起了公司全年利润。

对于会员经济，美国的许多知名公司十分倾向这一竞争模式。其中，Costco 是当之无愧的行业标杆，也一度成为股神巴菲特的珍爱持仓股（虽然是迷你仓，始终没有超过 1%，并且还在 2020 年清仓了，但是从开始建仓到清仓有接近 20 年的时间，也说明巴菲特是有兴趣观察这种商业模式的）。巴菲特曾在一次公开视频采访中说，Costco 通过会员费制度，把不想要的顾客筛选了出去。换言之，留下的都是忠实的、认同 Costco 理念的客户，这有助于顾客黏性的增加。巴菲特的合伙人芒格同样表达了自己对 Costco 的认可。他说持有 Costco 的感觉好极了。曾经有人让他推荐未来 10~20 年除了伯克希尔之外的一家公司，他也很坦然地推荐了 Costco。对此，巴菲特讲过一个知名笑话来专门调侃，"如果我和芒格坐的飞机被劫持，他们说死前可以满足我们一个愿望，芒格一定会说，请让我再讲一遍 Costco 的优点"。根据 Costco 年报，2021 年的金星会员数量（面向个人）是 5 020 万，比 2019 年的 4 290 万增长了 14.54%，比 2020 年的 4 680 万继续增长 6.7%。近三年的企业会员人数分别为 1 100 万、1 130 万和 1 150 万。会员的热情不减，2021 年美国的会员续签率是 91%。2021 年 Costco 的总营收为 1 959.3 亿美元，包括 1 920.5 亿美元的销售收入和 38.8 亿美元的会员费收入，销售收入与 2020 年同期相比增长 17.7%，会员费同比增长 9.5%，但会员收入依旧贡献了净利润

119

(50亿美元)的大头,占比77.6%。Costco大力缩减SKU(商品品类)数目,一直维持在4 000种附近,相比于沃尔玛动辄十万的数量而言,可谓是精挑细选。在会员忠实度和巨量采购带来的低价优势下,Costco大力回馈会员用户,2019—2021年三年的毛利率一直稳定在11%,比宣传的14%定律还低了3个百分点。Costco高管曾经公开表示,Costco的经验法则是将省下来的成本的80%~90%直接返还给消费者,这形成了正循环,不断增加其会员的有效价值,从而成为公司的核心竞争力和"护城河"。但是,竞争对手也在加大对会员制的学习和模仿,比如最大对手沃尔玛凭借体量优势孵育出山姆会员店(Sam's Club),Costco会员制的核心竞争力似乎正在流失。Costco在2019年、2020年和2021年的会员费占净利润的比重分别为91.6%、88.48%和77、6%,呈现不断下滑趋势。

零售业外,星巴克在连锁餐饮行业也将会员经济玩得炉火纯青。星巴克COO(首席运营官)曾详细公布了会员带来的好处。会员入会后的花费比之前会有显著增长,会员是非会员到店消费频率的3倍,并且贡献了53%的消费额。根据星巴克2022年一季度报表,美国市场的星巴克会员同比增长21%,达2 640万,仅第一财季就增加了160万活跃会员。中国市场的星享俱乐部活跃会员同比增长16.9%,接近1 800万,比2021年增加了260万,贡献了中国市场近75%的销售额。

在媒体和娱乐行业,会员经济的集大成者是网飞公司(Netflix)。网飞从线上租赁影碟这一业务起家,美国人看电影本来习惯去实体影碟店租影碟看,网飞首先允许客户在线订阅,再迅速同城快递给客户,这一系列服务只需要客户在注册时缴纳一定数量的会员费即可。在线的新模式再加上不收取滞纳金,网飞迅速获得了一定的影响力。在拥有了稳定的客户群体后,网飞开始进军自制影视剧和电影,并一举成为流媒体巨头,旗下的《纸牌屋》《黑镜》《爱死亡与机器人》等剧集不断成为年度收视热点。2020年,网飞的总会员人数破2亿,全年新增3 700万付费会员,付费会员净增量同比增加31%;2020年其营收同比增加24%,达到了250亿美元;这一年是网飞自由现金流首次转正的一年。

根据字面含义和现实生活中的案例,会员经济可以理解为:某一类志趣相同、取向一致的消费人群,在商家发起运作下,自愿付费并享受商家提供的产品、服务和优惠待遇。在上述过程中所发生的一系列经济行为和产生的经济效应即为会员经济。罗比·比克斯特将会员经济定义为:持续不断地正式参与一个公司或团体的状态。他认为,如果一家公司能与客户建立稳定的会员关系,而不是单纯的客户关系,这家公司就会拥有强大的竞争优势。因为这意味着一家公司要改变其对待客户的思维方式和服务态度,为客户打造归属感。可以参考山姆会员店的英文名称——Sam's Club,所谓Club,含有俱乐部之意。很多时候,俱乐部可以突出身份地位和体现归属感的。罗比·比克斯特还把会员制经济和所有制经济进行了对比,前者强调产品使用权,后者强调所有权。他认为,所有制经济的交易特点是"交易结束,关系终止",但会员(制)经济可以做到稳定持久;所有制经济的定价基础是产品或者服务的成本,但会员(制)经济则注重能为客户创造多少价值;所有制经济虽然也看重人际网络效应,但是会员(制)经济十分强调会员的口口相传和人际推荐。最为重要的是,在消费品的商业模式中,最大的成本往往是增加新客户的营销费用和渠道费用,已有客户如果能够成为会员,将大大增加客户的复购率,从而使得营销渠道费用大幅下降。

新时代有多种因素正在推动会员经济在中国的快速发展。首先是用户的获取成本上升,在这个连互联网企业都已经从蓝海杀到红海的时代,获取新的用户群的难度显而易见。中国的消费市场历经三个时代:产品为王、渠道精耕以及人心红利。一个品牌要想获得持久的生命力,必须牢牢抓住消费者心智,从"流量"向"留量"迈进,从"获客"到"留客"。如何使客户产生对自己的归属感,如何挖掘忠实客户群的价值,如何发展熟客经济,是每个企业的价值基础和核心竞争力来源。

其次,互联网和数字传输媒介也在很大程度上促进了会员经济的发展。以会员的信息存储为例,纸质媒体时代,就算存在会员形式的经济体,也肯定是地区性的,因为一个地方的会员信息无法和另一个地方进行同步。一个人在甲地是某俱乐部的会员,但是到了乙地却无法查验其会员身份。数字经济时代,互联网提供了会员信息实时传输的通道,并且使得应用会员经济的企业天然就有数字化转型的倾向,从而提升效率。星巴克和网飞都是代表,它们以会员制的模式,创造了许多优质的数据流,从中挖掘客户的需求和喜好,不断进行自我升级和迭代,领跑行业。网飞基于用户点击和偏好数据,精心设置剧情点,制作了2021年全球大热的剧集《鱿鱼游戏》,而火热的剧集反过来又推动了新会员的加入。

最后,会员经济可以获得稳定的收入来源,从而稳定投资者预期,避免二级市场波动对企业的经营产生影响。这有利于企业做出长久的合理的规划,而不是短暂的迎合性质的计划。

中国同行当然不会无视会员制这一大杀器,中国的"会员经济"也在如火如荼的发展中。早在2018年8月8日,阿里巴巴就宣布推出"88VIP"超级会员计划,不仅能让用户享受淘宝、天猫的会员功能,还能自动升级用户在旗下或合作方的年卡会员;同时在线下,生鲜超市盒马持续推行会员制。京东更是将会员制玩得炉火纯青,着力打造"京东Plus",从2015年率先试水付费会员,截至2021年年底其在籍数量已经突破2 500万,平均年消费额是普通用户的10倍;全年净收入达到9 516亿元人民币(约1 493亿美元),在疫情影响下依旧继续同比增长27.6%。同时,京东在2021年活跃购买用户数约5.7亿,一年净新增了近1亿,这些活跃用户为未来的会员提供了数量庞大的潜在发展对象。"会员经济"发展得如此迅猛,有两个方面的原因。一方面,因为我国经济发展步入新常态,人们对商品的需求由数量多少变为品质高低、由批量化变为定制化,越来越愿意为"美好的事物"支付溢价。Costco在美国就是定位在中产阶级的消费群体,挑选商品的种类少而精,同时对生活品质有一定的讲究。另一方面,对于商业巨头而言,如今获取新用户前所未有地难,与其花大钱去获取新用户,不如深耕老用户,通过建立"系统生态"满足用户一站式需求,从而增加用户黏性,通过不断的复购给公司创造源源不断的利润。

给中国"会员经济"唱反调的也有不少。有声音认为,只有当一个地区的人均GDP

达到或超过 3 000 美元，消费者才基本具备会员制消费的能力，当前我国整体经济发展水平距此还有不少差距，这也是为何 Costco 首先在大陆经济最发达的上海开业的原因。此外，还有业内人士指出，我国用户习惯了商家的免费和补贴活动，而会员制要让我国消费者反过来付费，对于那些达不到中产收入水平的消费者而言，想转变这种根深蒂固的消费观念往往非常困难。不论如何，对于"会员经济"这个不算陌生的新鲜事物来说，仍要保持耐心，正视其带来的福利与问题。相信在不远的未来，会员制不仅会成为一种流行的消费者关系模式，还会成为新时代经济发展的新动力之一。

参考文献：

[1] 罗比·比克斯特.会员经济[M].北京：中信出版社，2021.

[2] NetFlix Annual Report 2020. https：//annualreport.stocklight.com/NASDAQ/-NFLX/20558207.pdf.

[3] Starbucks Annual Report 2021. https：//www.annualreports.com/HostedData/-AnnualReports/PDF/NASDAQ_SBUX_2021.pdf.

[4] TRANSCRIPT_ Starbucks Corp Q1 FY22 Earnings Call. https：//s22.q4cdn.com/-869488222/files/doc_financials/2022/q1/TRANSCRIPT_-Starbucks-Corp_-Q1-FY22-Earnings.(SBUX-US).pdf.

[4] Costco Wholesale Annual Report 2021. https：//annualreport.stocklight.com/-NASDAQ/COST/211308532.pdf.

"粉丝"经济：
互联网改变了客户关系

年逾不惑之年的周杰伦凭借新歌《说好不哭》又"火"了一把：在QQ音乐发布的单曲专辑，上线6分钟销售量就达到166万张，成为QQ音乐历史销售量最高的数字单曲。周杰伦能取得今天的成绩，与他众多"粉丝"带来的贡献是分不开的。

"粉丝"（Fans）是一个舶来语，也叫追星族，最初意为崇拜某明星、艺人的一种群体，是对明星的爱慕者、崇拜者。近几年，随着经济社会的发展，"粉丝"规模不断成长壮大，给明星带来巨大的经济效益，同时也为文化产业乃至商品营销带来新的商业模式。逐渐发展出的"粉丝"经济，泛指架构在粉丝和被关注者关系之上的经营性创收行为，是一种通过提升用户黏性并以口碑营销形式获取经济利益与社会效益的商业运作模式。

"传统经济"一般是按研发、生产、销售的次序进行，链条长、效率低、成本高，很容易产销脱节、库存积压、产能过剩。"粉丝经济"的本质是C2B，也就是消费购买者直接向生产者发送订单，按需供给，通过提前预售及时评估市场销量，更加精确安排产品生产，避免盲目生产而导致库存积压，这种新模式让效率得到了极大提高。同时，产品供给方还与消费者建立长期反馈模式，消费者能直接参与和影响生产过程，产销同体，这些过程让用户体验得到了极大提升。

"粉丝"经济的兴起一般伴随三个因素：国民收入的提高、移动互联网的兴起以及消费观念的转变。2012—2020年中国文娱产业增加值占GDP比重逐渐上升，2020年达到4.34%，同期人均GDP从6100美元上升到10 484美元，这为"粉丝"经济的发展提供了物质基础。互联网大大缩短了信息传播和搜索的成本，多种方便的App在技术上提供了"粉丝"社群的最佳工具，品牌方可以更加精准地定位"粉丝"群体。同时，通过筛选忠诚"铁粉"，使得需求目标从大众变为更为精准的小众，这部分群体更加具备集体凝聚力，也更具有强大的复购能力。更重要的是，今天的"粉丝"是积极与明星有互动的，大量"粉丝"通过应援和打赏，来表达对明星的支持和情感，通过"养成"来获得参与感与满足感，这种参与式消费在移动互联网阶段非常便捷，小众定向精准型"粉丝"取代了过去那种大众偶像型追星族。移动支付的普及也有利于"粉丝"更加便捷地为偶像付费充值，方便了偶像及背后的投资者的变现行为，这为"粉丝"经济的发展提供了技术条件；以95后和00后为代表的Z世代[①]的消费观念不断得到革新，成为"粉丝"经济的消费

---

① 在中国，X世代一般指1980年之前出生的人；Y世代一般指80后和90后群体；Z世代则一般指95后和00后。

主力，他们作为互联网的"原住民"，更愿意为偶像的流量付费，这为"粉丝"经济的发展提供了观念基础。

中国"粉丝"经济的兴起大概可以简单划分为3个阶段：2003—2010年的电视选秀阶段，以《超级女声》为代表，涌现出了李宇春、张靓颖和张杰等偶像及相应"粉丝"；2010—2015年的韩流涌入阶段，以鹿晗等人为代表，同期国内也开始模仿韩国偶像团体，如TFboys的出道；2016—2020年的网络选秀阶段，这期间得益于网络视频平台的发展与成熟，各大视频网站为了引流，推出如《偶像练习生》及《创造101》等节目，全网投票的方式赋予"粉丝"更大权力，甚至于可以"造星"而不仅仅是以前的"追星"，典型代表如杨超越等。有研究报告认为，虚拟偶像（经济）可能会在未来迎来一个高速发展时期——借助已经初成规模的VR和AR产业，叠加Z世代对游戏和二次元的狂热，真人偶像将逐渐被虚拟偶像所替代，次元壁被打破也许真是大势所趋，目前已有代表包括洛天依等。

李康化（2016）把"粉丝"经济中的消费群体分为两类，一类是作为"粉丝"的消费者，另一类是作为消费者的"粉丝"。前者更多的是普通消费属性，后者则倾向于狂热消费属性。"粉丝"经济在某种程度上突破了传统经济学的两大根基——理性经济人和边际效用递减。作为"粉丝"的消费者存在着一种非理性忠诚，伴随着理性经济人特征的逐渐消失，其消费行为中的感性特征开始占据上风。这意味着，"粉丝"消费者将愿意为其热爱的产品支付溢价，甚至形成所谓的"集邮式消费"，即购买并收藏忠诚公司的所有产品，比如苹果"粉丝"和小米"粉丝"。不同于作为"粉丝"的消费者从喜欢到购买的路径，作为消费者的"粉丝"则是通过购买表达喜欢，进而宣泄自己的狂热情感。这种类宗教般的热忱会形成上瘾机制，其边际效用往往是递增的，和经济学边际效用递减的一般规律相违背；那些作为消费者的"粉丝"，他们似乎并没有产生新鲜感的递减，相反随着不断购买产品和周边，他们的满足程度是增加的。

如果将"粉丝"经济作为一个大的集合，那么它的子集是极其丰富的，比如社群经济、情感经济和礼物经济等。社群经济是"粉丝"经济的高级形态，情感经济是"粉丝"经济的基础，而礼物经济是"粉丝"经济的具体表现形式。社群经济是一种高级的"粉丝"经济，比如"罗辑思维"。媒体人罗振宇在中国率先提出知识付费概念，并以免费知识视频《罗辑思维》作为引流，搭建以自己为核心的知识付费群体。在这个群体中，罗振宇以各种自媒体输出意见和观点，结合受众的反馈，在与"粉丝"和商家互动的过程中，形成一种"为知识付费"的共同价值观，最终孕育出国内知识平台头部企业："得到"。社群的核心成员其实就是被粉者自己（《罗辑思维》的例子中就是罗振宇），这使得被粉者自己可以控制社群的价值倾向并有针对性地选择受众群体。为了获得更高的消费者剩余，被粉者往往会故意设置门槛，引进高净值人群，这也是为什么社群经济常有一种高档俱乐部的韵味。情感经济最初是营销学的一个概念，消费者决策的情感基础才是决定购买的推动力，暗示着情感经济的核心是消费者的品牌忠诚度。情感经济是"粉丝"经济的基础，在"粉丝"经济里，被粉者称为新的品牌、活的品牌，消费者对品牌的忠诚度也自然而然地转化为对被粉者的狂热追随。礼物经济是美国学者塔克提出的一个概念[①]。以小说"粉丝"为例，她认为尽管绝大多数的"粉丝"并没有亲身参与文本的创作与生产，但是"粉丝"们可以通过诸如阅读、点赞、打赏和反馈等形式，来回馈作者。她把这些积极参与社群的形式定义为对社群的"礼物"。在这个基础上，"粉丝"经济其实已经不仅仅是C2B（所谓厂商与消费者直接对接，省去中间商），而是产消者（Prosumer）经济，即"粉丝"既是产品的消费者，又是产品的生产者。这在文化领域最为明显。

在狂热的"粉丝"经济背后，也有"一地鸡毛"。网红带货直接让某些产品瞬间断货，引发社会关于盲目消费、跟风消费的思考。大量90后、00后进入"炒鞋"市场，某些品牌限量鞋款价格在二手市场上被炒至近10万元，短期暴涨100倍；很多年轻人在盲盒、潮玩上成瘾，短短几个月花费数十万元。一旦"粉丝"经济失控，对社会的负面影响也是巨大的。目前来看，要防止"粉丝"经济变为"饭圈"文化。如果从这个视角去看"粉丝"经济的定义，那么"粉丝"经济就是明星、资本和"粉丝"共同打造的狂欢。根据36氪的报道，2018年，蔡徐坤的一条微博之所以能够在微博用户总量3亿的情况下获得1亿次转发，是因为一个叫作"星援"平台的幕后运作。这个平台共有17多万微博用户，这17万账号共绑定微博小号达3 000余万个，从这场狂欢中累计获利600多万元。再比如，"粉丝"集资为偶像应援，也是乱象丛生。绝大多数"粉丝"的月收入并不高，但有数据显示，居然有14.89%的追星族每月会为偶像花费5 000元以上。在这个过程中，"饭圈"集资平台获利颇丰。2021年"粉丝"打榜投票倒奶事件，背后也是商家和平台的有意引导。这样的行为虽然刺激了某段时间内的消费，但是对社会的价值几乎为零，并且有负面的价值取向。

一家企业应该认真耕耘用户群体，不断提升用户好感度，吸引客户成为公司品牌的参与者甚至是打造者，努力塑造企业的无形"护城河"，那么"粉丝"经济将助力企业的成长，也有利于社会经济生态的健康发展。"粉丝"经济是一种由精神需要引发的消费模式，它更满足的多是心理、精神层面的需要。"粉丝"经济的主打产品是文化产品，即使是物质性的消费品，也因为附带上了明星的各种符号标记而区别于其他消费品。"粉丝"经济消费的本质其实是"粉丝"的情感和情怀，"粉丝"集体是一个更有归属认同价值观的社群，他们在媒介创造的虚拟环境中充分调动情绪，在各种情感消费中获得满足。要客观看待"粉丝"经济，呼吁"粉丝"理性买单，抓好风口上的新机遇，形成健康良好社会氛围，这样才能充分合理利用"粉丝"经济发展模式，为新经济的高质量发展增添新活力。

参考文献：

[1] 李康化."粉丝"消费与"粉丝"经济的建构[J].河南社会科学,2016,24(07):72-78.
[2] 杨玲."粉丝"经济的三重面相[J].中国青年研究,2015(11):12-16.

---

① Turk T. Fan work: Labor, worth and participation in fandom's gift Economy[J]. Transformative Works and Cultures,2014.http://dx.doi.org/10.3983/twc.2014.0518.

假日经济：
美好生活需要更多的带薪休假

假日经济（Holiday Economy）：人们利用节假日集中旅游、休闲、购物，带动相关产业消费量倍数增加的现象。铁道部统计数据发布，2019年国庆假期，全国铁路累计发送旅客人数达到1.38亿人次，同比增长了5.4%。文化和旅游部综合测算，国庆七天全国共接待国内游客7.82亿人次，同比增长7.81%，实现国内旅游收入6 497.1亿元，同比增长8.47%，出境游突破700万人次。2020年国庆中秋黄金周，全球大多数国家仍处于新冠疫情的恐慌萧条中，美国总统特朗普及其夫人确诊并传染了诸多高级官员。鲜明对比的是，中国内需强劲复苏，在14亿人团结抗疫的不懈努力下，获得了6亿人出游的安全环境。据商务部数据，八天假期中，全国零售和餐饮重点监测企业销售额约1.6万亿元，日均同比增长4.9%。前7天的电影票房近37亿元，已经达到历史次高水平。银联网络的交易金额达到2.16万亿元，相比去年同期增长了6.3%。进一步证明了中国作为全球最大内需市场的消费购买力、潜力和爆发力。

1999年，国务院决定增加公民假日时间，全年达到114天，并且将春节、"五一""十一"三个节日的原有假期和前后周的周末进行合并，统一延长为7天，第一个"黄金周"应运而生。对于各大旅游景点和商户来说，这是一个难得的赚钱机遇；对于广大老百姓来说，这是一个难得的旅游休闲假期。在首个国庆长假中，全国出游人数达2 800万人次，旅游综合收入141亿元；到了2018年国庆，全国接待国内游客较1999年增长近25倍，国内旅游收入较1999年增长41倍。2020年，我国提出了"以国内大循环为主体、国内国际双循环相互促进的新发展格局"，而国内大循环的核心动力就是消费。根据国家统计局的消息，2021年最终消费支出对经济增长的贡献率达到65.4%，但仍低于发达国家75%~80%的水平。为此，扩大内需的主要着力点就在于扩大消费。假期作为消费的"井喷"时期，自然就受到了重视。以2020年和2021年国庆黄金周的数据为例，文旅部门发布的信息显示，2020年"十一"黄金周第一天，全国共接待国内游客0.97亿人次，按可比口径同比恢复73.8%；实现旅游收入766.5亿元，按可比口径同比恢复68.9%。八天长假期间，全国共接待国内游客6.37亿人次，同比恢复79.0%；实现国内旅游收入4 665.6亿元，同比恢复69.9%。2021年10月1至7日国内旅游出游5.15亿人次，按可比口径同比减少1.5%，按可比口径恢复至疫前同期的70.1%；国内旅游收入3 890.61亿元，同比减少4.7%，恢复至疫前同期的59.9%。疫情反复下，旅游和消费仍表现出韧性。

"井喷"式增长的假日经济充分反映了中国居民可支配收入的大幅提升，同时也表明我们正在从高速度增长转向高质量发展阶段中。以生产制造、投资出口、二产为主的动力逐步转向消费、内需、三产为主,休闲和度假等服务业进一步供需两旺。一些新趋势值得关注:旅游生活、运动户外、家装家电、食品饮料、珠宝首饰等消费增长更大;老字号及中国特色商品成长假消费亮点;智能品类人气旺盛,比如智能马桶以及电子锁等;盒马生鲜中直接订购半成品菜及熟食成为聚餐新潮流;2020年国庆黄金周海南离岛免税购物金额10.4亿元、旅客14.68万人次、件数99.89万件,同比分别增长148.7%、43.9%、97.2%;定制旅游、密室逃脱、VR游戏、汉服体验等新型消费订单量同比增长58%。这些新趋势,应该都属于消费升级的范畴。从消费内容提升的角度,消费升级大致有以下这些内容:包括同样消费内容的品质提升,比如从一般性的普通啤酒提升到精酿啤酒;享受型、非刚性需求的比重的提升,比如旅游休闲、医美微整的消费金额在每年消费支出中的增加;由于技术创新或者新商业模式开发,被挖掘出的新需求,比如"剧本杀"、抖音直播带货等;以及人们价值观的变化带来消费理念的调整,比如绿色消费、节约消费等。

从经济学概念来分析,消费升级通常涉及恩格尔系数和需求收入弹性两个概念。19世纪德国统计学家恩格尔发现,一个家庭收入越少,总支出中用来购买食物的支出所占的比例就越大;随着家庭收入的增加,家庭收入中用来购买食物的支出比例会下降。推而广之,该系数也通常用来进行国别比较。2018年美国相关机构发布过全球各国和地区的恩格尔系数(食品和烟酒占居民人均消费支出比重),美国、英国恩格尔系数较小,分别为8.1%和11.3%;巴西、南非、印度、俄罗斯等金砖国家恩格尔系数分别为17.2%、26.4%、32.1%、35.4%;而埃塞俄比亚等国家恩格尔系数较大,多在60%以上。2019年,中国大陆的恩格尔系数从改革开放之初的57.5%降至28.2%,在充分展示改革开放巨大成就的同时,也表明还有不小的提升空间。弹性体现了一个经济变量对另一个经济变量反应的敏感程度,伴随收入的提升,某些产品的需求量将大幅提升,远超过收入的增加比例。有学者测算,浙江近十年的居民旅游休闲消费的收入弹性有年份高达2.5,在居民年可支配年收入超过10万元之后,体育健身的收入弹性开始快速提升。萨缪尔森2004年版本的经典教材《经济学》中,列出了美国数据验证出需求收入弹性大于1的商品包括汽车、家庭住宅、家具、书籍、外出用餐以及服装。

也应当看到,当前中国假日经济过度集中在国家法定休假日,尤其是春节和国庆的七天长假中。过度脉冲式的集中消费,对供给方提出很高要求的同时也使得消费体验大大降低,到处都是人山人海。目前来看,假日经济依然存在着一些问题:其一,供需不匹配。假日经济本质上是让一部分人工作,同时让另一部分人休闲的经济状态。现实中,假期工作的人肯定是少于假期休闲的人的,这意味着各项经济活动的需求将远远大于供给。人山人海、交通拥堵和环境污染等问题会在假日更加明显。2018年的国庆7天假期内,南京总统府清运垃圾近100吨。这方面的一个解决办法是企业大力推动按需休假,平缓淡旺季人流量,既能减少旅游地的安全、环境和承载压力,又能提升消费者的整体体验。其二,资源浪费。这是沃顿商学院的乔尔·沃尔德福格尔教授在1996年提出的,他认为所谓的圣诞经济学(圣诞节人们会积极消费,彼此赠送礼物,可以看成是假日经济的一种),实际上造成了一种"致命损失",即赠送礼物和收取礼物的人对同一件礼品的估价有别,这使得礼物损失了10%~33%的价值,而且这些礼物往往落得退回、出售或者转赠的下场。维基百科上记载了一项2016年的欧洲在线调查,其中,15%的受访者对他们的礼物不满意,10%的受访者不记得他们收到了什么,25%的受访者说他们把礼物重新送给了别人,14%的受访者卖掉了物品,10%的受访者试图把礼物退给商店,5%的受访者把礼物退给了送礼者。老年人更有可能把他们不想要的礼物送给慈善机构,而25~34岁的人干脆直接丢弃。另外,广义上来看,第一点"供需不匹配"问题中提到的旅游资源、环境资源、消费者心灵和时间资源的无意义消耗其实也都是社会总资源的浪费。

集中式的全国长假应该逐步向分散式各自选择的带薪休假制转变,根据我国2008年起实施的《职工带薪年休假条例》规定,职工累计工作已满1年不满10年的,年休假5天;已满10年不满20年的,年休假10天;已满20年的,年休假15天。而奥地利与葡萄牙以年均35天的带薪假期位居全球榜首,发达国家一般都有25~40天的年假可以自由支配。我国的带薪休假无论从数量还是真正的执行效果上都还有很大差距。

党的十九大指出,我国社会主要矛盾已经转化为人民日益增长的美好生活需要和不平衡不充分的发展之间的矛盾。适当增加带薪休假天数并落实好相关制度,也是满足人们美好生活需要的重要内容之一。亚里士多德说:"我们工作是为了得享休闲,一如我们参与战争是为了得享和平。"英国哲学家罗素在《闲暇颂》中批评工作狂们,"没有足够的闲暇,人们注定与许多最美好的事物无缘"。法国后现代大师罗兰·巴特也说:"有点钱不要太多;有点权力,也不要太多;但要有大量的闲暇。闲暇用来做什么呢?读书、写作、与朋友们交往、喝葡萄酒、听音乐和旅行等。"在此基础上,西方甚至还发展出了一门独立的学科——休闲学。当然,思想家们往往从哲学角度鼓励休闲,企业家们则从公司经营的角度推动假期的延长,亨利·福特就是典型的例子。这位汽车大亨不仅以流水线生产方式革新了供给端,还敏锐地意识到工人消费对需求端的推动。根据《论休闲》这本书的记载,1914年,福特先将汽车厂的9小时工作制改为8小时。1926年,福特又宣布了从6天工作制改成5天。作为一个坚定的反工会者,福特此举并不是为了支持工人权益,恰恰相反,他有着自己的利益考量。福特公司生产的T型汽车是当时最流行的汽车,公司的很多员工也纷纷购买。但是福特本人发现员工购买汽车后并没有多少机会开出去,汽车仿佛成了摆设。于是,福特决定创造需求,增加工人的休闲时间,来推动工人在汽车方面的消费。这样一来,既充分发挥了福特公司的强大生产和供给能力,又获得了工人的支持,两全其美。

有研究发现,带薪休假对中国的国内旅游消费具有显著的正向作用:带薪休假时间每增加10%,旅游者的国内旅游消费将增加1.69%;相比于法定假日,带薪休假对诸如餐饮、购物和娱乐的影响都更加显著(魏翔等,2019)。虽然中国2008年就确立了带薪休假制度,但是根据人力资源和社会保障部统计,2014年的带薪休假落实率不到50%,民营企业的落实率更低。宁立标(2016)做过这样一项研究,他以"年休假"为关键词在"裁判文书分享平台"网站进行检索,发现诉讼请求中包含给付未休年假工资补偿的裁判文书达34 585件,其中,2015年有3 888件,2014年高达14 570件,2013年有5 887件,2011年之前有3 232件。落实带薪休假制度,任重而道远。实际上,带薪休假是推动按需休假的重要动力,如何在既有的节假日体系内优化假日的结构,形成所谓的"机动黄金周",需要政府的顶层设计、企业的贯彻执行、行业组织和工会的积极监督以及职工的权利意识共同发力。现在,有很多已成为工作主力军的90后对自身劳动保障权益非常重视,相比节假日加班赚加班费,他们更愿意带薪休假。企业也应当更加集约有效工作时间、优化工作程序方法、提前安排好相关工作,适当加大对员工的带薪休假的力度。加班不休假未必就一定能让员工工作效率高;而增加带薪休假时间,反而会大大增强企业对于优秀人才的吸引力,有助于企业吸引更多有创造力的高质量员工。对中国经济而言,可以进一步释放潜在消费需求、扩大内需,引导消费升级,调整经济结构,培育新经济的动力和增长点。

参考文献:

[1] 魏翔,吴新芳,华钢.带薪休假能促进国内旅游消费吗?——基于"中国国民旅游休闲调查"的检验[J].旅游学刊,2019,34(06):14-27.

[2] 宁立标.论我国带薪休假权保障立法的完善[J].法商研究,2016,33(02):17-26.

[3] Waldfogel J. The deadweight loss of Christmas: reply[J]. The American Economic Review, 1996, 86(5):1306-1308.

零工经济：
全球用工新趋势

零工经济（Gig Economy）意指劳动者以"打零工"形式，把自己的闲暇时间和技能以更为弹性灵活的临时雇佣的方式售卖，并换取经济收入。美国学者马尔卡希在《零工经济：推动社会变革的引擎》中这样描述：用时间短、灵活的工作形式，取代传统的朝九晚五工作形式，包括咨询顾问、兼职、临时、自由职业、个体经营、副业，以及通过自由职业平台找到的短工等。

"零工经济"是新兴的"老行当"，兼职、短工、散工等"打零工"古已有之，早期的"零工经济"受交易成本和信息传递的制约，规模较小，范围有限。现代"零工经济"的大发展，首在互联网平台崛起的促进作用。互联网，尤其是移动互联网技术可以更快匹配劳动力的供需双方，使得零工经济成为全球的新潮流。零工经济正在成为一种潮流，汽车共享公司Zipcar创始人罗宾·蔡斯的一句话十分形象地描述了这一现象——"我父亲一生只做了一份工作，我的一生将做六份工作，而我的孩子们将同时做六份工作[1]"。马尔卡希说："零工经济的人们比自己95%的朋友们更有安全感，因为零工是多样化的。你每年有10～20个收入来源，所以，如果其中一个消失了，也不必担心。"零工经济时代，"工作不再是我们构建职业生涯、个人发展或财务生活的可靠保障了，因为工作已不再稳定和安全。政府、教育和学术界等提供稳定工作的传统堡垒依然存在，并有着相对较高的安全性，但即使是这些行业也面临着压力"。有观点认为，人类正进入"乌卡（VUCA）时代"，VUCA是Volatile、Uncertain、Complex和Ambiguous四个英文单词的首字母，分别意味着易变性、不确定性、复杂性和模糊性。在这个逐渐复杂的世界，多样性某种意义上就代表着保障性。

美国相关智库报告显示，有5 900万人全职从事自由职业，这一数字占美国劳动力的三成以上，约36%[2]。大量知识密集型岗位如咨询顾问、律师、财务顾问、高水平的专家等，为寻求更灵活的工作方式，达到生活、工作、个人兴趣之间更好平衡，越来越喜欢选择零工就业的模式。据日本厚生劳动省官方数据显示，日本临时工数量超过全体劳动者的三分之一。由于日本老龄化问题十分突出，加上长期的经济泡沫影响，易处于失业状态的老年人、受教育程度低的青年和女性是灵活就业的主力军。

---

[1] 黛安娜·马尔卡希：《零工经济》，中信出版社2017年版，第209页。
[2] 大摩财经：《零工经济：后疫情时代的新赢家》，https://163.com/article/GTOAPRCG0519MPBR.html。

国外一般把零工经济分为众包（Crowdsourcing）经济和按需服务（On-demand Service）经济。二者都是劳动需求者在平台发布招聘信息，劳动供给者及时响应，但众包更多指的是比较机械性和单调性的工作，比如国际劳工组织在2015和2017两年曾做过一项调查，发现目前众包劳动的主要内容包括参与调查或实验（65%）、刷流量（46%）、数据采集（35%）、信息转录（32%）、内容创造与编辑（20%）、训练人工智能（8%）等。相反，按需服务就更侧重于创新性的、目前不易被计算机替代的工作，比如写作约稿、程序设计和咨询等。零工经济层次各异，供给者来源更加复杂。

中国有研究（清华大学发布的《互联网时代零工经济的发展现状、社会影响及其政策建议》）认为，互联网时代的零工经济基于数字平台实现供需的大规模匹配，与早已存在的传统零工经济有着很多不同。"互联网时代零工经济"更侧重知识技能的共享，"传统零工经济"类似国外的众包（Crowdsourcing）经济，而"互联网时代零工经济"颇具按需服务（On-demand Service）经济的味道。"互联网时代零工经济"以网络平台为基础，以独立自主且有特定能力的劳动者为主体，以碎片化任务为工作内容，工作时间、地点、方式灵活，最大限度地实现供需匹配，可能包括交通出行、共享住宿、外卖服务、网络直播、专业技能服务、内容创作、知识付费和其他领域等七类。零工经济还可以提高创业企业的质量。外卖平台进入一个城市后大致上会减少该城市约4.7%的企业注册数量，但是这些被挤出的企业带有明显的"四低"特征，即低注册成本、低生存时间、低资金需求和低技术水平。外卖平台的兴起带动了金融、信息、科研和人力资源等行业的创业（莫怡青等，2022），表明零工经济可以推动更多具备创新能力的企业发展。

2018和2019两年的交通出行规模分别为2 740.31亿元和2 949.88亿元，共享住宿规模分别为275.74亿元和386.54亿元，外卖服务规模分别为4 816.37亿元和6 275.74亿元，网络直播规模分别为1 880.04亿元和4 941.93亿元，内容创作规模分别为7 423亿元和8 542亿元，专业技能服务和知识付费规模分别为2 353亿元和3 063亿元，均呈现增长态势。2018和2019两年的零工经济规模合计为19 488.46亿元和26 159.09亿元，占GDP比重分别为2.16%和2.64%。零工经济对2019年GDP总增量贡献度为10.43%，拉动GDP增长0.64个百分点。预计2035年零工经济占GDP比重将达到6.82%，其增量对GDP增量的贡献为13.26%[1]。2020年6月滴滴旗下网约车司机数量为1 166万名，美团旗下骑手达295万人，各网络直播平台的主播人数破1.3亿。阿里研究院估计，2036年我国的零工经济从业人员会达到4亿人规模[2]。

受疫情影响，中国经济正面临严峻的就业压力，"稳就业、保就业"成为当下宏观政策的首要目标。"零工经济"对企业和求职者都有好处，从而受到特别期待。对企业而言，它能最大限度地降低用工成本，尤其是在疫情存在反复性的情况下，能帮助企业采取更灵活的经营策略；美国相关报告显示，零工可以节约公司20%的招聘成本、缩短

---

[1] 数据来自清华大学社会科学学院经济学研究所和北京字节跳动公共政策研究院：《互联网时代零工经济的发展现状、社会影响及其政策建议》。

[2] 数据转引自莫怡青、李力行："零工经济对创业的影响——以外卖平台的兴起为例"，《管理世界》2022年第2期。

35%的招募周期,同时能提高保留率和人岗匹配率。对就业者而言,能更便捷实现技能、时间与收入的转换,尤其降低疫情期间居家办公、各种短期供求不匹配的摩擦性失业等负面影响。超过一半的外卖骑手拥有多重身份,网约车司机中日均工作时长2小时以内的兼职零工占到一半。以猪八戒为代表的生产服务业零工撮合平台,从基于互动式问答的知识分享网站到众包平台,通过互联网使原有的"企业员工"雇佣合同制向"平台个人"模式转变。

"零工经济"无疑给各个方面带来了诸多挑战。配套法律尚未完善,对零工的就业者法律保障仍有欠缺,基本社保、医保的参保率低,劳动和知识产权纠纷处置的法律依据不全。在各种外卖、网约车等平台模式中,零工的基础性收入往往较低,计件制的薪酬体系往往更容易带来过度劳累以及相应的安全质量等问题。2020年1月,美国加州正式实行"零工法案"。法案规定将零工归为职工,并与全职员工享受同样福利和带薪休假。英国政府也向劳动者承诺,提高劳动者权益,给予其签订全日制合同在内的权利保护。

零工群体的权益缺乏法律保障。有学者担心在零工经济中可能会出现"逐底竞争"的局面(闻效仪,2020)。由于《中华人民共和国劳动法》等的限制,很多企业会选择诸如劳务派遣等灵活用工形式,以规避社保等正规职业所能享受的基本福利。由于零工经济工作的不稳定性,零工个体为了追逐就业,彼此之间"逐底竞争",形成内耗,进一步加强企业在劳工关系中的强势地位。"现行的税收、劳动和就业法规会刺激雇主和雇员建立临时性的雇佣关系,这种选择不是考虑到灵活性或效率,而是为了逃避承担法律义务。根据劳动和就业法律,雇主可以不为临时工缴纳社会保险、失业保险、劳工赔偿和医疗保险,可以节省扣缴税款的管理费用,并且不用承担对工人的责任。"[1]零工经济中的从业者可能需要自己筹划退休养老事宜,在目前中国养老金体系中,依靠个人形成的自筹第三支柱养老金很少,零工从业者基本处于养老保障缺失的现状。

有人担心零工经济会导致"泰罗制"卷土重来,形成所谓的"数字泰罗制"。"泰罗制"是管理学的经典名词,指的是企业将产品的制造流程逐层分解,精确控制每个环节的完成时间,让工人只专注于某一工序,以提高生产效率。在这个意义上,工人成为机器的器官。零工经济下,企业将某一具体任务分解为不同细节,在零工经济平台发布,零工经济从业者则根据指令不断重复同一件工作,似乎成了平台的附庸,同时平台也成为一种虚拟的流水线。所谓"外卖骑手,困在系统里",正是题中之义。

零工经济影响制造业雇工的心态,甚至进一步加剧中国技工人才的短缺。曹德旺曾感慨:"当下年轻人宁愿去送外卖、去送快递也不愿意去工厂了,这是目前国内制造业的困境。"零工经济改变目前劳动力市场供求关系,对制造业形成"虹吸效应"。"刘易斯拐点"加新出生人口的逐年降低,制造业"缺工潮"更加严重。

零工经济或许会加剧社会不平等现象。高技能劳动者能够更高地受益于平台的信息传播和匹配,进而提升收入和幸福感;低技能劳动者通过出卖法定雇员保障获得了表

---

[1] 黛安娜·马尔卡希:《零工经济》,中信出版社2017年版,引言第14页。

面的灵活性,但迫于生活和竞争的压力却不得不牺牲这种灵活性,主动选择了工作时间的延长和更强烈的自我剥削,面临收入的不稳定和工作时间的超长。平台尽力将风险转嫁给执行服务的劳动者,同时将财富集中到运营平台的企业所有者手里。经济体中财富和风险的错配加剧(谢富胜,2019)。

参考文献:

[1] 谢富胜,吴越.零工经济是一种劳资双赢的新型用工关系吗[J].经济学家,2019(06):5-14.

[2] 闻效仪.去技能化陷阱:警惕零工经济对制造业的结构性风险[J].探索与争鸣,2020(11):150-159+180.

[3] 莫怡青,李力行.零工经济对创业的影响——以外卖平台的兴起为例[J].管理世界,2022,38(02):31-45+3.

[4] 清华大学社会科学学院经济学研究所和北京字节跳动公共政策研究院.互联网时代零工经济的发展现状、社会影响及其政策建议[R].2020.

[5] International labor organization. Digital labour platforms and the future of work—Towards decent work in the online world[R].2018.

赛事经济：
体育和商业如何双赢？

顶着各种压力，延期一年最终还是举办的东京奥运会，成为史上第一届没有任何观众参加的奥运会。在各种成本攀升、收入锐减的情况下，东京奥运会也有可能成为亏损最多的一次奥运会。据日本会计检查院公布的数据，东京奥运会各种支出高达273亿美元，远超申奥时预计的74亿美元，收入方面仅是门票就至少损失约9亿美元。美国经济学家津巴利斯特认为，东京奥运会总亏损可能高达300亿美元。

体育赛事的经济账，必须深入分析这一产品在市场供求方面的特殊性。体育赛事提供的是一种服务类产品，主要的价值是带给观众情绪上的满足，主要包括对输赢结果高度关注的紧张感、高水平表演带来的精神愉悦感和现场参与的集体融入感等。从供给端成本方面来看，体育赛事的主要成本是各种人员的费用，包括运动员出场费、裁判、安全保卫、医护后勤等众多工作人员的费用。明星运动员是无可替代的，其他工作人员也很难通过技术进步进行取代。从产品生产的角度分析，比赛的数量再多，这些人员的数量也不会减少，很难出现规模经济，生产率难以提高。而伴随各种人员薪酬的刚性上升，成本提升速度还会快过产品价格的提升速度，这是典型的"鲍莫尔成本病"现象。美国职业篮球联赛（NBA）应该说是目前全球经营成绩最好的赛事之一了，但由于一年收入的一半都要用来支付球员工资，30支球队俱乐部中依然有亏损的。欧洲的足球俱乐部，相对来说经营得更为困难，从2009年到2019年的十年中，法甲和意甲的营业利润基本都为负，主要原因就是工资营收比高达70%以上。工资营收比维持在60%左右的英超，整体营业利润虽然基本保持正值，但其中20支球队的经营情况分化严重，前六大豪门球队就获得了60%的收入，而剩下的大多数球队处于利润亏损的艰难状态。

体育赛事在成本很难下降的同时，需求却更多向头部顶尖赛事集聚。体育赛事是一次性、不可复制的稀缺产品，越是顶尖运动员或球队，其表现越稳定，人们对体育赛事的需求主要集中在高水平顶尖赛事上，一般水平的体育赛事往往需求不足。每四年一届的足球世界杯一票难求，巴西政府在2014年用20亿美元的成本撬起了134亿美元的GDP增长，收益颇丰。一年一度的法、澳、温、美四大网球公开赛也不愁需求，其中美网公开赛在2018年和2019年的收入都超过3.5亿美元，即使在疫情影响的2020年，收入依旧有1.5亿美元并保持盈利。足球世界杯和网球四大联赛，聚集了最顶尖运动员，现场门票、转播权、广告投放、赞助商都有确定性的热烈需求；而其他稍微小众一些的或者非顶尖水平的体育赛事则需求下降明显。

回到人类目前影响力最大的奥运会上来看，无论是采用何种方式去举办奥运，巨额的成本投入必不可少。不可绕开的花销包括以下三个方面：① 基础设施建设，包括运动员的比赛场地、训练场馆、居住生活场地等，这些均是必备项。② 运营成本，从开闭幕式策划运行成本、奥运周边设计及宣发成本、人工管理成本（涉及安保、服务、赛事主管等）。数据显示，由于是世界性大规模赛事，安保需求较大，2000年悉尼奥运会的安保费用即为2.5亿美元，4年后，雅典奥运会的安保费用约为悉尼的6.5倍（16亿美元）。尽管对于我国而言，服务人员都采用志愿者招募模式，这一项仍是一笔巨大的开销。③ 机会成本，奥运场馆和奥运环境对于城市规划的影响，服务人员招聘对于就业市场的影响，都会或多或少产生机会成本。

奥运会的收益分为两块，一块是看得见、摸得着的，另一块就是这场奥运赛事的社会效益和长期价值。首先是可以直观计算的收益，目前奥运收入的主要来源有三块，包括各国电视转播收入、广告赞助收入以及奥运比赛场馆门票收入。体育赛事的经济账，通常还要考虑到外部性收益。比如奥运会前后创造的新增就业，对旅游业的促进，在基础设施方面，给举办城市带来的长期福利等。作为全球瞩目的奥运会，更有振奋民族精神的效果，比如1964年东京奥运会、1988年汉城奥运会和2008年北京奥运会等。这几届奥运会举办的时候，正是举办国经济蓬勃发展的上升时期。奥运会凝聚民心、振奋国民，使整个社会更加努力积极向上，增强国家民族自信心；同时对外宣传了本国文化，提高了全球对举办国的认知，增加了举办国各种商品的品牌影响力与品牌价值。2008年北京夏季奥运会中，共新建和改扩建比赛场馆36个、独立训练馆和国家队训练基地66个，共计102个奥运项目，总投资194.9亿元人民币[①]。即使奥运结束，这些基础设施的建设仍能够给整个地区的经济和人民生活带来改善。奥运盛会提高了本地的硬件和软件，增强了本地的宜居性，有利于城市未来吸引更多的人才。北京奥运会的成功举办，很大程度上提高了我国的国际地位和国际知名度，张家口借助冬奥会契机，能够有效促进张家口城市建设和治理的水平。围绕奥运会的媒体关注具有很强的广告效应，促进该地区成为未来的旅游热点目的地。奥运文化符号的宣传也会带来巨大的附加效应，以"顶流"冰墩墩为例，凭借可爱的外形、重要的文化意义、憨憨的行为，以及媒体的大幅度宣传，国内外刮起了一波"冰墩墩热"，人们纷纷排起长队前去采购冰墩墩的周边，周边产品被抢购一空。这就是文化符号带来的重要经济意义。此外，因为奥运会也能提高本地的营商环境和投资便利度，一些外向型城市也有望获得更多外国直接投资。

2022年刚刚结束的北京冬奥会，在衡量其直接经济价值和回报的同时，也应该在更长的时间维度上来考虑其意义。我国举办冬奥会可以唤起全民参与冬季运动的热情，通过相关运动场馆的建设，很多冬季运动项目的转播，就可以用更低的运营成本快捷有效地降低冰雪运动的门槛，呼吁全民加入冰雪运动。举例来说，冬奥场馆在赛后可以服务于体育赛事、展览展示、群众健身、文化休闲等多种活动，直接向公众开放。与此同时，这些场馆的二次利用和开放，能够推动冰雪经济和文化旅游业发展，促进特色民

---

① 中华人民共和国审计署：《北京奥运会财务收支和奥运场馆建设项目跟踪审计结果》，https://www.gov.cn/zwgk/2009-6/19/content_1344706.htm。

宿、特色餐饮等旅游新业态更加蓬勃。比如此次奥运最重要的场馆之一："水立方"变为"冰立方"，"双奥"场馆名副其实，这些文化符号，能够更好地为开发和利用奥运的无形资产提供前提和基础，也能够带来经济效益和社会效应。

　　北京冬奥会在经济上的效益远不及在精神上给全体国民带来的重大意义，它带给我们更多的是积极乐观的情绪，让国民感受到国家的韧性和强大。奥运会能够塑造信心经济，在我国强调双循环尤其是内循环为主的背景下，这种信心力量能够鼓舞更多的人投入国家经济和社会建设中来。

参考文献：

哈罗德:沃格尔[美].娱乐产业经济学[M].北京:中国人民大学出版社,2013.

国潮经济：
中国消费市场新风口

近年来，以中国文化为底蕴，充分表达国人个性、自信、运动等要素，以服装、化妆品等为主要代表的国产品牌时尚风成为新的市场风口。相关统计显示，2019年国货时尚品牌线上交易额增长238%，创历年新高。阿里平台1 200家中华老字号搜索量增长23.8%，其中荣宝斋搜索量增长296%；"双十一"期间，京东平台"国潮"相关搜索量较往年增长3.3倍；单项品类中，国产运动服装品牌"熊猫·本"的销量增长30.3倍，国产美妆品牌"完美日记"销量增长18倍。"国潮"涌动，折射出中国消费品市场的新变局。

国货时尚产品在各年龄层消费者中分布较为平均，其中25岁以下消费者交易额占24%，26～35岁消费者交易额占30%，36～45岁消费者交易额占23%，46岁以上消费者交易额占24%。青年消费群体与中年消费群体同时拥抱"国潮"，体现了国产品牌在消费大众中的心理认可度和国产品牌时尚化、年轻化转型的成功。

经济活跃、文化先进、环境优美，新一线城市因生活压力小于北上广，京东大数据显示，南京、东莞、郑州、青岛、重庆、杭州、成都等新一线城市用户在国产时尚商品方面的消费同比增长了3.1倍，高于平台整体2.4倍的增速。更大的下沉市场，包含300多个地级市近3 000个县区，受制于线下渠道和大型购物广场，更依赖线上渠道购买时尚国货。他们受网红、短视频、种草、打卡等潮流趋势影响更重，京东大数据显示，低线市场在国产时尚商品上的消费交易额同比增长了2.9倍，也高于全国的整体，消费潜力不容忽视。

"国潮"涌动，与近年来"中国风""复古""传统""文博"等文化新潮密不可分。以2017年首播的大型文博节目《国家宝藏》为例，不仅带动了收视热潮和文博热潮，也极大地推动了文博消费热，"文博元素""故宫元素"的鞋服、手包、饰品、口红、香水等受到市场欢迎。同时，李宁、回力、大宝等带有大众民族品牌记忆的品牌，主打"怀旧"激发国货情怀，赢回市场关注。

国产品牌在产品打造和营销手段上更加成熟。一是直播营销、网红营销、爆款营销的组合效应，以国产美妆品牌完美日记为例，其依托小红书精准定位年轻女性，通过话题营销推出爆款产品，利用初级网红达人拉近与消费者的距离，构建了目标客群的稳定认同。二是国产品牌跨界合作，多IP联动形成市场合力和用户体验互补，如稻香村与故宫联合推出的"朕的心意"点心，泸州老窖跨界联合气味图书馆推出的"桃花醉香水"等。三是中国潮流元素逐渐被国际潮流所关注，中国品牌得以借助国际潮流平台提升影响力并赢得国内市场。四是传统国产品牌与国际顶级设计团队合作，产品更贴近潮流和青年消费群体，实现高设计水准与高工艺品结合。

"国潮"大浪汹涌，证明中国消费品市场不仅没有萎缩，反而在不断进化中更加多元、包容。中国巨大的消费品市场足以为各种形态、业态产品的生存和发展提供广阔的空间。

任何国家的"国潮"发展都是国家的工业底蕴和经济积淀以及长期文化包装的结果。美国在1894年开始GDP全球第一，但其文化和商品却被欧洲低看，仅有科技企业得到了一定认可，这一时期美国的工业发展快速，杜邦、通用、波音等工业制造品牌不断涌现。1945年至1991年间，二战后的美国成为世界第一强国，"冒险、自由、开放"成为美国品牌的文化内核，给予美国人民自我认同和国家自信，服装、食品等日用消费品牌伴随其文化内核输出全球，可口可乐、耐克、雅诗兰黛等知名品牌就诞生于这一时期。1991年苏联解体后美国顺势向全球输出"民主、自由、开放"的理念，文化类品牌（如迪士尼、好莱坞）开始快速成长，与其他品牌相辅相成，全方位强势输出。

我国于1978年改革开放后经济进入快车道，三一重工这一类工业品牌率先崛起，一些科技品牌也相继出现。2015年前后，中国诸多科技品牌强势崛起，如大疆、华为、小米等，改变了人们对国货品牌的印象，此后不同类型的企业品牌也开始进入塑造成长期。据百度数据统计，从2011年到2021年，"国潮"搜索热度上涨528%，2016年至2021年间中国品牌搜索热度占品牌搜索总热度的比例从45%增加到75%，实现对"洋货"的全面反超。十年间"国潮"的发展已走过三个时代。起先是一众有关服装、食品等生活用品的老字号商品回春，如稻香村、茅台、回力等；此后国货通过品质升级、品牌化运营，在手机、汽车等高科技产品领域开辟新市场，打造高端商品；现在"国潮"的内涵正进一步扩大，中国企业继续通过品质升级、工艺创新和原创设计，以多元化营销手段满足消费者的民族自信、文化认同、潮流设计等需求，形成自己的品牌效应，努力赶超国际品牌，进而在世界引发"中国设计、中国产品、中国文化"的消费潮流。

从茶文化到奶茶文化，中国新式茶饮在探索中国市场的同时也积聚了走向世界的潜能。近年来国内茶饮品牌接连涌现且各自站稳了中高端三大梯队，高端茶饮如奈雪的茶、喜茶，中端有一只酸奶牛、茶百道等，蜜雪冰城则在低端领域独树一帜。虽然疫情冲击使得线下客单量减少，门店经营利润受挫，但各大茶饮品牌都以扩大开店规模的方式抵抗业绩的同时占据优势点位，提升疫情后的竞争能力。奈雪的茶在2021上半年公司营收21.26亿元，同比增长80.2%；蜜雪冰城则通过卓越的供应链管理和家门店模式稳持低端市场，主打廉价和门店数量，以30.7%的市场份额稳居龙头地位。在消费升级的推动下，预计2021年至2025年现制茶饮规模将由1 452亿元增至3 400亿元，仍有近2倍的市场空间。

"新疆棉"事件发生后，中国服装品牌关注度增长137%，国人在服装行业掀起了一次"国潮"热。波司登、太平鸟等企业主打高端品牌形象。太平鸟通过品牌年轻化升级，借助改革红利释放期和抖音、小红书等新电商渠道打造品牌形象，与多明星合作推进年轻时尚化战略转型的同时聚焦门店运营质量，2020年公司实现收入达94亿元。同比增长18.4%，自2020年12月以来抖音太平鸟女装旗舰店多次跻身平台前五。安踏集团,以安踏＋FILA的模式成功铸造新国货大众运动品牌,成为世界第三大运动集团。安踏体育是少有的多品牌矩阵运动鞋服集团,运营能力突出,2009年收购FILA时FILA还处于亏损状态,而在2020年安踏集团的收入中主品牌安踏占比44%,FILA占比49%,安踏在未来可能还会打造更多这样的收购品牌。中国李宁则凭借国内一流的公司研发设计实力成为国货崛起的代表之一。作为成立于1990年伴随80后、90后成长的知名品牌,李宁虽然也面临过严重的库存危机和管理层调动,但公司坚持改革、不断发挥主品牌优势,在2020年收入达145亿元,净利率恢复至12%,回到了2008年的巅峰水平。在"新疆棉"事件后,李宁在2021年第一季度的表现非常亮眼,净利润同比增长187%,收入同比增速超65%,大幅超出市场预期。

汽车工业是"改变世界的机器",从燃油车到新能源车,国产汽车成为造车新势力,在科技兴国的时代机遇下力争在全球汽车产业的新一轮排位赛中掌握更多话语权。2021年,中国新能源汽车产量达354.5万辆,较2020年增加了217.9万辆,同比增长159.52%;销量达352.1万辆,较2020年增加了215.4万辆,同比增长157.57%。同时2021年1月至7月间,国产新能源车品牌蔚来汽车、小鹏汽车、理想汽车的每月交付量维持在6 000～8 000辆,较为可观。智能汽车开启了以软件定义汽车的时代,自动驾驶领域正是新能源之后全球车企的下一个战场,国内企业百度、华为、大疆、吉利、腾讯等都在自动驾驶方面有所投入,其中百度以2 009项自动驾驶领域的专利数量居于榜首。百度自动驾驶项目启动于2013年,历经8年研发、1 000亿元投入和100万千米路测,在北京亦庄、上海嘉定、广州黄埔等地实现商业化落地,已推出全球首款L5级自动驾驶汽车。

新"国潮"的发展离不开宏观上政治、经济、文化、科技等因素的多维支持。于2011年10月发布的《中共中央关于深化文化体制改革、推动社会主义文化大发展大繁荣若干重大问题的决定》首次提出"文化强国"的长远战略,2016年5月由国务院转发文化部、国家发展改革委、财政部和国家文物局联合发布的《关于推动文化文物单位文化创意产品开发的若干意见》提出了发挥博物馆主体作用、通过多渠道开发文创产品的建议;2016年6月国务院印发的《关于发挥品牌引领作用推动供需结构升级的意见》强调了品牌在经济社会发展中的战略地位;2017年国务院批准将每年5月10日设为"中国品牌日";2021年作为十四五规划开局之年,商务部组织开展了"老字号嘉年华"活动促进老字号的传承与创新。经济上,我国人均GDP于2019年超越1万美元,为国内消费者迎接"国潮国货"、实现消费升级奠定经济基础。从《百度2021年国潮骄傲搜索大数据报告》来看,2021年十大热搜国潮话题中位列前四的分别为国货数码、国潮服装、国货美妆和国产影视。"国潮"关注群体中,90后占49%,00后占26%,80后占17%,社会消费主体越来越侧重产品质量和个性化设计,也促进"国货"多元高质量发展。科技方面,据国家统计局数据显示,2020年中国研发经费投入达2.44万亿元,同比增长10%,在人工智能、云计算、大数据、物联网、先进制造、生物科技等领域取得相应产出,影响并赋能国潮,让"国潮＋科技"重新定义"新国人高质量生活"。

参考文献：

[1] 观潮研究院.2021国潮新消费产业洞察报告[R].2021.

[2] 国联证券.2022年消费行业：国潮崛起,中国品牌消费迎来黄金时代[R].2021.

[3] 人民网研究院,百度.百度2021国潮骄傲搜索大数据报告[R].2021.

[4] 东吴证券.国朝崛起：是结果,不是原因,国货品牌服装品牌全面崛起势不可挡[R].2021.

[5] 易观分析.国潮品牌发展洞察分析报告[R].2021.

[6] 马蜂窝旅游.2021年旅游新国潮大数据报告[R].2021.

终身雇佣制：
从中日历史、文化来源的比较分析

所谓终身雇佣制，并不是法律或成文规定意义上的制度。在日本的法律和企业制度中，根本没有关于雇主必须实行终身雇佣制的规定，也不是"一进企业门，一辈子是企业的人"，更不是不论干好干坏都不能开除意义上的"铁饭碗"。

被称为"日本经营之神"的松下集团创始人松下幸之助曾经提出："松下员工在达到预定的退休年龄之前，不用担心失业。企业也绝对不会解雇任何一个'松下人'。"创立于1918年的松下公司，和二战后日本整体经济一起腾飞，创造出骄人的业绩，终身雇佣制被认为做出了重要的贡献。但是，近三十年日本经济的停滞，诸多日本公司也不断裁员，终身雇佣制又被认为是不符合劳动力要素自由流动这一市场经济要求的，应该尽快被废除。本文重点不在分析终身雇佣制的优劣，主要论述这一相对特殊的企业管理制度和日本文化、历史的关系。

终身雇佣制，与日本文化中的集团主义有着很密切的联系。日本著名学者加藤周一认为：日本文化有强烈的集团主义色彩。在传统日本文化中，人们从属于作为共同体的集团，个人利益服从于集团利益。"集团主义"已经成为日本人的生活方式，游离于集团或者某个组织之外生活的个人，自古以来就很难存在，在群体或者集团中，"不能成为个别分子，尤其不能与众不同"，"不给别人添麻烦"已经成为日本人的行为本能。在努力融入集团，寻找归属感，获得安全感的同时，对集团的忠诚和责任自然就成为核心的价值理念。日本的很多中小学竞赛中，尽量减少个人名次，更多体现集体和班级名次。与终身雇佣制相配合对应的薪酬制度是：年功序列工资制度。在日本企业中，一个人工资多少、职位高低更多来自资历而不是实际贡献或者能力大小。日本的薪酬差距相对较小，即使在私人商社中，社长和年龄相仿的普通员工相比，薪酬也就是高出四五倍，远远小于美国几十倍的状况。

明治维新之后，日本从农业社会迅速进入现代化和商品社会，但是长期的传统文化依旧顽强影响着日本人的各种制度和行为。村社变成了部门，藩国变成了公司，武士就是员工。武士伦理中：父子一世，夫妇二世，主从三世。就是说父子只存在于今世，夫妻是两世的缘分，而主从是过去、现在、未来三世的存在。主君提供给武士土地、俸禄，照顾他们的家人，一旦武士战死，会继续负责抚养他们的后代，这些就是"御恩"。武士则万死而不顾，爱藩如家，甚至超过自己的小家庭，而且集团的利益远大于个人的荣誉，每位武士都有严格的分工和职责，各安其职，齐心协力，排斥个人英雄主义。这种"竭诚奉公"从武士团扩展到佃户对地主，学徒对商人师傅，分家、别家对本家都存在服务和被保护的依存关系。市场经济中的公司,形式上现代化了,内核的行为还是传统的,员工对自家公司始终存在着忠诚的社会压力,他们是企业战士,必须以企业为家,以企业为荣,对企业忠诚不二,绝不是简单工作八小时领取薪酬的简单雇佣关系。西方社会的工作和生活的分离,个人家庭和工作公司的区隔,在日本是模糊甚至颠倒的。有些"猛烈社员"早上七点从家里出门,晚上十一点多才回家,周末也都用来加班或者公司的团建活动。公司不仅仅是日本员工的工作场所,也是他们的生活场所,公司经常组织员工全家旅游,为员工提供住宅,甚至在神社有集体的墓地,死后都葬在一起。1992年曾有调查显示,日本是发达国家中平均每人每年劳动时间最长的,高达2 124小时,法国只有1 683小时,德国有1 598小时;而休息日是最少的,美国有139天,英国有147天,法国有154天,德国有157天,日本只有118天。武士背离藩主后成为无所归属的"浪人"可能是日本武士最悲惨的处境了。在日本农村,最严重的惩罚是"村八分",就是共同生活在一个村子里,通常有"出生、成人、结婚、建房、水灾、火灾、生病、葬礼、出行、法事"十件事情,是大家一起帮忙解决的,但是如果有人严重违反村规,受到的惩罚是只留下"火灾和葬礼"两件事情有人会来帮忙(这两件事能保留也是因为他们会影响其他人,比如火灾会蔓延,长期不下葬容易带来病菌和瘟疫等)。除了这两件事情,该人或小家庭,在整个村子里就是"异己者",无人交往,甚至无人讲话,更不能使用村子里面的公共资源,比如水井、神社等。这种严厉惩罚措施的威慑效应,影响了二战以前80%居住在农村的日本农民。

　　这和中国文化中的集体主义存在不同。中国的集体主义更多是一种价值理念和学习的榜样,如热爱和关心集体,大公无私等。实际生活中,个人英雄主义也是被中国人欣赏,同时在一个集体内部,各种钩心斗角、派系争夺,往往更为常见。而在日本,个体与村民意见不同,坚持己见是很困难的,会被视为顽固分子,以个人对抗集团是不可能的。日本人常常引用《论语》中的"以和为贵",但忽略了后面半句"和而不同"。孔子谈论和,并不是要让别人顺从,只强调"和"而不强调不同,这点和中国儒家思想也是有差异的。

　　中国人的抱团主要体现在有血缘关系的家族中,所以从秦汉开始,"忠孝不能两全"时,往往孝是高于忠的。费孝通在《乡土中国》中总结认为中国社会结构的基本特征:好像把一块石头丢在水面上所发生的一圈圈推出去的波纹。每个人都是他社会影响所推出圈子的中心。被圈子的波纹所推及的就发生联系。和别人所联系成的社会关系,不像团体中的分子一般大家立在一个平面上,而是像水的波纹一般,一圈圈推出去,愈推愈远,也愈推愈薄。而中国乡土社会中基本社群是家,而且家扩大的路线是单系的,就是只包括父系这一方面,除了少数例外,父系原则下女婿和结了婚的女儿都是外家人。在父系方面却可以扩大得很远,五世同堂的家,可以包括五代之内所有父系方面的亲属,从而形成重要的家族社会。中国的家族中,血缘是核心纽带,《诗经》中就已经强调:异性则异德,异德则异类。《左传》中说:神不歆非类,民不祀非族。没有血缘关系的人,祭祀是没有用的。还有律令要求,不能收养异姓为养子,义子不能继承宗族。而日本在这方面没有如此严格的要求,收养没有血缘关系的养子或者女婿继承家业的比比皆是,日本医学世家贺川玄悦在有两个儿子的情况下,把家业传给女婿,日本称为婿养子。如果对血缘没有特别严格的要求,日本的家族事业已经接近企业组织了,在可以跳出血缘限制的情况下,挑选接班人的范围就广阔了许多,也使得日本的家族企业出现诸多长寿企业。

"饭团志向"带来的耻感文化:每个人都希望自己是紧紧黏合在一起的饭团,而绝不能散落在饭团之外,成为孤零零的不合群的米饭粒。担心被集团内的他人排斥,或者被认为是特立独行,使得日本人越来越怕给别人带来不便或者让他人感觉到麻烦;在表现厌烦的时候更是尽量委婉;为了维护集团内的和谐,对自己的真实想法并不直接说出,而是尽量考虑他人感受;在整个日语体系里,脏话也相对较少。鲁思·本尼迪克特在《菊与刀》一书中将这些定义为"耻感文化":个体在社会中的位置、行为后果是否会遭受他人的嘲笑、侮辱,如果被排斥、讥笑,他就会感受到耻辱。这就形成一种特别在意他人的目光的一种文化,以他人的评价为基准来调整自己的行动方针。自尊(自重)的人,其生活准绳不是明辨"善""恶",而是迎合世人的"期望",避免让世人"失望",把自己的个人要求埋葬在群体的"期望"之中。这样的人才是"知耻"而谨慎的善人,才能为自己的门庭、家乡和国家增光。这些行为模式一方面让日本人更重视他人,也更注重与他人协调,日本公司的内部配合和协调远比欧美企业更好、更为自觉,企业间信任度更高。但另一方面,也大大抑制了日本个人的创新行为。

如果说终身雇佣制和日本文化传统中的"集团主义"密不可分,那这种集团主义思维又是如何形成的呢?首先,很多学者认为和日本的地理环境密不可分。76%的国土面积是山地丘陵,山间盆地多而面积小,散布在全岛,形成一个个独立的人类生活区域,并且相互之间迁徙流动也较少。加上地处温带,四周环海,降雨量丰富,可能是世界上最湿润的温带国家,物产由此而变得特别丰富,各种坚果、水果、根茎类植物、鱼类和大量海鲜,都为早期的日本人提供了定居生活的可能。最早广泛使用陶器和最早进入定居社会,这个是相互验证的。还有学者认为,日本一直是个水稻大国,在种水稻的村落,村邻之间有非常清晰的界限,人们有着强烈的村里村外的意识。更有趣的研究认为,水稻种植比小麦种植更需要共同协作,种植和收割水稻时,稻农们必须共同协作构建灌溉系统,农忙季节需要农民们互相帮助收割,也逐步形成了要求"协作与共同利益并存"的集体主义心理。

日本还是地球上自然灾害爆发频次最多的地方,位于亚欧板块和太平洋板块的交界处,每年全球地震的10%都发生在日本,1960—2005年期间,里氏6级以上的地震有20%发生在日本,伴随的还有海啸、火山、台风等各种自然灾害。在狂暴的大自然面前,个人的力量是无法抗衡且微不足道的,集体互助、组织动员、分工协作就成为必需的行为方式了。其次,平原面积太小,本土从没有被外族入侵征服,使得日本藩国部族林立的组织架构长期存在,集权官僚体系的历史相对较少。有学者(李卓,1985)认为:日本社会牢固的氏族观念与氏族组织从未受过剧烈冲击,得以在较长时间里保持了生命力。日本有喜欢集群的传统习惯,集团的利益作为处理人与人关系的最高准则。

参考文献：

［1］［日］加藤周一.日本文化中的时间与空间［M］.彭曦,译.南京:南京大学出版社,2010.

［2］崔卫国.中日比较谈［M］.第二版.北京:经济日报出版社,2014.

［3］李卓.氏姓制度与日本社会［J］.史学月刊,1985(2).

［4］Talhelm T, Zhang X, Oishi S, Chen S, Duan D, Lan X, Kitayama S. Large-scale psychological differences within China explained by rice vs.wheat agriculture［J］. Science, May 9, 2014(344):603－608.

［5］［美］鲁思·本尼迪克特.菊与刀:日本文化诸模式［M］.增订版.吕万,熊达云,王智新,译.北京:商务印书馆,2012.

容貌经济：
"颜值即正义"背后的经济学意义

《新闻周刊》曾经调研了 8 000 多位 MBA 毕业的学生，发现英俊男性的收入比普通男性平均高出 5%，漂亮女性的收入比普通女性高出 4%。经济学上，关于外貌特征与工作收入的研究越来越多，并衍生为"美貌经济学"。有研究发现，好看的外表对员工的收入有积极影响，存在所谓的"美貌溢价"（Beauty Premium），他们在找工作、绩效评估和晋升方面更容易获得优惠待遇。

有学者用面试官对应聘者外貌的评分来考察他们未来收入的情况，发现颜值得分越高的，工资水平可能就越高。2015 年，有学者向 2 656 个招聘职位的部门发送了 5 312 份成对的简历，在每对简历中，一个简历没有图片，另外一个简历中随机地贴上颜值不同的男或女性求职者的个人照片。结果很有趣，雇主对颜值较高的男性兴趣程度明显高于没有照片的和颜值平庸的，回邮件的比例几乎是后二者的两倍；有些出乎意料的是，没有照片的女性回应程度高于有魅力或长相平庸的女性，这个结论被作者解释为可能存在的"嫉妒效应"。美貌溢价普遍存在，这里再补充两个有趣的例子。韩国的一项研究表明，颜值高的男性收入比颜值中等的男性收入高 15.2%，但对女性而言，这个数字仅为 11.1%[①]。美国也有同样的证据，颜值对收入的影响，男性比女性更大，这似乎有点出人意料。另外，有的学者已经不再满足于研究劳动力市场的整体美貌溢价，开始专注于某一特定行业。金融业作为人际交往最为密切的行业之一，自然而然地受到了关注。Cao, et al. (2019)发现，外貌具有吸引力的分析师会得到更多的媒体曝光、更好的机构投资者联系，并从他们的雇主那里获得更多的内部支持。这有利于外貌姣好的分析师做出更精准的收益预测，进而获得高工资。中国学者已经开始把颜值拓展到了"面相"，2019 年有篇论文题目是《中国证券研究员的面相与盈利预测准确性》。论文推测某研究员面部宽高比更大（指两颧骨宽度和上嘴唇到眉毛之间距离之比）的盈利预测准确度也会更高，比平均水平高出 43%，他们提供的股票建议更靠谱。作者给出的解释是，面部宽高比大的研究员看起来更可靠些，更有可能被企业给予更多的调研机会。如果说成年后颜值显得很重要，但是海外的学者已经发现"萌娃"带来的好处也是不少。幼儿园的老师将更多的时间和注意力给到看上去更可爱的孩子，小朋友们也更倾向于和好看的孩子相处和玩耍。儿童的外貌影响了他们的自信心和认知能力，带来他们成长过程中能力的形成。

[①] 36 氪：《颜值经济那些事儿》，https://36kr.com/p/1303021730808456。

美貌为什么会产生溢价呢？主要有两种观点。一种解释是外貌特征反映了个人健康及认知能力差异，并影响交际信心、机会与能力。颜值高的人更擅长于社交网络的积累与经营，更容易积累自己的人脉形成自己的社会资本，而社会资本作为一种能够带来经济利益的资源，它能在劳动力求职就业、职业流动、信息获取等方面发挥作用带来溢价，也带来了劳动能力和工资率差异。另一种解释认为，劳动能力的差异不能完全解释外貌引起的工资差异，劳动市场中还存在外貌歧视行为，在信息不对称的劳动力市场，雇主无法准确预知他人的工作能力，而美貌作为一种信号显示更易于获得人们的偏爱。除了"美貌—能力"论和"美貌—信号"论外，哈佛大学 Markus Mobius 等人发表在《美国经济评论》上的文章《为什么美貌如此重要》，试图对美貌溢价进行结构分析，重点关注美貌与自信的关系；他们从学生中招聘实验对象，分别扮演雇主和应聘者。另外，有一个学生小组负责根据所有受试者的照片，对实验对象的美貌评分，以获得对受试者外貌的相对客观的估计。在这个模拟的实验场景中，雇主雇佣雇员是为了解决迷宫难题（换言之，这个模拟劳动力市场上的唯一工作就是走迷宫）。应聘者首先填写了一份简历，描述他们的年龄、性别、大学、毕业日期、工作经验、课外活动和爱好等。然后，实验者给申请人一个简单的迷宫来解决。完成这项任务后，应聘者被要求估计他们在15分钟的"就业时间"内能够解决多少个类似的迷宫。这一估计被解释为衡量受试者对他们自己能力的信心。结果发现，长得好看的人和那些一般长相的人在走迷宫的能力上并没有差距，但是他们普遍高估了自己在15分钟的"就业时间"内能够解决的迷宫数量，即更加自信。对雇主们，实验人员设置了五种场景：① 只审查潜在雇员的简历；② 使用简历和照片；③ 简历和电话面试；④ 简历、电话面试和照片；⑤ 简历、电话面试和面对面的面试。雇主要根据面试信息估计应聘者在15分钟内解决迷宫的数量。研究人员发现，在只审查潜在雇员简历的情况下，外貌因素对雇主的估计基本没有影响。但是，其他四种情况下，雇主无一例外地高估了应聘者解决迷宫的数量。研究者认为雇主会相对欣赏拥有自信品质的人，这一点可以从第三种场景——简历和电话面试中看出来。即使雇主和应聘者的唯一互动是电话，雇主也认为漂亮的人更有生产力。这似乎表示高颜值人群对自己的信心能够在电话中体现出来。当然，即使实验者控制了自信心，他们也发现雇主高估了漂亮应聘者的生产力。最终，Markus Mobius 等人把美貌溢价分解为三个部分，分别是：自信效应（15%～20%的）、口头交流（40%左右）和视觉交流（40%左右）。北京大学王大卫等（2016）发现，美貌可以影响大学录取的可能性。他们认为，中国的大学录取采用的是标准化考试成绩，因而可以排除外貌的影响；美国则不然，除了标准化考试外，美国大学还综合考虑课外活动等非"美盲"的因素。通过数据实证研究，他们发现在中国，学生的美貌和他们学校的排名确实是不相关的。但在美国，长相因素与学校排名则呈现明显正相关关系，且这一现象对白人男性更为明显——美貌排名增加1个百分点，相当于白人男子的学校排名增加20个百分点，并且这份优势对应着毕业后10年大约7%的工资增长。这项研究把外貌对教育的影响纳入了对美貌溢价的分析，而且在一定程度上解释了为什么男性的美貌溢价相比女性更明显。James Andreoni 和 Ragan Petrie(2008)的研究表明，人们通常会对高颜值的群体产生更高的期望。这也可以解释为什么雇主会给高颜值雇员更高的工资。他和合作者巧妙设计了一项实验,先抛开具体的细节,实验的核心是个体的更多努力会带来群体的共同获益,也就是说实验过程中存在着"搭便车"的风险(可以看成是公共品的提供)。研究结果发现,实验参与者总是倾向于认为那些长得好看的人对群体的贡献更大,尽管实际上每个人的贡献度是相同的。但是,如果这种期望落空的话,美貌溢价就会变成美貌惩罚。

得益于美貌带来的溢价效应以及人们生活水平的提高,致力于后天改变颜值的相关产业近几年发展迅猛。颜值产业的消费,包括最基础的实物产品如化妆品、珠宝服饰,逐渐向"产品+服务"的医疗整形、美容健身升级,互联网时代又催生出美图秀图,以及颜值变现的网红经济。医美产业发展迅速,根据前瞻经济学人 App 的数据[1],2014—2020 年,我国医美市场规模由 501 亿元增长至 1 795 亿元,年化增长率为 24% 左右。截至 2021 年,医美在中国的渗透率只有 3.6%,仅相当于欧美市场的 1/5。可以预见,随着国人生活水平的提高和对美好生活的向往,医美产业的发展空间巨大。与医美行业并驾齐驱的还有美妆行业,根据艾瑞咨询的数据,中国美妆市场规模从 2016 年的 2 279 亿元增长至 2020 年的 3 759 亿元,年均增速为 13.3%,预计 2022 年规模达到 2 500 亿人民币,"她经济"还是"他经济"都将蓬勃发展。

"颜值即正义"这句话不仅适用于人际交往和劳动力市场,在商品货物的世界中同样发挥着作用。高颜值的产品往往是打动消费者的最初动力,所谓的"始于颜值,限于才华"讲的就是这个道理。此外,好的外观设计往往也是产品溢价的来源。有很多产品,质量虽高,但是忽视了外观的设计,就算价格压低,也无法吸引顾客。苹果公司的毛利率是业界的领先水平,其极简主义的设计和高颜值的搭配为其高溢价提供了坚实的基础,可以说功不可没。中国消费者中的三波咖啡浪潮一次比一次更加"颜控",价格自然也一次比一次高。第一次咖啡浪潮是以雀巢为代表的速溶咖啡,基本上表现为一种新鲜的饮品,喝杯咖啡等同于买一瓶饮料,并不存在好看不好看的问题;第二次咖啡浪潮以星巴克为代表,除了凭借标准化流程保证咖啡品质外,咖啡店开始注重设计感,积极营造社交属性;第三次咖啡浪潮涌现出了许多新兴独立咖啡馆,比如在上海开设的蓝瓶咖啡。他们一方面极度重视咖啡本身(如产地、烘焙和冲煮等),另一方面更加重视咖啡外观的颜值打造,从纸杯的大小,到量贩咖啡豆的袋身图案,再到咖啡店的整体布局,都流露出极高的颜值(或者说"高级感"),网红咖啡店的打卡大致也起源于此。在讲述咖啡的颜值进化历程时,一杯咖啡的价格也是水涨船高,从几块钱的雀巢,到星巴克和 COSTA 定位的三十元左右,再到新兴独立咖啡动辄六七十元的客单价,颜值溢价贡献颇丰。互联网时代叠加中国收入提升后的消费升级,美好生活向往过程中的中国内需经济中,一定有颜值产业更大的发展空间。

---

[1] 《十张图了解 2021 年中国医美行业市场现状与发展趋势,轻医美进入快速发展期》,https://www.qianzhan.com/analyst/detail/220/210603-693c4fc7.html。

参考文献：

[1] Andreoni J, Petrie R. Beauty, gender and stereotypes: Evidence from laboratory experiments[J]. Journal of Economic Psychology, 2008, 29(1): 73-93.

[2] Mobius M M, Rosenblat T S. Why beauty matters[J]. American Economic Review, 2006, 96(1): 222-235.

[3] Ying Cao, Feng Guan, Zengquan Li, Yong George Yang. Analysts' Beauty and Performance[J]. Management Science, 2019, 66(9): 4315-4335.

[4] David Ong. The College Admissions and the Labor Market Beauty Premium[J]. Contemporary Economic Policy, 2022, 40(3): 491-512.

[5] 艾瑞咨询.中国本土美妆行业研究报告[R].2021.

瑞幸咖啡：
应该不是对标星巴克

luckin coffee（瑞幸咖啡），是由神州优车集团原COO钱治亚创建的国内新兴咖啡品牌，于2017年5月17日在美国纳斯达克交易所上市交易。瑞幸自成立以来，背负许多的质疑，作为目前为止全世界上市最快的公司（18.5个月），2019年年末已经开设4000余家门店，其增速不可谓不快。但它也曾经每天亏损400万元人民币，平均每卖出一杯咖啡就要亏损10块钱的困境。而在美国上市以后，因为运营模式不被投资人看好，股价也一直飘忽不定。2020年4月2日，瑞幸咖啡发布公告，承认虚假交易22亿元人民币，股价暴跌80%，盘中数次暂停交易。4月22日，中国银保监会谈瑞幸咖啡财务造假，表示将积极配合主管部门依法严厉惩处。5月19日晚间，瑞幸咖啡发布公告，收到纳斯达克交易所通知，被要求从纳斯达克退市。这家创下中国企业最快IPO记录的咖啡"独角兽"，因财务造假丑闻从纳斯达克退市，并陷入一系列的处罚、索赔和核心管理层"大换血"的问题，本文并不在此讨论瑞幸的财务报表，而是希望重新梳理一下其商业模式是否尚有可取之处。

在前期的宣传造势中，瑞幸将自己对标为与星巴克同质但是便宜很多的连锁咖啡新品牌。事实上，瑞幸与星巴克两者差异巨大，无论是使用场景还是用户画像，瑞幸并没有提供社交和休憩的"第三空间"，而是想通过外卖以及快取的方式，用"味道还不算差的咖啡"，来吸引对时间要求更敏感的城市白领，通过互联网迅速扩大销量摊薄成本，实现规模经济。

其次，瑞幸的产品线从咖啡饮品向轻食周边拓展，陆续上线了茶饮料、冰饮料、果汁、坚果乃至潮品周边等。用户逐渐发现，瑞幸咖啡有可能变成瑞幸饮品或者瑞幸便利店，这一点和小米有些类似：通过综合利润率很低的手机来培养用户习惯，形成品牌认知，再通过手机周边和生态链智能家居产品来盈利。

最后，瑞幸的商业盈利的模式，不局限于传统的卖货，它注定是一家具有互联网基因的公司。与互联网有关的企业一般有这样几类：第一类是原生互联网公司。比如中国的BAT，美国的Facebook、亚马逊等，它们的价值核心是网络效应："每多出一个用户，都会使产品、服务、体验对其他的用户更有价值"，这是数字世界中最好的"护城河"。一旦用户数达到一定数量而形成网络，公司价值会呈指数级攀升。第二类是改造再生的互联网公司。比如滴滴、爱彼迎，它们是"互联网＋传统产业"，它们在细分市场可以具备或接近互联网的"垄断性"。比如滴滴在出行领域一家独大，某种意义上具备定价权。第三类是互联网数据营销公司。用流量的方式搭建和裂变用户群体，规模增长速度快且猛但烧钱,如果能够拥有足够的留存度,企业便可以源源不断地盈利。瑞幸更像第三类模式,其核心不在于产品,而在于通过数据实现对消费者行为的拿捏判断以及营销。

瑞幸采用"高标价+优惠补贴"的方案,讨好便利店咖啡的消费者,也吸引一部分星巴克的用户,通过消费数据不断测试消费者的价格敏感度,慢慢缩减优惠力度,提升毛利率。基于目前的门店数、销量、各级成本等统计数据(样本量巨大),运营团队建立数据模型,测试合理价格区间,控制促销力度,同时调整整体的运营成本,比较动态地实现平衡、达成盈利。最近,瑞幸又发布了智能无人零售战略,宣布进军无人零售领域。"瑞幸咖啡不想卖空间,而是利用无限场景战略给客户随时随地提供可以享用的好咖啡。"瑞幸咖啡首席执行官的阐述已基本表明瑞幸并不是在对标星巴克。

背靠神州系的资源,瑞幸咖啡的成长是迅速的。创始之初,CEO钱治亚曾立下豪言:"2019年瑞幸咖啡将在全国新开设2 500家门店,门店总数将达4 500多家,并于2019年年底超过星巴克成为中国最大的连锁咖啡品牌",这一目标在2019年以4 910家的数目超额完成。

瑞幸的营销更是教科书般的,总结起来有四个方面:明星代言、高密度广告、超低折扣和新零售打法。明星代言是瑞幸的引流手段,品牌创立伊始就邀请明星张震和汤唯代言,之后推出的全新子品牌小鹿茶的代言人是当红流量小生刘昊然和肖战,颇具话题度;铺天盖地的广告是瑞幸占据消费者心智的重要途径,在瑞幸宣传攻势最猛的那段时期,电梯、街道和商场等地都是瑞幸标志性的小蓝杯;新用户首单免费策略加上动辄1.8折的大额优惠,令人难以拒绝;"外卖+自提"的新零售模式明确了瑞幸不售卖类似星巴克的"第三空间"体验,探索的是"无限场景"。同时,瑞幸的营销颇具互联网基因,钱治亚公开说,"很多传统行业都值得用互联网的方式再做一遍,用互联网的思维和速度来做瑞幸咖啡,市场很快就会感到节奏变化和竞争的压力",这就使得上文提到的四点营销尽管看上去并不是那么有新意,但是瑞幸用互联网的思维将其打造成了一个独特的闭环生态:明星引流,吸引消费者;多维广告,留住消费者;低价折扣,推动消费者;颁布愿景,打动消费者。

当瑞幸正在逐渐树立国民咖啡的形象时,一场财务造假几乎让所有的努力毁于一旦。2020年1月31号,美国知名做空机构"浑水"发布针对瑞幸的做空报告《瑞幸咖啡:欺诈与基本崩溃的业务》。浑水动用92名全职员工和1 418名兼职员工,对精心挑选的981个门店进行了全营业时间段的监控,长达11 260个小时。销售量方面,根据浑水的测算,2019年三、四季度,瑞幸单店日销售产品数平均为263件,分别被至少夸大了69%和88%[①],瑞幸还通过取餐码递增跳号的方式虚增了72%的线上订单,"每笔订单商品数"也从2019年第二季度的1.38下降到了2019年第四季度的1.14。销售价格方面,浑水根据其搜集的25 843份顾客收据,发现瑞幸把单位产品的净售价夸大了

---

① 瑞幸2019年三季报披露单店日销售数是444件,四季度未披露,但是浑水根据瑞幸四季度的营收、净售价和门店数量,客观估算单店日销售数在483至506件之间。

12.3%,产品的实际售价是标价的46%而非管理层说的55%。另外,瑞幸把第三季度"其他产品"对营收的贡献率夸大了近4倍,还夸大广告费用150%,并将其用于虚增营收和利润。

多重压力下,2020年4月2号瑞幸承认财务数据造假,成立独立调查委员会。5月份CEO和COO被停职,6月份瑞幸在纳斯达克停牌,进行退市备案手续,股价降至1.38美元,自最高点43.18美元抹去96.8%。由于瑞幸经常派发"1.8折"优惠券,投资者也因此戏称市场对瑞幸的股票使用了"1.8折"券。2022年3月,其注册地开曼群岛大法院发布注销令,注销瑞幸的清盘呈请①,伴随着财务重组方案落地,公司将回到正常经营状态。目前,瑞幸处在美国"粉单市场②",有望重回纳斯达克。瑞幸咖啡董事长兼CEO郭谨一感叹道:"临时清盘的成功完成,对瑞幸咖啡来说是又迈出了积极的一步,让我们极大地减轻了债务负担,改善了公司的资本结构。"

爆雷后,瑞幸积极自救和转型。首先,关闭低效门店。截至2021年9月30日,瑞幸咖啡门店总数为5 671③家,其中自营门店4 206家,转型期间瑞幸自营门店的数量呈现"V"型,最低降到了2020年12月份的3 929家,表明瑞幸不再追寻野蛮扩张,开始逐渐清理低盈利水平的门店。其次,一改此前坚持的直营策略,瑞幸于2021年年初宣布放开加盟,不仅强调免收加盟费,而且注重与加盟店之间的利润共享。2021年9月30日,加盟门店同比增长66.7%,达1 465家,增速迅猛。2021年第三季度,来自加盟店的营收为4.161亿元,占总营收的17.7%,同比增长355.0%。加盟店有利于瑞幸进行低成本扩张,缓解现金流压力。其中大型店面的数量一直被控制在130家附近,小型店面是绝对的多数。

另外,瑞幸大力发展自己的比较优势产品,推动咖啡奶茶化。瑞幸采取了全新的"赛马机制"进行新品研发,平均每研发22款产品就有一款面向市场,这里面就有厚乳拿铁、生椰拿铁和丝绒拿铁等引爆社交媒体的明星奶咖产品。CEO郭谨一在2021年三季报的董事长致辞里还特地提到了这件事,"我们的一些创新产品,如生椰拿铁,受益于相对炎热的天气(与其他季节相比),受到了客户的热烈欢迎"。其实,瑞幸咖啡一开始走的是中高端路线,剑指星巴克,还曾花三倍价格从星巴克挖人,邀请诸多世界咖啡师大赛总冠军坐镇,但走着走着发现这条路逻辑无法自洽,一方面,它喊出"让每个中国人喝到更好喝的咖啡"的口号,要实现咖啡的平民化,就必须降价;另一方面,一旦降价了,往往就沦为消费者心目中"薅羊毛"的对象,中高端的品牌定位自然就立不起来,更不必说颠覆星巴克。随着瑞幸开始进军茶饮,推出子品牌小鹿茶,引起一阵潮流,但之后也出现了问题,因为茶饮的竞争更加白热化,从低端的蜜雪冰城到中高端的喜茶奈

---

① 清盘呈请指的是呈请人向法院申请,法院会委任专业律师和财务人员为临时清算人,将清盘公司的一切资产变卖为现金,以偿还债权人。

② 粉单市场(Pink Sheet)是美国的一种柜台交易系统,为那些选择不在交易所或NASDAQ挂牌上市,或者不满足挂牌上市条件的股票提供交易流通的报价服务。实操中,在粉单市场交易的大多数公司都是因财务等问题被强制转入的。可以将其简单类比为中国的三板市场。

③ 这个数字超过了同期的星巴克门店数量。

雪,生态位都已经被占据,小鹿茶在其中定位尴尬。小鹿茶门店正逐渐被改造为瑞幸咖啡门店,其加盟通道业已关闭。最近,面对着一大批新兴咖啡(如 M Stand、Seesaw 和 Manner 等),瑞幸开始布局精品咖啡,接连推出 SOE[①] 限定耶加雪菲和花魁咖啡。

最后,瑞幸开始采取精细化的私域运作模式,不再以公域暴力打折的方式吸引消费者,将节省下来的营销费用用于新品开发。现在,每个门店一般都有一个微信粉丝群,专人打理。通过一系列的互动或者问答,发布 3.8 折或 5 折优惠券等,逐步降低消费者价格敏感度的同时努力增加用户黏性。

2021 年 12 月 9 日,瑞幸发布三季度财报,第三季度净营收为 23.50 亿元人民币,较去年同期的 11.43 亿元增长 105.6%;净亏损为 2 350 万元,同比减少 98.6%,接近扭亏为盈点;平均每月交易客户为 1 470 万,同比增长 79.2%;门店运营利润率增加到了 25%,门店层面继续保持盈利(2021 年半年报是瑞幸门店层面的首次扭亏为盈)。到 2022 年一季度,瑞幸门店总数达到 6 580 家,包括 4 675 家自营门店和 1 905 家联营门店,实现营收 24.046 亿元人民币,同比增长 89.5%,其中直营店收入同比增长 66.2%,贡献约七成收入,同店销售额增长 41.6%;加盟店收入同比增长 239.3% 达到 5.49 亿元,其中 3.66 亿元来自销售原材料给加盟商,0.66 亿元为利润分成,这样的成绩还是在公认的茶饮淡季(一季度)并且叠加疫情的情况下取得的。瑞幸在粉单市场的价格已经从退市的最低点增长了十倍多,这说明有不少投资者对它正持乐观态度。

对比分析 2022 年第二季度星巴克(中国区)和瑞幸咖啡的财务报表,可以看到很多实际运营情况,并得到一些观点。

(1) 作为全球最大的咖啡类上市公司,星巴克在 2022 年第二季度取得 81.5 亿美元的收入,同比增长 9%,但净利润为 9.129 亿美元,低于上年同期的 11.5 亿美元。其中美国市场 56.2 亿美元,同比增长了 13%。中国大陆市场 5.4 亿美元,同比下降了 40%。瑞幸咖啡 2022 年第二季度营收同比增长 72.4%,高达 33 亿人民币,约 4.9 亿美元,基本已经快要追上星巴克的中国营收了。不按美国通用会计准则(Non-GAAP),净利润为 2.675 亿元(约合 4 000 万美元),而 2021 年第二季度净利润为 9 200 万元。

(2) 瑞幸在中国已经开了 7 195 家店,第二季度在有新冠疫情干扰的情况下依然逆势新开了 615 家门店(截至 2022 年 6 月 30 日),当然其中包括加盟 2 227 家,自己直营的有 4 968 家。而星巴克进入中国已经 23 年了,目前也才开了 5 761 家门店。

(3) 瑞幸的月均交易量为 2 070 万次,同比去年同期的 1 228.5 万人次,同比增长 68.6%。星巴克在全球销售额增长 3% 的情况下,中国的销售收入则同比下滑 44%。

以上数据的差异,正是体现出两家咖啡公司在产品定位和战略思路上是存在不同的。首先是,产品功能定位是不同的,星巴克的社交功能决定了它的门店面积需要宽阔,且多在租金较贵的百货中心或者高档写字楼一楼。而今年疫情的继续蔓延,无疑对星巴克的冲击更大。在星巴克的门店成本中,租金和人员工资占 50%,瑞幸则基本没有社交功能,回归到咖啡的提神属性,店面很小,十几平方米,没有太多座位,并且很多

---

① Single Origin Espresso,即单一产区咖啡豆制作的浓缩咖啡。

外卖交易量。门店租金和店员工资费用占比只有28.4%,瑞幸的配送费用高达13%。其次,两者的定价策略也不同,瑞幸的价格比星巴克便宜近一半,星巴克的经营利润率为15.9%,高过瑞幸的7.3%。

参考文献：

[1] Luckin Coffee Inc. 2021 Q3 Earning Release[DB/OL]. https://investor.lkcoffee.com/news-releases/news-release-details/luckin-coffee-inc-announces-unaudited-third-quarter-2021.

[2] Muddy Waters.Luckin Coffee：Fraud + Fundamentally Broken Business[R]. 2020(01).

消费券：
特殊时期精准撬动消费的利器

在这一轮新冠疫情的影响下，消费尤其是线下服务业受损严重，各地在努力复工复产的同时，约有 16 个省（直辖市）发放了总数超 50 亿元的消费券，希望能够在特殊时期精准撬动居民消费这个重要的需求。

在面对经济下行压力时，许多国家或地区都采取过类似措施。1999 年，日本发放"地域振兴券"，约 3 107 万人领取，合计 6 189 亿日元。2009 年泰国发放总值达 189 亿泰铢的"救国支票"，调查发现其中用于消费的资金达 170 亿泰铢，最终推动经济增长 0.24%。消费券的发放可以直接刺激消费，在一定程度上缓解经济下行的压力。虽然消费券的形式多样，但本质上是一种具有特定货币购买力的凭证，有不能兑换现金、明确的使用期限、优惠额度不同等特征。相对于国外普遍采用的现金发放方式，消费券更适用于国内居民储蓄率较高的大环境。美国政府直接发放现金补助，很重要的原因是美国家庭基本没有储蓄，也很难通过消费券来撬动居民的消费。2019 年一份美联储的抽样调查表明：近 40% 的人在需要应急支出 400 美元的时候会遇到困难，12% 的人完全没法应付 400 美元的突发支出，27% 的人无法撑过一个信用周期。

消费券的发放不同于增发货币，应该属于积极财政政策的一部分，政府通过发放消费券的形式带动居民消费，产生乘数效用，将有限的资源转移到受疫情冲击较严重的行业，如餐饮业、服务业等。

如何提高消费券的"实现率"，以发挥其更大效用？首先发放应该更多面向中低收入人群，他们的边际消费倾向较高，边际消费倾向越高，对商品优惠力度就会更加敏感。政策拉动消费的效果也就越好，消费券越简单，限制越少，作用就越直接。南京市在 2020 年通过支付宝摇号抽签发放了 3.18 亿元消费券，包含餐饮、体育、信息、图书和定向群众五大类。杭州则分批发放总值大约 16.8 亿元的消费券。南京市 3.18 亿元的五类消费券中，有一类是专门面向困难群众的。其次消费券的优惠对象应该指定一些价格弹性较高的商品，若消费券的使用对象只是一些生活必需品，往往只能将居民未来的计划消费提前，不能产生额外的消费增长。家电、图书、体育等弹性较高的商品将会引致更多的计划外开销。同时消费券的发放也需要注重普惠与公平，更需要关注抗风险能力较差的中小微企业及个体商户。

我国香港的消费券有实际的案例支持，初期香港财政司采用财政储备现金补贴的方式对居民进行直接的现金支持，把现金直接打入居民的银行账户，并且没有明确限制这笔资金的使用，即没有明确划定是用于消费的。很多居民将其作为储蓄仍旧放在银行,导致整个政策对于消费产生的影响并不明显。之后香港消费券的拨放范围变窄,只针对18岁以上永久居民和新来港人士,并且明确限定消费券的使用范围仅限于本地零售、餐饮和服务业商户的实体及网上店铺,而像政府收费、水电煤气等其他支付则是不允许的。这种特定场景的消费券发放除了能够有效地利用财政资金,减少财政资源的占用之外,还可以带动线下消费恢复,数据表明零售业同比增速仍能保持在7%～12%的位置。

消费券只是推动经济短期增长的强心针,终究不是刺激居民消费的长久之计。提振消费,需要持续推进教育医疗住房等领域的改革,降低居民的成本端,提升居民实际的可支配收入。居民的消费潜力最终要靠合理的居民收入分配制度和社会保障制度来发掘,较高的收入水平和对未来的预期和信心才是拉动消费的根本动力。

参考文献:

邹洋,姜沐汐,宋宇坤.政府消费券的经济效应差异分析[J].财政科学,2021(12):37-50.

网络直播：
互联网时代的营销利器

2016年淘宝率先尝试用直播的方式卖商品，接着微博、抖音、快手、蘑菇街相继加入，直播电商的产业生态日趋成熟。2020年的新冠疫情，让网络直播营销火得发烫。作为直播电商的行业领头羊，淘宝直播平台在3年积累4亿用户，全年GMV（成交总额）突破2 000亿元。2020年3月30日，淘宝宣布将在一年时间内发出500亿元的超大"红包"，为生态伙伴投入百亿级资源，帮助10万名淘宝主播实现月入过万，并提出希望有100家MCN机构营收过亿，超20万线下门店、100个线下市场"搬"到直播间来。抖音与快手也都从2018年逐步探索电商直播，其中快手推出快手小店，与各地合作成立"直播基地"。

抖音打通与淘宝、考拉、唯品会等货物平台之间的渠道，全力支持红人带货，推出小程序电商，延续过去"流量引流"的变现思路，加大力度自建小店、开始签约带货类KOL、并在供应链端与直播基地签约等。腾讯也不甘示弱，推出看点直播，准备覆盖10万微信商家，助力1 000＋商家通过直播电商模式突破1 000万元的年成交额。京东以商家大会、直播商学院两点为抓手，持续为主播、机构、商家提供政策、流量、营销产品及服务方面的扶持，不断完善直播内容的生态布局。拼多多则通过高达百亿的补贴促进直播卖货。

网络直播爆发有以下几点原因。首先是互联网技术的支持，4G移动互联网时代，数据费用大幅下降。无线网速的提升使视频成为移动端主流的信息源。这是流量入口从新闻门户过渡到搜索，从电商App过渡到短视频/直播App的最直接原因。在手机上可以感受到售货员的热情，体验到产品给消费者的惊喜，尤其是明星、红人、偶像带货更让人兴奋。其次是营销模式的变革，营销已经进入"增量获客"和"存量活客"的双轮驱动时代，不但一直关注新增流量，也一直试图用CRM（客户关系管理）来经营老客户，甚至用4R的数字营销模型来完成闭环的客户识别、触达、互动、回馈，用网络用语可以称作种草、拔草、分享。今天的直播，则要同时完成引流、销售、分享、转发。网红或者明星进行销售，就算实际销量一般，至少还有品牌效应，相当于请明星做了一次代言广告。用户还可以非常稳妥地沉淀于淘宝店，带来下一轮"存量活客"。直播建立在碎片化的模式上，却产生了集中的商业效能。在几分钟内针对一个商品完成了引流、体验、购买、分享的全过程。有人说，直播不就是电视购物吗？其实直播在商品、价格、流量来源和配比、流量的后续发酵等方面和以前的电视直播是完全不同的，直播真正做到了"以用户为中心，链接社交化"的新营销模式。

当这一切遇到疫情的时候，就拥有了天然放大的流量池，大家的一切行为都被约束到了线上。大量明星无电影、电视剧可拍，便纷纷转到淘宝、抖音直播。无论是社交还是购物，无论是老人还是少年，都被精准的人工智能算法推送适合的"有趣和有用"的商品直播间。消费者既能看见自己喜欢的偶像、明星、网红，又能体验到有用且的确便宜的商品，直播这种模式瞬间爆发了。

从 2020 年的中国直播电商用户购物品类调查来看，居于首位的是日用品（占比 63.3%），第二位是服装（占比 56.7%），其次是美食（占比 46.7%），而美妆、家电/游戏产品占比较低，分别为 23.3%、28.3%。疫情之中各商家也在不断发掘直播电商的新用途，创造出"万物皆可网购"的盛景。艺术品鉴定、电商助农等新颖形式遍地开花，更多长尾客户的需求得到满足。根据中国互联网络信息中心数据，截至 2020 年 6 月，直播观看人数与网购人数分别达到 5.62 亿和 7.49 亿，作为直播和电商融合的产物，直播电商更易被网民接受。根据相关调查数据，超半数消费者购物频率在每月一次及以上，消费者在三个月内有过一次及以上的购物频率占比高达 90.8%，喜欢直播电商和喜欢传统电商的受访者占比分别为 42.6% 和 34.9%，还有约两成消费者表示不确定。使用淘宝直播的消费者占比 68.5%，经常使用淘宝直播的消费者占比 46.3%，处于绝对领先优势；其次为抖音直播和快手直播，使用用户占比分别是 57.8% 和 41.0%，经常使用的忠实用户占比分别是 21.2% 和 15.3%[①]。

直播购物具备多方面优势，火热是必然趋势，首先，它解决了一般购物形式中顾客对商家的不信任问题，从信息获取的角度来讲，用户从视频中获得信息的数量和真实性远远超过描述性文字或图片所能够提供的，传统的营销方式中商家提供的商品特性存在被美化和夸大的可能性，使用户无法完全信任商品和商家，增加了隐性交易成本，而直播所凭借的视频媒介能够完全、直接地将商品展示给用户，有效地促进商品成交。不仅如此，无线网络技术的提升和直播平台的搭建，还为信息的双向反馈提供了坚实基础，比如在食品直播销售过程中，主播可以现场试吃产品，使消费者对产品质量更加放心。直播观众可以随时随地通过直播间弹幕向主播即商户进行提问，因此所有关于商品的疑问能够在短时间内得到解答，直播的时效性很好地降低了隐性交易成本，刺激了消费者的购买欲望。

其次，直播购物在营销环节中充分串联起多种网络资源，博采百家众长。以淘宝直播为例，直播购物不仅仅依靠直播间内部的工作，还需要平台宣传、KOL（关键意见领袖）影响、商品售后服务等进行辅助销售。平台通过定向推荐、广告宣传等手段将直播间推送给真正感兴趣的用户，不断地加强用户黏性。KOL 通过个人媒体展示、评测商品效果从短视频平台吸引潜在消费者，客服人员则做好商品售后服务，保障消费者权利。比如用户在浏览淘宝主页时看到自己感兴趣的商品正在直播中售卖，或是看到自己喜欢的明星网红正在为产品宣传，都很可能被吸引到直播间观看内容。凭借多种角色的配合，消费者只需数次点击手机界面即可完成有保障、可信度高的消费。其中核心

---

① 上书房信息咨询：《直播电商购物调研报告》。

的部分非主播对消费者的深嵌营销莫属。深嵌营销是指通过主播的人格化带货、对产品的深度展示、限时限量、附加赠品和改变消费交互体验等方式深度营销，从而诱发受众的消费需求。直播期间通过将货品分批次上架秒杀营造出热销的氛围，数量和时间的限制往往给直播观众造成紧迫感，诱发冲动消费，使消费者为了抢购而抢购，愿意在一次又一次的"补货"中"剁手"；主播将宠物狗带入直播间，使主播人格更加情感化，宠物狗又很好地迎合了女性观众对宠物的喜爱，拉近了距离；"屋顶花园，斩男香，非常适合夏天""你穿风衣的时候，一定要有这种颜色"，赋予产品一个使用情境，有的日常，有的浪漫，消费者很容易沉浸其中而下单。KOL的存在赋予直播购物更多的活力，帮助消费者了解自己的需求，同时这种深度营销模式使直播购物行业以破竹之势攻城略地，牢牢抓住了观众的心。

除此之外，直播电商具备突出的供应链优势。传统的销售过程涉及供应商的层层加价，客户到手的商品价格已经很高了，另一个问题是仓储成本，供应商和厂家都需要耗费资金储存产品。而很多直播电商采取厂家直销的形式，由厂家直接与主播签约销售产品，有效地缩短了商品供应链，免除了大部分传统销售过程中供应商的利润和费用，有更大的空间为消费者让利。这样一来，厂家薄利多销不愁销路，消费者获得优惠和折扣，还降低了仓储和物流成本，可谓一举多得。除此以外，传统的实体店需要的包括租金、广告费用、人工费用在内的成本，远远大于维护线上销售渠道的成本，直播电商的优势不言自明。

直播电商在中国的兴起和繁荣让很多海外公司眼红，使得这些海外公司尝试探索复制商业模式的可能性。推特、YouTube、NBC环球等网络平台已经做出努力，亚马逊正在大力发展Amazon Live、Google在YouTube上的实时购物。尽管美国自1982年起就已经有电视购物节目，但消费者们也许更习惯于驾车去往超市进行大量采购。有部分新媒体人士认为，新冠疫情的持续或许将使这种情况发生改变。NBC环球广告销售与合作首席营销官乔希·费尔德曼(Josh Feldman)认为，"直播商业毫无疑问正在兴起，直播购物还处于起始阶段，但或许不需要多久，直播商业的销售额就能持续翻倍"。流媒体电子商务使几乎任何人都可以快速创建自己的购物频道，人们喜爱的明星、网红可以在Instagram上直播销售自己代言的产品；受益于疫情，新的网购平台层出不穷。其中，TalkShopLive于2018年推出，用户规模接近200万，规模很小，但在新冠疫情防控期间的销售额增长了约7倍。直播电商模式或将在海外拥有同样广阔的天地。

直播电商本身具备多种强大优势，在短短的几年内吸引了巨量用户。又在疫情的催化下逐渐走向规范化、平台化、全面化，未来直播电商行业仍将凭借自身优势不断扩大市场份额，走进千家万户，更好地满足消费者需求。同时，行业内部资源也会进一步向头部平台公司集聚，能够在行业中占据一席之地的玩家将会发挥各自的比较优势，在"诸侯割据"中争取更大的生存空间。和各大公司抢占其他市场份额时一样，这样的行业高速发展时期往往可以给广大消费者带来巨大的便捷和福利。

参考文献：

[1] 王羽丹.直播电商模式与营销策略探究[J].营销界,2021(33):41-42.

[2] 韩纬.电商直播营销的传播现状及发展策略研究[D].兰州:兰州财经大学,2021.

[3] 黄斌欢,罗滟晴.直播带货与深嵌营销:双循环背景下销售劳动的转型[J].新视野,2021(01):105-112.

[4] 上书房信息咨询.直播电商购物调研报告[R].2021.

[5] 艾媒咨询.2020上半年中国直播电商市场研究报告[R].2020.

网络直播：
中国目前的各大"江湖门派"

2019年中国的网上零售同比增长高达16.5%，其中实物商品线上同比增长19.5%，占零售总额比重超过20%；食品类增长31%。受疫情影响，线上销售近半年来更是爆发式增长，直播电商正带动一次关于新消费、新渠道和新营销的思考。目前已有超过六成的消费者有过观看直播的行为，其中65%的人观看美食直播，47%的人观看游戏直播，46%观看美妆穿搭直播。《中国网络表演（直播）行业发展报告》数据显示，2021年，我国网络直播行业市场规模达1 844亿元人民币[①]，已经成为网络消费增长的新动能。淘宝直播作为目前最火的电商带货平台，头部主播高度集中，京东直播目前还没有什么代表人物，正在大力发展，迎头赶上。

以内容为核心的小红书直播，成为消费者的种草基地，它以生活方式的分享为核心，是创作者的舞台，也是淘宝站外种草、站外引流最重要的渠道。抖音作为当下最火的内容短视频渠道，成功完成了内容变现的转型，以内容的方式进行营销，现在已经开始大量招揽头部主播。

在整个直播电商消费市场中，从观看和购买转化看，美食、美妆、穿搭类占比远高于其他品类。从用户购买需求分析，家电、电脑数码、居家三个品类未来潜力大。无论是什么直播种类，都要有自己的独门武器。首先是主播杀伤力。他（她）必须兼备内容种草和直播转化的双重能力，优秀的带货主播，起码有一两个品类是具备足够专业知识的，同时在直播过程中能尽快宣传产品并激发粉丝购买欲望。这里都是有很多心理学和营销学技巧的。其次，网络直播销售的产品是有一定特征的，要么是快消品：复购率高、购买决策时间短。要么是新奇特产品，便于直播的时候展示，带来尝新的购买冲动。最常见而有效的手段是低价折扣，这类产品如果再叠加刚性需求，单价在百元之内，就相对好出效果。最后，一定要选择和匹配好合适的平台。不同平台的种草方式完全不同，每个卖场的基因不同，选择就不同。电商平台，短视频/内容平台，社交平台方法各有不同。直播的"江湖"，有很多的"门派"。

淘宝是"少林派"，在规模、主播、场景等方面实现全方位快速提升，内里深厚同时家底雄厚，效果也是目前最好的，有68%的观看率和61%的购买率。京东直播是"武当派"，发挥自己的供应链和物流优势，以布局阵法获得胜利。拼多多是"华山派"，把自己定位为直播工具型，为商家提高用户黏性和高转化率，"正合奇胜"。抖音则像江湖中的

[①] 蓝鲸财经：《2021年网络直播市场规模达1 844亿元》，https://lanjinger.com/d/189649。

一个后起之秀,不断挑战现有前辈,直接在建直播生态"流量＋扶持＋变现",已经拥有52%的观看率和39%的购买率,近年来抖音已经走出国门,成为全球短视频类上升速度最快的App,势头凶猛,有争夺"武林霸主"之野心和实力。

2016年开始,随着4G网络及便捷式移动设备的普及,直播坐上了发展的高速列车,各大购物平台开始探索直播销售模式。2016—2017年是直播电商平台的探索期,2016年3月至9月,蘑菇街、淘宝和京东分别开启了直播购物功能,成为最早一批吃螃蟹的公司。电商平台旨在通过直播降低获客成本、增强用户黏性,除开放直播入口、孵化与培育带货达人之外,平台还积极通过综艺节目宣传直播电商,迎合年轻消费群体的需求,收获了一波关注度。

2018年是各大短视频平台流量爆发式增长的一年,层出不穷、丰富多彩的短视频内容给所有观众留下深刻印象的同时,也给短视频社交平台流量变现提供了坚实的基础,起初抖音、快手通过跳转第三方购物平台模式进行销售,而后转变为自建商品平台模式。与前辈们由销售到直播不同,两位后起之秀反其道而行,先流量后销售。互联网时代,庞大的流量代表着购买力,快手小店和抖音购物车的火爆展现出其流量优势和高用户黏性,直播电商进入百花齐放的黄金时代。

2019—2020年,拼多多、小红书等二线平台纷纷推出直播功能,尽管它们没有分到市场的第一杯羹,也没有背靠巨型的流量平台,但"八仙过海,各显神通",它们凭借着出色的商业嗅觉、对消费者心理的精准把握,各自占领了细分市场,出奇制胜而加入分蛋糕的行列。在国家政策支持、头部主播凸显的大背景下,全行业的发展已经进入白热化阶段,2020年至今的疫情更是给直播电商带来机遇,各大平台不断发扬自身优势,寻求更稳健更高速的发展路径,行业格局渐渐明晰。

能够在残酷的市场竞争中生存下来的都身怀绝技,除去淘宝、京东这类传统的购物平台,还不乏以社交属性为主的抖音、小红书,下沉市场赢家拼多多,它们的直播电商模式更值得我们的关注与探索。

作为短视频平台公认的大哥大,抖音的绝招有三,且几乎无法复制。第一招便是首创兴趣电商,也凭借着这一概念实现弯道超车,迅速成长为与淘宝、快手三分天下的庞大商家。兴趣电商是通过深层次地解析并预测每个用户的喜好与行为,从而满足用户潜在的购物需求。这种模式依托抖音大数据算法的精准匹配能力,对短视频浏览记录中海量的用户需求数据进行分析,将每个人需要的产品推荐到眼前,令人直呼"抖音懂我"。其与传统货架式电商的区别在于,货架式电商是通过搜索,在商品列表中查找、咨询和选择用户需要的产品。兴趣电商则是平台根据消费者的消费能力、兴趣喜好度推荐匹配相关的产品,营销方式更加精准。可见,货架式电商以货品为主体,而抖音电商以消费者的兴趣为主体。

第二招便是建立短视频加直播的良性循环。一方面,短视频起到品牌宣传、塑造主播人设、增加热度、引流种草的作用,比如家电等生活类产品在抖音的短视频情境式推销中如鱼得水,帮助抖音实现了从"记录美好生活"到"提供美好生活"的转变。另一方面,直播间将短视频的流量转化为销售额,还可以将主播直播的精彩片段加以修饰剪裁,配以字幕、特效等短视频元素发布在平台上,进一步增大流量池,借此循环路径融合了两大引擎的优势,实现了双擎共振。

在抖音的发展历史中还存在着一段心酸的往事,当抖音迈出走向电商的第一步时,抖音并没有自己的物流体系和供应链,只能甘当绿叶,为淘宝等第三方平台引流,消费者需要通过链接跳转至第三方平台才可以进行购买。后来推出自己的抖音购物车,接入京东、唯品会等第三方购物平台的巨大商品链接库。2020年,字节跳动成立了以电商明确命名的一级业务部门,抖音推出商家管理和抖音支付,进一步完善了抖音电商的基础设施,从此这个电商巨头真正站了起来。

除此以外,抖音还充分发挥流量优势,兼容并蓄,以包容的心态吸纳来自不同平台的电商大V。凭借着电商的春风,以其较好的兼容性,如今抖音平台的目标已经不仅仅是记录美好生活,还要更多地参与到消费者的生活中去。

作为抢占下沉市场的领头羊,拼多多成功的关键在于社交电商。社交电商模式不同于传统电商,社交电商不仅关注所有的用户,还包括用户所能影响到的群体,用关系盈利。拼多多的模式带来的效益是难以想象的,用户辐射状地吸引新的客户进入软件。2019年,京东和淘宝需要分别花费757元和536元的成本获取一个新用户,而同期的拼多多只需要143元,截止到2020年3月,拼多多的下载率已达到6.28亿,被超过六亿的中国网民作为线上的消费平台。虽然当前拼多多的普遍使用率依然未超过淘宝,但截至2020年年底,拼多多年活跃买家数已高达7.884亿。裂变出的用户不断地在拼多多软件中浏览,拼单,创造了巨大的交易量和利润。

三四线的下沉市场接纳了拼多多,社交电商模式成就了拼多多,拼多多凭着广大的市场和低廉的价格成为中国电商行业中一颗闪耀的新星。在直播电商方面,拼多多继续发挥下沉市场优势,深入县城和农村,以直播的形式宣传地方农产品,将县城农村的供给和需求链接起来,尤其是在解决农产品滞销问题方面独树一帜,拼多多的直播电商在所有平台中最接地气的。

与拼多多相比,被称为"国民种草神器"的小红书走的是一条截然相反的道路。小红书近七成用户为"90后",其中女性用户占比高达87%,小红书的用户多集中在一线城市,占比40.94%,毫无疑问,小红书瞄准的是都市女性的消费能力;走高端路线,以独特的内容生态,搭建起一个社区式的平台,让都市女性们愿意为自己买单。由于平台中的主流商品带有奢侈品性质,并不能采取常规的"低价高销量"模式,小红书的直播模式与其他平台不同,主要目的在于宣传和种草。平台将直播模式分为互动直播和带货直播两种,其中前者约占小红书直播数量的90%,后者只占10%,KOL在直播间展示产品,体验产品,让观众更了解产品,这意味着小红书的直播依然以营销为主。

当直播这种新时代的娱乐形式与商品销售碰撞出火花,我们看到市场中涌现出的各大玩家为巩固市场地位做出的努力:他们施展各自的武林绝学,或以直播为基础链接商品,或凭借商品渠道开展直播宣传,在武林中站稳了脚跟,取得一席之地。聚光灯旁的阴影里,也有一些平台具备着某方面得天独厚的优势,却没能够在这场盛宴中分一杯羹。总而言之,直播形式是餐厅里的容器,商品才是美味佳肴。未来在白热化的竞争格局里,各大平台定会根据自身消费群体的画像进一步深入了解消费者的需求,由以扩张为导向转向以服务为导向。在此之前,高速扩张带来的问题或许正等待解决。

参考文献:

[1] 刘巧盈,程如轩,施静雯,许璐,赵曙昕.拼多多直播助农现状探究——基于颍上县的实地调查[J].山西农经,2022(03):111-113.

[2] 叶镜锋.对电商拼多多企业商业模式的简单分析[J].商展经济,2021(22):41-43.

[3] 刘会会.在厮杀中崛起的抖音电商[J].销售与市场(营销版),2021(05):24-26.

[4] 李健.抖音电商营销战略[J].现代家电,2022(02):30-33+6.

[5] 苏烁然.挤占直播市场的小红书出路在何方?[J].中国化妆品,2020(11):62-66.

网络直播：
喧嚣背后的冷思考

在各种因素的推动下，网络直播带货目前风头正盛，企业家董明珠、明星刘涛，几百位县长、市长都纷纷走进了直播室，仅2020年第一季度电商直播就超过400万场。但是短链的数字转化背后实则充斥着诸多乱象。2020年6月7日晚，号称有3600万粉丝的快手一姐"小伊伊"奢侈品专场直播，其战报显示，截至23点30分，成交额已经超过1亿元。但马上有网友就对数据提出了质疑，有网友手动记录了销售量，并计算出销售总额为949万元，还不到官方数据的十分之一。除了平台计算方式、方法有偏差之外，大量专业的刷数据服务应运而生。快手直播平台中，花15元就可以购买50人在直播间观看一整天，刷单后通常带来大量的退货行为，已经支付了明星直播坑位费和销量提成的商家，越来越多地被刷单困扰。大量的刷交易单、刷播放量、刷评论、刷弹幕、刷在线直播人数的造假行为，成为网络直播的首要问题。

中国消费者协会发布的《直播电商购物消费者满意度在线调查报告》显示，有37.3%的受访消费者在直播购物中遇到过商品不满意的问题，但仅有13.6%的消费者遇到问题后进行投诉。消费者的担忧普遍表现为"商品质量没有保障"和"售后问题"。通常反映的问题包括：在直播间买到过与直播时宣传不符的产品，质量较差；买到劣质产品，没有生产厂家等资质情况的标明等。直播的商品质量是否有保障，直播中的宣传用语是否涉嫌违反相关广告法规等，是直播营销亟待解决的又一问题。

抖音直播中明显成绩也差强人意，2020年7月18日晚，杨颖直播了5小时，总观看量达到了2600万人次，但直播的总销售额估算也就1214.94万元。看起来，影视明星或简单的流量并不一定就是销量。主播的人气、流量通常是大家最为关注的，但是想只凭借粉丝数量就能实现高转化，目前看效果越来越差，更不用说复购率等更高要求了。

明星通常还会有平台方给予丰厚的流量支持，但热闹的直播间却并没有争先恐后的下单声。对比明星在直播时频频的翻车事件，网络直播主播对商品的深度研究以及背后团队的整体专业能力，愈加成为网络直播营销的核心竞争力。

直播营销问题受到社会广泛关注，跻身2022年"3·15"晚会几大问题之一。直播间主播利用消费者心理秀下限、打擦边球，假冒女主播进行欺诈、敛财；玉石销售直播间"亏本"送福利的背后是双簧砍价，办公楼里伪造的布景说成是"缅甸产地现场"；更有甚者突破底线，直播间内大肆炒作走私、偷渡，不仅涉嫌欺骗消费者，消费粉丝信任和情感，还传播了不良风气，轻视了法律法规。"3·15"晚会表示，对于违背法律法规和社会公序良俗的直播,应当及时封禁,并追究直播平台和主播以及机构的法律责任。法网恢恢,疏而不漏,不正当的营销行为能够欺骗屏幕前的消费者,却逃不过执法部门的审查和监督。"3·15"晚会对直播行业问题的曝光有利于让广大消费者认识到自身可能面临的风险,有效地保护自身权益,有利于行业的整改。

数字经济：
定义及经济内涵

2016年G20中国杭州峰会，各国政要一起专门发布了《二十国集团数字经济发展与合作倡议》，其中对数字经济做了定义：以使用数字化的知识和信息作为关键生产要素，以现代信息网络作为重要载体，以信息通信技术的有效使用作为效率提升和经济结构优化的重要推动力的一系列经济活动。

根据这一定义，可以认为其中包含以下经济内涵。数字明确成为劳动、资本、土地、技术之后的第五生产要素。2020年4月，《中共中央、国务院关于构建更加完善的要素市场化配置体制机制的意见》，明确将数据作为要素之一，并要求着力提高其配置效率，健全数据市场的制度体系。继蒸汽技术为代表的大机器化生产，电力的发明并大规模应用，计算机的发明并普及后带来的信息技术革命之后，将人以及物体的各个方面进行数据化，并通过算法达到一定智能的第四次工业革命正在深刻改变着人类。与其他要素有所区别的是，数据要素可无限复制，共享，使用并不消耗其自身的数量。

数字经济（Digital Economy）最早出自唐·泰普斯科特（Don Tapscott）1996年出版的《数字经济》一书。他提出，不同于传统经济以实体呈现信息流的方式，新经济中的信息呈现形式是典型的数字方式，他因此认为数字经济和新经济或者知识经济类似。可以将数字经济划分为核心层、窄口径和宽口径。核心层指的是数字（IT/ICT）领域，包括硬件制造、软件和IT咨询和信息服务等；窄口径又称数字经济，包括电子业务、数字服务和平台经济；宽口径被称为数字化经济，涵盖电子商务、工业4.0和精准农业等方面[1]。根据网信办发布的《数字中国发展报告（2020年）》的数据，2020年，我国数字经济核心产业增加值占GDP比重达到7.8%。数字产业化规模持续增长，软件业务收入从2016年的4.9万亿元增长至2020年的8.16万亿元，计算机、通信和其他电子设备制造业主营业务收入由2016年的10万亿元增长至2019年的11万亿元。大数据产业规模从2016年的0.34万亿元增长至2020年的超过1万亿元。

数字经济的内涵不仅仅包含数字的产业化，更多的期待是原有产业的数字化。2020年4月1日，习近平总书记在浙江考察时指出，"要抓住产业数字化、数字产业化赋予的机遇，加快5G网络、数据中心等新型基础设施建设，抓紧布局数字经济、生命健

---

[1] BUKHT R, HEEKS R. Defining, conceptualising and measuring the digital economy [Z]. GDI Development Informatics Working Papers, No. 68, 2017. 转引自李晓华. 数字经济新特征与数字经济新动能的形成机制[J]. 改革, 2019(11): 40-51.

康、新材料等战略性新兴产业、未来产业,大力推进科技创新,着力壮大新增长点、形成发展新动能"。数字产业化是数字经济的基础部分,即信息产业,类似20世纪的交通运输产业和电力电气产业。信息产业是数字经济时代推动发展的基础先导产业,具体业态包括电子信息制造业、信息通信业、软件服务业等。产业数字化是数字经济融合部分,包括传统产业在应用数字技术之后带来的产出增加和效率提升。数字经济更多的新增产出来自这部分提升。数字经济在传统产业领域的应用带来的效率增长和产出增加已成为推动经济发展的主要力量,也是中国经济转型高质量发展的主要推动力。近年来,数字经济正在加快向其他产业融合渗透,以进一步提升经济发展空间,中国在这一方面成效显著。2005—2016年,数字经济融合部分占数字经济比重由49%提升至77%,占GDP比重由7%提升至23.4%。在2016年的数字经济总量中,数字经济融合部分规模为17.4万亿元,同比增长22.4%,融合部分占数字经济比重达77.2%,同比增长2.7个百分点,对数字经济增长的贡献度高达88.2%。在产业融合中,服务业融合得最快最好,而下一个阶段制造业是发展数字经济的主战场,也是数字经济发展的未来。中国被誉为"世界工厂",拥有完备的制造体系,近年来,全球超过四分之一的工业制成品来自中国,目前与制造业融合的新一代信息技术产品和服务主要是工业云、工业大数据、工业互联网等。其中,制造业重点领域企业关键工序数控化率、数字化研发设计工具普及率分别由2016年的45.7%和61.8%增长至2020年的52.1%和73%。

数字经济的快速发展也带来了一系列问题:

数字税问题。作为世界的三大重要力量,美国、欧盟和中国在征收数字税的问题上立场有所不同。欧盟积极主张征收数字税,美国和中国事实上并不征收。这是由各自的立场和利益所决定的:美国的数字经济规模世界第一,五大数字经济巨头苹果、谷歌、微软、脸书和亚马逊在数字经济和贸易方面的全球影响力举足轻重,中国的新经济势力主要由数字经济和互联网公司组成,而欧盟的数字化进程是最落后的。欧盟各国纷纷开始研究对互联网巨头征收数字税。从2020年4月开始英国带头对Facebook、谷歌和亚马逊等企业征收2%的数字税。2019年7月11日,法国国民议会通过数字税法案。意大利在2019年12月通过了新税法,决定于2020年1月1日起正式开征数字税。但这些国家的数字税行为都遭到了美国的反制。然而2021年2月,美国马里兰州首次批准对脸书和谷歌征收数字广告税。新冠疫情下的财政危机和日益弥漫的反垄断情绪或将推动美国的数字税立场发生转变。中国虽然正加紧对数字经济的治理,但是数字税尚未正式提上议程。

数字经济产生需要数据的搜集、整理、清洗、标签化,然后是数据的确权问题。2020年7月,深圳市司法局发布《深圳经济特区数据条例(征求意见稿)》并公开征求意见。其中提到,数据要素市场主体对其合法收集和自身生成的数据享有数据权,而公共数据的数据权归国家所有,由深圳市政府代为行使。此外,深圳市还将建立城市大数据中心,实现全市公共数据统一存储、汇聚、共享、开放、安全监管等,这是全国首个提出数据权概念的政府文件。2020年两会通过的《民法典(草案)》认为"遗产是自然人死亡时遗留的个人合法财产",将支付宝、游戏币、知识付费账号、微信号等数字财产都认同为可以被继承的遗产。数据的所有权、占有权、支配权、使用权、收益权，以及数据的处置权等权能的规则明确，明确各主体的权利边界，才能更好发挥个人数据、企业数据、公共数据的经济效能。在互联网时代，数据交易的市场将自发产生并不断演化。数据究竟应该归属于谁是一个重要的问题，这通常涉及三个主体：个人（数据的来源）、平台企业（数据的搜集、整合与主要利用者）和政府（个人的总代表，以公立的态度处理个人与企业之间的数据权属冲突）。数据的产生来源于个人，是个人隐私的电子版本。但是，在大数据时代，只有个体让渡其部分隐私，使得个体的数据汇集成群体的数据，数据才会发挥其作用，促进社会生产效率提升。典型的案例就是导航，使用者暴露其具体位置，平台进行参照和导向，平台的模型同时也得到了训练，双方共赢，并且整个社会的运行效率得到了提升。数据已经变成了数字经济时代基础设施的一部分，且由于涉及个体权利的部分让渡，所以数据既不是单纯的公共品，也不是单纯的私人品，它的具体属性还需要更加深入的研究和讨论。2021年8月，全国人大审议通过了《中华人民共和国个人信息保护法》，对如何界定纯个人隐私进行了讨论，在采用模糊处理方式后，真实的纯隐私信息被加密并生成唯一的数字编码，将其余非关键隐私交给企业绘制用户画像，与虚拟生产的数字编码对应。中间的纯隐私信息加密过程应该由政府进行，政府部门进行的公共宣传或公共政策等产生的数据应该归于纯公共品，涉及企业与个人交互时产生的数据，应该归类为准公共品。如何在人工智能的大数据时代，既能促进企业数据价值创造的积极性，又能有效给予个人隐私充分的保护是个亟需解决并具有挑战性的大课题。

参考文献：

[1] 裴长洪,倪江飞,李越.数字经济的政治经济学分析[J].财贸经济,2018,39(09):5-22.

[2] 国家互联网信息办公室.数字中国发展报告(2020年)[R].2021.

[3] 江小涓,黄颖轩.数字时代的市场秩序、市场监管与平台治理[J].经济研究,2021,56(12):20-41.

[4] 李晓华.数字经济新特征与数字经济新动能的形成机制[J].改革,2019(11):40-51.

[5] 张秀青,赵雪妍.全球数字税发展进程、特征与趋势及中国立场[J].全球化,2021(04):44-56+135.

数字经济：
四个基本经济规律

苹果公司市值自2018年8月突破1万亿美元之后，两年后的2020年8月再次突破2万亿美元，在全球市值最大的十家公司中，和数字经济互联网相关的高达7家。基于互联网为主要商业运行模式基础设施的数字经济，似乎有着某种"魔法"，在过去的二十年中，碾压式地胜过了所有其他行业，尤其是在资本市场上，更是受到了热烈追捧。但这种看似颠覆式的技术创新，并没有推翻已有的经济规律，相反是验证并加速了原有的四个经济规律。

第一，规模经济效应。有些行业被称为资本密集型行业，意思是无论产量多少，首先需要巨额的固定成本投入，这些投入属于沉没成本，而每增加一个单位产量带来的可变成本并不是最重要的。这些行业的固定资产投入动辄就是几十亿，甚至几百亿，只有产量达到一定规模，才可以分摊这么大的固定成本。一旦实现盈亏平衡，由于边际成本在不断递减，而利润和收益则越来越高。互联网和传统的钢铁、汽车、飞机、化工一样，规模经济明显，而且边际成本更低。腾讯的游戏上线后，上千万客户下载并不会增加它的边际成本；而且王者荣耀中热卖的产品"皮肤"，边际成本近似为0。微信目前日活用户数已经超过10亿人，再增加一个客户，边际成本也是近似为0。

第二，协同效应。这一效应来自商品种类增加带来的收入，种类越多，购买者的便利性和体验性越好。在百货商店，各种不同商品陈列在同一个空间内，让消费者可以去一个地方获得多种产品的购买，在购买跑步机的同时有可能顺便买了运动服和运动鞋等配套产品。互联网的协同效应就更明确了，百货商店的产品再多也有物理空间的限制，而虚拟空间几乎是无限的，前所未有地扩大了协同效应，一个百货大楼最多也就是几百个商家，而淘宝商城则可能有几千万店铺。叠加网络信息搜索的便捷，使得大量小众产品也有了交易。亚马逊图书销售中超过一半的销量来自排行榜上位于13万名开外的图书，这一现象被称为互联网商业才有的"长尾效应"。

第三，梅特卡夫效应。3Com公司的创始人，计算机网络先驱罗伯特·梅特卡夫将网络使用的经济价值总结为一个公式：网络的价值等于网络节点数的平方，网络的价值与联网的用户数的平方成正比。如果只有一个人使用微信，微信实际上没有任何经济价值；如果有两个人使用，根据梅特卡夫法则，微信的经济价值等于电话数量的平方，也就是从0上升到2的平方等于4；如果再增加一个人，经济价值就上升到3的平方，等于9。微信构建的社交网络的经济价值是按照指数级上升的。短信、E-mail、支付宝都完美证明了这一定律，而最早这个定律在电报和电话的应用上已经有了例证。

第四，双边市场效应。经济学家梯若尔较早定义了这一效应，不同类型的用户互相之间可以产生正反馈，并创造出新增的价值；一部分用户的决策会影响另一部分用户是否使用。比如中国银联，如果没有消费者使用中国银联认证的银行卡，商户就不愿意受理它，而如果商户不受理银行卡，消费者自然也不愿意持有它。吸引市场的购买者，平台需要拥有大量的供给者，但同时，只有预期这一边有大量的用户时，供给方才愿意通过这个平台进行交易。滴滴网约车平台，更多的用户使用这一平台肯定会吸引更多的司机来使用它，而更多的司机加入会使得用户打车更方便。美团的外卖平台、婚恋网站、大众点评、小红书等存在十分明显的双边市场效应。

参考文献：

许小年.商业的本质与互联网[M].北京：机械工业出版社，2020.

数字经济：
中国经济高质量发展的"新引擎"

国家统计局对数字经济的定义是：以数据资源为关键生产要素，以现代信息网络为重要载体，以信息通信技术有效使用为效率提升和经济结构优化的重要推动力的一系列经济活动。伴随大数据、人工智能、移动互联网、云计算、5G等新一代信息技术的广泛应用，数字经济已经融入人类社会发展的各领域全过程。从全球视角来看，根据中国信通院发布的《全球数字经济发展白皮书2020版》，2020年，纳入其统计和测算范围的47个国家的数字经济增加值规模达到32.6万亿美元，同比名义增长3%，占GDP的比重为43.7%。2019年，数字经济占发达国家GDP比重高达51%，其中美国、德国等已经超过60%。数字经济在世界各国普遍呈现高速增长态势，其增速明显高于国民经济增速。从2005年到2020年，我国数字经济规模由2.6万亿元迅速增长为39.2万亿元，2020年同比增长9.6%，已高居全球第一，数字经济规模占GDP比重为38.6%。其中数字经济核心产业增加值占GDP比重达到7.8%，为经济社会持续健康发展提供了强大动力。

数字技术是新一轮技术革命的核心驱动力，在推动各行各业快速提升效率的同时，其自身的创新速度之快更是前所未有。一旦一项技术成为数字技术，可以将它转换为二进制代码0和1，它就能跃上摩尔定律的肩膀，开始指数式增长。例如，我们手里的智能手机在过去的50年时间里，体积小了1000倍，便宜了1000倍，计算能力强大了100万倍。过去10年，人类的数据量增长了200倍，每两年翻一番，全球数据量年均复合增长率超过50%。海量数据的出现，成为智能化的基础要素，知名咨询管理专家刘润总结说：数字化，就是从物理世界开采出数据，粗炼出信息，精炼出知识，聚合成智慧，最终提高生产率。

数字技术自身是强通用技术，以数据为要素，为经济社会发展各个领域的变革提供条件并不断赋能提效。数字信息产业渗透性强、外溢性大、互补性高，已然渗透到生产、分配、流通和消费等各环节。数字经济从单纯数字技术创新走向数字经济与实体经济深度融合发展阶段。埃森哲咨询公司报告分析，数字化程度每提高10%，人均GDP增长0.5%~0.62%。数字经济全面渗透到社会经济的各个领域，从而与实体经济实现深度融合，为实体经济转型升级带来了新动能。《中小企业数字化转型分析报告（2020）》显示，在纺织业、电气制造业、金属制造业等18个行业2608家企业中，89%的企业已处于数字化转型探索阶段，8%处于数字化转型践行阶段，3%处于数字化转型深度应用阶段。在制造领域，将生产流程数字化改造，引入工业互联网平台，实现生产过程柔性化、精细化、个性化、平台化和智能化。

数字技术可以智慧化供应链，提升供应链敏捷性，打造一站式产业链服务，降低企业从打样、零部件采购到交货的时间，同时提高用户服务体验，C2B、C2M、DTC等新型生产经营模式全面兴起。截至2021年6月，我国在线视频/电话会议的使用率为23.8%，平均使用时长为36分钟，在线办公的持续增长提升了办公效率。数字化也推动了服务业的转型升级，带动了服务业生产率的提升。有研究表明，深度应用数字化的领先服务型企业生产率是传统服务业的8倍。数字技术正在对服务行为的全价值链进行数字赋能，从店面数字化改造到物流精准化、服务资源智能化调配、到店及时排队等，都以数据为支撑，形成一个精准而高效的系统。服务业供应链与消费端数字化高效对接，推动服务业数字化、在线化和智能化。从餐饮、旅游到办公、教育、医疗等各类传统服务正在由数字赋能实现线上线下共融。数字经济正在成为驱动我国经济高质量发展的"新引擎"。而对各个微观企业而言，数字经济将是主战场。

数字经济的发展目前还存在一些不足和需要解决的问题。首先是发展不均衡，包括产业间和空间上的不均衡。2020年，中国第一、第二、第三产业的数字经济增加值占行业增加值的比例分别为8%、24.1%和43.9%；在农业和制造业方面，产业数字化还需要进一步加强。其二是国家间和国家内部发展不均衡。规模方面，2020年发达国家数字经济规模达到24.4万亿美元，占全球总量的74.7%，这个规模是发展中国家的近3倍。同年，美国数字经济规模位居世界第一，为13.6万亿美元，中国数字经济规模位居世界第二，但只有其一半不到，为5.4万亿美元。占比方面，数字经济在发达国家GDP中的占比也远远大于发展中国家，前者为54.3%，后者为27.6%。在数字经济较为发达的德、美、英三国，数字经济在发达国家中的GDP均超过6成，韩国突破5成，日本逼近5成。增速方面，鉴于发展中国家的弱基数，2020年，发展中国家的数字经济增速为3.1%，高于发达国家的3%。中国增速为9.6%，稳居世界第一。具体到中国国内各个区域，2020年全国共计13个省市数字经济规模破万亿元，广东、江苏和山东位列前三名。从数字经济在GDP的占比来看，北京和上海占据头筹，占比均超过50%。后发省市的增速明显，贵州、重庆和福建的数字经济增长速度都超过15%，但是还有很多地区数字经济的发展相对滞后。而数字经济的空间效应，能够以较高的信息沟通效率压缩时空距离，增加不同产业和不同区域间的融合度、关联度，通过信息的空间溢出效应，改变区域增长的原有路径，为相对落后区域带来弯道超车的新机遇。数字经济对产业的集聚可以产生逆向效应，互联网正深刻影响着消费者和生产者的行为（安同良，2021）。在数字经济时代，地理空间的约束逐渐弱化，企业选址的自由度在增强，可以带来经济地理格局的重塑。

数字经济存在着极强的平台效应，垄断行为的产生更加便捷。Uber，世界上最大的出租车公司，却不拥有自己的汽车；Facebook，世界上最流行的媒体所有者，却不创造内容；阿里巴巴，最有价值的零售商，却没有自己的存货；Airbnb，世界最大的住所提供商，却没有自己的不动产。截至2020年年底，我国价值超过10亿美元的数字平台企业有197家，比2015年增加133家；2015—2020年间，我国超过10亿美元的数字平台企业价值由7 702亿美元增长到35 043亿美元,年复合增长率达35.4%,中型平台规模不断扩张且加速成长为大型平台的趋势明显[①]。在削减社会交易费用方面,数字经济的平台效应功不可没。交易费用是经济交易过程中的摩擦力,阻碍着正常经济交易的进行,比如买卖双方的搜寻成本、超出合理范围的物流成本以及交易之后的维权监督成本等。淘宝京东等在线购物平台和与之配套的快递平台来源于此,在物流平台出现之前,中国物流业95%的经营主体是中小企业,碎片化的经营带来了效率低下、组织能力较差等问题。当时中国物流费用占GDP的比重是美国该数值的两倍,公路货车空载率是40%,达到美国和德国的3~4倍。"货车帮"平台通过大数据、云计算和移动互联网等方式,以数字经济赋能中国物流,解决了车货的匹配问题,极大地降低了搜寻成本。据统计,2016年货车帮为社会节省燃油615亿元,减少了3 300万吨碳排放。

但是,数字经济平台带来的垄断行为,相应的治理也是合理且必需的。江小涓(2021)认为,平台企业作为交易场所和数字时代基础设施的提供者,凭借其不可替代的技术优势,形成了一种新的市场秩序——技术秩序。"平台自治是以技术为基础的治理秩序,可以称之为技术秩序",为此,她建议要保护消费者权益、加强内容合规审核、重视知识产权保护以及注重交易纠纷的处理。以平台的大数据杀熟为例,数字经济时代,企业可以基于消费者的各项丰富的信息进行差别定价,描绘消费者画像,以谋取利润最大化。常见的方法有以下几种:利用消费者的品牌忠诚度;为消费者提供预售折扣;根据消费者的历史消费信息进行定制化的商品组合推荐。王世强(2020)提出,虽然企业的歧视性定价会减少企业对产品或服务质量的投入,不利于产品质量的提升和产业的高质量发展,但是如果反垄断政策未对具有大数据特征的价格歧视行为做出明确规定,仅仅是强化隐私保护政策,那么不但不能改善社会福利,反而会提升企业收集消费者个人信息的成本,进而推高产品价格,同时损害消费者利益和社会福利。他认为,需要鼓励平台和消费者之间合理的数据共享,厘清数据使用权的界限,以达成双赢的局面。平台企业和普通企业存在很大的区别。赵燕菁(2021)认为,普通企业从事私人产品生产,平台企业为这些普通企业提供服务,这两类企业在不同的"维度"上分别参与不同的市场竞争,正确"反垄断"绝不应当是缩小平台企业的规模,更不是降低平台企业的市场占有率,而是限制平台企业"降维"进入普通企业的业务。

参考文献:

[1] 中国信息通信研究院.全球数字经济发展白皮书[R].2021.

[2] 中国信息通信研究院.中国数字经济发展与就业白皮书[R].2021.

[3] 习近平.不断做强做优做大我国数字经济[EB/OL].求是.2022(02).http://www.qstheory.cn/dukan/qs/2022-01/15/c_1128261632.htm.

[4] 吕娜.全球数治|中国申请加入《数字经济伙伴关系协定》的多元影响[EB/OL].2021-11-15.https://www.thepaper.cn/newsDetail_forward_15242186.

---

① 中国信通院:《平台经济与竞争政策观察(2021)》。

[5] 安同良,杨晨.互联网重塑中国经济地理格局:微观机制与宏观效应[J].经济研究,2020,55(02):4-19.

[6] 裴长洪,倪江飞,李越.数字经济的政治经济学分析[J].财贸经济,2018,39(09):5-22.

[7] 江小涓,黄颖轩.数字时代的市场秩序、市场监管与平台治理[J].经济研究,2021,56(12):20-41.

[8] 王世强,陈逸豪,叶光亮.数字经济中企业歧视性定价与质量竞争[J].经济研究,2020,55(12):115-131.

[9] 赵燕菁.平台经济与社会主义:兼论蚂蚁集团事件的本质[J].政治经济学报,2021,20(01):3-12.

"元宇宙"：
人工智能发展的未来方向？

2021年10月28日，扎克伯格宣布Facebook改名为Meta，同时表示公司业务将以"元宇宙"为先。"元宇宙"这个名字到底是否有过度炒作的嫌疑暂且不论，但是人类的数字化生存，的确是愈加虚实共生了。从互联网到物联网，从AR、VR等可穿戴设备到脑机接口，从3D图形渲染到量子计算等，都将人类的数字化虚拟生存的空间不断拓展。

从2012年"深度学习"技术在人工智能领域得到承认之后，不到十年的时间，人类在数字经济时代的技术演进呈现指数式增长。而中国增长的速度更为惊人，2017年5月27日，AlphaGo三局完胜人类排名第一的中国围棋高手柯洁，这一天被"创新工场"创始人李开复称为中国人工智能发展史上的"斯普特尼克时刻"，中国开始奋起直追。李开复认为，中国拥有美国不具备的优势：人工智能更类似于第二次工业革命中电力的发明，本身虽然是一项突破性的技术，但更重要的是用来革新其他产业。把深度学习算法用于提升更多行业的效率，需要更多的应用能力和场景开发，而这一点，恰恰在中国发展得更好。人工智能带来的数字化技术革命需要四个要素：海量的如燃料一般的数据、数据工程师、充满激情且不断精益的创业者、持续提供高质量新型基础设施的政府。近期估算显示，美国外卖的线上化率只有中国的十分之一不到，中国移动支付交易规模已经是美国的90倍。

不到十年时间，人工智能经历了四波浪潮：互联网智能化、商业智能化、实体世界智能化、自主的智能化。可以说，将互联网用户的浏览数据贴上标签，不断训练形成智能化关联是第一波；把传统公司多年积累的专业数据进行标签化训练，获得更多隐藏的联系，甚至超越原有经验丰富的专业人员是第二波，目前主要突破在保险公司的事故理赔、银行发放小微的信用贷款、医疗领域的初步诊断，甚至部分法院案件的判罚等；实体世界智能化，体现为线上线下融合的新环境，比如刷脸支付、自动扫地机器人等，数字世界与现实世界的界限正在慢慢消失，手机也不再是唯一的数字世界入口；正在涌来的人工智能浪潮，即自主的智能时代，比如自动驾驶汽车，可以寻找采摘草莓的智能机器人等等。医疗健康领域也正在经历巨大的技术变革：视觉增强、听力增强为视障人士打开了一扇通往世界的窗；将大脑和义肢相连，通过佩戴者发出的大脑电波传递到义肢，其更具智能，基本能够接近正常人的四肢活动能力。

伴随自主智能时代的到来，所谓的"元宇宙"也愈加清晰。脑机接口和各种扩展现实技术，使得人类现实生活中的大量行为可以大规模地向虚拟世界迁移，或者是现实与数字不断切换的"两栖物种"。围绕着"元宇宙"的争论还不少,它到底能带来什么,还有待时间检验。

元宇宙这一概念来源自科幻作家尼尔·史蒂芬森1992年的小说《雪崩》。在这部小说中,人们对现实世界失去了希望,纷纷转入虚拟世界Meta-Universe:一个与现实世界平行的三维数字空间。"戴上耳机和目镜,找到连接终端,就能够以虚拟分身的方式进入由计算机模拟、与真实世界平行的虚拟空间。"在这个世界里,权力由私人企业掌控,货币是加密货币,彼此之间的交流则通过各自的"化身"。史蒂芬·斯皮尔伯格执导的电影《头号玩家》就是对元宇宙的最好描绘。

对于元宇宙,基本上有四种观点。第一种是对元宇宙报之以宗教般的热忱,他们追求去中心化、无政府主义和加密货币,认为元宇宙是解决现实难题的灵丹妙药,是元宇宙的"原教旨主义";第二种观点没有前一种那么偏激,但是将元宇宙的"元"理解为根本的、比现实高一等级的世界,认为人类的生活将逐步迁移至虚拟世界之中,扎克伯格是这种观点的支持者;第三种观点认为元宇宙的"元"指的是另外一个世界,与现实世界相平行,不会对现实世界造成挤压和威胁;最后一种观点认为人类的归宿应该是看向天空、看向宇宙,而不是将自己束缚在人为创造的电子虚拟世界之中逃避现实,磨灭人性中的冒险和创新精神。他们称"元宇宙"是"精神鸦片",将引导人类走向死路,"人类的未来,要么是走向星际文明,要么就是常年沉迷在VR的虚拟世界中。如果人类在走向太空文明以前就实现了高度逼真的VR世界,这将是一场灾难"[①]。

互联网巨头们也在用真金白银押注人类的未来。贝索斯(亚马逊CEO)正在积极进军宇宙,旗下的蓝色起源是SPACEX的有力竞争对手。引爆元宇宙概念的扎克伯格则重点押注的是虚拟世界。2021年10月28日,扎克伯格宣布Facebook改名Meta,表示公司业务将以"元宇宙"为先。目前,扎克伯格已经对Meta业务进行了大幅度调整:公司主营业务分为两块——现实实验室(Reality Labs)和应用程序系列(Family of Apps),主攻元宇宙业务的现实实验室的预算规模上升到了100亿美元,正式成为公司的一级业务。2021年12月,改名后的Meta发布了《地平线世界》App,即一个元宇宙意义的创作和社交平台。

暂且不论对元宇宙的想象是好还是坏,元宇宙肯定是扎克伯格为公司寻找新增长点的一次努力。彭博预计2024年元宇宙市场规模达8 000亿美元。普华永道的一项研究时间跨度更长,预计2030元宇宙市场规模能达到15 000亿美元。摩根士丹利的预计就更为美好和激进了,它认为到2024年,元宇宙市场规模将达到8万亿美元,并可能成为下一代社交媒体、流媒体和游戏平台。扎克伯格的上一次努力是进军虚拟货币,然而脸书发布的Libra币遭遇各国政府或明或暗的抵制。2022年年初,市场传出脸书将出售加密货币业务,这意味着Libra计划胎死腹中是大概率事件。但随着不及预期的2021年四季报的发布,Meta股价一度跌超20%,市值蒸发近1 800亿美元。2021年第四季度Meta的营收为336.71亿美元,上年同期280.72亿美元,同比增长20%,但远

[①] 澎湃新闻:《刘慈欣怒批元宇宙》,https://www.thepaper.cn/newsDetail_forward_15327743。

低于市场预期;净利润为102.85亿美元,上年同期112.19亿美元,同比下降8%。最令市场担忧的是公司用户活跃度指标首次环比下降,2021年四季度公司日活数据19.3亿人,月活数据29.1亿人,均低于市场预期。其中,最代表公司未来增长动力的年轻人正在逐渐远离Facebook;2019—2021年,美国脸书的青少年日活用户数下降13%,市场预计到2023年时将下降45%。这表明Meta的动能增长危机比想象中的更严重。新业务是否真的能够支撑起原先业务的颓势,这仍需要时间来验证。2021年四季度,现实实验室(Reality Labs)营收8.77亿美元,但亏损33.04亿美元。从2019年、2020年和2021年这三年纵向来看,现实实验室(Reality Labs)分别亏损45亿美元、66.2亿美元和101.9亿美元,呈持续扩大态势。面临TikTok等新兴势力的市场竞争,运营者让脸书这艘巨轮转向,或许不仅仅是改个名字那么简单。

中国资本市场围绕元宇宙这一主题,进行了一轮又一轮的炒作,此起彼伏。同花顺元宇宙指数2021年9月9日推出,经过短暂调整后就节节攀高。从最低点2021年9月29日的867.03点直逼2022年1月5日的1496.77的峰值,板块涨幅近73%。除了元宇宙概念股,元宇宙房产也是爆炒的方向之一。国外以Decentraland、Cryptovoxels和The Sandbox三个项目为主要代表。Decentraland的NFT虚拟土地曾卖出一块90万美元的天价,歌手林俊杰也在该平台上购买了三块土地;Cryptovoxels上一块名为"9 Robotis Route"的土地转手三次,涨幅93倍;估计《华尔街日报》消息,2021年年末,The Sandbox上的虚拟土地以430万美元刷新元宇宙地产交易记录。另外,国外甚至出现了专注于管理元宇宙地产的REITs基金——Metaverse REIT。

2021年11月2日,微软CEO萨提亚·纳德拉在微软的年度技术盛会上宣布微软正式进入元宇宙领域。微软2021年推出的元宇宙入门软件Mesh for Teams是一款混合现实视频会议软件,作为Microsoft Teams(微软的视频会议软件)的元宇宙"版本",Mesh for Teams试图给视频会议参与者提供一个沉浸式空间体验。对此,微软企业传播副总裁这样说道:"元宇宙将是一个支持跨真实世界和数字世界的共享体验。随着企业加速数字化转型,元宇宙可以帮助人们在数字环境中聚会,使用虚拟头像或化身会让会议更加舒适,并促进来自世界各地的创造性协作。"2022年2月初,《哈佛商业评论》对微软CEO萨提亚·纳德拉进行了专访[1]。作为Meta的重点竞争对手,微软在元宇宙方面的态度倒是更为脚踏实地。萨提亚·纳德拉认为,随着我们越来越多地将计算技术嵌入现实世界,我们甚至可以将现实世界反嵌入计算中。这差不多就是他对元宇宙的整体概念,即在某种意义上既是由外而内,也是由内而外的。他认为以虚拟形象,最终以全息图像的方式进入虚拟空间、与他人互动,通过空间音频等工具与他人建立有空间感的关系等概念,正是视频会议的其他形式。因此,从传统视频会议升级到2D虚拟形象和3D沉浸式会议的过程,可能会让我们更切实地思考元宇宙会如何出现。相比扎克伯格的热切盼望,萨提亚·纳德拉比较实际,明确提出对待元宇宙要脚踏实地,要承认物理世界的无可替代。

---

[1] 新浪VR:《微软CEO萨提亚·纳德拉谈元宇宙》,https://view.inews.qq.com/a/20220208A03V1900.

区块链：
不能错过的互联网新应用

区块链是把加密数据(区块)按照时间顺序进行叠加(链)生成,永久存在且不可逆向修改的记录。2008年年底横空出世的比特币,成为区块链应用的首个产品,比特币只是区块链众多可能应用之一,但区块链的趋势是从比特币开始的,比特币背后就是区块链系统(分布式、基于密码的账本系统)。区块链技术起码拥有四大特征:去中心化,系统内任一节点的损坏都不会影响整个系统的运作;可靠性和不可篡改性,破坏系统需要攻击51%以上的节点;去信任性,整个系统中每个节点之间进行数据交换无须互相信任,整个系统的运作公开透明;集体维护,具有维护功能的节点是分布式的,任何人都可以参与。区块链技术构建了一种跨越时间的共识机制,可能为人类交易中信用和确权两大难题提供一种新的解决方案。它使得人们可以突破时间和权力的限制,进行信用共建,然后完成所有权的确认。

麦肯锡的相关分析报告预测:2014—2016年是区块链技术评估阶段;2016—2018年进入概念验证阶段;2017—2020年,区块链基础设施进入形成阶段,开发全面的用户接口,并且通过共享基础设施来降低成本;2021年以后,真正进入技术扩散阶段,区块链技术将得到全面应用。IBM在调查中发现,14%的受访金融机构都计划全面实施商业区块链解决方案,近65%的银行预计会在未来三年内采用区块链解决方案。

区块链的第一代应用产品比特币以及众多类似的数字货币迅速受到热捧和炒作,比特币又是可以无限分割的,因此,小而美的商机就是投资比特币,比特币价格曾一度突破19 000美元一枚,过度泡沫化的比特币价格并不是区块链技术的全部价值。智能合约的提出,代表区块链进入2.0时代。智能合约是以数字化形式定义的一系列承诺,合约一旦设立,无须中介参与便可自动执行,且无法阻止更改。这些特性为金融领域提供更广泛的应用场景,比如智能财产和智能合约、股票、债券、期货、贷款、抵押、产权交易等。以太坊成了这个时代的代表,它提供了一个强大的合约编程环境,突破了区块链仅仅是发币的约束,可以实现商业下各种复杂的逻辑。

伴随着物联网的发展,区块链3.0时代正在来临,这个时代的区块链已经远远超出了金融领域,旨在为各种行业提供去中心化的解决方案。由于区块链技术构造了一个有顺序的存储关系和时间戳,有一定的可追溯性和可信性,可以辅助实现信息登记共享,提高运行效率,在供应链管理、产权登记、数字票据、权益证明、征信、政务服务和医疗信息共享等领域有着广阔的应用前景。

伴随着5G时代的到来,人工智能、物联网再加上区块链,完整构成一个超级智能的未来社会。人工智能是大脑,负责运算和决策;物联网是五官,负责将外界的信息通过各种传感器变为数字信息进行上传;区块链是神经系统,海量数据将通过区块链的方式传递。

区块链技术的革新性首先体现在记账系统上,它催生出了一个分布式的、基于密码的账本系统。这个分布式账本(Distributed Ledger)系统可以认为是人类记账体系的第三次革新。人类的第一个记账系统是单式账本(Single-entry Ledger),可以认为就是一种简单的流水账,记下每个时点的收入和支出即可,但是单线条的流水账出错的可能性极大且缺乏自我核查机制;人类的第二个记账系统是复式账本(Double-entry Ledger),借贷的思想开始萌发。人们在长期的交易过程中发现,每一笔交易都对应着债权和债务的转移,因而可以将其准确地记录在借方和贷方(借,Debit,表示债务;贷,Credit,表示债权)。任何时候,通过检查"有借必有贷,借贷必相等"这一会计等式,就可以核查账本的准确性;虽然复式账本极大地提高了人类经济金融体系的效率并且成为现代会计学的根基,但是仍会存在一个根本性的问题:账本的自我核查问题确实是解决了,但不同交易主体间的相互核查与对账问题可能难以调和——两本都满足借贷相等的账本,对账出现问题后,以谁的账本为依据? 随着信息技术和加密技术的进步,区块链通过分布式和全网共同记账的方式对这个问题给出一个好的解决方案。可以发现,前两次记账体系的革新是观念层面的,而区块链推动分布式账本则是完全技术层面的。

对记账系统难题的化解意味着区块链技术将首先被运用在金融或类金融领域。中国这方面一个典型的金融应用场景就是票据的流通,因为票据的转让人仍然需要承担承兑义务,而区块链系统就可以完美地记录所有流转过程,消除信息的壁垒。虽然目前的电子票据市场可以基本解决纸质票据的信息不对称和流通低效率等问题,但是仍存在篡改和泄密风险,而基于区块链的智能合约可以很好解决这些问题。2018年,上海票据交易所推出了数字票据交易平台,提出要"链上确认,线下结算",减少人为的错误和风险。当然,借助于区块链的不可篡改性,区块链可以在金融资产方面进行深入的应用。通过对金融资产(如股票和债券)的流动进行监督管理,一方面可以提高流转效率,减少逆向选择和道德风险;另一方面可以借此形成完善的监管链,从而降低监管成本。

国际方面,区块链在国际支付中也将发挥重要的作用。国际支付的一个核心难点就是各金融机构的对账存在问题。各国由于制度和习惯等方面的差异,对账的时间和效率存在很大的差异,如果可以建立统一的国际区块链支付体系,通过各国的分布式账本自动完成对账和划款,那么将显著提高国际金融的效率和水平。中国可以适当地在国际区块链支付体系上发力,以减少对 SWIFT 系统的依赖度。

另外,区块链技术的唯一性意味着它可以迎合人类对稀缺性的渴望,这本质上是奢侈品或者炒作品背后的逻辑。就比如,最近出现了一个特别火的区块链概念,NFT(Non-Fungible Tokens),也就是非同质化代币。上文提到,比特币之间是完全同质的,可以替代并且无限分割的,但是 NFT 却可以通过区块链技术给艺术品或者商标 IP 打上唯一的烙印,使之在区块链的系统上存在唯一的序列号,进而通过稀缺性激发人们购买和收藏兴趣。目前，不少名人纷纷尝试，比如 NBA 球星库里和歌手林俊杰就分别花费了 18 万美元和 316 万元人民币购买 NFT 头像。周杰伦在自己创办的品牌下推出 NFT 产品幻想熊，一小时售罄，营收超 6 200 万元。

稀缺性是奢侈品的核心竞争力，奢侈品巨头自然不会放过这个机会，纷纷入局 NFT。Gucci 在虚拟运动鞋广受好评之后，准备推出"SuperGucci"系列，有意打造 250 款 NFT 产品，甚至还发行了一段视频 NFT；Balenciaga 推出系列虚拟时装；Burberry 发布虚拟玩偶；Givenchy 与艺术家 Chito 共同推出了 15 个 NFT 作品；LV 则主要开始开发 NFT 游戏，而 LV 自身也正是第一个运用区块链技术为产品购买者提供溯源追踪服务的奢侈品厂家。

NFT 技术在艺术圈也掀起一股热潮，这其中最具代表性的莫过于那个震惊了艺术圈的 6 900 万美元的天价拍卖价。2021 年 3 月 11 日，一件由艺术家 Beeple 每天创作的 5 000 张图片所组成的作品的所有权在佳士得拍卖行以 NFT 形式出售，拍出 6 900 万美元，约合人民币 4.2 亿元。就目前来看，NFT 艺术品的每次转卖都会给艺术家本人提供分成，所以艺术家群体也对该技术有所青睐。伦敦艺术家本杰明·真蒂利有一句说："NFT 是自文艺复兴和印刷业以来，最大的一次关于艺术品权益的调整，使其重新回到艺术家的手中。"NFT 在艺术圈的应用会极大地减轻艺术家的维权成本，改善新锐艺术家的境遇，提高年轻艺术家的收入。但是，也有人觉得 NFT 技术在艺术界的广泛运用反而会加剧马太效应，恶化年轻艺术家的境遇。更有甚者指出，NFT 就是庞氏骗局，可能会催生出当代的"荷兰郁金香"事件，因为 NFT 本身并没有任何价值，唯一的获利方法就是击鼓传花，高价转手卖出。

区块链本身也存在许多问题，主要表现在以下几个方面：

其一，全网节点存储造成计算资源的浪费。经济学讲究权衡（Trade-off），区块链技术在效率和安全的权衡之间更加偏向于安全，将更多的算力分布在密码学方面，形成算力冗余。如果再将新区块的生成时间考虑进去，交易的确认时间会比较长，与现阶段快节奏的经济社会支付习惯有所背离。其二，去中心化是否真的比中心化安全，是否真的比中心化效率高，这是一个众说纷纭的问题，理论界和实业界仍有诸多讨论。但有一点可以肯定，目前中心化的体系下，效率和安全仍然可以兼顾，似乎看不到去中心化大规模替代中心化的空间。具体来说，社交软件的聊天记录是否真的有必要全网存储？亲友之间的转账记录是否真的有必要保证永不丢失？其三，虽然理论上区块链技术很难被攻破，但是如果攻击者真的具备区块链 51% 以上的算力，区块链形同虚设。由于区块链技术终归是人编写的，漏洞在所难免。如果全面依赖区块链，小概率的"黑天鹅"事件可能会造成难以承受的损失。以比特币为例，就目前而言，比特币矿池的算力集中化程度逐渐提升，前三大矿池的算力已经达到近 50%，这似乎显示着攻破比特币系统并没有想象中那么困难。其四，区块链必然需要监管和治理，而治理和监管则必然是中心化的。如果推出区块链本身就是为了去中心化，结果却又不得不需要中心化的治理，那区块链的定位究竟几何？这或许需要学界和业界共同探讨。其五，高度的安全性的另一面其实就是高度的不安全性。倘若一个人忘记了自己的区块链钱包密码，那么将永远无法找回,这意味着区块链系统不存在丝毫的容错机制,与人类的习性习惯不符合。

2019年,习近平总书记在中央政治局第十八次集体学习时强调:要把区块链作为核心技术自主创新重要突破口,加快推动区块链技术和产业创新发展。2022年,《求是》杂志刊登总书记署名文章《不断做强做优做大我国数字经济》,明确指出了区块链在数字经济中的关键地位,"近年来,互联网、大数据、云计算、人工智能、区块链等技术加速创新,日益融入经济社会发展各领域全过程,各国竞相制定数字经济发展战略、出台鼓励政策,数字经济发展速度之快、辐射范围之广、影响程度之深前所未有,正在成为重组全球要素资源、重塑全球经济结构、改变全球竞争格局的关键力量。"

综上所述,短期而言,区块链的大规模应用还需要时间,并且应该是兼具中心化治理性质和容错机制的。在国家战略的指导下,其应用场景会逐渐体现多元化和创新性。

参考文献:

[1] 习近平.不断做强做优做大我国数字经济[EB/OL].求是.2022(02).http://www.qstheory.cn/dukan/qs/2022-01/15/c_1128261632.htm.

[2] 项银涛.区块链技术及其在金融领域的应用前景分析[N].上海证券报.2018-06-06(8).https://paper.cnstock.com/html/2018-06/06/content_1006472.htm.

互联网垄断：
新技术带来的新问题

1998年5月18日，美国司法部和20个州检察长，控诉微软违反《反托拉斯法》，声称微软非法阻止其他软件厂商与其进行正当竞争，要求将其拆分。当时对微软威胁最大的两家竞争公司分别是网景和发明了Java的Sun。微软宣布自己公司的IE浏览器对个人和商业用途统统免费；将自己开发的Java虚拟机与Sun公司的JVM不兼容。利用自己在操作系统上的垄断地位，要求电脑生产商必须安装绑定IE浏览器，要求Intel公司停止协助Sun的技术支持等。这场跨世纪的诉讼，从克林顿政府时期打到小布什政府时期，最终微软被要求开放Windows的API，不得在windows上对安装Java设置任何障碍，但也避免了被拆分的命运。欧洲法院在2007年9月，对微软开出4.97亿欧元的巨额反垄断罚单。

当年代表网景公司的反垄断律师对这场世纪官司的影响有过这样的评论："正是因为这个反垄断诉讼，才会有现在的Google。"时间飞逝，当年这些挑战"恶龙"的年轻公司，也都变成了反垄断的对象。2019年中美国众议院启动对脸书、亚马逊、苹果、谷歌四大科技公司的垄断行为调查。2020年7月29日，国会召集四大巨头CEO出席反垄断听证会。

十多年前，百度、阿里、腾讯在中国分别获得搜索、电商、社交三大领域的霸主地位。五年多前，美团合并了大众点评，成为互联网团购市场的唯一幸存者；滴滴合并快的吞并Uber中国，占领网约车市场90%的份额；携程合并了去哪儿，58同城合并赶集网。在资本的主导下，中国互联网垂直细分领域也逐步形成了垄断。在中国互联网企业的竞赛中，平台、生态被看成是能达到的最高境界，而对众多小微创新者和新进入者而言，残酷的体会是："大树底下不长草"。它们可以抄袭小公司的创意，通过无比强大的资源和更多的钱去补贴，迅速把小公司扼杀在摇篮中。越来越多的创业者，都认为卖给大厂商是最好的出路。2019年快播创始人王欣推出马桶MT、字节跳动推出多闪，对微信进行围攻态势。但它们的分享和邀请链接很快被腾讯系封杀，挑战以集体失败告终。

互联网产业自身强大的规模效应和网络效应天生带有排除性，再加上移动互联时代，大量个人隐私数据的获取，使得通过人工智能算法等工具，可以获得更多精准营销，强者愈强的马太效应更加明显。如何控制平台互联网公司的不公平竞争，已经成为全球各国政府近年来的重点课题。今年11月6日，市场监管总局、中央网信办、税务总局三部门联合召开规范线上经济秩序行政指导会，京东、美团、阿里巴巴等27家主要互联网平台企业代表参加会议。会议明确要求，互联网平台企业不得滥用优势地位强迫商家站队"二选一",不得对平台内经营者选择平台行为实施不合理限制或附加不合理条件。不得利用技术手段实施妨碍、破坏其他经营者合法提供的网络产品或服务正常运行的行为。

2021年,同为数字经济大国的中美在互联网反垄断方面的步调惊人的一致。中国方面,在"强化反垄断和防止资本无序扩张"的背景下,蚂蚁等金融科技服务商被强制去杠杆;4月,阿里巴巴因实施二选一垄断行为被罚款182.88亿元;7月份,滴滴赴美上市遭《网络安全法》审查被下架,并于12月启动纽交所退市工作,意图赴港交所二次上市;也是在7月份,两大直播平台虎牙和斗鱼的合并被禁止,腾讯被要求解除独家音乐版权;9月,《外卖骑手,困在系统里》一文激起社会各方面的讨论,互联网公司的劳工保障被严查;10月,美团同样因二选一行为被罚34.42亿元;全年,不少互联网平台因侵犯个人隐私被处罚金。

2021年6月,美国众议院司法委员会审议通过六项反垄断相关法案,包括《终止平台垄断法案》《美国选择与创新在线法案》《平台竞争和机会法案》《收购兼并申请费现代化法案》《通过启用服务切换(ACCESS)法案》和《州反垄断执法场所法案》,内容十分严厉,上面提到的四家公司存在被分拆的可能性。

针对互联网巨头的反垄断,需要拓展传统的反垄断理论,这牵涉两个问题。首先,反垄断分析一般要从界定相关的反垄断市场开始,但法院在界定反垄断市场时,应该如何考虑平台的特征?耶鲁大学法学院的 Michael Katz(2018)认为,平台的核心特征是连接不同用户群体。在此基础上,他提出多重市场法:平台最好被看作是在多个独立的但又相互关联的市场中运作。与单一市场方法相比,多市场方法的优势在于充分认识到平台不同方面的用户的利益并不完全一致,而且平台不同方面的竞争状况和竞争者群体,彼此之间可能会有很大的不同。在 Michael Katz 之前,Lapo Filistrucchi(2010)曾提出过单一市场法,认为平台本质上就是一个市场,不同用户群体在其上进行货物或服务的交换。以美团为例,如果从单一市场看,平台用户的两端——外卖消费者和外卖商家在美团平台上进行外卖服务的买卖;但是从多重市场的视角来看,美团既参与了一个为外卖商家提供服务的市场,也参与了一个为外卖消费者提供服务的市场。换句话说,平台从诞生的那一刻起,就立即化身为一个参与者,参与到它为不同用户群体所创造的各个市场之中。当然,美团的业务可能相对单一了一点,不妨看一看亚马逊,就能更加体会到多重市场法的价值所在:亚马逊是21世纪的商业巨头,除了是零售商,它现在还是营销平台,送货和物流网络,支付服务商,信用贷款人,拍卖行,主要的图书出版商,电视和电影制片人,时装设计师,硬件制造商,以及领先的云服务器空间主机(Khan,2017)。

其次,法院要考虑应该如何权衡平台不同用户群体的收益和损失?在某些情况下,反竞争行为会使平台一方的用户获益但损害另一方的利益。一般有两种方法:一种是净效应分析(Net-Effect Analysis),将平台不同使用方群体的消费者福利加总,正负相互抵消;一种是分离效应分析(Separate-Effects Analysis),认为每个用户群体都有权享受竞争带来的好处,一个用户群体因竞争而受到的伤害不能被另一个群体得到的收益抵消。Michael Katz(2018)认为,分离效应分析更加符合反垄断的本意。

以美团的"二选一"事件为例。美团要求商家签订《战略合作伙伴优惠政策申请书》《诚信战略合作伙伴优惠政策支持自愿申请书》和《优加合作计划政策支持自愿申请书》等独家合作协议,2018—2020年,与美团签订独家合作协议并缴纳保证金的平台内经营者达163万家,保证金金额累计12.89亿元。美团还对非独家合作经营者设置了普遍高于独家合作经营者5%~7%的佣金费率,抽成或高达26%,远高于饿了么18%的水平。在给予独家合作商家降低起送价格、扩大配送范围和流量优先等特权的同时,还会故意拖延非合作商家的上线时间。如果有商家冒险在美团和饿了么同时上线,美团会通过大数据监测和分析系统进行分析,给予相应惩罚。更有甚者,美团要求商家上交饿了么平台的账号密码,上传退出饿了么的截图,彻底堵死两个平台之间的通道。

国家市场监督管理总局对美团出具的行政处罚决定书(国市监处罚〔2021〕74号)认为,美团此举既损害了平台内经营者的正当利益也损害了消费者的利益,构成垄断。但不妨做这样一个思想实验,如果美团上诉,认为自己之所以收取比饿了么高的抽成并且用强制协议作为保障,是因为只有这样才有更多资金进行优惠券发放,既做到让利消费者又能够以优惠券引流。在美团将市场份额做到行业第一①的过程中,商家也是受益的。所以美团认为,商家和消费者的福利总和是上升的。如果对美团实行反垄断,平台优惠少了,消费者流失了,就算商家少交了抽成,商家的利益并不会弥补很多,但消费者的利益会受到更多伤害。如果进一步加强这个思想实验,假设经济学家通过福利分析,确实测算出来商家受到的伤害小于消费者的受益,那么根据净效应分析,就不应该对美团进行反垄断调查。这个思想实验揭示出,我们对平台的定义和看法,决定着反垄断的行为,对企业的法律待遇会产生非常大的影响(Michael Katz,2018)。实际上,很多人的观点是割裂的,即一边认为平台是一个单一的市场,一边认为应该采取分离效应进行福利分析。

在回答了以上两个问题的基础之上,Katz从多重市场法和分离效应分析方法出发,提出了这样一个法理框架:如果原告能够证明对竞争过程的损害,以及由此导致的平台价格结构的变化损害了一个或多个用户群体,那么举证责任应该转移到被告身上,以证明其被质疑的行为没有损害竞争过程或者没有损害原告声称受到损害的用户。

再回到美团的例子,如果原告(饿了么)提出的证据足以证明美团具有市场力量,并且这些条款影响了价格结构,损害了餐馆,那么饿了么就已经完成了它最初的责任。换句话说,如果法院认为美团对商家造成了损害,那么美团的反驳就必须集中在证明商家没有受到损害,而不是在于证明消费者获利以及消费者的获利大于商家的损失;如果法院

---

① 根据行政处罚书披露的数据,2018—2020年,美团网络餐饮外卖平台服务收入在中国境内主要网络餐饮外卖平台合计服务收入中,份额分别为67.3%、69.5%、70.7%;美团平台餐饮外卖订单量在中国境内主要网络餐饮外卖平台合计订单量中,份额分别为62.4%、64.3%、68.5%,处于绝对的领先地位。

认为美团对商家和消费者都造成了伤害，那么美团的反驳责任将同时存在于两个市场。

参考文献：

[1] Katz M, Sallet J. Multisided platforms and antitrust enforcement[J]. Yale Law Journal, 2017, 127: 2142.

[2] Khan L M. Amazon's antitrust paradox[J]. Yale Law Journal, 2016, 126: 710.

运河经济：
因运而生，因运而盛

2020年11月，习近平总书记在江苏考察调研时特别提道："共同保护好大运河，使运河永远造福人民"。运河，是人类通过改造优化、重构了原有的自然地理条件，用商贸流通带动更广泛空间的经济活动，它促进了经济、生态、社会和文明的共同进步。运河，因运而生，因运而盛。

工业革命以前，运河的开凿和建造往往是为了打破文明体内部原有地理条件的制约。当时的海运，技术不成熟，危险巨大，运输和时间成本都非常高；而陆路运输则运力有限。运河成为古代王朝畅通内部物流与经济活动的重要依托，并有一定的军事战略意义，其中以京杭大运河为代表。

始建于春秋时期的京杭大运河，经历了约2 500年的建设、经营和开发。至公元608年，隋朝开永济渠，逐步形成以北京和杭州为起始点，沟通海河、黄河、淮河、长江、钱塘江五大河流的水运大动脉，元朝为确保北京的首都地位，对大运河水道裁弯取直，形成了世界上距离最长、规模最大的运河——京杭大运河。京杭大运河极大地推动了中国南北经济的交流和发展，并以此为基础促进了作为政治中心的北方与作为经济中心的南方的深度整合，为长期统一奠定了重要的基础。运河水运为沿岸地区带来了物流、商贸、交易、金融、原材料和流通市场等巨大商机，大运河沿线一度兴起了无锡、扬州、聊城等商贸名城。

工业革命后，全球经济一体化对海运更加依赖，先后建设的苏伊士运河和巴拿马运河都是为了更加便利的海运。1869年通航的苏伊士运河连接了地中海与红海，打通了大西洋与印度洋，成为亚非欧最为重要的航道，将原本途经好望角的亚欧航线缩短了5 000~8 000千米，这条运河目前承担全球约14%的海运贸易，尤其在石油运输领域，成为全球的核心航道。巴拿马运河沟通了大西洋与太平洋，再也不需要绕行麦哲伦海峡，也使美国东西海岸间的联系、欧洲与美国大西洋沿岸的联系大大加强了，对美国东海岸地区国际贸易的支撑作用尤为明显。

运河的开凿、养护和使用，需要消耗巨大的人力、物力和财力，而近现代金融体系的完善和发展，则为运河的建设和兴起提供了巨大的支持，最具有代表性的当属美国的伊利运河。伊利运河，将纽约升级为北美五大湖及周边城市群面向大西洋，进而与世界联系的窗口，使当时尚不及费城与波士顿的纽约，迅速发展为全美最大的港口和城市，并奠定其如今在全球经济中的地位。从更深远的意义来看，伊利运河的建设极大地加快了原英国殖民地与原法国殖民地、印第安人地区的经济联系与板块整合。伊利运河的建设,对于当时国力较弱、财政不足的美国政府而言,原本是巨大的压力。但 1817 年,时任纽约州州长的克林顿说服了同样起步阶段的华尔街的银行家,由华尔街承销伊利运河债券,以此筹集建设经费。这条运河耗时 8 年修建,耗资约 700 万美元(约合现在的 1.6 亿美元),开创了金融支持基础设施建设的成功案例。

时至今日,运河的意义和价值不仅仅是经济动脉,更是文化长廊、生态基石。保护和利用运河资源,要从人民幸福生活出发,实现生态保护、文化挖掘、文旅融合、物流转运、区域经济合作的有机统一,让运河因运而生,因运而盛。

运河是一个国家综合实力的体现,世界十大运河的背后都是历史上强国的身影:中国隋唐时期修建的京杭大运河,美国崛起前夕修建的伊利运河,苏联时期修建的莫斯科运河与伏尔加河—顿河运河,大英帝国修建的曼彻斯特运河,由美国主导修建完成的巴拿马运河,法国与埃及共同开凿的苏伊士运河,德意志帝国修建的基尔运河,修建约塔运河的瑞典和开凿阿尔贝特运河的比利时也都曾经是欧洲历史上的强国。

莫斯科运河(又称莫斯科—伏尔加河运河)的开凿,是一段漫长的过程,从彼得一世到叶卡捷琳娜二世,再到斯大林,历经多个"大伏尔加(河)计划"才最终完工。在这之前,伏尔加河作为俄罗斯的母亲河,距离莫斯科最近的距离是 130 千米,使得国家的心脏地带既无法北与波罗的海相连,也无法南与黑海相达,极大地抑制了出口业务和海军的发展。斯大林政府历经 4 年零 8 个月,最终完成了这个长 128 千米,拥有 10 座大坝和 7 座水力发电站的巨大工程,让伏尔加河与莫斯科会面,并为莫斯科供应了一半以上的饮用水。莫斯科也因此成为"五海之港",可直达里海、波罗的海、白海、黑海和亚速海。

同样与波罗的海有关的还有基尔运河,这可以从它的别名——"北海—波罗的海运河"中看出来。基尔运河的修建一开始是出于纯粹的军事目的,普鲁士统一的王朝战争中,德国与丹麦交恶。为了让舰队直穿波罗的海到达北海,而不必经过敌国丹麦的领海,威廉皇帝一世和"铁血宰相"俾斯麦下定决心打通这条全长 98 千米,横穿日德兰半岛的运河,又称威廉皇帝运河。1966 年,出于货运等压力,基尔运河进行了大刀阔斧的扩建,除东部地区外,航道加深到 90 米,总宽度扩大到 162 米。基尔运河的军事价值和经济价值俱佳,一方面这是一条完全由北约控制的航道,另一方面它也是西欧最繁忙的水道,每年约有 30 000 艘船舶通过。作为基尔运河中心港口的汉堡港,2019 年处理约 3 260 万吨相关货物[1],很大程度上归功于这条德国境内最重要的人造水路。

除了伊利运河,实际上美国还有一条运河,其经济作用并不亚于它。在美国获得密西西比河流域的土地之后,为了打通东部工业区和中西部农业区,决定借鉴之前修建伊利运河的经验,开凿一条连通密歇根湖和伊利诺伊河[2]的运河,这就是推动芝加哥崛起的伊密运河。这条运河最初由私人公司承包,但是囿于资金的难以筹集,最终只能伊利

---

[1] 数据来自汉堡港官网,https://www.hafen-hamburg.de/cn/special/nok/.
[2] 伊利诺伊河是密西西比河的支流,因此连接了密歇根湖与伊利诺伊河就意味着五大湖地区和密西西比河流域互联,美国两大核心平原的联通将迸发出强大的经济动力。

诺伊州政府亲自下场,以州政府财政为支撑。在这个过程中,自然灾害、政策阻碍、资金匮乏和人手不足等问题严重制约了工程的进度。1848年,这条早在1822年被批准修建的伊密运河才终于磕磕绊绊地建成并投入使用,全长96千米,平均深度1.8米。运河建成之后,成功撬动了美国的经济:美国中西部的谷、豆、禽、肉,以及南部的糖、棉花等农产品原材料都可以从芝加哥通过伊密运河,运到五大湖区。前面介绍的伊利运河连结了五大湖之一的伊利湖和纽约的哈德逊河,最终使得这些农产品可以从纽约港出口到全世界。而东部的工业品也因此获得了中西部广阔的内需市场,美国工业蓬勃发展起来。芝加哥成了两大平原的中转站,从19世纪中期一个人口不足4 000人的小城市一跃成为20世纪初人口破百万的重要港口,并从此雄踞世界城市排行榜前列。

运河具有重要的文化价值。联合国教科文组织将法国米迪运河(1996)、比利时中央运河(1998)、加拿大里多运河(2007)、英国庞特基西斯特水道桥与运河(2009)、荷兰阿姆斯特丹17世纪运河区(2010)以及中国大运河(2014)列入了《世界遗产名录》。

我国十分重视大运河的保护和传承,2019年2月,中共中央办公厅、国务院办公厅印发《大运河文化保护传承利用规划纲要》,指出要"充分挖掘大运河丰富的历史文化资源,保护好、传承好、利用好大运河这一祖先留给我们的宝贵遗产,打造大运河文化带"。同年7月,《长城、大运河、长征国家文化公园建设方案》印发,将大运河文化带的建设提升到了国家顶层设计高度,为国家文化公园的推进创造条件。先于中国大运河进入《世界遗产名录》的5条运河在保护、利用和文化传承方面的经验值得借鉴。

法国米迪运河始建于1667年,1694年建成,总长度360千米,连接了地中海和大西洋,包含船闸、桥梁和隧道等328个建筑。其中最大、最富特色的圣费雷奥尔水坝是路易十四时期法国国力的象征,也是文艺复兴末期人类建筑艺术的体现。作为一项公共工程,米迪运河既考虑了基础功能,如运输和灌溉,也通过将运河融入河畔自然景观来最大化其美学体验。遗产保护方面,法国通过立法,在米迪运河附近设立了缓冲区,由法国通行河道司全面负责管理。保护遗产的经费来源比较广泛,商业使用权(如电影拍摄许可费等)占49%,中央政府提供34%,地方政府提供13%,剩余4%来自游客参观费用。非遗保护方面,以联合国教科文组织《保护非物质文化遗产公约》为依托,由奥克西塔尼大区文化厅为主体。最具代表性的非遗项目是水上比力项目(一种水上对抗的比赛)和弗拉门戈实践(一种活态传统艺术)。生态保护方面,主要聚焦于水质、两岸植被和降雨、干旱等自然灾害。运河资源的利用方面,充分发挥运输和水利功能,通过博物馆进行文化价值的发掘,同时大力发展旅游、文化体育(如公益长跑等)。

比利时中央运河包含新旧两部分,旧中央运河的开通是为了方便煤炭的运输,新中央运河是按照现代化驳船的要求,进行改造后实现的,新旧运河相通。遗产组成是运河本身、运河的4座液压升船机和周边的附属设施(比如运河桥)。直到2015年12月,我国三峡工程的升船机才打破由比利时中央运河所保持的全球最大的垂直升船机的记录。联合国教科文组织认为这些升船机是当时最高品质工业的体现,是19世纪后期工业景观的杰作。加拿大里多运河建立于1826年,耗时6年完工,将首都渥太华和安大略湖的金斯顿海港相连,全长202千米。建立运河的初衷是为了在美加战争之后防卫美国的入侵,是名副其实的军事建筑,后来才逐渐发挥商业作用。当然,其众多超前的运河建造技术(如静水系统①)也是其申遗的重要基础。英国庞特基西斯特水道桥与运河建成于1805年,全长18千米,满足了英国工业革命时期旺盛的运输需求,是一条纯粹经济属性的水道。英国庞特基西斯特水道桥是世界上最高的水道桥,目前仍可通航。除了水道桥,运河周边的人工建筑(小桥、房屋等)和景观也纳入了遗产范围。荷兰阿姆斯特丹运河区无疑代表了17世纪荷兰的黄金时代,代表了阿姆斯特丹的全盛时期。该环形运河区包含了辛格河、绅士运河、王子运河和皇帝运河,以及15世纪以来建造的约4 000座历史建筑。

遗产保护、生态保护和运河资源的开放方面,各运河采取的措施大同小异,主要的不同体现在非遗保护层面。比利时中央运河的文化特色是班什狂欢节、桑布尔河默兹河间游行和比利时的啤酒文化;加拿大里多运河突出的是文化产业廊道,融合了世界级的艺术和遗产体验,还有别具风格的军事韵味;英国庞特基西斯特水道桥与运河的非遗活动有运河划船活动、基于传统原始工艺的修缮改造技术,以达到"修旧如旧"的境界。当然,英国庞特基西斯特水道桥文化特色还体现在文学层面,诸多文学家、艺术家和画家都曾给予水道桥以深深的赞美,这种美誉本身就是一种文化遗产;荷兰阿姆斯特丹的17世纪运河区本身就是城市的核心部分,承载着整个荷兰的文化和历史,这一点,教科文组织的评价恰如其分——阿姆斯特丹运河带是"历史与城市的完美结合"。

我国对大运河进行差异化开发的核心应该是文化层面的,要结合运河流经地区的特色进行开发,形成不同的文化景观,从而以点带面,达到别样的运河带。在这个过程中,需要综合社区资源和企业资源,发挥民间的积极性;需要严控房地产的膨胀;需要充分考虑环境承载力和承受力。

参考文献:

[1] 地球知识局.一项超级工程如何加速美国的扩张？[EB/OL].2020-06-12.https://mp.weixin.qq.com/s/5ijz4qnOTwPHETyMA9CVPg.

[2] 闻一.告诉你一个真实的俄罗斯[M].广州:广东人民出版社,2012.

[3] 王金铨.世界遗产运河的保护与传承[M].北京:社会科学文献出版社.2020.

---

① 所谓静水系统,指的是通过建坝等手段,控制水位和水向,使水平缓,从而方便船只通过。

铁锈地带(Rust Belt)：
如何重新"擦亮"并焕发光彩

"铁锈地带"(Rust Belt)最初指的是美国东北部的五大湖区附近，包括俄亥俄、宾夕法尼亚、密歇根、伊利诺斯和威斯康星等。这条地带沿着美国东北部的五大湖延伸，从芝加哥经底特律、克利夫兰、辛辛那提和匹兹堡到东海岸，再到波士顿、华盛顿哥伦比亚特区和纽约市大都市区的山麓。该地区从地理纬度来看，相对偏北，加上湖泊效应，五大湖区的冬季极为漫长和严寒，雪暴频繁，所以一直到19世纪中叶，该地区人口一直不多。后来因为靠近五大湖水道，以及丰富的道路，水渠和铁路，四通八达的道路将铁矿石的开采地尼苏达州北部、威斯康星州和上密歇根州与煤炭开采地拉契亚山脉联系起来，逐步形成了"钢带"(Iron Belt)。随着制造业的迅猛发展，钢带很快延展开来形成工业带，囊括芝加哥、布法罗、底特律、密尔沃基、辛辛那提、托莱多、克利夫兰、圣路易斯和匹兹堡等工业城市。这些地区曾经代表美国制造业的核心地区，俄亥俄的钢铁炼油业，密歇根州的汽车工业，宾夕法尼亚州的冶金焦炭业，匹兹堡发展成为钢铁工业的中心，克利夫兰成为重要的港口城市，芝加哥成为美国最重要的铁路枢纽之一，底特律成为汽车工业的中心，它们都是美国20世纪80年代的骄傲，当时这些地区被称为美国的制造带，也是美国最大的工业区。欣欣向荣的制造业，吸引了大量来自奥匈帝国、波兰和俄罗斯、南斯拉夫、意大利和黎凡特等地区的工人移民，他们为工业制造各种配套服务提供了劳动力。

随着战后经济的快速复苏，人们的实际工资上涨，与亚洲的新兴工业国家相比，劳动密集型制造业的竞争力有所下降，首先是服装、纺织、玩具等中低端制造业大量外迁到其他国家，然后是钢铁、化工、汽车、设备制造等重工业也开始外迁。1980年，金融、房地产与专业服务增加值在美国GDP中的占比首次超过制造业，进入20世纪90年代之后，信息技术行业崛起，成为美国增长的新动力。方兴未艾的互联网科技似乎让人们忘却了美国传统制造业衰退的事实，曾经辉煌的钢铁、汽车行业也由经济龙头变成夕阳行业，渐渐被遗忘，铁锈带成了制造业衰落区的代名词。美国华尔街的资本推动着美国制造业在全球寻找最佳生产基地，美国制造中心的很多工厂被废弃，机器布满铁锈，这些经历繁华而后又走向衰败的老工业基地就像被废弃而锈蚀的机器设备一样，该地区被形象地称为"铁锈地带"，简称"锈带"，现在也泛指全球范围内因制造业衰退而一蹶不振的地区。宾州地区有个钢铁县城—布拉多克县，从2万人减少到只有2 000多人，流失了90%的人口。这些地区的选民成为特朗普在2016年总统大选中的重要支持者，也是特朗普当选后发动关税战的重要原因之一。

从自身来找原因的话，美国的"锈带"形成大致有以下因素：一是产业结构单一，升级乏力。纵观"锈带"地区各大城市，均依赖以煤炭、石油等资源为主导的重化工业，这些工业在一定时期内确实制造了大量工作岗位，产出了巨大财富，但也导致地区在其他产业方面发展"跛脚"，无法规避产业变革带来的经济发展风险。二是不可再生资源枯竭，自然环境恶化。在"锈带"地区高速发展时期，森林、矿产等大量不可再生资源被过度开采，无法持续发展。三是路径依赖，创新动力不足，大量结构性失业人群无法顺利转型。"锈带"地区原有产业工人，大多知识水平不高，且年龄较大，在以信息技术为核心的新一代技术革命来临之后，很难顺利转型到新的行业中。四是工会组织过于强势，和资方的博弈中毫不退让，最终带来双输结局。美国钢铁工人联合会（USW）和汽车工人联合会（UAW），擅长利用大范围罢工的威胁和资方谈判，并由此不断提升工会成员的工资，无疑增加了"锈带"汽车和钢铁等行业公司的用工成本。从1950年到1980年，"锈带"的制造业工人的工资国内溢价约为13％。美国南部移民劳工的供应不断增加，使得南部地区劳动力成本更低，美国的制造业产生不断转移到南方地区的新格局。

铁锈地带伴随产业转移而来的是高失业率、人口外移、实际收入下降、与结构性失业有关的社会问题日益严重。类似的情况也出现在其他一些国家，如德国的鲁尔工业区、法国的洛林地区、日本的九州地区、中国的东北地区等。这些城市都在19世纪初的城市化浪潮中兴起，在第二次工业革命中成为各国的制造业中心，在20世纪中叶逐渐走向没落，衰退而衍化为"铁锈地带"。德国的鲁尔位于西部德国的北莱茵—威斯特法伦州，是德国工业革命的发源地。丰富的煤炭资源和钢铁资源、四通八达的铁路以及纵贯南北的莱茵河让鲁尔成为"德国工业的心脏"。第二次世界大战之后，鲁尔工业区的工业产值一度占到德国全国的40％，为德国的战后重建与经济复苏发挥了巨大作用。在20世纪70年代之后，产业结构单一、严重依赖煤炭、钢铁产业的鲁尔工业区也面临严重的经济结构问题。容易开采的煤炭资源已经枯竭，煤炭已经不再具有竞争力；钢铁行业也受到日本等国家的挤压。在20世纪50年代，鲁尔工业区的煤矿行业就业人数超过50万人。然而，在1957年煤炭和钢铁行业的危机和1968年采矿业的整合之后，员工人数骤降到了18万人。20世纪60年代开始，德国开始策划鲁尔工业区的改革。鲁尔区的经济结构调整主要包括工业结构与布局、发展第三产业和优化生态环境等方面的综合整治。20世纪60年代开始，德国联邦政府为鲁尔区制定调整产业结构的指导方案，通过提供优惠政策和财政补贴对传统产业进行清理改造，鲁尔区对传统行业采取的政策并非是一关了之，而是通过增加规模经济性减少成本、延展生产经营领域、聚焦生产高附加产品等手段实现产业升级。此外，投入大量资金来改善当地的交通基础设施，兴建和扩建高校和科研机构，集中整治土地，为下一步的发展奠定基础。20世纪70年代开始，重点通过提供经济和技术方面的援助，逐步在当地发展环保、园林、建筑、贸易、金融、服务等新兴产业，以掌握结构调整的主动权。20世纪80年代至今，德国联邦和各级地方政府充分发挥鲁尔区内不同地区的区域优势，形成各具特色的优势行业，实现产业结构的多样化。经过综合整治，鲁尔区经济结构趋于协调，工业布局趋于合理，改变了重工业区环境污染严重的局面，成为环境优美、适宜居住的地区，也是德国人耳熟能详的富人集聚区,散发着持续的经济和文化活力。通过恰当的政策支持和持之以恒的努力,"铁锈地带"也是可以成功转型的,德国鲁尔已经成功转型为以信息通信、纳米材料、医学技术及新能源等高科技产业为主的创新型城市,成为全球铁锈地带的学习榜样。

类似的,英国的伯明翰也在不断更新和适应新的竞争环境,不仅重新成为英国制造业中心,还成为世界知名的时尚新区,国际工业、艺术展会为主的服务业竞争力也不断提升。中国东北地区曾经是新中国最重要的工业基地,近年来经济发展的压力不断增大,人口也持续外流,东北三省总人口1.2亿,相当于法国和英国两国人口的总和,其面积两倍于法国,拥有很强的科技实力和人才基础,也有齐备的产业链条。相信在正确的产业和区域政策指引下,经过持之以恒的努力,将来应该会凤凰涅槃,重新焕发光彩。

参考文献:

李刚.发达国家"铁锈地带"的转型治理实践与我国复兴路径[J].上海城市管理,2017,26(01):33-39.

区域一体化：
长三角经济的中国实践

"紧扣一体化和高质量两个关键词抓好重点工作，真抓实干，埋头苦干，推动长三角一体化发展不断取得成效。"2020年8月，习近平总书记在合肥主持召开扎实推进长三角一体化发展座谈会时做出这一明确指示。将安徽、江苏、浙江、上海这三省一市的发展放在国家战略的高度，作为全国发展最强劲活跃增长区域，力争成为高质量发展样板区、率先基本实现现代化引领区、区域一体化发展示范区、改革开放新高地。而其中一体化的重要性是核心关键，我国的区域经济一体化进程正在加快。顶层设计方面，十四五规划第30条指出，"推进京津冀协同发展、长江经济带发展、粤港澳大湾区建设、长三角一体化发展，打造创新平台和新增长极"；"规划"第31条特别提及成渝都市圈的建设，"推进成渝地区双城经济圈建设。推进以县城为重要载体的城镇化建设"。另有许多相关配套文件推动着区域经济一体化纵深发展。经济成果方面，2020年京津冀经济总量8.6万亿元，粤港澳大湾区经济总量11.59万亿元，长三角三省经济总量24.5万亿元，成渝都市圈经济总量7.36万亿元，占全国GDP（101.6万亿元）比重分别为8.5%、11.41%、24.12%和7.25%，合计占全国GDP的51.28%。如果单看长江经济带，以47.2万亿的经济规模，贡献全国经济总量的46.4%。一部分区域经济带作为重要增长极，已经成为全国经济发展的重要动力。

经济学家巴拉萨将区域经济一体化分为四个发展阶段：贸易一体化，取消商品流动的限制，实现市场一体化；要素流动一体化，实现劳动力、资本等生产要素的自由流动；政策一体化；最终实现完全一体化。

区域经济的一体化在经济学层面，首先是解决外部性问题。外部性又称为溢出效应，指一个人或一群人的行动和决策使另一个人或一群人受损或受益的情况。经济外部性是经济活动对他人和社会造成的非市场化的影响，社会成员（包括组织和个人）从事经济活动时其成本与后果不完全由该行为人承担。外部性分为正外部性（Positive Externality）和负外部性（Negative Externality）。正外部性是某个经济行为个体的活动使他人或社会受益，而受益者无须花费代价；负外部性是某个经济行为个体的活动使他人或社会受损，而造成负外部性的人却没有为此承担成本。在区域经济一体化过程中，公共产品的提供尤其是交通基础设施（如高速公路、高速铁路等路桥）的跨区域建设，明显带有正外部性的因素。长三角一体化进程中，交通先行，一体化的交通基础设施网络的建设成为首要成果。三省一市在建设机制方面更加协同一致，城际轨道交通一体化运营管理方面取得突破，形成交通一体化体制机制改革创新的长三角样板。以南京为例,一体化的交通网络,自然包括对安徽境内的马鞍山、滁州、合肥、芜湖等地城际交通的快速推进。与此相对应,环境污染的跨区域治理则是应对负外部性的必然举措。在构建长三角生态环境一体化,整合长三角生态环境资源,统筹山水林田湖草生态系统治理时,都需要从整体思考,从自然资源的布局而不是行政区划的边界划分责任和权力。通过整体环境治理目标体系,实现规划标准一体化、供给分配一体化、污染治理一体化、常态监管一体化和风险防控一体化。这样才可以避免"一湖三不管"的困局。

长三角一体化进程中,第二个经济学解释是囚徒困境,通常可以理解为从局部思考的最优决策,但是在全局层面却是次优选择。这一点通常可以解释以往各地在产业布局中的重复建设,以及招商引资中的恶性竞争。总书记这次讲话特别强调:以一体化的思路和举措打破行政壁垒、提高政策协同,让要素在更大范围畅通流动,有利于发挥各地区比较优势,实现更合理分工,凝聚更强大的合力,促进高质量发展。差异化的协同发展促进长三角产业分工合作不断深化,长三角中上海建设"五个中心""四大品牌",重点强化服务功能,提升服务经济主导优势;江苏制造业与服务业并重发展,在产业技术创新上走在全国前沿;浙江以信息经济为核心产业引领转型升级;安徽集中突破一批关键核心技术的同时,承接江浙沪的制造业转移集聚。

还可以从规模经济的角度来解释区域一体化。经济学中规模经济的概念来自厂商理论,指的是随着生产规模的扩大,每个产品的成本将逐渐降低。进一步地,可以将其拓展到消费和基建方面,这是因为生产的规模最终要跟消费的规模挂钩,并且生产到消费之间的成本也取决于基础设施的完善程度。一言蔽之,产品的成本将随着生产规模、消费规模(市场规模)和基础设施便利度的提升而降低。当然,这里指的产品完全可以推广到广义上的公共品,比如区域间的政策协调。

全球知名便利店罗森便利店在长三角的三省一市(江苏、浙江、安徽和上海)合计202家,其中上海98家,江苏53家,浙江38家,安徽13家。而在其他区域一共布局不到100家。它颇有远见地重点布局长三角地区,充分享受到了中国最大、最优质的区域一体化红利,长三角的一体化,为罗森提供了广阔的市场,市场规模降低了其用户获取成本。长三角地区高度发达的基础设施和交通运输网络,罗森的物流配送能力得到了很大提升。

2020年,仅长三角地区,新能源汽车的产量就达到全国产量的三分之一。长三角的新能源汽车产业链十分发达,区域间的协调、分工和资源整合能力强大,规模效应显著。造车新势力们充分利用了长三角的区域优势:蔚来把代工厂和中国总部设在合肥,全球总部设在上海;理想总部在北京,但研发中心设在上海,生产基地位于常州;小鹏在上海有研发中心,其核心生产基地落户于规模效应同样显著的珠三角。有研究发现,按照特斯拉零部件对整车价值的比重,对特斯拉的中国供应商排序,发现32家供应商中有19家是长三角公司。在为特斯拉直接或间接供货的所有公司中,105家是长三角企业,占据特斯拉国内产业链的56%,这105家公司与上海特斯拉超级工厂的距离在200千米以内,属于"3小时朋友圈"。长三角的产业链、运输链和网络链极大地支撑着特斯拉的零库存生产计划,基本上把库存成本压缩为零。规模经济红利下,是产能的快速释放。特斯拉上海超级工厂占地86万平方米,年产能50万辆,产能占地比达到每平方米0.58辆,每平方米产能是其他头部车企的3倍。2021年特斯拉上海超级工厂共交付48.41万辆,同比增长235%,占特斯拉51.7%的年度全球交付量。2018年之前马斯克苦恼、外界唱衰的特斯拉产能问题被上海工厂彻底解决。预计特斯拉中国的第二座超级工厂的选址必然会落在四大一体化区域当中,继续享受区域一体化带来的规模经济红利。

生物医药也充分吸收着长三角的规模经济红利。作为典型的规模聚集产业,生物医药在世界范围内有四大聚集区:英国伦敦、美国波士顿—剑桥地区、美国旧金山湾区以及瑞士。而中国长三角地区已经囊括了全国近三分之一的药品销售额和生物医药产业园区,2020年,江苏省和上海市生物医药产值均超6 000亿元,浙江省规模以上医药工业总产值2 150亿元,安徽省以千亿规模位居第四。2020年年末,科创板上市申报的64家生物医药企业中,一半以上来自长三角。长三角地区产学研条件优越,复旦大学、上海交通大学、南京大学和浙江大学四所"C9"高校是学术支撑,全国医药研发百强企业有三分之一布局在长三角,全国30家新药研发企业中的20家也都位于长三角地区。

参考文献:

[1] 36氪.万亿特斯拉产业链,哪个城市赚得最多?[EB/OL].2021-12-13. https://36kr.com/p/1525566951605380.

[2] 唐丽珠.长三角生物医药产业集群,离世界级还有多远?[EB/OL].2021-02-20.https://m.thepaper.cn/baijiahao_11386429.

区域金融中心：
南京的发展与未来

一般来说，区域金融中心要聚集国内外较多的金融机构，金融市场发展成熟，金融功能完备且以某一周边区域为金融经济腹地，并能对周边区域经济产生扩散与极化效应。在南京都市圈地位和南京首位度不断提升的背景下，在内循环为主，内外双循环相互促进的新发展格局态势下，南京有成为东部地区重要金融中心的条件和优势。

从金融业总量来看，"十三五"以来，南京金融业增加值年均增长10.6%，本外币存贷款年均增长13.04%，保费收入年均增长36.41%，金融总资产近8万亿元，金融市场规模约占全省20%。截至2020年年末，南京市的金融机构本外币各项存款余额超过4万亿元，同比增长13%；各项贷款余额3.8万亿元，增长14%。金融业增加值、存贷款余额、证券交易额、保费收入等主要金融指标均居江苏省首位。

南京的特殊区位，使之成为上海都市圈和长三角中心区发展能级向长江中上游传递的"中继站"，它在长江流域有着跨省域协调发展的试点可能，进一步带动中西部地区的发展，发挥南京都市圈的增长极和带动作用。

南京都市圈规划，是首个获批国家级都市圈规划的城市，也可以体现出国家对南京的期待和对南京都市圈重要性的认可。2020年，南京市GDP达到1.48万亿元人民币，增长4.5%，首次进入全国十强；南京都市圈地区生产总值超过4万亿元，占全国比重为4.1%，较前年提升0.1个百分点，地区增速也快于全国，经济结构进一步优化。

如何更好地发挥南京在南京都市圈中的引领带动作用，金融服务的辐射能力应率先发力。为周边城市中的各类别企业提供完备的融资支持，这就需要南京拥有足够多层次的金融服务市场。南京市已集聚各类金融和新型金融组织近1 000家，基本形成以银行、证券、保险为主体，各种新型金融业态并举的现代金融组织体系。江苏省首家银行系资产管理公司工银金融资产投资公司，全国首家台资法人银行永丰银行，彰化银行等特色金融机构进驻，南京成为苏皖赣三地金融集聚度最高、组织体系最为完善的城市。

"金融活则经济活，金融稳则经济稳"，金融是现代经济的核心和引擎，金融制度是经济社会发展中重要的基础性制度，现代金融的基础性、纽带性和渗透性功能直接影响着城市发展的各个层面。提升金融首位度，打造现代金融中心，发挥好人才、资金、数据信息等金融资源富集的优势，是南京"首位度"提升的必然要求。

用好科教人才禀赋，更好发挥竞争优势。截至2020年，南京在校大学生数量为75.7万，全国排名第八，位居长三角地区第一，每年毕业生人数近30万。中国科学院、中国工程院公布2021年院士增选结果,江苏共有16人当选,其中14人在南京地区。南京地区新当选两院院士人数仅次于北京,居全国第二。这些人才资源,为金融行业的持续发展提供了雄厚的人才保障和智力支持。如何将雄厚的高教科研力量转化成科创产业和城市的创新力,就十分需要金融的推动。在2022年第二轮国家双一流大学和双一流学科建设名单中,南京拥有13所高校,43个学科进入,在整个东部地区同类城市中遥遥领先。

南京市的金融不断服务区域实体,产融结合,为核心技术突破提供强有力支持。2021年,南京市高新技术产业内有规上制造业企业1 824家,比上年增加426家;全社会研发经费支出占GDP比重达3.6%,万人发明专利拥有量达95.4件,居全国第三;2021年全年净增高新技术企业1 300家、总数达7 800家;入库科技型中小企业1.68万家。全市高新技术产业产值达1.3万亿元。各类股权投资基金,持续发挥资本的力量,挖掘扶持科技创新,实体产业与金融资源深度融合,形成强大发展合力。

中国部分城市金融业对比

	本外币存款余额(截至2020年)	本外币贷款余额(截至2020年)	大陆境内上市公司数量(截至2022.03.10)	对应总市值(截至2022.03.10)	2020年GDP	金融业增加值(截至2020年)	规模以上工业增加值(截至2021年)	金融总资产	在校大学生人数(含研究生)
南京市	4万亿元	3.8万亿元	108家	1.4万亿元	1.48万亿元	1 838亿元	3 543.96亿元	8万亿元	本科生73.54万人，研究生14.25万人(2019)
杭州市	5.4万亿元	4.98万亿元	195家	2.8万亿元	1.61万亿元	2 038亿元	4 100.10亿元	缺失	本科生46.6万人，研究生8.5万人(2020)
苏州市	37 683.9亿元	35 197.9亿元	135家	1.3万亿元	2.02万亿元	1 770亿元	10 872.8亿元	缺失	本科31.70万(2020)，研究生数据缺失
广州市	6.78万亿元	5.44万亿元	133家	1.9万亿元	2.5万亿元	2 234亿元	5 086亿元	9.06万亿元	本科生130.71万人，研究生12.88万人(2020)
成都市	4.39万亿元	4.19万亿元	101家	1.3万亿元	1.77万亿元	2 114.8亿元	5 625.65亿元	缺失	本科生92.7万人，研究生11.1万人(2020)
武汉市	31 005.89亿元	36 855.97亿元	72家	7 138亿元	1.56万亿元	1 628亿元	4 971.26亿元	缺失	本科生100.69万人，研究生14.93万人(2019)
无锡市	19 400.95亿元	15 303.43亿元	77家	1.1万亿元	1.24万亿元	1 058.75亿元	3 968.8亿元(2020年)	缺失	本科生10.6万人，研究生0.78万人(2018)

数据来自国泰安数据库、同花顺iFind数据库、各地金融业发展"十四五"规划以及网络公开数据。

社区生鲜：
疫情下的电商新赛道

2020年5月，滴滴专门打造的社区团购项目橙心优选在成都启动试运营，11月3日滴滴的CEO程维向外界表明：滴滴对橙心优选的投入不设上限，全力拿下市场第一名。6月下旬，美团优选在济南宣布入场社区电商，美团创始人王兴几乎倾所有资源为社区团购开"绿灯"。明确表示社区电商"这场仗一定要打赢"。7月，拼多多组建"多多买菜"，宣布砸10亿元补贴入场，创始人黄峥亲自上前线督察工作。9月中旬，阿里宣布盒马优选事业部正式进入社区电商赛道，盒马总裁侯毅直接负责。

45岁至64岁之间，家庭收入较好、生活稳定且无重负担的"活力熟年"群体，逐渐成为"电商消费新生代"。数据显示，近5年来，中国50岁以上网民占网民总数的比重从6.7%提升至13.6%，50岁群体人均网购消费达5 000元/年。他们是城市家庭生鲜的主要购买者，同时接受新鲜事物的主动性更强，渴望建立新的人生价值和社会认同，主动接纳、融入新型消费，且消费能力与消费意愿更强。受疫情影响，社区团购尤其是生鲜电商消费上涨明显，消费习惯加快形成并固化。有数据显示，2020年除夕到七夕的时间段里，生鲜果蔬类微信小程序的交易笔数增长了149%，社区电商的交易笔数增长了322%。而对疫情更"易感"的中老年群体，在后疫情期延续了基于社群需要、价格优惠和防疫安全的生鲜电商消费习惯。

如今各大平台疯狂"跑马圈地"，各大互联网公司不惜砸巨资现金补贴消费者的场景，与数年前"共享单车"热潮颇为类似，但两者之间存在一些差别：生鲜消费的巨大硬性需求市场。数据表明，2019年我国生鲜市场交易规模达1.79万亿元，同比增长6.9%，且自2013年以来持续保持6%以上的增长。生鲜消费不仅总量大，且几乎覆盖所有城市家庭，具有超高覆盖率、消费频次高、复购率高的特点，易于形成用户黏性。生鲜市场巨大的硬性需求和随着收入水平逐渐提升的消费追求，是大平台的热情追捧的根本原因。

生鲜消费的传统痛点主要有两个：一是供应链、物流链太长，层层加码导致层层薄利，既伤农，也伤民；二是"柠檬效应"明显，生鲜产品的品质不可观、不可感，消费者难以区分和评价，导致低质产品凭借价格优势挤压优质产品空间。电商模式的优势，恰恰可以有效弥补传统生鲜平台的痛点。一方面，电商平台依托大数据和物流体系，压缩供应链和物流链，提高匹配效率，缩短从地头到餐桌的时间距离，形成价格优势。另一方面，电商模式通过数字化溯源跟踪、社群口碑营建、直播展示与体验等方式，优化了原本单一、单向的生鲜产品评价方式，让生鲜产品的质量和品质更可感、可触、可知。

互联网电商不断下沉和覆盖新市场的同时,也应该多思考如何更好地提升社会总福利水平。在生鲜和社区电商大力推进的时候,上游农民的收入水平如何能得到提升,农产品流通领域中的大量损耗如何能够减少,希望巨头们能通过先进的互联网技术和大数据智能算法来实现。

我国生鲜电商的发展历程截至目前大致可以分为三个阶段。第一个阶段以2005年的易果生鲜成立为标志,阿里和京东也在这期间推出了生鲜服务,但是主打的仍然是B2C传统模式;第二阶段开始的节点可以认为是每日优鲜的出现,这个阶段是典型的混战局面,其中既有模式的混战(前置仓、仓店一体、O2O和社区团购等),也有大大小小的生鲜电商企业的混战;第三阶段就是各互联网巨头的入局,主要是疫情的刺激。艾瑞咨询数据表明[①],2020年中国生鲜零售市场规模超5万亿元,预计2025年突破6.8万亿元,存在刚需和高频的特性。2019年,生鲜线上零售率只有8.8%,在疫情的冲击下,2020年的生鲜线上零售率几乎翻倍,达到14.6%。即便如此,这一比率仍低于线上零售占社会总零售的比例(>20%),一个万亿级别的市场正逐渐呈现。

就目前来看,电商生鲜主要分为两种模式——前置仓和社区团购,上文提到的"店仓一体"模式并不是主流,尽管应用这一模式的盒马鲜生和永辉超市十分出名。艾瑞咨询的数据指出2020年,前置仓GMV规模337亿元。

前置仓以叮咚买菜和每日优鲜为代表。生鲜从产地采购之后,通过干线冷链先运输到城市分拣中心,然后再通过小干线冷链配送到前置仓。这些提前布局的"小仓密铺"往往距离社区3~5千米。一般而言,一个城市要设置30~40个小仓库,才能使得配送网络达到30~40分钟的配送效率。前置仓以直营直采为主,根据叮咚买菜和每日优鲜两大龙头公司的招股书,二者生鲜品类直采占比分别为75%和93%。前置仓模式曾经得到了资本的青睐,走"店仓一体"模式的盒马也曾经忍不住推出"盒马小站",试水"前置仓"。但一段时间后,盒马负责人侯毅发现前置仓弊端太多——到处都想管,却又到处管不好,直言前置仓是做给VC看的。2021年6月9日,叮咚买菜和每日优鲜两家企业在同一天递交美股招股书。

社区团购则以美团优选、多多买菜、兴盛优选为主,采取的是三层仓体系:共享仓交给供应商,进行货物的简单加工或分装;中心仓平台自营,进行城市整体性的分拣调配;网格(所谓网格,可以理解为地图上的一个小格子,即某一片区域)仓外包给加盟商(行业内称为"团长"),负责各范围内的门店,团长是否盈利稳定是整条供应链稳定的重要环节。与前置仓直采直销并承诺30分钟送达的模式不同,社区团购更多采用的是分销制,隔日送达,消费者到指定门店自提。

总体来说,前置仓模式方便快捷,但成本也水涨船高,2020年叮咚买菜每单的履约成本为20元左右,亏损20亿元[②]。社区团购精简了流程后,每单的履约成本可以最低

---

① 艾瑞咨询:《2021年中国生鲜电商行业研究报告》,https://www.thepaper.cn/newsDetail_forward_12726968。

② 光大证券:《社区团购行业深度报告:聚焦家庭厨房,回归供应链升级本质》。

压缩到1元附近[1]，在控制了成本的同时，还让利了消费者，一举两得；前置仓聚焦的是一线发达城市的高消费群体，商品SKU丰富，可达4 000多种，社区团购注重性价比，主打下沉市场，SKU基本在1 000附近；前置仓的生鲜比例较社区团购会多一点，这对于其引流和吸引资本的注意力都是有利的。

一般将兴盛优选、十荟团和同城生活称为"旧三团"，把美团优选、多多买菜和橙心优选称为"新三团"，新旧的显著区别在于是否背靠大型互联网平台。也正是因为新三团背后有这些互联网巨头支撑，所以它们的恶性竞争倾向更为明显，各方通过低价倾销等策略"跑马圈地"，严重损害了传统商贩的利益，甚至在某种程度上已经危及基本民生。2020年年末，市场监管总局召集美团、拼多多等互联网平台公司，指出互联网平台企业要严格规范社区团购经营行为，严格遵守"九个不得"，包括禁止倾销、串通定价、垄断和大数据杀熟等，之后对多家社区团购平台做出了行政处罚。社区团购正在退潮，2021年下半年，十荟团和同城生活相继出局，"旧三团"仅剩兴盛优选一家在继续坚守；2022年3月初，市场传出滴滴旗下橙心优选全线裁员的消息，阿里也在收缩淘菜菜的阵线，其负责部门MMC事业群传闻裁员20%~30%。美团优选和多多买菜仍处于胶着状态，暂列行业双寡头之位。

社区生鲜的发展需要注重解决三个痛点：低利润率、以冷链运输设施为代表的供应链和最主要的品控问题。生鲜行业的利润率在15%左右，在各行业中属于较低水平。这意味着它如果想走"先烧钱扩张，再规模经济"这条道路，是比较难的，因为稍不留神利润就会被侵蚀，扭亏为盈的转折点很难到达；生鲜的运输和贮藏都不同于一般商品，需要比较苛刻的条件，这也是为什么一些投资人把它称为"消费行业最难啃的骨头"。我国食品冷链的效率比较低，对利润的挤压比较明显。以果蔬、肉类和水产品流通环节为例，腐损率分别为20%、8%和10%，但发达国家基本保持在5%以内，美国甚至可以在某些环节上做到1%~2%的水平[2]。供应链管理方面，很多生鲜电商平台的自提点比较混乱，因为配送车辆把货送到就直接扔下，不做管理，导致顾客自提困难，这就打击了消费者的热情。品控方面，生鲜产品难以保存的特性加上各平台尚未成熟的供应链能力，导致了诸多质量问题。各消费投诉平台关于电商生鲜的投诉颇多。2021年下半年，每日生鲜、盒马和叮咚买菜等都曾经因为质量问题被行政处罚。

低利润率的问题可以通过压缩传统生鲜交易的层级以及一定程度的提价来改善。品质是社区生鲜发展的基础，既要与优质供应商合作，又要死磕供应链，二者都是长期的系统性工程，需要各平台进一步探索和把控。毫无疑问，电商生鲜这种模式是对传统生鲜行业进行的升级改造，但如果这些互联网新技术加持的新势力们不能通过供应链和质量管控等措施提高社会的总福利，反而是与民争利，那么确实需要反思其存在的合理性。

---

[1] 东吴证券：《生鲜电商战事升级，路向何方：叮咚买菜 VS 每日优鲜 VS 社区团购》。
[2] 平安证券：《交通物流行业：冷链物流的新一轮增长周期——生鲜进社区》。

参考文献：

［1］艾瑞咨询.2021年中国生鲜电商行业研究报告［R］.2021.

［2］东吴证券.生鲜电商行业深度分析：生鲜电商战事升级，路向何方，叮咚买菜VS每日优鲜VS社区团购［R］.2021.

［3］平安证券.交通物流行业：冷链物流的新一轮增长周期——生鲜进社区［R］.2021.

［4］光大证券.社区团购行业深度报告：聚焦家庭厨房，回归供应链升级本质［R］.2021.

肥尾现象：
极端气候的经济学分析

2021年以来，全球极端天气频繁爆发。2月，美国南部多地迎来极寒天气，得克萨斯州遭遇百年一遇的暴风雪寒流，出现零下数十摄氏度低温，450万家庭断电。春季，加州等地又出现世纪性干旱。夏季，加拿大出现49.6℃创纪录高温。7月，德国西部发生创纪录洪水灾害，有地区两天时间下了近两个月的降雨量。7月，河南郑州出现罕见持续强降水天气，一天下了将近当地一年的雨量。这些异常气候现象，给当地居民带来了巨大的生命和财产损失。

这一系列极端天气事件并非偶然，很多研究认为这是在全球气候变暖背景下，中高纬度环流系统变化带来的影响，近期北纬40度左右更容易发生极端气象。肥尾效应是指极端情形发生的概率增加，预期危害变大的极端情况。在金融领域存在"尾端风险"一说，是指在统计学上两个极端值可能出现的风险，按照常态即钟形分布的话，极端值产生的概率极低，但当极端值发生概率增加，就会出现肥尾风险，也叫作厚尾风险。钟形曲线两侧下降缓慢，被称为"幂次法则"。在金融市场中，幂次法则是很多价格遵循的普遍法则，石油、猪肉、股票的价格都遵循这样的形态变化，包括纽约股票交易所上市公司股票价格、标普500指数等，除此以外，还包括外汇市场和债券市场，很多数据和实证分析表明，事件的极端变化比常态法则推测更为频繁。尽管很多人都试图对这种现象进行原因分析，包括类似较大事件的冲击，重大的政府企业新闻等等，会对市场产生足够的影响，但这种解释只能对某一时间段的肥尾现象进行解释，并不能够说明所有存在的疑点，也并不具有普适性。存在更多的价格波动、极端现象的出现背后没有极端事件作为缘由。对于金融交易来说，很多事件是取决于分布的尾部状态而非均值，小概率事件的频率增加会很大程度影响交易市场。

全球气候变化的两个重要事实是气候变暖与极端气候事件多发，这两者互为相关，并相互促进。世界气象组织（WMO）研究认为，2015—2019年很有可能成为有气温记录以来最热的5年；全球温室气体的浓度仍在不断升高，还认为，2022至2026年间至少有一年有可能成为有记录以来最热的一年。

温室气体除了人们熟知的二氧化碳之外，还包括甲烷、氧化亚氮、六氟化硫、氢氟碳化物、全氟化碳、三氟化氮等。其中甲烷是一种温室效应达到二氧化碳28倍的气体，当全球气温趋势性升高后，海水和极地温度也随之升高，大量甲烷就会从海水中释放，从极地冻土之下逸出，带来比二氧化碳更严重的温室效应。

经济学对气候变化问题一直有研究，这个领域最为出色的经济学家之一马丁·魏茨曼（Martin Weitzman）教授认为，解决极端气候要比解决气温变暖更迫切和重要。

2015年的《巴黎协定》希望通过各国的同心协力，将全球平均气温控制在比工业革命前不超过2 ℃。不同监测机构都证实，目前大气中二氧化碳含量再次超过400 ppm（衡量浓度的单位，百万分之一），上一次这个浓度时气温比现在高3 ℃～4 ℃，海平面高大约24米。到本世纪中叶，最乐观估计二氧化碳浓度也要达到500 ppm，约1 600万年前曾经有过，当时气温比现在高至少4 ℃。

如果说平均温度上升是一个"灰犀牛"事件，那温度突然上升10 ℃以上的小概率事件就是"黑天鹅"了。在这么短的时间里，温室气体浓度和气温同时上升如此之快，在如此快速变化中，地球各地爆发各种百年不遇、千年不遇的极端气候概率正在增加。

极端情形出现的概率虽然不高，但伤害性巨大，甚至可能是无穷大，即使考虑了小概率之后对人类的预期伤害依然很大。当预期的危害变大的速度超过发生概率变小的速度时，经济统计学称它为"肥尾"现象。

魏茨曼教授认为，气候变化带来的极端危害事件就应该属肥尾分布，人类除了应对平均气温温和上升之外，更要注意谨防气温大幅波动，包括大幅下降或大幅上升带来的不确定性风险。

参考文献：

[1] 庄泓刚.基于非正态分布的动态金融波动性模型研究[D].天津：天津大学，2009.

[2] 彭作祥，庞皓，张卫东.时间序列"肥尾"现象的统计检验[J].西南师范大学学报（自然科学版），2003(03)：382-385.

[3] 杨芥舟.中国上市公司资源配置与收益率分布研究[D].上海：复旦大学，2012.

[4] 白占立，靳庭良.误差项条件分布的肥尾性对单位根检验可靠性的影响[J].统计与决策，2008(05)：35-38.

碳中和：
中国经济转型发展的决心和承诺

  2020年9月22日，中国国家主席习近平在第75届联合国大会一般性辩论上的讲话中宣布：中国将采取更加有力的政策和措施，二氧化碳排放力争于2030年前达到峰值，努力争取2060年前实现碳中和。这是中国首次明确给出碳中和的时间表，也是中国首次向全世界郑重给出明确的减排目标。2060年碳中和的承诺，意味着中国高质量发展低碳转型的决心坚定，同时表明中国在能源转型和低碳绿色的技术发展上充满信心。

  笼统而言，就是将温室气体排放量正负抵消，达到相对"零排放"。据联合国政府间气候变化专门委员会（IPCC）定义，人为排放即人类活动造成的二氧化碳排放，包括化石燃料燃烧、工业过程、农业及土地利用活动排放等；人为移除则是人类从大气中移除二氧化碳，包括植树造林增加碳吸收、碳捕集等；人为移除与人为排放相抵消，则排放到大气中的二氧化碳的净增量为零。企业、团体或个人首先测算自己在一定时间内直接或间接产生的温室气体排放总量，然后通过植树造林、节能减排等形式，以抵消自身产生的二氧化碳排放量，实现二氧化碳总量的"零排放"。全球气候变暖作为一个自然现象，科学家们提出了"碳中和"的解决方案。但更多时候，它面临的是一个典型公共品困境问题，全球不同国家基于自身利益考虑，提出不同的解决方案和路径。气候变化的国际谈判目前有三种声音：欧盟，在应对气候变化方面最为积极，同时在节能减排立法、政策和绿色技术方面也处于领先地位。伞形集团，包括美国、日本、加拿大、澳大利亚、新西兰、挪威、俄国、乌克兰等，这些国家的地理分布很像一把"伞"，也象征地球环境"保护伞"，故得此名，它们没有欧盟积极主动，各自有各自不同的盘算，但也不愿意放弃在气候变化问题上的话语权。发展中国家（77国集团＋中国），强调除了减排目标，还应包括对发展经济的适当考虑。

  在排放标准方面，有排放总量、人均排放和人均历史积累碳排放三种不同的标准。人口大国通常排放总量巨大，所以人均排放相对更好进行横向比较。但是，温室气体在大气中是有一定寿命期的，现在全球气候变化是工业革命以来200多年累计排放的结果。18世纪后半叶伴随着大机器生产的工业革命，人类社会开始大量使用化石燃料。按照历史积累的人均碳排放量计算，发达国家远远高于现在的发展中国家。生产者责任还是消费者标准也是争议的重点，目前国际上普遍采用生产者责任制，对本国领土范围内产生的温室气体进行核算，按工业、农业等活动的能源消耗乘以相应的排放系数；但有学者提出异议，发达国家从发展中国家进口碳密集型产品，向外转移高碳密集产业减少碳排放，很多出口国其产品是为了满足进口国的消费需求，其生产过程的碳排放应由进口国承担,在核算时应遵循:国家碳排放=国内实际排放+进口碳排放—出口碳排放,即消费者责任制。第三点争议比较多的是,绿色生产方面的技术转移。发达国家不愿转让低碳技术,而发展中国家对此需求迫切,又无法承担高额的购买成本。

2015年12月,《联合国气候变化框架公约》近200个缔约方在巴黎气候变化大会上达成《巴黎协定》:该协定为2020年后全球应对气候变化行动做出安排,该协定将长期目标设为全球平均气温较前工业化时期上升幅度控制在2℃以内,并努力将温度上升幅度限制在1.5℃以内。并逐步实现到本世纪下半叶实现温室气体净零排放,即碳中和目标。欧盟、日本、韩国等先后承诺在2050年实现碳中和目标。但特朗普政府却在2020年11月正式退出《巴黎协定》。

基于中国资源禀赋、能源结构、产业发展阶段和人均收入水平,中国给出的2060年"碳中和"目标,充分体现了中国政府迎难而上的决心和对构建人类命运共同体的实质承诺。与欧美各国相比,我国要实现碳中和目标需付出更多努力。从排放总量来看,我国是目前全球碳排放第一大国,排放量占到全球的25%以上,是美国的2倍多、欧盟的3倍多,要实现碳中和,需实现的碳排放减量远高于其他经济体。中国将在2028年达到碳排放峰值在134亿吨二氧化碳,较现在的115亿吨上升16%,之后中国将提升非化石能源比例完成电力碳中和,非电领域先推动天然气替代再推动氢能替代完成能源碳中和,并在需求端通过碳排放权总量控制加碳交易推动新技术在工业和交通等领域的应用,加速碳中和进程,从高碳向低碳最后向零碳三步走,完成2060年对能源、工业和农业领域的碳中和。2019年,我国共产生能源消费48.6亿吨标准煤,其中大部分来自煤炭(占比57%),其次是石油和天然气分别为19%和8%。根据中金公司研究所估算,2019年我国产生二氧化碳排放125.9亿吨,同比增长2.8%。其中能源部分同比增幅2.6%,占据碳排放总量的77%,其次为工业过程产生的二氧化碳(15%)、农业活动(7%)和废弃物处理(2%)。欧盟的碳排放中能源占比和我们基本相同,但工业占比只有7%,表明中国仍然处于工业化加速发展阶段,制造业占比较大。

按照2019年中国人均GDP大约11 000美元计算,单位GDP能耗0.33千克标准煤/美元,高于发达国家0.12~0.26千克标准煤/美元的能耗。通过经济结构的不断改善,更为关键的是技术进步和能耗的高标准要求,预计到2060年单位能耗将下降64%,实现0.12千克标准煤/美元的高水平。中国经济在继续维持中高速增长的背景下,对"碳中和"的承诺将加速中国能源的转型和绿色生产技术的广泛应用。碳达峰、碳中和、净零排放、气候中和是各国应对气候变化的不同阶段目标。2021年中国政府工作报告也指出:通过一系列绿色低碳发展专项政策和支持工具,来扎实做好碳达峰、碳中和各项工作。中国作为地球村的一员,将以实际行动为全球应对气候变化做出应有贡献。新的碳达峰目标与碳中和愿景的提出,有利于推动经济结构绿色低碳转型,减缓气候变化带来的不利影响,为推动我国经济社会高质量发展、可持续发展提供新契机,注入新动力。做好碳达峰、碳中和工作,不仅带动我国绿色经济复苏和高质量发展、引领全球经济技术变革的方向,而且对保护地球生态、推进应对气候变化的国际合作具有重要意义。当前我国也正面临多重发展挑战和机遇。

第一，从能源结构来看，当前中国一次能源消费总量庞大且快速上涨，原煤消费占比持续下降但依旧处于高位。从一次能源消费总量来看，2018年，中国一次能源消费量达到3 273.47百万吨油当量，全球占比23.61%，居首位，一次能源消费总量庞大必然带来更多的碳排放。从能源消费阶段层面来看，中国将快速跨越油气时代，已迈入煤、油、气多元化时代，未来二十年后进入新能源时代。目前中国天然气使用量占比不足10%，石油占比不足20%，煤使用量基本到达顶部。预计原油使用量将在5—10年达到顶峰，天然气的过渡时间或将更长。

第二，产业结构方面，工业能耗占比远高于GDP占比，产业结构仍需再平衡。2018年中国能源消费总量为471 925万吨标准煤，其中工业能耗占比65.93%，工业占GDP的比重接近四成，不合理的产业结构严重阻碍了碳减排的进程。另外，工业能耗占比远高于GDP占比，产业结构仍需再平衡。近十年工业比重下降平均速度为0.02%，预计还需13年才能降至30%，达到碳达峰的基本要求。具体来看，高耗能行业脱碳面临多重困难。相关行业协会尚未制订行业脱碳具体措施，尚未明确脱碳具体路径，脱碳前景不明朗。同时行业替代技术成本高、大规模操作困难，离广泛运用尚存在一定距离。

第三，在城市化率方面，我国城市化率仍在快速提升，碳中和难点转向城市。城市作为第二、第三产业的空间载体和居民高度密集区，经济产出占比超过90%，能源电力占比甚至逼近95%。也正是因为产业、能耗和人口在城市空间的高度聚集，城市成为阻碍碳中和的难点。德国、澳大利亚、美国、加拿大实现碳达峰时城市化率基本处于80%以上。中国2019年城市化率为59.15%，仍处于较低水平，近十年城市化率平均增速为0.02%，预计还需15年才能达到欧美发达国家的城市化率水平。

第四，在人口数量方面，当前中国人口增长率处于低位水平，但人口基数庞大，是阻碍碳减排的重要因素之一。德国、澳大利亚、美国、加拿大实现碳达峰时人口增长率基本处于1%水平以下；2019年，中国人口增长率为0.36%，近十年平均增长率为0.49%，处于较低水平，基本具备人口低增长率条件。在人口基数方面，中国以14亿4 560万人位居世界第一，占世界总人口的18.36%，比第二人口大国印度多3.68%。人口基数庞大推动碳排放总量居高不下且持续增长，碳减排压力较大。

在人口巨大，工业经济快速发展，出口大量制造业高碳密集产品，资源禀赋又主要是煤炭的背景下，中国政府勇敢承担责任，对碳中和做出郑重承诺，并给出时间表。这将对中国的产业结构和新能源行业带来巨大变化。中国目前的可再生能源开发利用规模已居世界首位，2019年中国多晶硅、光伏电池、光伏组件的产量分别约占全球的67%、79%、71%，逆变器产量占80%以上，出口量占全球45%以上，光伏电池组件产量已连续12年位居世界第一。新增光伏装机量占全球40%以上，连续六年位居第一位。中国风电、光伏行业的技术水平和规模均已处于世界前列，相信在未来碳中和的硬约束下，新能源产业还会继续快速成长。

制造业规模占全国13%，连续八年保持第一的江苏，能源对外依存度却非常大，所以江苏的碳排放和能源结构的优化任务更为迫切。据苏州中鑫能源的相关研究，截至2019年年底江苏新能源装机容量已经占总装机的20.4%，"十三五"前四年全省碳强度累计下降约24.5%,提前完成国家下达目标;单位地区生产总值能耗2016至2019年累计降低18.2%。2019年,重点光伏制造企业销售收入约占全国一半以上,单晶及多晶电池平均转换效率分别达21.8%和20.3%,均处于全球领先水平。光伏电站投资成本单位千瓦降至4 000元左右;上网电价0.49元/千瓦时,部分地区已能实现平价上网。"世界光伏看中国,中国光伏看江苏"。

各地方政府对绿色发展持续加码,多地出台碳达峰、碳中和行动计划。围绕"3060"碳目标,北京、广东、山西、浙江等26个省市已开始着手制订"碳达峰、碳中和"计划,各省市碳达峰行动主要体现在消费端、生产端和碳交易三个领域。在这一目标实现的过程中,需要政府和企业携手,关注新旧能源的替代转化和终端部门能源使用及产品的回收利用,立足于四大路径得到解决。

路径一,减少碳排放,主要是重点领域部门的能源转型。首先,工业部门应调节能源供应比例、促进能效提升。其次,电力部门主要可从能源供给侧与消费侧进行减排升级。最后,交通部门积极推广公共交通新能源化、电气化。

路径二,推动碳捕获发展,技术固碳与生态固碳合力推行。积极发展碳捕获、利用与封存(CCUS)技术,生物质与碳捕获和储存(BECCS)技术,直接空气碳捕集(DAC)技术,将科技发展作为第一生产力。

路径三,完善碳交易市场。2021年2月1日,《碳排放权交易管理办法(试行)》正式施行,全国碳市场进入"第一个履约周期",生态环境部据国家发改委的初步分析,未来的碳排放量将达到每年30亿~40亿吨的规模。随着一系列制度文件加速落地,2021年全国碳市场将会正式启动。建设全国碳市场是利用市场机制落实"碳达峰"和"碳中和"目标的重要抓手。

路径四,配套支撑绿色金融。充分发挥政策监管与行业自律作用,引导金融资源向低碳项目倾斜,稳健发展绿色金融市场,创造新型碳金融产品,构建碳金融宏观审慎管理体系,增强气候变化风险管理。

在实现碳中和这一过程中,中国企业作为温室气体的排放者的同时也要成为问题的解决者,应承担不可推卸的重要责任。国内外的先行企业已相继制定了碳中和的确切目标,当前全球共有超千家企业明确了碳中和目标,超50家企业宣布已实现碳中和。谷歌于2007年就宣布已实现碳中和阶段性目标,到2030年将完全使用无碳能源运行自己的业务,这是科技界企业做出的最大环保承诺之一。但尽管谷歌每年购买了足够的碳抵消量,仍不能摆脱对化石燃料的依赖,仅2018年谷歌就排放了490万吨温室气体,相当于超100万辆机动车一年内排放的温室气体,可见摆脱碳能源是一个循序渐进的过程,不可一蹴而就。苹果于2008年就在社会责任报告中提出供应链减排,其核心碳目标为在"2020年实现自身碳中和"以及"2030年实现供应链碳中和"。苹果除采取低碳设计、再生材料使用等措施外,还自建新能源电站以实现碳抵消。2019年,苹果的全球用电中有超80%来自自建新能源电站。同时,在非电力的直接排放上,苹果通过投资于保护生态环境项目实现了每年100万吨以上的碳移除量。微软在全球性公司当中商旅排放的比例较大,在这方面微软采取了在家办公、提高新能源车的使用比例以及设立低碳航线等措施摆脱对化石能源的使用。在碳中和目标方面,微软是最早提出负排放目标的企业之一,预计在2025年公司完全使用清洁电力,2030年达到负排放目标,供应链减排50%。微软还发起了1亿美元的基金投资于在造林和与在造林相关以及直接空气捕获技术相关的创新企业。

中国互联网科技企业的减碳行动也已实施多年。互联网大厂腾讯所推动的办公楼宇节能工作已有多座获得LEED设计金级认证,如深圳滨海大厦、北京腾讯大厦等。其第四代数据中心技术T-Block也在供电模块、IT模块、制冷模块和光伏发电打包进入"集装箱",通过各种节能技术实现超低能耗。2019年12月上线的腾讯会议App也带来了相当可观的减碳成果。据生态环境部宣传教育中心于中华环保联合绿色循环普惠专委发布的《在线会议助力碳减排量化研究报告》显示,腾讯会议每进行一场在线会议的平均减排量相当于近20棵树每年产生的碳汇量。腾讯公司的数据表明,产品上线后已实现减碳1500万吨以上,这一数字相当于2.3亿辆私家车停驾两周。但像这样自发、零散的碳减排举措并不能真正意义上实现碳中和。碳中和就像一个蓄水池,碳源和碳汇分别是进水口和出水口,如何系统、科学地实现碳中和,是中国企业当前面临的问题,国外政府与企业间系统性的多年碳减排经验值得借鉴。

"碳中和"离不开低碳经济理念的发展推广。低碳经济的概念源于英国2003年发布的《我们的能源未来:创造一个低碳经济》能源白皮书,主要内容为摒弃传统经济对化石能源的依赖并且降低温室气体的排放。低碳经济概念的提出引导了英国后续能源相关的法律政策走向。20世纪90年代,加拿大规划与生态学教授里斯提出了"生态足迹"概念,即维持个人、地区、国家生存或抵消其生物生活排放所需的生态面积。这一概念被世界各国普遍用于衡量国家和地区的可持续发展能力,由之衍生出的"碳足迹"概念则被用于指导低碳经济政策的制定,可更直观地测量人类各类生产活动排放的温室气体集合。日本学者基于循环经济提出"城市矿山"和"静脉矿业"。所谓"城市矿山"是指因城市长期发展而堆积的生活废弃品和建筑废材等未得到有效回收利用,城市就犹如一座可重复发掘的矿山。"静脉矿业"就是发掘"城市矿山"的产业,静脉的功能是将血液回流到心脏。"静脉矿业"就是与回收再利用资源相关的产业。这两个概念和我国倡导的"再生资源综合利用"本质理念是一致的。我国的低碳经济重在进行能源开采,利用技术革新和政策制度变革,结合我国社会发展实情,以及日益完善的金融市场,尽快突破资源环境约束达到节能减排目标并走上绿色发展道路。

参考文献:

[1] 郑硕.做难而正确的事,腾讯的碳中和行动计划[EB/OL].南方周末,2022-02-28.https://mp.weixin.qq.com/s/NQ9469HfHaWHZrCWx9XmPw.

[2] 王焕超.诺奖经济学家谈腾讯:解决气候问题的经济与商业手段[EB/OL].哈佛商业评论.2022-03-04.https://mp.weixin.qq.com/s/76X_eOROcEiYKo9LRsR86A.

[3] 荀玉根.对于碳中和,还有什么可以期待?[J].证券市场周刊,2022(05).

[4] 刘强.我国低碳经济发展模式研究[J].合作经济与科技,2022(07):50-51.

卖"碳"翁：
美丽中国新市场中的领跑者

据报道，2020全年新能源汽车公司特斯拉出售碳积分获得超过10亿美元收入。2021年元旦刚过的新年第一周，中国生态环境部正式发布了《碳排放权交易管理办法（试行）》，该办法自2021年2月1日起施行，标志着全国性的碳排放权交易体系正式投入运行。早在2013年6月，中国首个碳交易平台在深圳正式挂牌并上线交易，之后有七省市逐步启动碳交易平台的试点。目前有近3 000家重点排放单位，1万多自然人参与买卖碳排放权，覆盖了电力、钢铁、水泥、化工等20多个行业，累计成交量超过4亿吨，累计成交额超过90亿元。但这些区域碳交易市场相对独立，各地自建自营，碳交易的价格和资源配置功能需要参与人数和交易额达到足够大规模才会有更好的效果，碳交易市场的广度、深度和活跃度不足，难以发挥规模效应。

2060年前实现碳中和，看起来还有40年时间，实际上任务十分艰巨，实现这一目标，传统方法可以将碳排放的任务进行分解，下达给各省市县乡，分解到每个行业，要求他们实现减碳指标，并对落实与否进行监督检查。另一条路径，是依靠价格机制，靠碳排放配额交易市场加以实现。目前欧盟排放交易体系（EU-ETS）是全球最大的碳交易市场，正式创立于2005年，主要覆盖30个主权国家，碳交易总量占据全球五成左右，交易标的主要是碳排放配额及相关金融衍生品。该交易市场清楚验证了价格波动和供求关系的密切联系，大多数时间EU-ETS碳排放权的价格与欧洲造纸和钢铁产业的产量存在显著正相关。但2020年3月新冠肺炎疫情暴发以来，由于停工停产，欧洲碳价持续探底创下自2018年11月以来的新低，欧洲能源交易所（EEX）甚至因投标不足还取消了碳排放许可的拍卖活动。

中国碳交易市场的建设步骤应该大致分三个阶段：一级市场的配额发放和拍卖，二级市场的自由交易，碳资产以及金融衍生相关交易的规模扩大。配额分配在初期以免费为主，适时引入有偿分配，并逐步提高有偿的比例。配额的计算尤为重要，欧盟就产生过教训。2005年，他们发放的排放权超过实际排放量4%，部分行业甚至超过实际排放量的20%。排放权总量过剩，导致排放权价格下降，环境约束软化，企业也失去采取措施减排的积极性。另外，目前中国碳排放权价格相对较低，每吨价格在30元左右。有专家预测，中国的碳排放吨价格应该在200元左右，伴随碳权价格的上升，企业将越来越珍惜碳排放额度，激励对节能减排技术改造的投入。联合国相关报告预测，中国的碳交易市场将覆盖40亿吨CO_2（二氧化碳）当量，超过欧洲碳市场的两倍，将成为全球最大的碳交易体系。第三，碳交易市场本身也是一个金融市场，自然会发展出相关的金融衍生产品；碳排放直接关联的投资基金，可以让大众分享节能减排、能效提升的经济红利；碳配额期货，用未来碳减排或碳沉降能达到的收入支持当期的投资；还有许多时期比较长的能源投资项目，可以利用衍生品市场管理全过程的风险，将长周期中存在的各种不确定性处理好。

碳排放权交易机制（Carbon Emissions Trading Scheme，ETS）是各国实现碳减排的重要市场手段，弥补了行政干预的不足，有助于我国实现"3060"的碳达峰、碳中和的重要战略目标。ETS是一种出现时间较短的市场交易机制。碳交易市场有效性的现有研究较多侧重于宏观层面，主要指标有运行有效性评估、经济产出和碳减排效果三个方面。各国学者对本国的ETS有效性研究中得到的结论不尽相同，针对越南碳市场的研究发现碳交易对发电行业的碳减排效果较为显著（Nong D，Nguyen T H，2020），基于波罗的海各国数据的研究则表明碳交易对减碳效果甚微（鲁斯，2009），我国1995至2016年省际面板数据体现出了ETS碳减排效应具有区域异质性（刘传明，孙喆等，2019）。无论是实践还是理论层面，ETS都仍处于探索阶段。能源结构不同、政治文化差异等使得各国设立的ETS有所区别，短期内施行成果也会有差异。

ETS主要通过设置碳排放权配额、调节碳价两个手段影响企业的碳减排决策。碳配额的设置形成了对企业碳排放的刚性约束，有助于推动碳配额较少的企业能源转型，让企业自发进行技术创新。调节碳价则是对碳市场的市场监管手段，保障碳交易平稳进行，避免套利交易行为，也间接促使企业提高低碳技术规避碳价波动风险。碳配额富余的企业也可以通过出售配额获得额外利润。

碳价对碳交易而言是关键的，碳交易的影子价格测算可以反映碳市场的真实供需情况。制定合理碳价，可以引导企业以最优成本效益实现碳减排目标。由于治理环境污染所需的成本难以测算，研究者常用污染物的影子价格和边际减排成本估计真实价格。张宁和刘青君（2022）运用我国六个省市六大行业2001—2017年的相关面板数据，发现我国二氧化碳的影子价格逐年上升，适度地放松市场对碳价的影响有助于推动绿色经济效益，各省市碳影子价格的不同也使得减排潜力有所差异。

企业是碳交易的基本实行单位，也是ETS减碳效用的微观研究对象。中国全国性碳排放权交易体系运行刚刚开始不久，企业层面的实证数据较少，仍具有较高的潜在研究价值。但从2015—2016年的碳排放权交易试点省市的企业面板数据来看，ETS能较大降低高耗能企业的碳排放量，在政府干预程度较高和经济发达地区减碳效果更加明显，同时碳交易政策主要通过促进技术创新而非碳配额的二次交易推动企业的碳减排，试行的ETS不能对所有企业形成约束力，可能无法长期稳定地推动企业碳减排（张婕等，2022）。

其实碳交易的最终执行单位也可推广到家庭和个人。已经在京沪川等地成功实践的碳普惠机制，主要面向小微企业和公众，可以对个人碳积分进行核算，激励减碳行为。积分通过绿色出行、参加植树等绿色公益活动等获得，可以兑换公共交通优惠券和购物代金券等。北京碳普惠项目截至2022年2月，相关平台用户达30余万人，绿色出行累计2100万人次。上海也于2022年2月公开征求关于《上海市碳普惠机制建设工作方案》意见,致力于健全上海市碳排放权交易市场,完善碳积分核算制度,更好地对接碳交易市场和各消费平台,让市民获得实惠的同时激励低碳行为。2022年3月6日,在十三届全国人大五次会议中,全国人大代表、小米集团董事长兼CEO雷军建议制定电子废旧物循环利用中长期整体发展规划,开展个人碳积分试点,在提高电子废旧物品的回收利用率的同时注重保障个人信息安全,让我们每个人的生活也成为碳交易简单的一环。

2022年2月16日的北京绿色交易所采访活动中,北京绿色交易所有限公司负责人表明了全国CCER交易中心有望落户北京的消息。国家核证自愿减排量(CCER)是除了碳配额这一标准交易形式外重要的补充交易形式,重点排放企业通过签订CCER协议购买CCER配额,可用作自愿减排或强制抵消减排。《碳排放权交易管理办法(试行)》规定重点排放单位每年使用CCER的抵消比例不得超过应清缴碳配额的5%,按45亿吨排放量测算全国碳交易市场的控排企业CCER的年需求将超2亿吨,CCER的市场前景是广阔的。CCER自2017年暂停审批核查后,这次的重启除了帮助更多企业加入减碳行业,或许还可以推动CCER转让方的相关产业项目大力发展,如光伏发电、风力发电、森林林场等。

在2022年2月举办的北京冬奥会上,除了竞技场上无数个"突破与超越"外,在"双碳"道路上也成为历史上首个完成碳中和的奥运会,绿色金融和林业碳汇在赛事过程中也大展拳脚。奥运史中"赛事、环境、经济"三重效益被称为奥运会的"不可能三角",而北京冬奥会作为碳中和的重要演练场,完美打破了这个"不可能三角"。据银保监会的数据披露,截至2022年1月20日,北京银行和中国银行通过绿色金融分别为冬奥场馆建设、冰雪项目支持等投放340.7亿元和613亿元,其他银行也有参与。此外本届冬奥会使用100%的绿色电力,依托张家口等扶贫地区的"绿电"供应,通过绿色金融带动扶贫。北京冬奥组委发布的《北京冬奥会低碳管理报告(赛前)》中提到,北京和张家口两地将林业碳汇捐赠冬奥,分别完成了71万亩新一轮百万亩造林绿化工程和50万亩京冀生态水源保护林建设工程。林业碳汇转变为金融资本,体现了绿色金融中碳转让行业的巨大影响,实现了环境与经济的共赢,对未来绿色金融和碳汇发展有很好的示范效应。

参考文献:

[1] 马梅若.北京冬奥会:"五个首次"为实现"双碳"目标探索有益路径[N].金融时报,2022-03-04(005).

[2] 李德尚玉.生态环境部支持北京承建全国自愿减排交易中心控排企业CCER年需求或超2亿吨[N].21世纪经济报道,2022-02-24(006).

[3] 张宁,刘青君.碳交易对碳达峰、碳中和目标的成本效益机制研究——基于试点省市高耗能行业的模拟[J].广东社会科学,2022(02):46-58.

[4] 张婕,王凯琪,张云.碳排放权交易机制的减排效果——基于低碳技术创新的中介效应[J/OL].软科学:1-12[2022-04-20].http://kns.cnki.net/kcms/detail/-51.1268.G3.20220228.1819.007.html.

[5] 刘传明,孙喆,张瑾.中国碳排放权交易试点的碳减排政策效应研究[J].中国人口、资源与环境,2019,29(11):49-58.

[6] Nong D, Nguyen T H, Wang C, et al. The Environmental and Economic Impact of the Emissions Trading Scheme (ets) in Vietnam [J]. Energy Policy, 2020, 140: 111362.

[7] Streimikiene D, Roos I. GHG Emission Trading Implications on Energy Sector in Baltic States[J]. Renewable and Sustainable Energy Reviews, 2009(13): 854-862.

航班延误险：
概率角度分析"诈骗案"

2020年，南京警方接到报案：李某自2015年起，用亲戚朋友的身份信息，靠自己估摸成功近900次飞机延误，累计获得保险理赔金高达300多万元。这一事件，引发社会广泛关注，案件性质的争议也较多，到底是薅"延误险"羊毛，还是保险诈骗？我们从概率论角度来聊一聊延误险的门道。

出门在外，人人都有确定的计划要遵循和安排，一件扣住下一件，如同环环相扣的链条。如果有一环断掉，就需要重新连接和调整。而作为现代社会人类远途出行必备的交通工具，飞机能够正常抵达为众多人群所关注，天气变动和突发事件往往引起航班延误和乘客事务的脱节，带来了一系列经济价值和情感价值的损失，保险公司针对乘客所失去的时间和金钱，为航班延误单独设立了航班延误险。当乘客签订相关保险合同并支付保险费后，如约定的航班延误情况发生，保险公司便会依照约定给付保险金来作为事后弥补。

航班延误险有较为复杂的理赔规定，需要具备延误时间达标和未上飞机的前提条件，还需要区分主动理赔和被动理赔，面对复杂多变的理赔程序和申报材料，在复杂流程审批和等待下得到小额的保险金，因而很多时候乘客不愿追求烦琐而避让此类险种。基于此，保险公司一方面将返航、备降及被取消也包含在航班延误险的赔偿范围中，另一方面更为强调形式的多样和理赔的边界，除了被动理赔到主动理赔的转变，延误时限也不仅仅局限于长期限制，缩短至2小时、1小时乃至1分钟的赔付均接连推出。

从申请方式来分析，不同的保险公司和情形对应着差异化的处理方案。当保险为被动理赔时，乘客需要在一个月内联系投保的保险公司进行理赔对接，需要一系列基础资料和证明材料，从保险合同复印件、理赔申请单到银行卡资料，从延误时间和原因的书面证明到个人身份认定，一系列复杂流程走完后还需一段时间的等待和接洽，针对电子客票系统等网络技术的更新迭代和理赔流程简化的实际需求，部分保险公司不断改进产品，简化到只需提供登机证明来接洽处理。而当保险为主动理赔时，通过电子系统和自动化手段自动跟踪，不需被保险人反复递交和对接申报，理赔便可以迅速处理。

对于一款保险产品来说，争议焦点在哪些情况能赔，哪些不能赔，关键在保险责任的划定。各类航空延误险对于延误责任的界定都有着不同的标准和方式，往往受延误时间和延误原因所认定。在延误时间的限度方面，由于起飞时间和到达时间的差异，延误时限的计算往往有所区别，一般保险也会针对3小时以上的延误进行理赔，而关于起飞时间和到达时间的差异，也常常以此情形中较长的为依据，如针对一乘客的航班延误,从启程来看延误 3 小时,但从到达时间来看则长达 4 小时,就会按照 4 小时来计算是否符合索赔要求。而在延误原因的认定方面,保险公司往往对责任范围和索赔原因进行具体的区分。对于乘客来说,选择航班延误险还要关注保险的除外责任,比如个人原因未能按时登机,又如地震、海啸等不可抗力造成延误,这些情况发生时,保险公司是不会支付理赔金的。

保险产品的运作底层都是概率计算。首先要明白整体概率和个体概率两个不同的概念,整体概率是通过统计数据计算出来的概率,比如我们一生中被闪电击中的概率大概是三十万分之一,这是对人类整体进行统计的结果。再比如江苏的考生考上 985 高校的概率是 1%,这是基于对全江苏省考生人数和录取人数的统计。但美国弗吉尼亚的公园护林员萨利文,一生就被闪电击中过 7 次,江苏有些高中一个班有 25% 的学生能考上 985。个体在一件事上的概率,和整体概率是完全不同的概念。在个体概率上,要计算的是条件概率。比如,你早上从南京飞往成都,中午从成都飞往贵阳,下午从贵阳飞回成都,晚上再从成都飞回南京。如果原本整体延误概率是 1%;因为是累积航班,最后一班延误的概率可能就上升到 10%;如果当天贵阳大雨,最后一班延误概率就上升到 50%;再如果中午你就知道因为贵阳大雨,成都飞贵阳的航班已经延误了两小时,那么最后一班从成都飞回南京的航班延误概率就上升到了 90%;随着新的信息、新的条件加入,最后一班航班延误的概率数值在不断地变化。如果你能找到这些条件,是可以提高预测准确率的。

保险公司怎么避免被"薅羊毛"呢?限制每个人只能买一份延误险,很少人会花这么多时间去研究,还要垫资去买票,还要买原价票,还要赶在理赔材料送上去之后退票,这时候一份延误险理赔的金额就太少了,划不来就没人刻意干这件事了。更好的方法是对不同航班、不同时间、不同日期,个性化定价。动态计算延误险价格是最合理的解决方案。

可以参考赌球的逻辑,球赛开始之前,赔率根据下注的情况不断变化,在开场之后仍然可以下注,随着局势的变化不断改变赔率,这才有庄家的气质。大家都见过淘宝、京东、抖音的个性化推荐,所谓的效果付费,就和开赌场一样,拿所有人的注意力去推荐产品,产品打动顾客是有概率的,平台不断地计算概率,提高命中每一个具体人喜好的概率,只要命中了,就有广告商叮当叮当掉钱。要知道个性化广告,千人千面才是整个互联网繁荣十多年的经济基础。

在市场经济下,在开放的博弈环境下,庄家已经占据了极大的优势。有些明明是庄家等规则制定者自身的问题、漏洞或者是意识上的懒散,不可动不动就用刑法来吓唬老百姓,惩戒钻了"漏洞"的人。如果不符合庄家的利益诉求,可以修改规则,可以针对某些人不售卖保险,比如赌场不会把那些心算 21 点的玩家抓起来,而是设置黑名单,不让他们进入赌场,不为他们服务。实在心有不甘,还可以用民法,要求返回不当得利。市场的行为,用市场的手段去解决更和谐。

从根源进行分析探究,延误险的标的始终是因延误而造成的损失,从海外保险公司延误险的设计思路来看,会更为强调在延误状态下保险金为交通、食宿等合理费用的补偿和抵消,因而更加强调对延误途中实际金钱损失的赔偿和弥补,这和国内直截了当的金钱赔付差别极大。作为航班延误险,只有当航班延误造成被保险人具体损失之时才应赔付,而非没有坐到飞机、未造成损失的额外利益获取。但在实际过程中由于保险公司降低交易成本、减少处理收据、核对信息等人工费用的需求,航班延误的赔付往往给予概率统计的视角,由政策损失所给予,而非根据具体事实予以弥补,就会造成单方骗保的"道德风险"可能,因此延误险套利并不能算作"薅羊毛"和"钻空子"的案例,更应及时修订规则和法律来弥补漏洞,保持对司法程序和市场规则真正的尊重。

简之,目前国内的延误险由于规模较小,还处于发展完善的阶段,问题和风险也延续不断。很多情况下,不仅需要接受条件苛刻、程序烦琐的理赔手续,自行进行证明材料的梳理和认定,也没有第三方权威机构对延误原因进行管制和客观公布,这就会造成航空公司对延误原因屡见不鲜的责任推脱。此外,航班延误险相关的立法处于空白和初步构造的阶段,遇到特殊情况无法可依、不受约束时难以形成规范化的法律流程和责任认定。

面对复杂多样的情形需要一系列的优化方案。第一,简化理赔程序和保险险种,避免烦琐步骤带来的义务规避,人为制造麻烦来使申诉者退避一旁并不可取,长此以往必然会削弱用户黏性,唯有加强技术改进、增进实时追踪手段来提升效率、简化流程才是合理之举。第二,加强相关险种立法,针对责任限额和延误等级进行具体规定,分情形分类别分里程和时长细致判定,针对风险赔偿限额进行明确规定,从而使延误险对乘客风险起到有效转移和分散的保险职能。第三,单独设立第三方机构来进行延误解释,在政府部门、保险监管和民航管理的各方监督下,分出部门和人员强化信息透明和信息披露,优化险种的有效性和接受度。市场的行为,不仅要用市场的手段去解决,也要得到各方的齐心完善,才可使市场规则真正生效。

参考文献:

[1] 金泽刚,孙鉴.保险诈骗罪的适用与刑法干预的边界——以李某航延险诈骗案为视角[J].警学研究,2020(04):54-62.

[2] 李文中."航班延误险诈骗案"探析[J].中国保险,2020(07):55-59.

[3] 许红.我国航班延误纠纷的现状、诱因及对策[D].湖南大学,2007.

[4] 郑天城.利用规则漏洞骗取航空延误险行为的刑法教义学检视——以李某恶意投保案为例[J].江西警察学院学报,2020(05):94-100.

[5] 劳东燕.金融诈骗罪保护法益的重构与运用[J].中国刑事法杂志,2021(04):3-29.

公募REITs：
资产配置新选择

2021年5月底，9只基础设施公募REITs于沪深两地交易所正式开售，这标志着我国标准化REITs产品经过15年的酝酿筹备后，终于走向前台并成为重要的权益性投资品种之一。REITs(Real Estate Investment Trust)，即不动产投资信托基金，以发行收益凭证的方式汇集投资者资金，交给专门的投资机构进行经营管理，最终投资人分享不动产的投资收益。它是不动产资产证券化的一种形式，各类有租金或其他现金流回报的物业、收费公路、供水设施等都可纳入REITs的资产池。

从金融产品的投资回报来看，REITs的风险收益介于股票和债券之间，其夏普比率（度量承受单位风险所带来的回报，一般认为越大越好）较高，具备相对稳定的分红，适合普通投资人投资。

根据国外市场经验，REITs在抵御通胀方面成果显著。截至2020年，美国所有REITs的年化收益率接近9.9%，和股票、债券等主要投资工具不相上下。亚洲市场上，中国香港和日本、新加坡的近10年年化综合收益率分别达到10.8%、8.9%和8.8%，表现同样出色。鉴于和其他投资工具的相关系数较低，REITs也被称为现金、股票、债券之外的第四资产。根据测算，2021年已发行的几只公募REITs产品，现金分派率预期都在4%以上。稳定且着眼长远的REITs资产，在各国都备受保险资金等长期资金的青睐，截至2020年年底，全美有超过1.45亿居民通过401k养老保险计划等途径参与REITs投资，约占全美人口的44.1%。对普通投资人来说，相比较传统的不动产投资（如买房、买商铺等），REITs采取了"切分"资产的方式，降低了投资门槛，也丰富了投资标的。例如，高速公路和物流产业园，这些在传统的不动产私人投资中是无法实现的。

过去十年，我国的基础设施累计投资完成额约100万亿元人民币，假设只有1%~4% REITs的转化率，基础设施的REITs规模也在1万亿~4万亿元。目前我国基础设施的融资方式主要是地方债、城投公司、PPP等。但目前都遇到较大限制：重建设、轻运营；资产负债率过高，很难继续债务融资；重增量、轻存量，对存量的资产估值缺乏市场定价。而我国的基础设施建设需求并没有下降，尤其是对包括特高压输电、城际高铁和城市轨道交通、新能源充电桩、大数据中心、工业互联网等新型基础设施的需求量加大。

REITs作为新的投融资模式，正是在这一背景下推出，不但能为未来的基础设施建设提供新的融资支持，更重要的是通过更加市场化的定价机制，能对原有的存量资产进行价值重估,对拥有强运营能力的管理人给予更多的激励。

美国的公募REITs涉及行业包括基础设施、商业地产、物流地产、养老公寓、数据中心等12个领域。这次中国发行的9只公募REITs产品,涵盖了高速公路、产业园、仓储物流等项目,但基本限制在基础设施范围。若后续管理得当,期待REITs所涉及的行业能够扩建和扩募。

后疫情时代,全球经济不稳定性增加,中国经济既面临一系列新挑战,也蕴藏一系列机遇。在国家的十四五规划纲要中,特别提到"拓展投资空间",推动基础设施领域不动产投资信托基金(REITs)健康发展,有效盘活资产,形成存量资产和新增投资的良性循环。

在个人投资者的参与方面,公众面临优质资产荒的问题,多年来中国居民资产主要集中在住宅类投资上,客观上加剧了房地产市场热度。本次REITs试点对底层资产严格把关,涵盖高速公路、产业园、仓储物流和垃圾处理等项目,其实是把优质的基础设施以公募的方式推向市场,扩大公众投资者的参与度,让普通投资者也有机会分享国家经济和基础设施建设的发展红利。

在解决政府债务方面,2020年我国宏观杠杆率攀升至270%,地方政府债务相对高企,土地财政不可持续。无论是为化解经济运行风险,还是为寻找一条健康的财政开源路径,盘活并利用我国百万亿规模的存量基础设施资产都是多赢的解决方案。

不动产投资信托基金(REITs)便因此发展,是不动产资产证券化的一种重要手段,通过向投资者发行收益凭证来募集资金,并交由专门的投资管理机构进行不动产投资和运营管理,获得投资综合收益后按比例分配给投资者。相比于房地产直接投资,REITs具备较高的流动性和灵活性,可以有效降低不动产投资风险,获得较高收益。

与其他公募基金相比,普通公募的基金经理的投资主动权会更大一点,可以在研究、分析后选择买债券、买股票。而此次的公募REITs的投资标的在产品设立之初已然确定了,通过公募募集资金之后主要就是投资已确定的不动产,自主投资权限很小,未来可能在90%的强制分红后有10%的收益留存,基金经理可以做其他的一些投资,但是在目前情况下,公募REITs只能投AAA的债券和一些货币市场工具,所以其稳定性是相对较高的。

聚焦于此次国内公募REITS体系,有两个方面的特点:一是专注基础设施方向,二是结合国内的税收制度形成REITs税收优惠。目前推进的REITs都是基础设施公募REITs,主要底层资产都是基础设施。在税收方面,目前国内个人投资者基金分红都是不需要缴纳税收的,实操过程中,很多基金利润都是以分红的形式分发的,一旦利润分配之后,基金的净值就会下降,机构投资者承担的利差所得税减少。

从宏观面上可以看到,中国有庞大的基础设施,主要靠地方政府举债建设,但是在资金的回流方面很难靠建成的基础设施收回,主要都是通过拍地、卖地收回,同时也抬高了房价,而基建的投入成本是越来越大,人工、原材料等都在不断上升。最终形成一个循环就是:政府只有把基建做好了,地产升值的相关配套做好了,卖地才能卖出价钱,然后地款又用于投资基建。但是收回的地款其实最多解决贷款的利息偿付。公募

REITs可以适度缓解地方政府债务率过高的问题,给存量的基础设施提供一个退出渠道,同时百姓也能共享地区经济增长的收益。

对于发行公募REITs的企业来说,这是一个全新的权益类的融资渠道。目前九单REITs,八单的原始权益人是国企,除了一单中金的普洛斯有一些外资成分。对国企来说,除了上市之外,它没有一个权益类融资的渠道,主要都是靠债务融资,发ABS、公司债、企业债、短融、超短融等,这些都属于发债。发债需要偿还本金、利息,但是发行公募REITs提供了权益类融资的渠道,改善了公司的财务结构。

针对中国公募REITs当前的发展态势,还需要政策进一步支持:

积极推动保险资金投资REITs。从REITs的发展方向来看,REITs的长期投资逻辑和保险资金相契合。据美国房地产信托协会统计,截至2020年年底,全美有超过1.45亿居民通过401k养老保险计划等途径参与REITs投资,约占全美人口的44.1%。可见在未来,中国公募REITs与保险的合作还有很大空间。伴随REITs市场的成熟,不仅险资应当主动参与REITs投资,政府也应主动推动险资和REITs的深度合作。也许未来公募REITs还能与社保基金合作,缓和养老金压力,促进社会养老体系的合理化。

适当关注流动性问题。虽然目前投资者的变现需求完全可以满足,不会出现流动性不足的情况,但是后期若要进一步提高市场的流动性和活跃度,可以通过大型做市商引入流动性服务,为基础设施基金进行双边报价等工作。

完善合理估值体系,推动接轨国际。估值是公募REITs接轨国际的核心内容,希望采用分类估值,产权类和所有权类资产区分;严格按照权益法。估值过程中,特别要注意未来收入增长率的预估情况、折现率的选取和永续增长率的确定,相同的资产应该拥有类似的参数选择,对接国际成熟的估值经验,利用间接法判断高估低估与否。

严格落实国有资本转让问题。目前公募REITs的发行主体还是国企,第一批发行中仅普洛斯一单不涉及国资,故公募REITs可以理解为国企的特定资产的混改。为此,需要既尊重资本市场和市场化的原则,又要严格防范国有资产的流失。

参考文献:

[1] 闫妍,张世国,李逸飞.加快推进不动产投资信托基金(REITs)顶层设计的政策建议[J].发展研究,2020(08):55-59.

[2] 本刊讯.中国证监会、国家发展改革委联合发布《关于推进基础设施领域不动产投资信托基金(REITs)试点相关工作的通知》[J].招标采购管理,2020(05):7.

[3] 金永军.境外市场REITs实践经验及与我国基础设施REITs试点制度研究[J].证券法苑,2021,31(01):57-72.

[4] 中信建投证券课题组,吴云飞.基础设施REITs发展的国际经验及借鉴[J].证券市场导报,2021(01):12-21.

[5] 孟明毅.不动产信托投资基金的美国经验借鉴[J].经济与管理评论,2020,36(01):124-136.

［6］曹阳.我国房地产投资信托(REITs)的标准化发展与法律制度建设[J].法律适用,2019(23):48-57.

［7］黄一灵,昝秀丽,黄灵灵.证监会:推进公募REITs试点完善制度拓宽范围[N].中国证券报,2022-03-19(A01).

家族信托：
财富传承的好帮手

家族信托起源

家族信托文化在国内有着源远流长的历史。早在三国时代，刘备白帝城托孤，便完美展现了"家族信托"的角色关系，刘备是委托人（即投资人），刘禅是受益人，诸葛亮是受托人，蜀国江山是信托财产。现代社会中，家族信托更依赖于法律法规的保障，塑造出值得托付的"诸葛亮"，并希望它能成为家族财富传承的好帮手。

从起源上来看，家族信托最早可追溯至公元前五世纪的古罗马，由于《罗马法》将外来人排斥于遗产继承权之外。为避开这样的规定，罗马人将自己的财产委托移交给其信任的第三人，要求他为自己妻子或子女利益而代行对遗产的管理和处分，从而间接实现了遗产继承。步入13世纪的英国，教会教徒热衷于在死后将个人财产和土地赠予教会，以实现灵魂救赎，这侵犯了国王的利益，因此，英王颁布法令限制个人对教会的赠予，转而由王室没收。为了挣脱王室的控制，教徒们摸索出了"用益制"，即将财产、土地赠予第三方管理，所得收益回馈教会，经过不断发展和完善，逐渐应用于家族财产的传承，成为现代家族信托的雏形。

美国信托的出现大概在19世纪末端，然而，早期信托受法律监管较为苛刻，方式单一，经过多年发展，各个州的法律配套更加完善，采取家族信托方式管理家族财富的群体日益庞大，涌现出了洛克菲勒、卡内基等典型案例。

家族信托的国内外实践

对于许多高净值人群而言，资产配置已不再是头等大事，随着财富的不断积累，"创富"的紧迫性逐渐降低，随之而来的是"继续创富""财富保值"和"财富继承"等难题，"富不过三代"的古训言犹在耳。人一旦跨越中年，承担的责任更加繁重：企业控制权的交接、子女未来教育的规划、对父母应尽的赡养等，这些问题的解决，除了大额保单的应用之外，家族信托被寄予厚望。

作为成熟的财富传承工具，海外家族信托已经运作上百年，诺贝尔基金会、洛克菲勒基金会等皆是其中的佼佼者。考虑到税收筹划和法律成熟度，海外家族信托通常在英属维京群岛、新加坡、中国香港等地设立，可以纳入家族信托的资产类别五花八门，现金、理财产品、公司股权、房产、艺术品等不一而足，受益人并不局限于自然人或是慈善机构，甚至连宠物也能作为受益人"飞黄腾达"。

通过家族信托的方式,不少富豪家族的巨额财产得以保全和传承,直至回馈社会。例如,曾经的世界首富比尔·盖茨设立的比尔及梅琳达盖茨信托基金会,在财产传承的同时,支持慈善事业的发展;传媒大亨默多克借助家族信托持有 38.4% 的 B 类股票以实现对公司的掌控,避免企业落入他人之手;有"香港船王"美誉的许爱周家族,通过家族信托每月定期给许晋亨、李嘉欣夫妇 200 万元港币,避免后代挥霍无度、投资失败带来的风险。

随着国内财富的积累,大众关注的焦点从怎么赚钱变为怎么分钱,特别是企业家新老交接问题凸显,老一代人即将退休,但是新一代较少愿意接班,更希望重新创业,老一代积累的财富如何传承成了热门话题,家族信托自然备受关注。

银保监会"37 号文"明确规定,家族信托是指信托公司接受单一个人或者家庭的委托,以家庭财富的保护、传承和管理为主要信托目的,提供财产规划、风险隔离、资产配置、子女教育、家族治理、公益(慈善)事业等定制化事务管理和金融服务的信托业务。家族信托财产金额或价值不低于 1 000 万元,受益人应包括委托人在内的家庭成员,但委托人不得为唯一受益人,单纯以追求信托财产保值增值为主要信托目的,具有专户理财性质和资产管理属性的信托业务不属于家族信托。

与海外家族信托琳琅满目的受托资产相比,国内家族信托通常以现金和理财的形式为主,房产或股权若想转入家族信托,需要采取过户交易的方式,增加了税费成本;受托人只能由信托公司担任,银行、三方财富、证券公司等若想开展家族信托业务,必须与信托公司合作。虽然灵活性不足,但是国内家族信托赋予了委托人更大的权力,如可以变更受益方案和投资方案,甚至协商终止等。拟设立家族信托的方案和资产在经过信托公司的审核之后,还需要向监管部门报备。回顾近年来国内相关政策文件的出台,明显体会到,国内家族信托并不追求花样翻新,而是稳扎稳打,力图在现有法律体系下,确保家族信托的可靠性。同时,千万起点也可以让更多有产阶层享受到家族信托服务。对于国家而言,个体家族财富的有序传承也有利于全社会的繁荣稳定。

家族信托的核心要素在于信托财产的独立性与条件分配:国内《信托法》明确,委托人放入家族信托中的信托财产,既与委托人未设立家族信托的其他财产相区别,不作为其遗产或者清算财产(非唯一受益人),又与受托人(国内特指信托公司)的固有财产相区别;条件分配,一方面有多次分配的含义,与遗嘱、保险金理赔等一次性给付财产不同,另一方面可以附加条件,比如受益人考上××大学奖励多少钱,生几个孩子有多少奖励等,通过一系列物质激励,将受益人引导、塑造为委托人设想中的样子。

家族信托功效

在具体实践中,投资人最关心的家族信托功效有三个方面:

第一,家族信托降低了子女婚姻破裂引发的财产外流风险,特别是双方家境相差较大时,家境优越的一方如果还是按照过往习俗给予丰厚嫁妆,一旦子女婚姻破裂,一半财产将拱手相送。更头疼的是,年轻人婚姻稳定性相比老一辈差了不少。如果采取婚前协议的方式,子女心理上一时不容易接受,结婚也有了一种合伙开公司的错觉,双方都不容易接受。如果采取家族信托的方式,定期分配生活费给子女,既能保证生活无忧,也能结合条件分配条款,在特定情况下(如生育、医疗等)给予资金支持,尽到父母责任。鉴于家族信托财产的独立性,也不用担心婚姻破裂之后,家族信托的财产受损。

第二,近些年的疫情风险,给企业家带来巨大压力,若习惯了将企业资产和个人资产混同使用,现在更是苦不堪言,抵押个人财产为企业输血的案例不胜枚举,结局令人唏嘘。根据《信托法》中信托财产与委托人未设立家族信托的其他财产相区别的规定,设置家族信托可以将个人资产与企业资产相分离、将个人合法财产与灰色财产相分离,鉴于家族信托内的财产是在信托公司审核合法性之后才能装入,即使后期企业家遇到债务纠纷,这部分信托财产也不会用于偿债,家庭成员的日常生活得以保障,不至于衣食无着。

第三,家族信托可以更为有效地强化公司治理,通过设立家族信托、高管激励信托等来平衡家族内部利益,平衡职业经理人和家族成员利益,保持企业活力,促进股权结构的稳定。

伴随着国内财富管理市场的发展,家族信托未来成长空间广阔,还有不少事情值得去做:一方面,受传统文化限制国内客群的理财方式多以规避风险的储蓄为主,对家族信托的了解、认知和选择程度不够深入,需要从宣传着手强化认知,进行合理的信托规划。另一方面,我国仍要在信托法规方面多加吸取案例和经验,逐步健全相关制度,同时立足于国内现有国情,加以切合实际进行规范处理。

家族信托,是高净值人群财富保值增值的有效手段,也是市场提供的亟须挖掘和培育的优质赛道。只有打造优质国内信托品牌,培育深层次信托人才,落实监管政策方针,才能为家族信托的发展保驾护航。

参考文献:

[1] 王业强,徐进."37号文"后,家族信托路在何方?[J].清华金融评论,2018(10):38-39.

[2] 薛瑞锋.资管新规下我国家族信托业务的规范与发展[J].清华金融评论,2018(10):36-37.

[3] 于霄.家族信托的法律困境与发展[J].南京大学法律评论,2014(01):201-210.

[4] 邱峰.家族财富传承最佳之选——家族信托模式研究[J].国际金融,2015(02):63-69.

[5] 邱峰.财富传承工具之抉择——家族信托模式探析[J].新金融,2014(12):34-38.

[6] 刘冰心.中国信托业发展的蓝海——家族信托[J].中央财经大学学报,2015(S2):31-35+73.

内部创业：
业绩增长的新方向

创业不仅仅体现在个体的价值创造过程中，也可以发生在既有组织内部，由组织中的个体主导并不断成长。很多企业伴随规模变大，组织层级增多，文化固化，逐步失去创新和冒险精神。而外部环境却一直在快速变化，要求企业产出更好更多的创新产品，不断革新经营模式。越来越多的企业开始尝试内部创业，企业通过充分授权、独立经营、独立核算，将一部分已有业务或创新业务交由内部团队经营，这种具有创业性质的内部经营机制被称为内部创业。最早由学者平切特（Pinchott，1985）发现并在考察诸多案例之后，总结认为内部创业是发生在公司内部，以创建内部试验市场，改进管理和技术为目的的创新活动。

在国内，无论是最早提出"人单合一"的海尔，还是开创"BU-SBU-EU"创业模式的携程，或是形式多样的互联网类企业，已经有越来越多的企业将内部创业作为新的战略方向。企业在经营过程中，需要持续识别、诊断和利用新的机会和资源，同时对现有资源、能力进行更高效、创造性地整合，从而产生新竞争优势。

首先，内部创业要充分授权。只有充分授权的内部创业，才可以让内部创业者获得真正的自驱力。在持续不断的创新过程中，这种高度自主性可以缩短决策流程，让企业在创新领域赢得时间领先优势。当发现新风险时，也可以让内部创业者能够更快对战略、经营、资源、技术等方面进行全面调整，从而避免创新过程中因决策迟滞产生损失，丧失机会。

其次，内部创业一般独立核算，让母企业避免陷入"再创业失败泥潭"。传统企业在创新过程中，常出现新业务亏损拖累成熟业务的风险，这种风险的可能阻碍着企业创新的积极性和有效性。内部创业应该采取独立核算，既能更好地了解内部创业的真实情况，更可以在项目出现亏损且预期很难改善的情况下，及时采取调整、关停等措施，将风险控制在一定范围之内。由于内部创业项目消耗的相关资金与资源多具独立性，并不会对企业整体经营造成重大影响，避免母体企业陷入整体失败的泥潭。

第三，内部创业团队独立奖励，持续激发员工积极性。在企业整体经营情况下，如果某个业务单元做出重大贡献，其所获得的奖金往往需要考虑协作、保障部门等，并进行多重分配。实际所获得奖金额度低于甚至远低于他们认为应当额度，导致员工创新和冒风险积极性不足。内部创业按照独立核算的经营模式，对于奖金的计算与发放也相对独立。独立的薪酬体系，计算与发放不仅让关键岗位员工收入可能有较显著增加，更因其直接的因果关联，使得激励效应更大。

第四，内部创业模式可以挽留优秀人才，持续为企业做出贡献。在企业人才经营中，往往存在员工个人发展速度高于企业发展速度，员工无法获得更好的发展，从而选择跳槽或离开企业自主创业。有了内部创业模式，这种情况会得到有效改善。业务优秀且具备一定管理能力的员工，往往是企业内部创业负责人的首选对象。一方面企业选择优秀的员工让内部创业的成功概率增加，另一方面优秀员工通过内部创业机会满足其个人发展需求，使优秀人才在企业得以保留。这种双赢的结果也是驱动企业选择内部创业的主要原因之一。

内部创业可以降低企业整体创业的风险，保留住优秀核心员工，持续激发员工的工作积极性。对于成熟的大中型企业尤其是多元化经营的企业而言，内部创业可以算得上是一种非常有效的企业经营模式。

从20世纪70年代开始，一些规模较大的企业逐渐出现一些问题，即面对日趋复杂的组织架构，企业运作逐渐呆板和缓慢，难以灵活变通地进行信息传递和创新活动，更不能够适应瞬息万变的市场环境。为了突破规模体量带来的一系列限制，部分企业对员工内部创业提供了相应的激励和支持，并由美国、欧洲蔓延至日本和其他地区。当前宝利来、松下等公司都是典型的内部创业成功案例。

内部创业的相关研究由此开始，在学术领域中，国内外学者对此进行了较多的关注和思考。最早由平切特以概念分界的形式提出对内部创业的认知，认为在公司或独立企业内部所进行的产品开发、市场实验和技术突破的创新活动，统称为内部创业行为。此后研究被分为四个有效关联的部分相应展开，从对概念定义的阐释，到内部创业的前提和条件，再到企业规模异质性下的内部创业差异和创业因果研究，学术界为内部创业串联起了完整的理论体系，为真实的企业实践提供了系统性的思路框架和实际指导。

在内部创业的概念阐释研究中，Chang针对企业创业进行细分，划分为外部创业和内部创业，对其行为特征、影响因素等进行了深入区别，认为公司的内部创业仅在公司范围内发生，是通过优化分配机制和业务激励，实现业务拓展和项目下企业和员工的双赢。但Antocic认为内部创业和公司创业是无差异的，是基于企业整体绩效的创业行为，因而常具有相似的适用性。

在内部创业的前提条件的学术研究中，对企业内部创业的前提条件进行了框定，并重点关注于外部环境和组织特点的前提研究。具体而言，外部环境可以从几个方面入手思考：第一，内部创业必须有恰当的经营范围，合适的领域和有效的切入节点是成效是否显著的关键；第二，有效和健康的社会人文条件，不论是价值体系还是整体制度，特定的评价标准和行为规范，可以促使企业健康而有活力地进行内部创业，获取更好的发展；第三，企业个体的组织特点，包括企业动机和创始人动机。从企业角度来看待，内部创业可以获得整体更好的绩效和更健康的发展；而从创始人出发，公司内部业务资源的优化配置、管理和政策的积极倾斜和信息的充分置换，都为内部创业提供了充分的条件支持。

在企业规模体量的差异比较研究中，由于内部创业是自大企业的特殊问题着手，学术界往往多专注于大规模企业，而忽视了中小企业内部创业的探索分析。大规模企业往往强调企业对内部业务的局限和桎梏，Ross 和 Pinchott 也判断，大规模企业的控制架构往往阻碍了内部创新和业务孵化。而中小企业规避了冗杂的架构，环境更为灵活可控，决策也易集权和控制，创新创业实践也更易推动。作为关键的业务分类和商业模式，创业具备较为复杂的实践驱动，更需要针对不同的目标类型和行动模式进行细分和差异化判断，因而对规模的区分尤为重要。

在内部创业的因果研究中，一些学者根据实际经验和以往理论得出相应的规律和判断。Zahra 基于制造业企业数据实证得出，企业制度和文化环境对其本身业务和创业导向影响更大。而 Stevenson 进一步研究发现，组织架构中的企业内部创业，压力和激励往往来自企业外部环境，而阻碍和限制多源于企业内部。组织结构、管理机制和企业文化推导至整体的价值判断，是企业内部创业实施的重要影响因素。在众多研究的基础上，有学者对企业内部创业的成功因素有效梳理，包括领导者、参与者和外部环境，领导者和参与者必须具备相应的技能和管理能力，并能够参与到企业内部业务中；而环境因素是基于以往外部条件研究展开，更为强调市场的影响力，成功的企业通过开拓市场来引领创业成功。

除了学术界进行一系列的理论研究，在业界实践中，内部创业的商业模式也不断探索，按照不同的组织方式和内容形式划分为多种差异化的模式。首先是业务链模式，是指企业员工在围绕企业产品的研发供应的上游或渠道和品牌的下游进行内部创业。产业链被分解为差异化的价值创造环境和不定的经营主体进行结算，对于业务成熟、衔接紧密的企业活动更为有效，能够极大地创造绩效提升空间。其次是平台模式，即企业作为资源、管理和服务的供应基础，有效整合好企业内部的资金、技术、设备和渠道，通过付费形式避免供应僵局，从而有效引入内外部资源，做到与创业者的有效接洽。对于相对复杂的企业业务，平台模式能够起到很好的创新创业孵化作用，如我国海尔的小微模式就是典型的应用。再次是竞争模式，是指企业产品的价值链在业务拆分下区分为不同的目标，由不同的外包团队以确定的评价体系来进行，从而选取效率更高、绩效更优的团队来共同分享创业成果。此模式在企业内部员工的个体创业和小规模创业中更为适宜，通过资源优势和创业激励，来保证团队控制下市场商业化的稳定和有效。内部创业的最后一种模式是自由模式，由于没有过多的限制，内部创业者可以宽松和独立地根据个体能力和兴趣，进行创业业务的选取和开拓，来获得企业的资源支持和方向激励。在这样的模式下，企业更多以一种天使投资的角色扮演，为内部创业提供了多元共存和协同互补的价值激励。

内部创业最为关键的是员工能动性的发挥，即乐于创业的心理得到了企业现实的支持，能够充分实现双方的利益共享和风险规避，有利于企业持续和有效地挖掘与培养人才，有利于企业业务的循序更新和健康发展，逐步形成企业特定的价值判定和文化平台，实现科学有益的创业发展。

企业实施内部创业，需要根据自身所处生命周期、经营环境等一系列因素，评估、实施并不断调整相关规则，盲目地照搬或套用，会带来以下风险与挑战。

一是创业悖论。如果可以内部创业，为何不自己直接创业？如果内部创业需要的资源和能力,可以不通过母体企业获得,为何创业者不辞职直接自主创业?在同等环境和经营风险下,自主创业可以获得更多的权限和收益。

二是内耗不断。内部创业彼此间可能因为竞争而产生内耗。如果企业内部出现多个内部创业经营体,甚至部分创业内容存在重复或一致时,为了争夺有限的母体企业的资源,内部创业者可能采取"零和"竞争策略,这种竞争直接导致内部消耗增加,彼此之间产生更多的矛盾。

三是管理失控。企业对内部创业的授权管理是一个难题,对一个盈利且发展势头良好的创业而言,如果早期没有做好授权管理机制,此时加强管理容易导致抵触情绪,不进行管控则会出现企业内部"山头文化"。极端情况下,管控权不当处理会导致内部创业经营团队出走。

四是主次不分。在母企业并不熟悉的领域允许太多的内部创业项目展开,结果企业主体在投入一定资源后并无任何收益。例如,富士康的"万马齐鸣"内部创业项目,4万人报名,最后富士康只筛选了50人,给他们每人提供超过30万元的无息贷款,员工自筹9万元,回乡开办"万马奔腾"家电连锁店。他们被称作是"富归店",即富士康员工归乡创业店。做代工出身的富士康对零售管理并不擅长,包括缺乏售后维修服务体系,店长的决策机制不够灵活,万马奔腾的覆盖面扩张到了三线到六线之间的市场,物流体系的支撑是一大难题,最终整个项目以失败而结束。

做好企业内部创业,需要做好如下几点:核心管控很有必要,运营内部创业时,应当在相关管理章程制度上,将内部创业的部分或全部核心资源纳入企业主体管理控制范围内。一方面降低内部创业挑战或脱离主体的风险,另一方面确保在战略层面进行合理调配,以避免资源过度消耗风险。

充分发挥企业文化"联结纽带"、冲突"润滑剂"作用,除规章制度约束外,更重要的是企业文化一体化。经典的"阿米巴"经营模式中,"敬天爱人"的企业文化经营理念至关重要。权利一定要提前设定清晰,早期权利清晰好过后期权利纷争,在内部创业章程上要对相关管理控制权做好规定,同时将未来可能收益的分配清晰设定,明确合理的利益分配机制不仅保护内部创业成员的收益,更会激发他们的积极性。

在企业已明确优势的基础上进行内部创业。在企业主体的优势上继续进行创业,不仅可以降低企业内部创业经营风险,更可以让企业整体经营优势获得叠加。这种优势叠加对于内部创业经营体而言,是其参与市场竞争的优势与收益来源,对于企业整体则是其显著竞争优势。甚至企业主体可以通过多个内部创业经营体的优势扩大其整体竞争优势数量与质量。大众所熟知的腾讯、小米等企业内部创业的成功案例中都有这一因素。

内部创业固然能给企业带来业绩的增加,可是在内部创业的过程中也可能会面临风险与挑战。因此,要成功地实施内部创业,需要把握住核心管控、文化纽带、优势基础这三个要点。

内部创业,也被叫作裂变式创业,可以将常规的创业思路代入其中,把原有企业认作投资的一方,允许企业内员工自驱动地进行部分创新业务的开拓,而作为投资方,原企业更多基于资源和平台去进行人员激励。在此进程中，企业成为类孵化器的存在，内部创业下源源不断的新生创业团队即是它的产物。内部创业不仅可以使业务在企业财务控制的范围内独立存在，保证了风险的共担共享，还可以保证项目的优质前景和收益的稳定，也避免了创业牛人出走的风险。

在一个不确定的时代，没人知道海尔和它孵化出的雷神未来将会怎样。在内部创业愈发时髦的当下，更应审慎思考，把握其副作用和复制的可能性，过量宣传的背后可能是必然和偶然的交织，业绩增长的途中必定风险和挑战不断。存在热衷于内部创业的海尔和携程，也当然有"不支持、不鼓励、不投资内部创业"的华为，对其进行归因和案例解读才能更进一步理解实际的可能。

提起内部创业的案例，往往会想到腾讯的微信、谷歌的 Gmail、阿里的钉钉、海尔的雷神。海尔一度将企业认定为全员创业的平台，人人都是 CEO 的管理风格甚至被写入了哈佛的案例分析库，其员工逐步掌握其更多的控制权和决策能力，从薪酬分配、业绩增长到市场规划，自驱动和自运行有效地减少了管理成本，动态治理和灵活适应性更为突出，同时兼顾到身后大规模企业所具备的资源和体量优势，母企业大平台和创业小前端相结合的处理手段更适合当前信息时代和市场快速更迭的趋势。

尽管如此多的优势，内部创业仍然存在着难以控制的风险，如成功多年的海尔在大量投入后，反而市值和营收被格力、美的超越，华为、万科等地产、科技型公司在短暂尝试后也退避三舍。2007 年，阿里试图创立名为阿里软件的企业，通过极具创新的构想，"中小企业每天付一元来拥有更高效的优质软件"，并基于阿里平台拥有着几十万的客群和技术优秀、管理先进的团队，可两年后却无疾而终地告败。为何从用户市场、技术手段到资金流动都极具优质的项目内部创业难以成功，阿里复盘后认为主要有两方面原因：一是创业必须由员工作为引领者和发动人，而非企业高层的任命，来自内心自发的驱动和信心才能促使企业与员工命运与共。二是创新创业需要艰难中求生存，唯有艰难才更易促发创新的思维；而阿里的优势往往是大规模投资，在巨额资金的支撑下会失去狼性求存的坚韧，与求新求存、奋发拼搏的创业精神背道而驰。

企业该如何持续地保有创业的文化和精神，阿里的案例突出了内部合伙和企业文化的必要性，在内部创业模式下，企业更为突出共享共担、融合共促的组织机制。内部项目创新寻求合伙人而非经理人，在深刻理解企业文化和发展理念的根基之上才能与企业共识共创，这也是为什么大多数企业往往强化愿景和使命的熏陶，从公司治理的角度上看，这也减少了内部沟通成本，在厚实的文化土壤上诞生创业的果实，为提高组织运作效率、增强组织连接和团队士气提供可能。

除此之外，还有其他一系列因素导致内部创业成功率低下。一些企业客观的现实条件和赛道价值并不一定总能支持员工进行内部创业，比如专注于地产的万科，如若激励员工创业于地产主线，则势必形成利益的分散，提升管理风险，而分散在其他赛道的创业则易两头落空、人才离散。专注于核心科技竞争的华为，战略上往往遵循压强原则，集中资源优化配置，从而在战略要点上胜于竞争对手，避免无效资源的过分消耗，而若大规模分散资源来内部创业，并不一定适合其发展模式。内部创业还需考虑企业的制度和文化环境,作为企业内部创业的引领导向,创业文化能够对价值培养和组织协调起到推动效果。但很多与内部创业不相适应的企业,其制度和文化未能变革,只是追随概念的时髦,替换概念进行重复的业务团队化,形成的是伪内部创业。在团队业务进行的过程中,仍需要层层审批和上报来获取资源,需要后方的指挥调动,需要资源的倾斜和佛系执行。内部创业至为关键的自驱动从何实现呢?关键的是人内心的自驱动,若没有共创共识的创业精神,单凭企业站台和资源支持,是难以取得创业成功的。

在企业内部创业的历程当中,风险不断、挑战不断,这些挑战主要来自企业文化、组织架构、资源分配、定价机制和人力管理,对挑战的从容把握和积极应对尤为重要。良好的文化可以积极引领企业立新破旧、相互融合,促使内部创业文化接洽于原有环境,而精简扁平的组织结构也更为合理有效。在创业过程当中,小型灵活的单元和统一的平台能够使各部门加强信息沟通和密切联系,可以更为高效迅速地提出创业决策。鼓励员工提出创新性想法,原创与绩效相挂钩。在风险防控方面,成立评审小组,并延期降股,签订类似于对赌协议的方案,预算内未完成相应业绩则按比例减少,从而达到风险防控的具体把握。

参考文献:

[1] Antoncic B, Hisrich R D. Intrapreneurship: Construct refinement and cross-cultural validation[J]. Journal of business venturing, 2001,16(5):495-527.

[2] Chang J. Model of corporate entrepreneurship: intrapreneurship and exopreneurship[C]//Allied Academies International Internet Conference. 1998,1(9):187-212.

[3] PINCHOTT G. Intrapreneurship[M]. New York: Harper and Row, 1985.

[4] Zahra S A. Predictors and financial outcomes of corporate entrepreneurship: An exploratory study[J]. Journal of business venturing, 1991,6(4):259-285.

[5] 王圣慧,张玉臣,易明.企业内部创业路径研究:以精益创业走出"战争迷雾"[J].科研管理,2017,38(03):144-152.

[6] 李宇,马征远.大企业内部创业"裂生式"与"创生式"战略路径——基于海尔和思科的双案例研究[J].中国工业经济,2020(11):99-117.

[7] 袁帅.内部创业动机、创业学习与创业绩效的关系研究[D].南京:南京邮电大学,2020.

[8] 吴建祖,李英博.感知的创业环境对中层管理者内部创业行为的影响研究[J].管理学报,2015,12(01):111-117.

[9] 陈威如,徐玮伶.平台组织:迎接全员创新的时代[J].清华管理评论,2014(Z2):46-54.

[10] 都建华.集团企业内部创业绩效影响因素研究[D].上海:复旦大学,2007.

[11] 贾西杰.中小企业内部创业对创新绩效的影响研究——风险投资中介作用[J].经济研究导刊,2017(03):9-10.

[12] 郭四代,何志刚,付露斌.员工持股:创业企业内部风险分担机制的创新[J].科技创业月刊,2004(11):33-35.

[13] 王冰,毛基业.传统企业如何通过内部创业实现数字化转型?——基于资源匹配的战略演化视角[J].管理评论,2021,33(11):43-53.

[14] 任伟海.企业内部创业模式与组织变革挑战[J].浙江经济,2019(10):56-57.

[15] 刘月.数字平台能力、价值共创与平台企业竞争优势关系研究[D].长春:吉林大学,2021.

北交所：
专精特新中小企业的新利好

我国深化新三板改革，以精选层为基础组建北交所，整体平移精选层各项基础制度，着力构建契合创新型中小企业特点的系列制度安排。主体制度最终发展目标为构建一套契合创新型中小企业特点的涵盖发行上市、交易、退市、持续监管、投资者适当性管理等基础制度安排，补足多层次资本市场发展普惠金融的短板。同时也为专精特新中小企业提供了新的融资渠道。目前从新三板精选层的上市条件来看，精选层的相关要求更加宽松，更有利于中小科创企业上市融资。

2006年1月，北京中关村高新园内的企业在"全国中小企业股份转让系统"挂牌，俗称"新三板"正式运行。2012年新增上海张江、武汉东湖和天津滨海三个高新区，2013年年底正式扩容至全国。2020年7月，新三板挑选出首批32家公司进入"精选层"并正式开市交易。2021年9月，习近平总书记表示继续支持中小企业创新发展，深化新三板改革，设立北京证券交易所。北交所总体平移了现有精选层，并坚持由创新层公司产生，维持新三板基础层、创新层与北交所"层层递进"的市场结构。

北交所将成为服务创新型中小企业的主阵地，也为专精特新中小企业提供了新的融资渠道。目前从新三板精选层的上市条件来看，精选层的相关要求更加宽松，更有利于中小科创企业上市融资。对市值超过4亿元的企业，就没有盈利额的硬性要求了，需要最近2年平均营业收入不低于1亿元，且最近1年营业收入增长率不低于30%，最近1年经营活动产生的现金流量净额为正即可；如果市值在8亿元以上，对盈利也没有要求，只是需要最近1年营业收入不低于2亿元，最近2年研发投入合计占最近2年营业收入比例不低于8%；如果市值超过15亿元，只需最近2年研发投入累计超过5000万元，不但对利润没有要求，对营业收入也没有特别要求。而科创板，在没有盈利的情况下，市值最低要求也是15亿元。北交所在后续对于红筹股的架构、有表决权差异的企业、已上市公司的子公司孙公司分拆上市等领域，都会给出相应政策安排，这些都会吸引更多优质企业，尤其是对创新型中小企业具有更大的吸引力，与现有的主板、创业板、科创板形成覆盖全面、层次更加多样的股权融资市场。

截至2021年9月30日，新三板基础层企业5 942家，创新层企业1 247家，而精选层企业66家。目前精选层企业大多集中在高端制造业，市盈率为39.9倍，而创业板为55倍，科创板为60倍。精选层的净资产收益率为11.9%，分别比同期科创板和创业板高4到6个百分点。从上市企业市值来看，创业板市值中位数为49.04亿元，科创板中位数为74.4亿元，而"新三板"的精选层市值中位数仅为15.14亿元。

为更好地支持北交所的发展,决策层将参与,北交所股票的合格投资者门槛也做了大幅下降,原来新三板精选层的门槛要求是 100 万元,现在要求的是开通前 20 个交易日均资产不低于 50 万元,参与证券交易 24 个月以上。证监会还专门发布了指引,明确允许股票基金、混合基金及证监会认定的其他公募基金可以投资新三板精选层股票,包括战略配售、网下打新、二级交易等。门槛的下降以及公募基金的参与,无疑将加大北交所二级市场的投资者人数,更好地激活流动性和价格发现能力。

伴随中国经济进入新时代,高质量经济发展的驱动力源自科技创新。而金融制度的改革方向,将坚定不移地为这一战略转型服务。

北交所总体上强调错位发展,互联互通,建设的主要思路是严格遵循《证券法》,按照分步实施、循序渐进的原则,总体平移精选层各项基础制度,坚持北京证券交易所上市公司由创新层公司产生,维持新三板基础层、创新层与北京证券交易所"层层递进"的市场结构,同步试点证券发行注册制。其中有三个最为关键的要素。首先是坚守"一个定位"。北京证券交易所将牢牢坚持服务创新型中小企业的市场定位,尊重创新型中小企业发展规律和成长阶段,提升制度包容性和精准性。其次是处理好"两个关系"。一是北京证券交易所与沪深交易所、区域性股权市场坚持错位发展与互联互通,发挥好转板上市功能。二是北京证券交易所与新三板现有创新层、基础层坚持统筹协调与制度联动,维护市场结构平衡。最后是实现"三个目标"。一是构建一套契合创新型中小企业特点的涵盖发行上市、交易、退市、持续监管、投资者适当性管理等基础制度安排,提升多层次资本市场发展普惠金融的能力。二是畅通北京证券交易所在多层次资本市场的纽带作用,形成相互补充、相互促进的中小企业直接融资成长路径。三是培育一批专精特新中小企业,形成创新创业热情高涨、合格投资者踊跃参与、中介机构归位尽责的良性市场生态。

北京证券交易所整体平移精选层各项基础制度,着力构建契合创新型中小企业特点的系列制度安排。自 2021 年 9 月 2 日习近平总书记在中国国际服务贸易交易会全球服务贸易峰会提出设立北京证券交易所以来,北交所建设工作快速推进,各项规章制度陆续发布,并持续得到完善。整体来看,北交所相关主体制度大致由四个部分组成:上市制度、交易制度、持续监管制度、退市制度。主体制度最终发展目标为构建一套契合创新型中小企业特点的涵盖发行上市、交易、退市、持续监管、投资者适当性管理等基础制度安排,补足多层次资本市场发展普惠金融的短板,并畅通北京证券交易所在多层次资本市场的纽带作用,形成相互补充、相互促进的中小企业直接融资成长路径。

第一,北交所的上市制度在上市条件与程序、上市保荐与持续督导、募集资金管理等方面基本沿用了现有的精选层上市标准,并且坚持以信息披露为中心,与发行审核制度相衔接。该上市规则致力于建立以其为核心的持续监管自律规则体系,在规范上市公司及相关各方行为的同时保护投资者合法权益。北交所上市制度的建立充分遵循了上市公司自律监管的法定要求,努力满足创新型中小企业未来发展需求,并且契合北交所试点注册制,保障了制度的完备性。同时该制度明确了上市门槛(必须是新三板挂牌满 12 个月的创新层企业),督促中介相关机构归位尽责,加强自律监管及行政、刑事的追责力度,并且实现了精选层现行安排的总体平移。

北交所上市规则采取注册制,北交所企业发行上市需由北交所审核,并在证监会进行注册。其中上市委员会是北交所设立的独立的审核部门,负责审核发行人公开发行与上市申请,对审核部门出具的审核报告和发行人的申请文件提出审议意见。拟上市企业经预沟通后进行申报,上市委员会在5个工作日内受理后报送工作底稿。北交所主要通过向发行人提出审核问询、发行人回答问题方式开展审核工作,判断发行人是否符合发行条件、上市条件和信息披露要求,并对发行人实施现场检查,要求保荐人和证券服务机构对有关事项进行专项核查等。上市委员会进行调查结果审议,通过后在20个工作日内,证监会收到北交所报送的相关审核资料后,履行发行注册程序,并在1年内启动发行工作。

第二,北交所的交易制度在与双创板制度保持较高的一致性基础上放宽限制。交易方式上:保持竞价交易、大宗交易、盘后固定价格交易等方式不变,新增中国证监会批准的其他交易方式条款以增加灵活性;涨跌幅限制上,调高限制比例至30%,放宽无涨跌幅限制条件;连续竞价阶段的限价申报上,放宽买入限制;降低大宗交易及申报数量门槛(见表1)。

表1 北交所交易规则与双创板对比

	北交所	科创板	创业板
交易方式	・竞价交易(可以引入做市商机制) ・大宗交易 ・盘后固定价格交易 ・中国证监会批准的其他交易方式	・竞价交易(条件成熟时引入做市商机制) ・大宗交易 ・盘后固定价格交易	・竞价交易 ・大宗交易 ・盘后固定价格交易
涨跌幅限制	・涨跌幅限制比例为30% ・股票交易无价格涨跌幅限制的情形:向不特定投资发行的股票上市交易首日(不包括增发);退市整理期首日	・涨跌幅限制比例为20% ・首次公开发行上市的股票,上市后的前5个交易日不设价格涨跌幅限制	・涨跌幅限制比例为20% ・首次公开发行上市的股票,上市后的前5个交易日不设价格涨跌幅限制
连续竞价阶段限价申报	・不高于买入基准价格的105%或以上10个最小价格变动单位(孰高为准) ・不低于卖出基准价格的95%或以下10个最小价格变动单位(孰低为准)	・买入申报价格不得高于买入基准价格的102% ・卖出申报价格不得低于卖出基准价格的98%	・买入申报价格不得高于买入基准价格的102% ・卖出申报价格不得低于卖出基准价格的98%

续 表

	北交所	科创板	创业板
大宗交易	• 单笔申报数量不低于10万股,或者交易金额不低于100万元人民币 • 投资者可以采用成交确认委托方式委托会员进行大宗交易	• A股单笔申报数量不低于30万股,或金额不低于200万元人民币;B股单笔买卖申报数量应当不低于30万股,或者交易金额不低于20万美元 • 意向申报、成交申报、固定价格申报、上交所认可的其他大宗交易申报	• A股单笔交易数量不低于30万股,或者交易金额不低于200万元人民币;B股单笔交易数量不低于3万股,或者交易金额不低于20万元港币 • 采用协议大宗交易和盘后定价大宗交易方式
申报数量	• 买卖申报的最低数量为100股,每笔申报可以1股为单位递增	• 通过竞价交易买入股票或基金的,申报数量应当为100股(份)或其整数倍	• 通过竞价交易买入股票或基金的,申报数量应为100股(份)或其整数倍

第三,北交所持续监管办法对公司治理、信息披露、股份减持、股权激励、重大资产重组等事项进行了细致的规定,在充分考虑北交所上市公司中小规模特点的基础上在各方面有所放宽,旨在解决初创科技型公司的融资难问题,并试图进一步完善多层级融资渠道。北交所持续监管制度为中小企业提供了丰富的规范指引,是其坚持服务创新型中小企业的市场定位和尊重创新型中小企业发展规律和成长阶段的有效反映。

第四,北交所退市制度的建立充分吸取各板退市经验,立足于创新型中小企业,朝向多元化、市场化趋势转变,着力构建多元有效的宽容发展体系。和精选层相同的是,北交所退市制度仍分为主动退市和强制退市两大模块,强制退市制度设定了4种退市类型:交易类、规范类、财务类和重大违法类(具体见表2)。相比于现行制度,北交所退市制度更为详略有序,重点聚焦创新型中小企业。从标准、程序和执行三方面进行了多元宽容的退市安排。

在退市标准方面,北交所丰富和优化了退市指标体系,精准定位目标公司。相比于现行制度和科创板制度,北交所主动退市制度更为精简有效,充分吸收前者的经验理解,化繁为简,并新增上市公司因要约回购或要约收购导致公众股东持股比例、股东人数等发生变化不再具备上市条件和转板上市两个制度视角,给予企业更为多元化的选择空间。而北交所强制退市制度构建则更为细化和明确,着力于不同类型指标,构建了多元有效的运行体系。在交易类强制退市方面,北交所强制退市指标日期为连续60个交易日高于科创板20个交易日的要求,股东人数200人的指标也低于科创板400人的指标,整体制度搭建更为宽松求存。立足于中小企业业绩波动较大的现实经验,给予针对性的制度搭建。

在退市程序方面,北交所在新三板精选层的基础上构建了退市风险警示制度。通过先导性的预警体系和对市场风险的揭露,努力保证投资者合法权益,并针对中小企业问题处理予以充分的时间考量。

在退市执行方面,北交所与新三板现有创新层、基础层的统筹协调与制度联动优势将更为突出。在新三板市场基础上,北交所上市公司在强制退市后可分层级转入不同板块或退市,如其符合新三板挂牌条件或创新层挂牌条件,可进入相应层级挂牌交易;如不符合条件则转入退市板块,而退市公司在满足上市条件后仍可再次申请上市。但因重大违法强制退市的,不得提出新的发行上市申请,永久退出市场。

表2 北交所退市制度与现行制度、科创板制度的对比

退市类型	现行制度	科创板制度	北交所制度
重大违法类强制退市	设置信息披露重大违法和公共安全重大违法两大重大违法类退市情形	基本相同,仅对执行流程做出适应性安排	情形分类更为细化,内容大致相同
交易类强制退市	无	从成交量、股票价格、股东人数和市值入手,构建量化退市标准: (1) 连续120个交易日累计股票成交量≤200万股,市场出现重大异常波动等情形的,可以根据实际情况调整; (2) 连续20个交易日股票收盘价≤面值; (3) 连续20个交易日股票市值≤3亿元; (4) 连续20个交易日股东数量≤400人; (5) 其他交易所认定的情形	上市公司连续60个交易日出现下列情形之一的: (1) 本所决定终止其股票上市; (2) 股东人数均少于200人; (3) 按照本规则第2.1.3条第一款第四项规定上市的公司,股票交易市值均低于3亿元; (4) 本所认定的其他情形
财务类强制退市	(1) 最近两个会计年度经审计的净利润连续为负值或者被追溯重述后连续为负值; (2) 最近一个会计年度经审计的期末净资产为负值或者被追溯重述后为负值; (3) 最近一个会计年度经审计的营业收入低于1 000万元或者被追溯重述后低于1 000万元	(1) 最近一个会计年度经审计的扣除非经常性损益之前或者之后的净利润(含被追溯重述)为负值,且最近一个会计年度经审计的营业收入(含被追溯重述)低于1亿元; (2) 最近一个会计年度经审计的净资产(含被追溯重述)为负值; (3) 研发型上市公司主要业务、产品或者所依赖的基础技术研发失败或者被禁止使用,且无其他产品可替代	(1) 最近一个会计年度经审计的净利润为负值且营业收入低于5 000万元,或追溯重述后最近一个会计年度净利润为负值且营业收入低于5 000万元; (2) 最近一个会计年度经审计的期末净资产为负值,或追溯重述后最近一个会计年度期末净资产为负值; (3) 最近一个会计年度的财务会计报告被出具无法表示意见或否定意见的审计报告; (4) 中国证监会及其派出机构行政处罚决定书表明公司已披露的最近一个会计年度经审计的年度报告存在虚假记载、误导性陈述

续 表

退市类型	现行制度	科创板制度	北交所制度
			或者重大遗漏,导致该年度相关财务指标实际已触及第一、二项情形的; (5)本所认定的其他情形
规范类强制退市	(1)被出具无法表示意见或否定意见审计报告; (2)未按期披露财务报告; (3)股本总额或股权分布发生变化导致不再具备上市条件; (4)公司可能被依法强制解散; (5)法院依法受理公司重整、和解和破产清算申请; (6)其他交易所认定的情形	增加信息披露或者规范运作存在重大缺陷的情形	(1)未在法定期限内披露年度报告或者中期报告,且在公司股票停牌2个月内仍未披露; (2)半数以上董事无法保证公司所披露年度报告或中期报告的真实性、准确性和完整性,且未在法定期限内改正,此后股票停牌2个月内仍未改正; (3)财务会计报告存在重大会计差错或者虚假记载,被中国证监会及其派出机构责令改正,但公司未在要求期限内改正,在公司股票停牌2个月内仍未改正; (4)信息披露或者规范运作等方面存在重大缺陷,被本所限期改正但公司未在规定期限内改正,且公司在股票停牌2个月内仍未改正; (5)公司股本总额或公众股东持股比例发生变化,导致连续60个交易日不再具备上市条件,且公司在股票停牌1个月内仍未解决; (6)公司可能被依法强制解散; (7)法院依法受理公司重整、和解或破产清算申请; (8)本所认定的其他情形
主动终止退市	(1)上市公司股东大会决议主动撤回其股票在本所的交易,并决定不再在本所交易; (2)上市公司股东大会决议主动撤回其股票在本所的交易,并转而申请在其他交易场所交易或转让; (3)上市公司向所有股东发出回购全部股份或部	(1)上市公司股东大会决议主动撤回其股票在本所的交易,并决定不再在本所交易; (2)上市公司股东大会决议主动撤回其股票在本所的交易,并转而申请在其他交易场所交易或转让; (3)上市公司向所有股东发出回购全部股份或部	(1)上市公司股东大会决议解散公司; (2)上市公司因新设合并或者吸收合并,将不再具有独立主体资格并被注销; (3)上市公司因要约回购或要约收购导致公众股东持股比例、股东人数等发生变化不再具备上市条件; (4)转板上市;

续 表

退市类型	现行制度	科创板制度	北交所制度
	分股份的要约,导致公司股本总额、股权分布等发生变化不再具备上市条件; (4) 上市公司股东向所有其他股东发出收购全部股份或部分股份的要约,导致公司股本总额、股权分布等发生变化不再具备上市条件; (5) 除上市公司股东外的其他收购人向所有股东发出收购全部股份或部分股份的要约,导致公司股本总额、股权分布等发生变化不再具备上市条件; (6) 上市公司因新设合并或者吸收合并,不再具有独立法人资格并被注销; (7) 上市公司股东大会决议公司解散; (8) 中国证监会和本所认可的其他主动终止上市情形	分股份的要约,导致公司股本总额、股权分布等发生变化不再具备上市条件; (4) 上市公司股东向所有其他股东发出收购全部股份或部分股份的要约,导致公司股本总额、股权分布等发生变化不再具备上市条件; (5) 除上市公司股东外的其他收购人向所有股东发出收购全部股份或部分股份的要约,导致公司股本总额、股权分布等发生变化不再具备上市条件; (6) 上市公司因新设合并或者吸收合并,不再具有独立法人资格并被注销; (7) 上市公司股东大会决议公司解散; (8) 中国证监会和本所认可的其他主动终止上市情形	(5) 本所认定的其他申请终止上市的情形

为改变金融市场供需错配的现状,提升科创金融服务能力,北交所的设立与发展具有极为清晰的时代价值。展望未来,北交所将进一步破除新三板建设的政策障碍,围绕"专精特新"中小企业发展需求,形成科技、创新和资本的聚集效应,逐步深化金融供给侧结构性改革,以推动多层次市场体系的完善发展。

参考文献:

[1] 昝秀丽.证监会:以现有新三板精选层为基础组建北京证券交易所[N].中国证券报,2021-09-03(A01).

[2] 杨毅.坚持错位发展、突出特色建设北京证券交易所[N].金融时报,2021-09-03(001).

[3] 张晓燕.北交所新规如何助力"专精特新"中小企业发展[J].人民论坛,2021(29):72-75.

[4] 谢玮.北交所来了!"专精特新"中小企业迎历史机遇[J].中国经济周刊,2021(17):48-50.

[5] 刘艳.北交所聚焦"专精特新"背后的中小企业新气象[J].中国商界,2021(11).

《财富》500强：
中美大公司的对比

2020年《财富》世界500强排行榜发布，共有133家(含中国台湾地区企业9家)中国企业入围，超过美国(121家)，中国企业再次拿下"团体第一"。同时，今年还是中国大陆(含香港)上榜企业总数首次超过美国。大型企业是大国间经济互动的重要载体，也是观察经济发展的一面镜子。连续发布26年的《财富》世界500强企业榜单反映出中国经济的不断发展与进步，也反映出中美两个当今世界最大经济体互相的差异与竞争。

从总数对比来看，中国企业成长迅速，中美共同领跑世界。1997年，中国大陆仅有4家企业上榜，2001年加入世界贸易组织的当年也仅有12家企业入围，随后增速明显加快，并最终超越美国成为拥有世界500强企业最多的经济体。2020年，中国共入围企业133家，美企入围121家，两国共254家，已经超过一半的比例。排在第3至第5位的日本、法国和德国分别入围53家、31家和27家。在世界前5大企业中，美国仅有连续七年位居首位的世界零售业巨头沃尔玛，而中国石化、国家电网和中国石油三家分列2至4位。

从盈利能力对比来看，中国企业盈利能力不断提高，但与美企仍有较大差距。2019年上榜的124家中国大陆企业平均利润不到36亿美元，约为美企(70亿美元)的一半，也低于全球500强平均水平的41亿美元。2020年中国大陆上榜公司平均销售收入达669亿美元，平均销售收入和平均净资产两项指标达到世界500强平均水平，但平均销售收益率和平均净资产收益率分别为5.4%和9.8%，约为美企的一半。尤为值得注意的是，2020年上榜的10家中国大陆银行，利润占全部上榜中国大陆企业利润总额的44%，其中工行、农行、建行三大中资银行入围利润榜前10，而非银行企业平均利润只有近22亿美元，不足上榜非银美企平均利润的三分之一。

从行业分布来看，中国大陆上榜企业与美企体现出"工业风"与"后工业化"的鲜明对比。上榜中国大陆企业大量集中在石油、金融、电力、有色金属、房地产等资源型领域，同时以互联网为代表的高科技企业稳步成长。在石化行业，中国石化和中国石油分列总榜单第2名和第4名，美国的埃克森美孚公司仅位列总榜单第11位；在互联网行业，中国共有腾讯、阿里、京东、小米四家企业上榜，超过美国的3家，且阿里巴巴以29%的利润率成为赚钱效率最高的互联网相关企业；在IT行业中，美国的苹果、韩国的三星和中国的华为分别位列总榜单第12、第19和第49位，其中华为在艰难中逆势上扬，排位较2019年提升12位；在房地产开发商中，入围500强的5家房地产开发商全部来自中国大陆，其中碧桂园、绿地、保利和万科4家在总榜单中的排名全部较上年提高；在医药领域，上榜医药相关企业前5名均为美企，旗下拥有多个医药品牌的华润集团位列医药相关企业第9位,中国医药集团位列第12位;而在当前广受关注的芯片领域,美国的英特尔公司位列总榜单第138位,来自中国台湾的台积电位居总榜单第362位,而大陆芯片企业表现不佳。

综合来看,中国企业在《财富》500强中成绩显著,是整体综合国力显著提升的一个映射。同时,入围中国企业的行业广泛性和以互联网为代表的高技术企业的崛起,反映出中国经济高质量的发展趋势。但也应客观看待,以营业收入为核心评选标准的《财富》500强榜单,重"大"不重"强",在盈利能力和科技创新度方面与美企尚有差距。

行业分布——门类齐全与重点突出兼顾。在全部20个主要行业门类中,中国企业均至少入围世界500强2家,凸显了中国经济的全面性和均衡性,也是中国经济转向以内循环为主体的底气。上榜中国企业中,能源矿产类企业最多,共22家,信息技术、商业贸易、银行、金属产品和保险等均在10家以上,且中企在银行、汽车、地产开发、船舶航运等领域上榜数量均高于美企,领先行业的优势明显。

地区分布——粤港澳与长三角双轮驱动。受益于粤港澳大湾区建设推进和长三角一体化进程的加快,粤港澳和长三角地区分别拥有世界500强企业21家和20家,仅次于央企聚集的北京,再次证明这两个区域是中国最具活力的区域,在引领中国经济中的双轮驱动作用明显。横向对比来看,粤港澳地区上榜企业集中在深圳(7家)和香港(7家,含总部在港央企),而长三角地区除上海(9家)较为集中外,另有6座城市拥有世界500强企业,分布更为均衡。在龙头企业方面,排名世界前100名的特大型企业中,粤港澳地区共有平安、华为、华润、正威4家,而长三角地区仅有上汽1家。

新兴力量——三四线城市的希望与风险。值得注意的是,有一批整体经济实力与城市能级相对偏弱的三四线城市也有企业上榜世界500强,主要代表有山东济宁的兖矿集团、江西鹰潭的江西铜业、河北邢台的冀中能源、山西大同的大同煤矿、安徽芜湖的海螺集团等。世界500强企业的出现,为三四线城市的发展注入强劲动力,推动中国经济区域布局进一步合理化,但更应该重视,入围榜单的三四线城市企业多数为位于资源型城市的能源化工类国企,地区与企业的发展长期过度依赖低水平资源消耗的现象,长久以后可能会面临资源枯竭的转型难题。

角色互补——国企守正与民企出奇齐飞。本次榜单中,共有48家央企和32家地方国企上榜,比2019年减少2家。国有企业稳步发展、稳中有进,继续发挥了扛大旗、稳大局的作用,在能源、电力、基建、交运、航天军工5大命脉产业中,中国石化、国家电网、中国建筑、中国邮政和兵工集团均有亮眼表现。受益于营商环境的不断优化,民营企业充分发挥自主创新优势,为中国经济注入更多活力。一是发展迅速,全球排名跃升最快的前十家企业中,共有碧桂园、阿里巴巴、阳光龙净、腾讯、苏宁易购、恒大6家中国大陆民营企业;二是科技型民营企业表现优异,华为在困境中逆势上行,首次进入世界企业榜单前50名,阿里巴巴、腾讯、京东均进入榜单前200名,小米则成为全球进步最快的互联网企业之一;三是实业型民营企业逐渐壮大,在家电、房地产和纺织领域,民营企业代表美的、碧桂园和恒力力压国企,占据中国企业首位,而以正威、吉利、青山、魏桥等为代表,实业型中国民营企业集群正在壮大,成为支撑中国经济的重要支柱。

医疗服务：
奢侈品还是必需品

伴随着中国国民收入的快速增长，奢侈品的销售量增速更快，名牌包、手表、豪车等，它们的消费收入弹性都是大于1的；而一般的基本生活用品，比如大米等必需品，需求的收入弹性小于1。按照这个思路，医疗保健服务是属于奢侈品还是必需品呢？对此，国内外许多学者进行了实证研究，但没有一致的结论。

医疗保健品作为医疗保健服务的一种，在美国的相关市场规模巨大，保健品销售量从20世纪90年代到2015年增加近40倍，年销售额超800亿美元，占美国食品销售额近三成；日本增加了32倍，生产保健品多达2000种；欧共体每年保健品销售额平均增速为16%。那么，医疗保健服务究竟是奢侈品还是必需品？首先，不同功能的医疗保健服务具有不同的收入弹性，即某些功能的医疗服务是必需品，某些则属于奢侈品。例如，维持或延长生命所需要的基本医疗服务支出，如发热、胃溃疡、囊肿等疾病的诊断、治疗，一般属于必需品；而对于提高生命质量、增强某些功能的医疗保健服务，如牙齿正畸、医美、月子中心等，有可能打造为奢侈品服务。其次，同种功能但价位、质量不同的医疗保健服务，可以划分为必需品和奢侈品。一如包、汽车等常规意义上的商品，根据其产品定位、价格，可以分为收入弹性大于1和小于1的，医疗保健服务自然也可按照该分类方式进行分类。再者，对于不同收入层次的家庭，医疗服务支出的收入弹性不同。以上文献均是对需求者收入做连续性的考察，而没有对其进行分段研究。对于一定收入水平之下的家庭而言，提高生命质量或高档的医疗服务的边际效用很低，甚至为0，一般只消费基本医疗服务，而随着收入的上升，提高生命质量或高档的医疗服务的边际效用会快速上升，收入弹性逐渐变大，消费量也随之增大。

所以，对于不同收入等级的家庭，医疗保健服务分属于必需品和奢侈品。最后，每个家庭对于医疗服务的偏好不同，即便其收入水平相同。患病的风险意识越高（如定期体检、复查），对医生权威更为信任（如身体不适便就医）都会对应更高的收入弹性。综上所述，医疗保健服务究竟是奢侈品还是必需品并没有一个标准答案，需要结合消费的医疗服务的功能、价位、消费者的收入层次和偏好进行具体分析。

参考文献：

[1] 李伟,孙艳,尹文强,郭洪伟,胡金伟.老年人医疗保健品消费行为及影响因素[J].中国老年学杂志,2021,41(19):4394-4398.

［2］孙艳萍.老年人保健品的使用现状及影响因素研究［D］.河南大学,2015.

［3］东吴证券.人口结构演变背景下的医疗服务投资机会［R］.2021.

［4］普华永道.2016年至2021年中国医疗健康服务行业并购活动回顾及展望［R］.2022.

介护保险：
老龄化社会的重要保障

1970年的日本成为最早进入老龄化的国家之一，当时其高龄化人口（65岁以上）超7%，人均GDP约为2 037美元，日本实行高龄老人医疗费全额免费保险制度，但在养老机构的被照护的费用需要自理，造成大量老年人长期住院不出，形成"社会性住院"，造成医疗费剧增，使医疗保险濒于崩溃。90年代中后期，日本的老龄化日趋加剧，失能老人日益增多。2000年的日本人均GDP升至37 000美元，高龄人口也超17.3%，政府借鉴欧洲德国、荷兰等国家的经验，推出了介护保险法。介护保险是全新的为老龄化社会准备的保险，旨在分离医疗、护理需求，目的是"因年老而需要介护的状态，入浴、排便、饮食等需要照顾，需要技能训练和护理，为其提供必要的保健医疗服务和福祉服务，使其能够有尊严地度过与其具有的能力相适应的自立生活……"

"介护"二字源自日语，它包含"身体照护"和"家庭服务"双重意义。日本的介护等级包括移动、进食、排泄、洗浴、穿脱衣、视听力、修饰、记忆力、情绪行为、工具使用10项合计85项细项标准。需要介护服务的人可向政府部门申请，相关部门和主治医生根据一套非常完备的调查认定制度，为其确定需要介护服务的等级。日本《介护保险法》规定，40岁以上的日本人和在日外国人都必须加入介护保险，65岁可以享受介护服务。投保人需承担服务费用的10%，剩余90%由各级政府财政补贴、个人所缴保险费各负担一半。

截至2018年年末，我国60周岁及以上人口2.49亿人，占总人口的17.9%；65周岁及以上人口1.67亿人，占总人口的11.9%。中国未来30年要面临的老龄化形势和日本过去30年经历的过程将会十分相似，日本的老龄化对应经验对中国有一定的参考价值。2016年中国人社部发布了《关于开展长期护理保险制度试点的指导意见》，上海、江苏、浙江、安徽等15省市进行试点长期护理保险制度。江苏南通在试点中将标准暂定为每人每年100元，其中个人缴纳30元，医保统筹基金筹集30元，财政补助40元。城镇职工可以从其医保个人账户中直接划拨，城乡居民在每年缴纳医疗保险费时，同步缴纳护理保险费，其中困难群体及未成年人由财政全额补助。失能人员在经过评定后，可选择在定点医疗机构或养老服务机构的照护床位接受第三方照护服务，长期护理保险给予每人每月2 100元的照护补贴；居家失能人员除每月享受450元的照护津贴外（中度失能300元），还可获得专业照护公司每周2至3小时的护理服务，包括10项左右的生活照料服务和至少5项的基础护理服务，服务费用按照套餐每月1 000元左右，由长期护理保险基金支付。在总结多个试点区域的经验后，我国将适时全面推出中国的长期护理保险制度。

老龄化社会,官方定义为60岁以上的老年人口占据人口总数的10%或65岁以上的老年人口占据人口总数的7%,诸如意大利、德法、澳大利亚等国家均是典型案例。其中较早进入老龄化的国家是日本,从1985开始日本65岁以上老年人口占10%,此后不断上涨,至目前已达30%左右。根据其发布趋势预测数据推算,至21世纪后期仍将持续走高直至40%,这意味着在日本每5个人中就会有两位是65岁以上的高龄老人。作为世界上老龄化最为严重的国家之一,日本的医疗和养老制度一直备受重视,为了妥善处理老龄化社会中的各类问题,日本政府投入大量精力于养老产业,形成了多形态、多样式的居家养老服务模式,将原本分离的福利、介护和医疗相结合,组建了独立高效的综合介护体系,在多年探索和改良中不断摸索护理方式,推动社会老年问题的解决。深究日本介护制度的建立背景,其实并不单由老龄化问题致使。一方面,伴随日本社会经济水平的发展,妇女在劳动力市场的比例日益壮大,随之而来的是传统家庭规模缩小,对家庭长辈护理责任和能力日渐缺位,人的观念也发生了变化,传统家庭的护理功能开始弱化。另一方面,在日本介护体系搭建之前,政府主要借助老年医疗保障制度来处理护理需求,但由于社会护理设施的匮乏和居家护理服务的欠缺,老年病患在治愈后仍需滞留医院来接受护理服务,占据了一定的社会医疗资源,整个社会处于医疗保险系统压力严重、医疗费用飙升的社会性住院问题当中。日本受地理环境、思想观念和政策倡导的影响,养老模式以居家为主,政府通过一系列的法律规定,从1959年颁布的《国民年金法》、1963年的《老人福利法》、1983年的《老人保健法》到2000年最终实现的《介护保险法》(见表1),将养老模式发展至基于居住场所的居家养老形态,逐步构建出独具一格的日本介护体系。

表1

时间	法规	主要内容
1959年	《国民年金法》	20岁以上60岁以下国民缴纳年金,65岁开始领取
1963年	《老人福利法》	倡导保障老年人整体生活利益,推行社会化养老
1983年	《老人保健法》	使日本老年福祉政策的重心开始转移到居家养老
1986年	《长寿社会对策大纲》	进入真正的长寿社会可以发挥社会和国民的活力
1988年	《实现老龄福利社会措施的原则和目的》	展望老年福利政策的方向与施策目标
1989年	《促进老人健康与福利服务十年规划》	确立国家对高龄者"保障医疗福利"的服务方针
1995年	《老龄社会对策基本法》《对策大纲》	建立"每个国民都能终生享受幸福的老龄化社会"
2000年	《介护保险法》	1997年推出,2000年4月实施,2005年修订
2001年	《社会福祉法》	扩大福利事业范围,加强了对各事业主体的管理

续 表

时 间	法 规	主要内容
2001 年	《高龄者居住法》	方便高龄老人生活、居住和出入
2003 年	《健康增进法》	对老年人的健康保障做出了相应的法律规定
2006 年	《无障碍法》	保障高龄者及残疾人无障碍移动的相关法律

具体内容上来看,日本介护制度的构建更多强调全社会同心同力的支持,社会共惠共享模式来保证社会福利制度的成熟和完善,以介护支援的方式共同承担相应的保险费用和资金支持。在筹资方式上,采取多元化的筹资渠道和征收模式,由被保险者承担保费的50%,其中第一号被保险者承担保费的22%,而第二号被保险者承担对应的28%,由市町村、中央政府和县市政府承担另外的50%,提供资金的财政支持。将高于65岁的被保险人称为第一号被保险人,而40至65岁之间者被称为第二号被保险人。此后伴随高龄化的推进,第二号被保险人的比例不断下降,其所承担的负担比例也在灵活调整中下降,有序维持了社会公平和体系稳定。从给付方式上,两类被保险人也有一定的差异,对第一号被保险人而言,无论出于何种原因,只需被认定为需要介护和照管即予以给付和支援;但对于第二号被保险人,只有当患有部分和老龄化相关的特定疾病并需要介护时才会予以给付。在费用支付时,受介护人只需要承担服务费用的10%,剩余90%都通过介护保险的形式予以给付,从而保证了对低收入失能老人的社会赡养和收容。

在介护等级和服务支持方面,日本政府从移动、进食、排泄、洗浴、穿脱衣、视听力、修饰、记忆力、情绪行为、工具使用10项合计85项细项标准将老人的介护等级分为以下6类(见表2),通过科学合理的介护评级申请和认定,来获得量身定制的介护服务,充分考虑到个人的主观选择和人性需求,保证了保险体系的全方位和人性化。

表2 日本介护保险体系护理分类情况[①]

老年人	护理等级	护理时间	月度给付	身体状况
要支援	要支援	每周2次日间服务	约6万日元	基本能够独立如厕、进食,部分日常生活不能自理,需要别人提供一定的帮助,可以维持或改善现有健康状态
要介护	要介护1	每天1次服务	约17万日元	部分日常生活不能自理,需要一定的帮助,排泄、洗澡、穿脱衣服等需要一定的护理
	要介护2	每天1次服务(每周3次日间服务)	约20万日元	排泄、洗澡等需要部分或全面护理,穿脱衣服等需要帮助
	要介护3	每天2次服务(必要时每周3次,老年痴呆患者及失智人员每周5次)	约26万日元	重度需要护理的状态,或伴有老年痴呆症等,排泄、洗澡、穿脱衣服等均需要全面的帮助

---

① 资料来源:日本介护保险制度相关问题分析;日本厚生劳动省网站。

续 表

老年人	护理等级	护理时间	月度给付	身体状况
	要介护 4	每天 2~3 次服务,或者每周 3 次访问	约 31 万日元	重度需要护理的状态,或伴有老年痴呆症程度加深,吃饭、排泄、洗澡、穿脱衣服等均需要全面的帮助
	要介护 5	每天 3~4 次服务(包括深夜或早晨的访问护理,或每周 3 次的访问看护)	约 35 万日元	卧床不起,日常生活所有方面均需要帮助

日本介护保险体系的建立,从法律制度、社会意识、人文关怀、基础设施等方面做出了全方位、系统性的推进,对介护服务范围、筹资渠道、人员培养、机构监管等一系列内容做出了有效设计和改革,保证了其福利性和互惠性的社会根基。在二十余年的发展中,介护保险的分级机制和定期评定制度保障了社会公平和资金的高效使用,也为被保险人提供了多样化的服务选择,降低了国民负担,促进了市场服务质量的提升。

对于我国来说,老龄化发展同样带来了一系列新困境和新障碍,2016 年中国人社部发布了《关于开展长期护理保险制度试点的指导意见》,上海、江苏、浙江、安徽等 15 省市进行试点长期护理保险制度。作为和日本具有相似传统文化、关怀老者的敬人意识,中国在适当学习日本介护保险经验之时更应注重其改革教训,以早日解决日益紧迫的人口问题。从一定程度来讲,避免法律的缺失,单独制定系列长期护理保险法规,维护其市场有效性和多元性,通过政商合作的发展模式、全民关怀的社会意识以及复合型护理人才培养,多方共同推动长期护理保险制度的成熟完善。

参考文献:

[1] 张腾.日本介护保险制度介绍与效用评析[J].东南亚纵横,2010(07):87-92.

[2] 毕梓倚.我国城市社区医养结合养老模式研究[D].长春:吉林财经大学,2019.

[3] 海龙.日本长期护理保险的政策设计、基本特征及发展走向[J].经济与管理,2013,27(08):14-19.

[4] 蔡建国,王燕辉.当前教育形式下应对老龄化加速趋势的中国老年人能力评估[J].高考,2018(22):224-226.

[5] 孙冬冬.日本介护保险筹资模式的比较研究[J].经济研究导刊,2022(04):67-69.

[6] 张莹.日本介护保险制度中老年长期护理分级标准研究[J].中国全科医学,2011,14(22):2544-2545.

[7] 高春兰.老年长期护理保险中政府与市场的责任分担机制研究——以日本和韩国经验为例[J].学习与实践,2012(08):103-109.

[8] 吕园园.日本介护保险筹资机制对我国长期护理保险制度的启示[J].中国保险,2020(12):59-64.

医疗费增长：
人口老龄化是主要原因吗？

世界卫生组织（WHO）的数据指出，全球卫生费用支出已经占到全球生产总值的10%，并且其增长速度将会继续快于产值的增长速度。发达国家的医疗卫生支出占GDP的比重大多已经超过10%，比如法国、德国、日本等，其中美国比例最高。2018年美国的医疗卫生支出总额占GDP的比重高达18%，而1960年这一比例只有5%。中低收入国家的医疗卫生支出费用的比例目前大多没有到国民总收入的10%，但它们的年均增长速度却快过高收入国家。从目前的趋势看，全球医疗卫生支出费用不断增长短期无法改变，其原因值得探究。

从人口结构演变的角度，医疗保健服务或许将逐渐成为中国社会中的必需品，相应的相关费用支出也应该不断增加。根据国家统计局数据，中国60岁以上老年人数量从2010年的1.78亿快速增长到2020年的2.6亿，占总人口比例从2010年的13.3%增长至2020年的18.7%；65岁以上老人数量则从2010年的1.19亿增长至2020年的1.91亿，占总人口比例从2010年的8.9%上升至2020年的13.5%。伴随人口出生率下降、人口死亡率下降、预期寿命提高等，中国老龄化趋势日益加剧。同时第七次人口普查表明中国的出生率持续下滑，2020年中国新生儿数量为1200万，是1962年后最低水平，出生率为0.85%，是新中国成立后最低水平。同时中老年人的医疗需求有所上升，根据卫生统计年鉴数据，2018年55～64岁、65岁以上人群两周就诊率分别为32.7%和42.6%，显著高于55岁以下人群，人口老龄化提高了医疗服务需求；同时，近年来随着国内医疗体系逐步健全和人均收入水平提高，老年人就诊频率明显提升，2018年55～64岁、65岁以上人群两周就诊率分别为32.7%和42.6%，分别高于2013年的19.7%和26.4%。截至2020年，日本65岁以上人口占比为28.4%，中国65岁以上人口占比为13.5%，目前老龄化阶段约处于日本1994年水平。日本的高度老龄化社会带来了老年人医疗费占比常年居高不下，随老龄化现象加剧，日本国民医疗费用支出不断增长，2018年达到43.4万亿日元，占其GDP约为7.9%；随着老年人数量增加，日本的国民治疗费中65岁以上老年人的费用逐年增长，从1997年的13.5万亿日元增长到2018年的26.3万亿日元，在整个国民治疗费中的比例也从1997年的46.7%增长至2018年的60.6%。[1] 伴随老龄化程度的加深，我国未来的医疗费用也将逐渐增长，同时随着人均可支配收入的提高和国民医疗投入的增加，医疗保健服务将与国民生活愈加密切，渐渐

---

[1] 数据来源：Wind，转引自东吴证券.人口结构演变背景下的医疗服务投资机会[R].2021.

成为必需品。

　　直觉上大家都觉得，年纪越大对医疗保健的需求就越多，那整体上年龄结构的老化，必然是医疗费用不断上涨的最主要原因。中国老龄委《国家应对人口老龄化战略研究总报告》中表明：人均医疗费用和年龄密切正相关，60岁及以上年龄组医疗费用是60岁以下年龄组的3～5倍，80岁及以上高龄老人的照护与医疗费用是65～74岁老人的14倍。经济和技术的进步，大多数国家的预期寿命都大幅提升；20世纪60年代末的二战婴儿潮结束后，出生率持续下降。这两大因素使得老龄化的国家越来越多。英国学者Abel较早研究了人口变化对英国医疗卫生费用的影响，他将1952年英国按年龄和性别住院的人口比例向前估算出1971年的住院人数，认为总费用支出增加10.6%，这其中年龄结构和人口增长各占约一半的影响。但英国这一阶段的医疗费用增长了71%，从而使得年龄因素的影响可以忽略不计。OECD的研究报告认为，人口变化只能解释1960—1980年间医疗费用年均增长5.9%的0.8%，1970—2002年医疗支出年均增长率的4.3%中，只有0.4%可以认为是老龄化增加的结果。

　　越来越多的研究认为，距离死亡的时间（Time to Death，TTD）而非年龄的大小才是医疗费用增加的更重要因素。Zweifel较早使用了瑞士的数据，发现TTD才是影响医疗费用增加的主要因素，而年龄的影响基本不显著，其中，高年龄组的临终前费用支出还更低一些，如果忽视TTD效应，将高估了年龄对医疗费用的影响。临终医疗费用（Cost of Dying，COD）一般是生存者医疗费用的5～13倍，这个费用占老人医疗费用的30%左右。无论寿命长短，医疗费用往往集中在临终前的1～2年，并且越临近死亡，高额医疗费用的概率越大。医疗费用支出在时间序列上并不是均匀分布的，与其他时间相比，临终前尤其是最后一年，医疗费用将出现陡然地升高。魏宁博士与周绿林教授（Wei，Zhou，2020）使用了2011年和2013年中国健康与养老追踪调查（CHARLS）的数据，分析了距离死亡的时间对中国老年人医疗保健支出的影响，弥补了之前该领域的研究都来自美国或欧洲发达国家的缺陷。研究将样本分为生存组和濒死组。在对于生存组的研究中，平均住院和医疗保健支出随年龄增长，与人们的一贯理解保持一致。在对于濒死组的研究中，年龄、住院可能性和医疗保健支出的关系在濒死组中消失。不难观察到，濒死组的医疗保健支出比生存组高出了十倍。这与先前Zweifel（Zweifel 1999）等学者的研究结果是一致的。进一步的研究结果还表明，在所有增加医疗保健支出的15个重要因素中，1年内死亡与2年内死亡是对医疗保健支出影响最大的指标，其中2年内死亡的影响系数是最高的。

　　按照这种理论的观点，我国人口老龄化中预期寿命的增加如果是健康寿命的增加，只是推迟了临终时间的到来，将临终前医疗费用高峰推迟，对医疗支出的总费用增加影响不大；但是预期寿命的增加中如果半失能、失能老人比例越来越多，他们的护理费用必然不断提升。在配置医疗卫生资源中，亟需加快建立和完善长期护理保险制度，使长期护理能部分替代医疗救治，提升医疗资源的配置效率。

　　尽管目前已经有不少的学者支持"红鲱鱼"假说（人口老龄化对医疗支出的影响不明显），仍然有一些研究表明老龄化是医疗费用支出上升的原因之一。Kollerup，A.

Kjellberg, J. Ibsen, R. (2022)从个人层面出发,利用丹麦国家患者登记处和丹麦国家健康保险登记处的支出数据,同时研究了医疗费用支出曲线陡峭化和年龄、死亡时间和个人层面的医疗支出之间的关系。研究结果表明,对于个人而言,个人的医疗保健支出曲线会随着年龄的增加而愈加陡峭,呈现出随着年龄加速上升的趋势。人口老龄化、支出与年龄之间本身的正相关关系、支出曲线的陡峭化三个方面都造成了卫生健康支出的快速增加。

除了老龄化、距离死亡的时间等因素有极大可能影响医疗费用,Tom Getzen (1992),认为医疗支出负担的增加在很大程度上是一个政策和成本管理问题。叶志敏等(2019)系统性地总结了从2009年起的新一轮医疗体制改革的成就,总结了医疗体制改革中的经验教训,指出了我国医疗体制目前仍然存在的问题。他认为从2009年至2011年,中国医疗改革更多侧重于增加金融投资,以扩大保险的覆盖面和完善基础设施建设,近一半的政府卫生支出用于资助保险费补贴,以扩大社会医疗保险的覆盖面。第二阶段开始减少药品支出(2008年中国药品支出占卫生总支出的41%,而OECD国家的平均支出为16%),减少不合理的药物使用,降低常用药物的销售价格。中国的医疗费用下降还需要有进一步的改革,包括忽视健康预防和更大力度支持体检;分级诊疗效果不佳,大量普通诊疗挤占了三甲医院的医疗资源,降低了有限的资源配置效率。2017年,大约58%的资源集中在三级医院。

参考文献:

[1] Getzen T E. Population aging and the growth of health expenditures[J]. Journal of gerontology, 1992, 47(3): S98 – S104.

[2] Kollerup A, Kjellberg J, Ibsen R. Ageing and health care expenditures: the importance of age per se, steepening of the individual – level expenditure curve, and the role of morbidity[J]. The European Journal of Health Economics, 2022: 1 – 29.

[3] Wei N, Zhou L. Time-to-death and health care expenditure: evidence from China[J]. Journal of Population Ageing, 2020, 13(4): 485 – 495.

[4] Yip W, Fu H, Chen A T, et al.. 10 years of health-care reform in China: progress and gaps in universal health coverage[J]. The Lancet, 2019, 394(10204): 1192 – 1204.

[5] Sylvia S, Shi Y, Xue H, et al.. Survey using incognito standardized patients shows poor quality care in China's rural clinics[J]. Health policy and planning, 2015, 30(3): 322 – 333.

[6] Sylvia S, Xue H, Zhou C, et al.. Tuberculosis detection and the challenges of integrated care in rural China: a cross-sectional standardized patient study[J]. PLoS medicine, 2017, 14(10): e1002405.

[7] Sylvia S, Shi Y, Xue H, et al.. Survey using incognito standardized patients shows poor quality care in China's rural clinics[J]. Health policy and planning, 2015, 30(3): 322 – 333.

时间银行：
养老服务的一种新模式

　　20世纪70年代，日本的老龄化问题逐渐严重，政府财政难以覆盖。在此背景下，水岛照子提出"劳动银行"的义工网络，一般被认为是时间银行的雏形①。这个义工网络的成员以家庭妇女为主，鼓励年轻人志愿服务需要帮助的老年人。但在具体实践过程中，"老老互助"的形式发挥了更大的作用。1980年，埃德加·卡恩正式提出"时间银行"的概念——"以劳动为计量标准，将人们每次参与志愿活动的服务时间存入个人的时间银行账户，等自己需要服务时再从时间银行中支取，接受他人提供的志愿服务"。这种在时间银行系统内流通的虚拟货币被形象地比喻为"时间美元"。人们可以将服务和照顾他人的时间及其附加劳动存储起来，等自己需要的时候，去"时间银行"提取出来交易购买同等时间。在"时间银行"中，附加了劳动和服务的"时间"如同货币，参与者通过为他人提供服务并得到认证后，在"时间银行"中存储时间，在未来需要时以此交换自己所需的服务。"时间银行"的实质，是通过构建中间媒介，将服务和劳动用时间来量化，通过劳动成果的跨期支付，进行社会服务的平等交换，实现互助养老。1995年，卡恩注册"美国时间银行"（Timebanks USA），并将其作为美国所有时间银行的联盟组织（Umbrella Organization）。进一步地，他提出了时间银行的五大核心价值：资产、重新定义工作、互惠、尊重和社交网络。其中，"资产"指的是每个人都拥有一些有价值的事物，可以和其他人一起分享。"重新定义工作"这一概念认为社区服务、养老互助和家庭关系等工作难以用金钱衡量，应该通过认可和表彰等形式对人们形成激励。活跃的组织加上契合美国文化的社区价值观，时间银行在美国取得了较好的发展。2007年，瑞士的施善基金会率先进行了有趣的尝试：鼓励人们照顾陌生的老人，并将做义工的时间积累起来，等将来自己年老或生病需要照顾时，再用存储的时间购买他人的义工服务。这个项目被形象地称为"时间银行"。项目的参与者们一般每周进行两次上门服务，每次劳动两小时，任务包括替老人整理房间、购物及推老人出门晒太阳、陪聊等。一年后，时间银行统计出服务者的工作时长，并发给他们储蓄卡，当服务者需要别人照顾时，可以凭卡去时间银行支取"时间和时间利息"，换取免费服务。目前全球已有超过1 000家"时间银行"。

　　作为解决老龄化问题的有效措施，时间银行在我国具有广泛的应用场景。据第七次全国人口普查，我国60岁及以上人口为2.6亿人，占比18.70%，65岁及以上人口为

---

① 北京大学人口研究所：《中国时间银行发展研究报告》，第11页。

1.9亿人,其中,空巢独居老人约占3成。在医疗水平逐步提高的中国,老年人的心理健康同等乃至更加重要。有研究指出,中国老人的自杀率是普通人的3到7倍[①]。时间银行的本意固然是年轻人通过参与社会志愿服务将时间存储起来,留到年老的时候取出使用,但是就目前而言,时间银行最好的落地办法是突出"老老互助"的形式,即年纪相对较轻的老年人为年纪较大的老年人提供帮助。一方面,这可以增加老年群体之间的互相帮助,一定程度上缓解养老服务主体不足的问题;另一方面,可以增加老年人的社会参与感,使其获得认同感和尊重感,降低老年群体的消极情绪和社会脱节度。

目前,"时间银行"的作用主要集中在养老和社区建设方面。随着我国老龄化程度持续加深,独居、失能、半失能和慢性病老人的养老服务成为重要的社会问题。"时间银行"激发了参与者的服务意识和能力,突破了单向的无偿奉献,实现了对服务者合理、稳定、多元的回报,满足了老年群体的多样化需求。而制约传统"时间银行"发展的因素主要有三:一是传统的"时间银行"多在社区内实现,而中国的城市社区带有较为明显的"生人社会"特质,相对缺乏互助共建的传统意识和社会氛围,推广"时间银行"需要较高的社会信用成本;二是标准难以量化,"时间银行"的基础是人与人之间的劳动与服务的错期交换,通用的量化标准是"时间",但差别的劳动与服务无法简单等量转化为无差别的"时间货币";三是规模较小造成内容单一化和退出困难,传统的"时间银行"难以突破熟人社区范畴,提供和用于交换的服务以养老帮扶为主,带有较强的爱心志愿服务性质,参与者积累的"时间"缺少有吸引力的兑换品。

从1999年开始,我国部分大城市先后开始了"时间银行"互助养老社区试点探索,2019年南京成为全国首个在市级层面推行"时间银行"的城市。从以南京为代表的国内城市近年来的实践来看,互联网平台的发展和社区网格化的成熟,为推广大规模、标准化、多样性的"时间银行"提供了基础。一方面,互联网平台聚集了更多的参与者和有需求的老人,并为信息匹配和服务评价提供了保障。另一方面,随着参与规模的扩大,参与者可以获得其他参与者、社区、社会等多方面提供的,更多样化的产品和服务,"时间银行"通过改变业余时间的消费模式,赋予了公益扶助活动更多的时尚性和现代感。此外,城市级的"时间银行",通过统一量化指标实现了存储"时间"的跨地域通存通兑。

我国的时间银行可以大致分为政府主导型、社会组织主导型和企业主导型三种组织形式。政府主导型以南京为例。自2012年起,南京已在建邺区等地探索出一些行之有效的"时间银行"新型养老模式,在全市层面建立统一的养老服务"时间银行"体系,并且设置了"时间银行"专项基金,每年财政拨款1 000万元。对于缓解大城市养老服务难题有积极探索意义。在社区、街道和区三级的试点逐渐深化后,2019年7月,南京市政府出台了《南京市养老服务时间银行实施方案(试行)》,在国内率先开展市级层面养老服务时间银行试点,养老服务时间银行是志愿者在年轻时参加服务,到年满60周岁及以上直系亲属需要服务时,可以用之前存储的时间进行兑换,是发展互助养老的重要

---

① 财新网:《研究:中国老人自杀率为普通人3—7倍 农村男性最高》,https://china.caixin.com/2018-10-29/101339915.html.

方式。根据网络公开数据,2021年年末,南京时间银行有1 327个服务网点,5.09万名志愿者服务了5.11万名老人,总计存储服务时长达124 416小时,兑换了121 623小时[①]。南京市开创性地进行了一项制度设计——"公共时间池",志愿者的服务时间上限是1 500小时,超出的部分自动划入"公共时间池"当中,由政府直接调配给需要的老年人。当然,对于那些捐赠时间进入公共池的志愿者,政府也会给予相应积分或者奖励。

社会组织主导型方面的典型是广州市南沙时间银行运营中心,由南沙市政府出资,南沙市社区服务中心负责运营。南沙市的时间银行采用的是会员制,个人或企业需要注册成为平台会员,之后在平台上发布或者承接需求。截至2022年3月15日,平台共有116 795位会员,发布需求总数171 127次,已对接完成的有104 856次[②]。杭州的绿康时间银行是企业主导型的代表,由绿康医养集团发起创建。绿康时间银行并不需要注册会员,主要采取的模式是:机构发现老年人的相关需求,机构在平台发布,平台联系志愿者上门服务。相对于前两种,企业主导型时间银行的适用范围会更大,往往遍布全国多个省市。目前,平台有48 345名志愿者,九成以上参与过志愿服务[③]。

我国的时间银行发展仍存在着几点不足。首先,现存时间银行热度低,需要激励社会群体进行使用。自1990年第一家"时间银行"在美国成立以来,这种模式在全世界范围内得到迅速推广,时至今日已有1 000多家"时间银行"机构。20世纪末,"时间银行"开始传入我国,但就目前发展来看,仍然处于萌芽发展阶段,尽管各城市已经有所试点但仍然处于政府引导、群众被动参与的尴尬境地,志愿服务、养老服务仍然以传统模式为主,时间银行所带来的红利并未被完全发挥。比如"三村晖时间银行"(中国平安三村工程项目的线上公益平台,2019年全面升级为"三村晖时间银行"),其"公益活动"发布的大型公益活动招募的浏览量,以活动截止日期为准,几乎所有活动的浏览量都低于1 000次,平均300次不到,大多数都在200~500次的区间内。为此,需要设置合理的激励制度。人类天性喜欢及时反馈,因此如何将时间银行的储蓄合理地贴现到现在,以给予志愿服务者一定频率的反馈和满足,是整个机制设计的重要部分。

其次,服务主体集中在城市老人,但是农村老人的心理健康问题比城市老人严重得多。目前时间银行的服务主体和参与者主要是城市居民,农村的老人群体的服务需求没有得到保障。1980年,农村老年人自杀人数占全人群自杀人数的比例为15%,1990年这个数字上升至40%,进入21世纪,该比例攀升到了惊人的80%(刘燕舞,2016),农村老年人的心理健康亟需关注。此外,留守儿童等农村弱势群体也没有纳入时间银行的被服务主体中去。这方面正逐渐涌现出许多积极尝试。2015年,河南省新乡市凤泉区五陵村五陵时间银行成立,由五陵党总支书记陈红玉发起,这是全国第一家农村时间

---

① 江苏智库网:《"时间银行":储蓄时间兑换服务》,http://www.jsthinktank.com/zhihuijiangsu/shehui/202111/t20211104_7298570.shtml。

② 数据来自南沙市时间银行网站,https://www.nstimebank.com/timebank/welcome/frontWelcome.action。

③ 数据来自北京大学人口研究所:《中国时间银行发展研究报告》。

银行。截至2021年4月11日,五陵时间银行储户达到6 000余人,储蓄9 000多小时,兑换4 800小时,最富裕的储户拥有600多小时的志愿时长。村民们对这种新模式给予了普遍好评,认为"不是作秀,而是把时间升值了"①。

最后,现有时间银行采用集中式数据管理,缺少公开透明的信息披露机制。传统时间银行采用电子表格记录时间,容易出现数据、遗失等问题,时间兑换和使用管理也不方便。这方面,可以考虑引入区块链技术,以做到去中心化、数据不可篡改和公开透明等,以解决公益服务的信任和管理难题。此外,用基于区块链的供需匹配系统来代替传统的人工匹配机制,既可以让时间银行的工作人员聚焦于服务质量的提升,也可以推动现有的时间银行从传统的服务统筹机构变为更纯粹的枢纽型中介机构,更加贴合时间银行的本来定位。

参考文献:

[1] 刘燕舞.农村家庭养老之殇——农村老年人自杀的视角[J].武汉大学学报(人文科学版),2016,69(04):13-16.

[2] 北京大学人口研究所.中国时间银行发展研究报告[R].2021.

---

① 郑州晚报:《时间银行:社区志愿服务的温暖尝试》,https://zzwb.zynews.cn/page/2/2018-09/19/A05/20180919A05_pdf.pdf.

传染病经济学：
政府在市场失灵时的关键作用

世界卫生组织总干事谭德塞2020年3月11日在日内瓦宣布,此次新冠肺炎疫情"从特征上可称为大流行"。大流行:是某种流感病毒在疫情发源地以外的至少一个国家发生了社区层面的暴发,表明病毒正在跨国蔓延。总干事呼吁:"疫情防控措施会给社会和经济带来沉重打击,但所有国家都必须在保护健康、最大限度地减少经济和社会混乱和尊重人权之间保持微妙平衡。"认真梳理这次新冠肺炎疫情带来的巨大损失非常重要。其中至少应该包括直接的人员伤亡,伤病的后遗症;金融恐慌带来的市场动荡;对各个不同产业的差异性打击;可能带来的社会动荡。

损失一:直接的人员伤亡。疫情从来都不是一个国家的事情,而是整个人类的事情,历史上重大疫情的死亡人数远远超过饥荒和战争。根据学者整理,中国从汉朝至清朝的2 000年间,大范围暴发的瘟疫就达288次,它们有时会带来"十死六七"的后果。天花病毒伴随人类历史很长时间,1980年5月被宣布为人类成功消灭。但在其肆虐的3 000多年间,共造成约3亿人的死亡,是导致死亡人数最多的传染病。而14世纪,蔓延整个欧洲的"黑死病"(鼠疫)造成至少30%的人口死亡,平均寿命由黑死病爆发前的30岁大幅下降至20岁。始于1918年春季的大流感,历时仅2年,但传播范围广,基本覆盖全球所有人类聚集地,流感感染人数高达5亿人,死亡人数在5 000万以上,且青壮年死亡率高。还有如麻风病、炭疽病、黄热病、肺结核、疟疾、伤寒、MERS、SARS等,都带来了很大的人员伤亡。

损失二:对金融市场的损伤。新冠疫情的全球快速蔓延,各国政府的各种迟缓应对,以及民众恐慌心理,导致全球金融市场各种暴跌。美国股市在短短10天4次熔断,而设立熔断机制以来的32年时间,美股只发生过一次熔断。道琼斯工业指数、纳斯达克综合指数、标普500指数在30天左右时间,快速下跌32%、28%、29%,下跌之迅速和猛烈甚至超过1929年的大萧条。全球其他国家股市都不同程度下跌,欧洲的整体跌幅甚至超过美国。菲律宾股市一个月跌幅累计达40%。除了股市之外,原油、黄金、债券,基本上所有资产都在被恐慌性抛售。各类金融机构和投资人,损失惨重。而金融市场的暴跌,又会影响现金流和信用环境,给实体经济带来负面影响。

损失三:人员流动的限制,从供给和需求两侧都对经济负面打击。新冠肺炎疫情可能成为全球化时代第一个真正具有破坏性的流行病,被迫封城、封国的区域越来越多,正常的人员流动和需求大幅下降,而全球细分的供应链也被迫中断。美国研究机构认为,近四分之三的企业面临供应链不畅问题,货船堵塞、到港滞留、供货延误频频发生。

抗击新冠肺炎疫情是一次典型的传染病防控事件,除了从科学的角度抓紧研究病毒的构成、疫苗的开发和抗病毒药物的临床测试之外,也可以从经济学的视角给出一些分析。

首先,要充分意识到传染病具有流行性特征之后的严重外部性问题。传染病是指各类病原体引起的能在人与人、动物与动物或人与动物之间相互传播的一类疾病。当传染性疾病在一定条件下感染大量人群时,就形成了流行性传染病,此时的外部性问题就愈加严重。外部性又称为溢出效应或外部经济,指个人的行动或决策使他人受损或受益的情况,分为正外部性和负外部性。正外部性是某行为使他人或社会受益,而受益者无须花费代价;负外部性是某行为使他人受损,而造成负外部性的人却没有为此承担成本。当某种病毒发展成为流行性传染病时,很多个人的私人行为就明显具备了外部性。佩戴口罩,减少外出,避免聚集性活动,及时汇报个人行程和交往人员情况,这些私人行为是减少病毒传播的必要手段,且具有正外部性。在一般的市场经济条件下,每个个体按照自己的收入约束和效用进行不同的最优决策,形成整个社会千差万别的供求均衡点。但是在疫情严重的时候,有可能部分个人低估了传染他人的概率,对病毒危害信息认知不足,或不愿支付预防的各类成本等,此时个人的决策会带来巨大的社会成本,需要政府的外部介入和强行干预。此次新冠肺炎疫情防控过程中,中国政府适时进行的相关措施,就是对传染病流行时期,个人行为可能带来负外部性的有效管理。

其次,要重视传染病防治过程中信息不对称问题而造成的市场失灵。信息不对称,是指每个个体拥有的信息不同而带来的各种不当行为。完全竞争的市场模型中价格机制有效的前提是信息完全对称,不存在决策之前对信息的刻意隐藏和决策之后的隐藏行动。而此次疫情的暴发中,最大的麻烦就是对病毒信息的不了解,全球所有的权威专家都在努力研究,尚且存在非常多的不确定。大规模传染病流行过程中,起码存在三重信息不对称现象:民众和政府对疫情发展真实情况的信息不对称;普通民众和专家学者的信息不对称;民众对自身周围是否存在疑似病情的信息不掌握。信息不对称造成的市场失灵,亟需政府的有效快速补位,提供准确、及时、权威的疫情信息,减少民众的恐慌和各种谣言的传播。专家要尽可能多地在公开信息平台进行基本常识的普及、最新研究成果的介绍,包括尚处于争论阶段的研发进展等。通过相关政府公共部门、互联网大数据等科技工具,及时便捷全方位地了解疑似民众的信息,从而减少和有效控制病毒的更大范围传染。

此次疫情的防控过程中,中国政府采取了有效的管控措施,已经取得了阶段性的胜利,而全球更多国家的政府需要给出更多的重视并承担更大的责任。正如美国智库战略与国际问题研究中心的专家斯蒂芬·莫里森所说:"中国人通过实施一系列惊人和严厉的措施为我们争取了一个月的时间。不幸的是,我们并没有充分利用这段时间。如今我们正走向非常危险的境地。"

K型复苏：
疫情冲击加剧全球经济分化

席卷全球的新冠疫情，对各国而言类似一次综合大考。全人类本应认真严肃对待，携手并进，抛弃已有成见，共克时艰。但不幸的是，我们看到了完全相反的局面，拥有全球最强经济和科技实力的美国，本应承担起更多责任，但现任总统却把更多的精力放在寻找替罪羊、推卸责任上，使得自身疫情一度失控，并进一步恶化了国内的种族等结构性矛盾。"山高月小，水落方能石出"，这样一次突如其来的病毒大流行，让原本增速放缓的全球经济更加困难重重，进而加速分化。

第一，各国经济增长分化加速。全球经济在2020年出现较大幅度收缩，全球经济同比下滑3.1%。

在大多数国家经济大幅度收缩的背景下，中国可能是唯一一个经济保持正增长的主要经济体，GDP同比增长2.3%，但这也远超其他所有主要经济体的增速。2020年美国经济负增长3.4%，日本全年负增长－4.6%，德国－4.6%，英国－9.8%，印度－7.3%。新冠肺炎疫情的大考中，中国的成绩相对最好，跨国公司继续看重中国市场，纷纷加大投资，苹果、星巴克、迪士尼、福特，2020的业绩无一不是被中国市场撑起。必胜客在美国本土有300多家店被迫永久关闭，却在中国逆势增开19家新店。

第二，不同行业冰火两重天。控制疫情较为有效的措施之一，就是减少人与人面对面的交流和集聚。疫情影响最大的就是餐饮、旅游、航空和娱乐行业。截至2020年7月底，美国标普500指数中百货商店指数下降了62.6%，航空公司下降55%，旅游服务下降51.4%，度假村下降45.4%，酒店及汽车旅馆下降41.9%。中国餐饮市值最大的海底捞，2019年上半年盈利9.1亿元，2020年上半年亏损9.6亿元，整体餐饮业前七个月的总收入下降30%。中国上半年航空旅客周转量累计下降了55%。全球电影娱乐行业可能正面临历史上最惨淡的时刻，美国仍然有3/4的影院处于关闭停业状态，即使疫情结束，估计至少有两成的影院将永久性关闭。

对比强烈的是，部分行业增长迅猛。视频会议公司ZOOM，在2020年第二季度营业收入同比增长了355%，股价也暴涨，甚至总市值超过了老牌科技公司IBM。抖音不但横扫全球非游戏类App的下载排行榜，而且在6月实现营收同比增长了8倍。中国的三大电商平台——阿里巴巴、拼多多和京东，在2020年第二季度营收同比分别增长了34%、34%和67%。大量业务需要线下服务对接的美团，在迅速调整后，二季度的净利润同比增长了82%。

第三，民众之间的贫富差距进一步拉大，经济出现K型复苏趋势。

以美国为例,失业率不断攀升,2020年4月和5月,美国私人企业就业岗位共减少了2300万,而6月和7月仅增加了448.1万人,8月只增加了43万人。综合来看,受到疫情冲击的美国就业市场至少1800万个工作岗位尚未恢复。疫情较为严重的大城市或经济发达区域(如纽约、新泽西和麻省),非农失业率已经超过15%。在一些冲击较大行业工作的员工,大批量处于待业状态。例如,航空公司、邮轮、旅馆和饭店等,这些行业在全球拥有3.3亿员工,占全球GDP的10%。世界银行表示,贫困率自1998年以来将出现首次上升,疫情可能会使7100万人陷入极端贫困(标准是每天生活费不足1.90美元)。

与之形成鲜明对比的是,全球500大富豪的总财富却不断创出新高,他们的资产大多以股票、住宅房地产和黄金等形式持有,在充足货币流动性和避险需要的推动下,这些资产不断创出价格新高。全球500大富豪的财富在2020年一年就增加了8710亿美元,增幅高达15%。超级富豪很快从经济衰退中恢复过来,而且可能获得更多的资产升值,而中低收入却会承受裁员或企业倒闭的冲击,可能面临持续多年的财务困境。这种趋势被称为K型复苏。

第四,资产价格不断攀升,同时带来更大的波动风险。

美国科技股,FANGMAN[Facebook、苹果、Netflix、谷歌、微软、亚马逊和英伟达(Nvidia)]的总市值一度高达8.4万亿美元,几乎相当于全球第三、第四大经济体日本和德国的总和。2020年3月底,美股连续熔断之后,全球股指表现强劲,包括新兴市场在内的世界所有国家指数在8月上涨了6.3%。美股更是自3月23日触底后,实现了近五个月的连续攀升。截至8月末,标普500指数上涨了56%,而且主要集中在头部几家企业,2021年年初以来亚马逊股价上涨约80%,苹果公司更成为美股首个市值突破2万亿美元的股票。中国企业也不例外,头部企业如美团2021年内涨幅高达147%,京东和拼多多的涨幅也都在100%以上;A股企业如贵州茅台创每股股价的历史新高,海天味业的涨幅也在80%左右。疫情期间,全球很多地方的住宅却出现上涨。2020年8月,英国房屋均价首次超过24.5万英镑,同比增长5.2%,涨幅创2016年以来最大。但快速上涨的资产价格也带来大幅波动的风险,特斯拉的股价可以在五个月之内上涨七倍多,也可以在短短五天之内跌幅达35%。

总体而言,尽管有部分企业业绩在疫情期间逆势上涨,但是世界大多数企业的经营呈收缩态势。不断攀升的失业率和资产价格,加剧了全球贫富分化,各国内部的结构性失衡更为严峻。当疫情冲击带来的不确定性逐步消退,全球经济将面临的是一个中长期的艰难复苏。当此困难时期,世界各国更应该抛弃已有成见,共克时艰。

新旧基建：
稳经济的重要抓手

面对突如其来的新冠肺炎疫情，经济发展面临的挑战前所未有。中央强调：积极的财政政策要更加积极有为，要积极扩大有效投资，加强传统基础设施和新型基础设施投资。新基建在短期内可应对疫情带来的经济下行压力，中长期为中国经济的创新引领提供支撑。但传统基建在中国依然重要，在促发展、稳增长、保就业中的作用不容忽视，同样决定着经济发展的质量和高度。

首先，传统基建奠定了中国全球制造工厂的地位。中国制造的优势早已不仅是劳动力成本的低廉，而是构建在传统基建基础上的全产业链快速响应能力。完善快捷的产业链生产能力，使得各类采购商可以迅速找到需要的生产厂家，并进一步向上下游分布信息，获得各种配件的提供。产业链还能根据采购商的要求，迅速定制相应配件，再加上快捷便利的物流配送体系，整条产业链才能获得竞争优势。得益于此，此次新冠疫情暴发后，呼吸机、口罩等医疗物资生产供应才能够迅速跟上需求，这也成为中国成功控制疫情的关键因素之一，并在大量产能转产后进一步支援全球。据相关统计，中国的呼吸机产能已增加至每周 2 200 台，占全球产能近一半。

改革开放以来，基础设施在中国得到了超常建设，为全球第二大经济体、第一大贸易国和世界制造中心提供了最有力支撑。根据国际货币基金组织数据，2017 年我国公共资本存量达到 48 万亿美元，位列世界第一。部分领域已经领先世界，比如高铁里程世界占比超 2/3。但从人均水平和质量来看，我国仍与发达国家存在差距，中国目前人均公共资本存量仅为 3.5 万美元，在 149 个经济体中居第 37 位。根据世界经济论坛《2019 年全球竞争力报告》，中国经济类基建质量评分为 77.9（百分制），在 141 个经济体中排名仅位列 28。尚存较大差距的基础设施建设，集中在和民生有关的健康、医疗、文化等方面。比如这次疫情凸显出我国医疗卫生领域基础设施建设存在明显不足。根据 OECD 数据，2017 年中国每千人床位数、医生数、护士数仅为 4.3 张、2.0 人、2.7 人。其中，在 ICU 床位方面，中国华东地区 ICU 床位数占总床位数比例为 1.67%，而美国在 2010 年就已达到 13.4%。此外，在大健康产业需要的体育公共基础设施领域，中国人均体育场地用地不到 2 平方米，远低于美国（16 平方米）、日本（19 平方米）等发达国家。

传统基建和新基建不是互相替代，而是互补协同的，发挥着"1+1>2"的作用。新基建更多立足数字化和互联网等线上信息传输，传统基建则更多侧重交通运输和线下的实际物体传输。比如在此次抗击新冠肺炎疫情的过程中，新基建涵盖的大数据分析助力疫情态势的研判、疫情防控的部署，以及对流动人员的疫情监测和应对，5G+红外测温、5G+送货机器人、5G+清洁机器人等应用已广泛运用在防控的各个场景,AI技术和远程诊疗帮助医疗机构提高诊疗水平和效果,在很多环节取代了医生和病人直接接触,有效降低了病毒传播的风险。传统基建则在强化社会公共安保、完善交通物流体系、健全医疗物资保障体系、助力社会生产恢复上发挥着重要作用。二者共同发力使得中国的疫情控制取得了全球瞩目的成绩。

"新基建"首次提及源自2018年12月的中央经济工作会议,在这之后,屡次被提及。已有的数字化互联网基础设施,在这次突然爆发的新冠疫情防控中起到了很大的作用。互联网在线教育解决了学生在家上课的问题,网购和便捷的快递物流满足了居民在家的购物需求,4G网络的铺设满足了通信和娱乐需求。中国政府不断强调要继续加快5G网络、数据中心等新型基础设施建设。强调新基建,可以拉动经济,短期对冲疫情带来的负面影响;更重要的是提升我国整体产业技术能力,加快数字经济发展,推动经济转型升级,实现高质量发展。

区别于传统基建,新基建主要发力于科技端。国家发改委最近明确,新基建包括信息基础设施、融合基础设施、创新基础设施等三个方面。其中信息基础设施包括以5G、物联网、工业互联网、卫星互联网为代表的通信网络基础设施,以人工智能、云计算、区块链等为代表的新技术基础设施,以数据中心、智能计算中心为代表的算力基础设施等;融合基础设施包括智能交通基础设施、智慧能源基础设施等;创新基础设施则包括重大科技基础设施、科教基础设施、产业技术创新基础设施等内容。新型基础设施的内涵、外延并非一成不变,未来还将继续加强顶层设计。

传统基建投资的边际效益开始逐步递减,且"基建+房地产"的传统模式导致负债不断提升,对金融造成比较大的风险隐患。而新冠疫情的冲击,GDP有大幅下降的风险,为支持全面小康社会的完成,基建投资的重要意义尤为凸显。在货币适度宽松的同时,需要更加积极的财政政策,新基建短期着力于稳增长、稳就业、扩大需求;中期着力于增加有效供给,调结构,适应新时代工业革命的底层基础;长期着力于提升中国经济长期竞争力。

新基建与传统基建具有协同效应,两者相互融合、相互促进。新基建的投入不排斥传统基建,相反还有带动作用,电商的进一步渗透和占比扩大,对机场、物流中心、冷链的需求会大幅增加。数据显示,新基建占基建投资规模的比例不足10%,关系国家民生的重大工程等传统基建仍是提振经济复苏的主角。从产业周期来看,部分新基建所处行业还处于产业生命周期的早期,尚未形成完整的产业链和产业集群生态,离大量投产和规模应用还有相当长一段距离,要实现供需之间的良性循环还需要较长时间。新基建绝不仅仅是单纯数字经济本身的产业化,更多的投资应该是对中国现有存量产业的数字化改造提升,助推传统产业包括传统基建实现大规模数字化。

新基建的网络效应更强,其带来的规模效益,可以拓展数字经济的边界,催生大量的新业态。正如互联网的普及,带来了淘宝、京东主导的电商时代;移动互联网的普及,带来了微信、滴滴等主导的社交和共享经济时代;4G网络的普及,带来了无线宽带应用时代。随着新基建成为现实,其网络效应会带来指数型的增长,带来大量目前无法预知的高成长的新业态。

在带来机遇的同时，新基建也因其建设的特殊性面临新挑战。新基建进一步加快了网络世界与物理世界的融合，这意味着两者的边界将基本消失，网络安全也因此从辅助性工程变成了基础性工程。以新能源汽车充电桩为例，未来每个充电桩都会联网，当协议出现漏洞，就出现了新的攻击方法，安全问题瞬息万变，把安全能力资源化、目录化、云化，用网络调度来增减安全措施，才能保障系统的正常运转。此外，数据共享、隐私保护、知识产权等问题也是新基建建设需要迎接的挑战。

新基建概念发展经过了很多关键的时间节点，比如，2018年第一次提出"新基建"的概念，并提出要"加快5G商用步伐，加强人工智能、工业互联网、物联网等新型基础设施建设"，这也是这个概念第一次出现在中央层面的文件和报告中。2019年，央视将新基建分为了七大领域，包括5G基建、特高压、城际高速铁路和城际轨道交通、新能源汽车充电桩、大数据中心、人工智能和工业互联网这七个领域。2021年，新基建又被分为三大类别，包括信息基础设施、融合基础设施、创新基础设施三个方面。

新基建并非传统基建的子集，在事实测算和统计口径中，传统的基建中纳入了很多新基建的统计数据，会产生一定的误解，即认为新基建是传统基建的一部分。传统基建包括交通运输、仓储邮政、水利环境、电力燃气等。新基建中包括很多城际高速铁路和城际轨道交通，这些是与传统基建相重叠的地方；汽车充电桩、大数据中心、人工智能等属于新的领域的投资。所以新基建和传统基建之间存在一定的重叠。二者相互配合共同发展，能产生更好的投资效应。在新基建和传统基建的发展速度的要求上存在一定的差异，政府对于新基建并不是像过去那样持续扩张，大干特干，而是更加强调新基建投资的有效性，新基建以数据和网络建设为主要内容的。数字经济基础设施的建设会迭代很快，使用周期往往较短。对技术的创新性和前瞻性要求高。对于技术的发展历程，代际演进都需要有非常充分的了解和预判。以现在发展趋于成熟的5G技术为例，5G的研发已经早在很多年前就紧锣密鼓地开始了，但5G并没有大规模普及的原因很大一部分在于5G通信基础设施的建设。为更好地推广5G技术的普及应用，要实现全国100%市县城区及重点乡镇农村覆盖，要实现5G网络覆盖人口超10亿，中国移动5G基站数将超过100万。但事实上，很多人对5G的应用仍存在质疑，认为5G并没有给消费者和使用者带来明显的科技效用。大规模建设5G基站，是不是能够真正获得商业回报，这样的质疑声在迭代周期短的新基建中比较常见，往往不仅要考虑新兴基础设施建设是否能够提升经济发展水平、提高效率，更要考虑是否能够让整个产业生态进行合理的后续衔接。中国已经成为数字新基建的领跑者，没有先例和模仿对象的经验借鉴，因而需要谨慎评估，结合我们国家的数字化程度来开展新基建。要适度超前，不能过度超前，否则会使得基建与实际的市场需求相背离，影响经济发展效率并造成巨大的浪费。在基建投资拉动经济增长的方式上，传统基建是通过集聚模式产生更多的正收益，反过来这些收益反哺基建投入；但这种传统的投资收益模式能否完全套用在新基建上需要相关的测算和评估，不能全盘照搬。

国家发改委和能源局规划了新的数据中心集群，全国一体化数据中心体系完成总体布局设计,启动了"东数西算"工程。"东数西算"工程就是新基建的一个典型体现。"东数西算"和"南水北调""西气东输""西电东送"等相似,但后者更多的属于传统基建的领域,"东数西算"属于新基建。这是一个国家级的算力资源跨区域调配的工程,主要目的是为了解决东西部算力资源的分布不均衡,利用中西部的能源优势和东部地区的数据优势,双方优势互补,"数据向西,算力向东"以缓解分布不均的现状。东数西算工程可以看作是一个强有力的信号,说明我国已经将算力资源提升到和水电等基础资源相等同的高度,需要通过国家的宏观调控,从新基建的角度出发,全面推进我国的算力基础设施的建设。从历史上看,对于算力资源的重视早有先例,在1961年,美国就提出要提升算力资源的地位,全球共通。我国也考虑到最近十年互联网的飞速发展,算力基础设施的建设迫在眉睫,这已经成为支撑国民经济的主要因素。根据《2020全球计算力指数评估报告》的数据,"计算力指数平均每提高1个百分点,数字经济和GDP将分别增长3.3‰和1.8‰"。无论是对于我国国内发展还是全球经济竞争中的地位,算力都在承担非常重要的作用。在"东数西算"工程技术实验上面,应当研发更新的系统,需要将工程下的算力进行共同管理和算力测调以及撮合交易。关键技术验证演练等也很重要,要关注的是各环节关键技术从孵化到完善的全过程,要做到可推广性和技术创新性更好地结合。在推动这一工程的同时,要考虑算力的测算方式的更新改革,现在的测算方式更多的是将各行业和各公司之间的私有算力直接相加,这尽管能够服务于一定的统计用途,但并不能够适用于全社会,也不能为全社会提供统一的服务。所以这种算力基础设施的计算是不能简单加总堆砌的,应当随之更新更具适用性的算力方式。

参考文献:

[1] 孙凝晖."东数西算"助力我国全面推进算力基础设施化[EB/OL].新华网.2022－03－25.http://www3.xinhuanet.com/tech/20220325/a9592905a8504e0－7b88dc30867d4d2ee/c.html.

[2] 周昊.数字新基建,一场没有石头可摸的"过河"[EB/OL].2022－03－18.https://www.guancha.cn/economy/2022_03_18_630904.shtml.

美国疫情：
不同阶层不同的命

根据美国约翰霍普金斯大学全球疫情追踪的数据，截至美东时间2022年6月17时21分（北京时间6月23日凌晨5时21分），美国累计新冠肺炎确诊病例达8 660万1 051例，累计死亡病例达1 014 652例。在这一轮新冠疫情中，美国死亡人数最多，同时由于疫情带来相关经济下行，失业人数不断增加，尤其是对美国中低收入人群而言，新冠疫情让社会福利和医疗保障差异巨大的美国社会产生更大的阶层分裂，收入差距、种族歧视等越来越多地显现出来。

据《华盛顿邮报》报道，在威斯康星州密尔沃基郡，黑人所占比例为26%，而在感染死亡人群中，黑人所占比例约为70%。路易斯安那州黑人占32%，占感染死亡者的70%。美国贫困层黑人没有保险，居住的社区也没有充分的医疗服务，哮喘、高血压、糖尿病、肺病、心脏病等慢性病患者比例更高，更多人员在低工资服务行业（如超市店员、公交车司机、医院清扫业务、看护等），被感染的可能性更大。

根据美国劳工统计局的数据，美国家庭的平均税前年收入为78 635美元，在缴完税收，除去住房、食物、交通和医疗保健的必要开支后，全年剩下的钱只剩6 017美元。伴随信用卡等金融信贷的支持，美国中低收入家庭的储蓄逐年下降。截至2019年6月，美国家庭在储蓄类账户中，平均持有18.32万美元，中值大约为12.33万美元；1%最富有的家庭（以收入衡量）平均持有263万美元，而29%的家庭储蓄少于1 000美元。在总共1.27亿个美国家庭中，目前有22%的家庭甚至没有储蓄账户、退休储蓄账户、货币市场存款账户或存单中的任何一种。新冠病毒带来失业人口迅速攀升，目前美国失业总人数已经突破3 650万，对中低收入家庭更是雪上加霜，陡增的失业率意味着那些没有积蓄的人可能难以维系自己和家人的生活。中低收入群体，本身的工作环境就容易感染病毒，在失业威胁和生活必要开支的压力下，他们要求工作的诉求也愈加迫切。

美国社会收入不平等的问题在近几十年不断加剧。从1997年至2007年，收入最高的1%人群的家庭实际收入上涨了275%，而收入最低的20%人群的实际收入仅上涨了18%。造成美国社会收入不平等的原因很多，首先是制造业生产率的不断提高，对劳动力的需求下降，工资下降，失业率也随之升高。其次是技术的变革，高科技的发展提高了对技术工人的需求，但也用机器替代了很多非技术岗位，这使得美国劳动力队伍出现"两极分化"。这些被机器替代的工人由于自身技术和教育水平的限制，很难流入其他行业，导致了严重的结构性失业。美国的经济流动性在减弱，阶级固化在加强。接受过高等教育的人的平均工资比其他人多出84%。然而日益昂贵的教育费用却阻止了贫穷家庭的孩子接受良好的教育。穷人与富人的住宅分区也使孩子的成长环境有很大的差异。据统计,对于收入前20%的白人群体,他们的子女中有41.1%可以维持甚至超出他们父母的收入水平。而对于收入后20%的白人群体,他们的子女中仅有10.6%可以升入前20%。阶级固化正在进一步拉大美国社会的收入不平等。

美联储数据表明,大约有一半的美国家庭没有应急储蓄,大于2/3的美国家庭应急储蓄也无法应对当前的疫情危机。对于低收入群体来说,漫长的疫情和不断增加的感染人数以及感染次数成为挥之不去的阴霾。美国既是世界上最富裕的国家,也是一个低储蓄的国家。美国的低储蓄率是当前危机下美国低收入群体面临危机甚至无法维持生计的一个重要原因。与疫情暴发前对比,美国当时的就业形势相对良好,有着相对充足的就业岗位,但随着疫情的持续,美国的失业率不断攀升,尽管联邦政府和各州政府采取积极的货币政策,给予大力的经济刺激,美国的低收入群体仍然难以保证自身的工作和生活。其中失业最多的群体便是那些零售业从业人员以及底层的服务业从业者,无法线上工作、零售业受到重创等因素带给这些底层从业者的是毫无生计来源。除了储蓄不足以外,更严重的是,美国很多家庭欠了巨大债务。美国过去几十年间收入差距不断扩大,高收入家庭的收入不断增加,储蓄也不断增加,会产生更低的利息。银行在吸纳这些储蓄的同时,不断扩大放贷额度,因而引发了民间狂热的借贷,助长了低收入家庭不断攀升的债务规模。当然,对于这些低收入群体而言,他们需要面临接二连三的危机,最易受到危机冲击也最难从危机中脱身,好不容易能够缓解上一场经济危机的压力,又要面临这样一场长期持续的疫情。

对于美国中产阶级,返贫现象也尤为严重。尽管相较低收入群体来说,他们勉强能够保住自己的工作,但佣金仍不断减少,他们节衣缩食,且不得不这么做。中产阶级面临极大的压力,收入增长减缓、经济活动下降、工作岗位被自动化替代、离岸外包等,没有开源的途径,还要加大支出,以及更高的医疗费用、更高的疾病风险、更紧张的医疗系统。中产阶级开始背负债务,接受政府救济,开始转向贫穷。美国在重要资源的获取上存在明显的脆弱性,尤其是面临这样一场疫情,从个人防护设备到基本生活必需品,美国整体的供应链或多或少受到了冲击。对于美国经济而言,中产阶层的重要性不言而喻,而这场冲击使得他们不得不怀疑起自身获得稳定收入的可能性,进一步危害的是社会整体的消费水平。

再看看疫情下的富人阶层,很显然,他们遭受的冲击远小于脆弱的底层从业者,甚至能够从长期持续的疫情中获利。高收入群体在疫情来临时做的第一件事情就是逃离城市,因为有不止一套住宅,所以有不止一个去处。倘若纽约的住宅区遭受感染,便逃离到夏威夷。他们可以通过远程和线上的方式进行工作,由于处于管理层而没有裁员风险。另一方面,由于富人在股市有着绝大多数财富,当股市从早期疫情低谷时恢复并不断攀升时,富人更容易从中攫取更多的利益。当穷人缺乏收入来源而无法支付房贷时,房地产抵押公司也可以从中大赚一笔。财富源源不断流向富人,寡头所造成的财富和权力集中,使富人可以利用他们的权力操纵规则,以获得更多的财富和权力。

美国想要和平解决这样的极端不平等,可通过较早的改革,保证就业的同时为中低层收入群体提供更多的福利,提供更容易获得、更容易负担的医疗保障,并采取新的税收制度以期减少贫富差距。疫情只是一个"放大镜",把那些本身就已经极为严峻的贫富差距事实血淋淋地撕开给美国的群众看,穷者更穷、富者更富的矛盾对立在疫情的催化下更加激烈。

参考文献：

［1］樊少华,吕谦,蔡宏宇.新冠疫情下美国宏观经济政策溢出效应几何？［J］.金融市场研究,2021(09):102-113.

［2］蒲婧新.疫情政治化:特朗普政府领导下的美国疫情治理［J］.亚太安全与海洋研究,2021(04):95-106＋4.

中国竞争力：
从 2021 年上市公司半年报的视角

截至 2021 年 8 月底，上市公司 2021 年半年报发布完毕。根据这 4 000 多家上市公司的半年报，用各行业代表性企业的真实微观数据，来了解中国经济 2021 年上半年的总体情况。

经过样本整理，2021 年上半年 A 股共计 4 169 家公司，其中实现盈利的有 3 619 家，占比 86.81%；实现盈利同时相对 2020 年实现增长的有 2 818 家，占比 67.59%；其中盈利水平超过疫前（2019 年）水平的有 2 475 家，占比 59.37%。

总量上，4 169 家公司合计创造收入 30.37 万亿元，相对于 2020 年实现增长 26.82%，相对于疫前的 2019 年增长了 24.64%。上半年共实现利润 2.72 万亿元，相对于 2020 年同比增长 43.34%，相对于 2019 年也实现了同比增长 18.34%。

从上述数据可以看出，宏观总量上，上市公司整体收入与利润相对 2019 年和 2020 年都实现了增长，但微观层面依旧有部分公司处于亏损状态。主板公司 3 042 家，实现收入 29.06 万亿元，利润 2.59 万亿元，占整体市场的 95% 以上。而其中利润贡献最大的行业依旧是商业银行，主板目前上市的 40 家银行在 2021 年上半年贡献了接近 40% 的利润份额。创业板公司 918 家，实现收入 1.09 万亿元，利润 1 022.84 亿，收入首次破万亿元，利润首次破千亿。收入和利润相对 2020 年分别实现增长 32.83%、32.03%，相对于 2019 年分别实现增长 34.81%、52.73%。科创板公司 209 家，实现收入 2 210.93 亿元，利润 332.8 亿元。收入和利润相对 2020 年分别实现增长 52.01%、100.9%，相对于疫前（2019 年）分别实现增长 54.48%、170.06%。

从上述数据可以看出，主板依然是 A 股的绝对主力军，但创业板和科创板增速明显超过主板，尤其是科创板的整体利润增速惊人。在盈利总量趋好的情况下，创业板内部分化较为严重，有接近 45% 的公司没有回到疫前 2019 年的盈利水平。

因为创业板有超过万亿市值的宁德时代，科创板的中芯国际早已超过 4 000 亿市值，用市值大小或许比简单的主板、创业板、科创板进行规模比较更为准确。统计发现，1 000 亿市值以上的公司共 163 家，收入占整体比重为 49.25%，利润占整体比重为 65.92%，相对 2020 年分别增长 21.58%、38.49%，相对 2019 年分别增长 19.3%、17.05%；其中 98.16% 的公司实现盈利，相对 2019 年实现增长高达 82.58%。而对应 100 亿市值以下公司有 2 741 家，收入占整体比重仅为 12.67%，利润占整体比重只有 5.63%，收入相对 2019 年只增长了 16.52%，利润相对 2019 年出现负增长，为负 9.22%；其中有一半左右公司盈利水平低于疫情前 2019 年的水平。可以清晰地看出，相对于规模大、市值大的企业,中小企业经营更为艰难,受疫情冲击更为严重,恢复过程也更为漫长。

从上市公司财报的结构分析看,除了规模大小对利润有比较大的影响之外,各个行业的差异也比较明显。

首先,与新能源相关的风电、光伏以及新能源车的整个产业链表现优异。随着各地区和各行业"十四五"规划的出台,碳达峰、碳中和的远期目标变成具体执行的时间路线图。光伏与风电成为新能源增长的两大重要行业,为实现规划目标,大量项目陆续上马,光伏与风电的相关设备也迎来爆发性需求。按照申万证券公司的行业分类标准,光伏设备公司共34家,利润相对2020年增加43%,相对2019年增加了116.46%。新能源汽车相关公司的表现也极为亮眼,但由于产业链相关公司广泛分布于有色、化工,难以用整体数据体现。具体来看,相比于2019年,电池龙头宁德时代利润增加了113%,电解液龙头天赐材料利润增加1 449%,隔膜龙头恩捷股份利润增加170%,负极材料龙头璞泰来增加194%,正极龙头中伟股份增加477%,资源龙头赣锋锂业增加379%。整个产业链各个环节均大幅增长,远超疫情前水平。

其次,疫情冲击带来全球供应链条中断,各种资源类公司收入和利润大幅增长。按照申万行业标准的有色金属板块相对2020年实现利润增长250.8%,相对2019年实现利润增长147.13%,是疫情后增速最快的板块。钢铁板块相对2019年实现利润增长140.54%,采掘板块相对2019年实现利润增长52.67%,化工板块相对2019年实现利润增长82.76%。资源类业绩大幅增长主要得益于大宗价格大幅抬升,疫情期间全球货币流动性极度宽松,带来金融期货市场的炒作;疫情后的需求恢复速度远快于供给,大多数制造环节持续处于供给偏紧的局面;海运价格大幅抬升也给大宗商品的跨国运输带来高额成本。资源价格的暴涨带来巨额利润,同时也对下游生产制造环节利润有了很大的挤占。海运的龙头企业中远海控2011年到2020年十年时间共亏损了82.5亿元,但仅今年上半年就创造利润高达370亿元。但纺织服装在化工品价格与运费价格大幅飙升的背景下,整个板块的94家公司合计创造利润98亿元。

第三,房地产行业增收不增利,利润率下滑明显。127家房地产上市公司2021年上半年的收入相对于2020年增长了29.46%,但利润却下滑了19.23%;相对于2019年利润更是下滑了32.97%。和房地产行业联系比较紧密的家电行业的表现也就相对比较疲软了。一直表现优异的格力电器2021年上半年的利润相对2019年也大幅下滑了31.22%。

第四,医药行业分化严重。受医改政策影响,化学药剂板块的上市公司在2021年上半年的收入相对2019年只增加了2.68%,而利润下滑了2.48%。但是以药明康德为代表的医药研发服务板块,整体景气度非常高。选取泰格医药等9家公司,2021年上半年的收入与利润相对于2019年同期分别增加了88%、215%,这一方面来自海外研发服务向中国转移,也有国内医药企业增加新药研发投入带来的订单。

中国股票：
值得期待的新兴增长市场

中国资本市场的退市新规在2020年正式实施，使得一系列中国股票市场的改革政策形成闭环，意义深远。有进有退，才能让资本市场发挥优胜劣汰的作用，从而提升上市公司的整体质量。

2020年是中国股票市场跌宕起伏的一年，也是成立30年后迈向新征程的重要一年，未来的中国股票市场，值得期待。2020年年初新冠疫情突现，随即席卷全球，全球股票尤其是美国华尔街各大指数跌幅高达34%，更是出现历史上首次负油价、黄金涨破历史新高等极端事件。然而中国资本市场却成为"风景线"，截至年末上证指数全年涨幅13.87%，深证成指全年涨幅38.73%，创业板指全年涨幅更是高达64.96%，涨幅冠绝全球。经典翻转的过程极其精彩，注定是中国资本市场发展历史上的浓重一笔。中国资本市场有如此表现是多方力量共同作用的结果。

其一，疫情控制得力。中国出色的疫情控制成绩，对他国积极的人道主义援助，RECP的实质性推进，使得中国的国际地位大幅提升。其二，中国资本市场推出了多项改革政策。新证券法的实施，注册制的推进，科创板设立，退市新规的实施，对资本市场未来的健康有序发展产生深远的影响。其三，中国的企业展现出了良好的竞争力。除了防疫产品外，光伏、风电、新能源汽车、医疗器械、医药研发外包和云经济等相关企业都能逆势而上，展现出强大的国际竞争力。其四，海外投资者的眼光进一步聚焦于中国。伴随人民币对美元全年升值6.5%的背景下，国内外越来越多的资金增持中国优质公司的股权，国内居民资产结构中股票资产的比例持续抬升。

2020年3月1日，《中华人民共和国证券法》正式实施。作为中国证券市场最核心的资管规则，新证券法的实施与中国所有投资者密切相关，关系到所有人的根本利益。自实施以来，证监会对于整个资本市场的违法违规采用了前所未有的高压态势，严厉打击上市公司财务造假，年内共有52股出现被立案调查的情形。该举措既有助于上市公司整体质量的提升，也有助于投资者信心的提升。除了规范上市公司行为，另一方面是规范投资人的行为，通过严厉打击操纵市场、内幕交易等行为，保护广大投资者的利益。

2020年6月22日创业板注册制开始受理首批企业，截至12月16日，创业板注册制下共有54家企业成功登陆A股市场。这54家企业首发募集资金净额约561.54亿元。自2019年6月，科创板开板以来，共新增上市公司145家，占A股IPO总数的36.62%，募集资金2 226.21亿元，占A股IPO市场融资总额的47.11%，科创板融资额超过主板与创业板全年融资金额总和。随着注册制的实施,壳资源的价值大打折扣,一定程度上破坏了滋生违规行为的土壤。在过去的中国A股市场,一直存在着上市三年放业绩,抬升股价,解禁以后业绩连续下滑,谋求卖壳的不良现象。壳资源或垃圾股,往往市值小,也容易被操纵,A股市场也曾一度风靡炒作壳资源垃圾股,并且极易产生内幕消息和不当套利行为。

目前沪、深两市上市公司已经突破4 100家,总市值突破70万亿元,体量规模上跃居全球第二,所有上市公司的营业收入占当年GDP总量的半壁江山。中国股票市场已经基本可以反映中国经济的整体状况,2019年年股票指数尤其是创业板指数的增长回报在全球各国股票市场中表现最好,正是中国经济尤其是科技型企业逆势增长的结果。国家统计局初步核算,2020年中国GDP同比增长2.3%,其中第二产业增长2.6%,在制造业中,高技术制造业和装备制造业增加值分别比上年增长7.1%、6.6%。

具体到2020年的各个行业,逆势有营收和利润增长的行业包括以口罩(防疫)、检测试剂(检疫)、呼吸机(抗疫)为代表的医疗产业;以光伏、风电、新能源汽车为代表的新能源产业;以新药研发、半导体为代表的技术密集型产业;以小家电、手机、轻纺等为代表的出口制造业。比如口罩生产商英科医疗利润增长近40倍,振德医疗利润增加20倍;检测试剂生产商达安基因利润增加18倍,华大基因利润增加9倍。很多上市公司积极抓住了疫情之下的市场机遇,克服各种困难,实现了业绩的大幅增加,药明生物为新冠疫苗提供CRO服务,睿创微纳为温度计提供核心部件,天赐材料的洗手液产品,天华超净的防护服产品,拓斯达的口罩机业务等。

习近平总书记向全世界郑重承诺:中国的二氧化碳排放力争于2030年前达到峰值,努力争取2060年前实现碳中和。国家能源局表示,到2030年我国风能、太阳能要达到12亿千瓦以上,这意味未来十年风能、太阳能装机量将增加至少2.6倍。国务院印发的《新能源汽车产业发展规划(2021—2035年)》中提出:2025年新能源汽车销量要占总销量比例不低于20%,而2020年该比例仅为5%,这意味未来每年新能源车的年复合增长率在30%以上。而经过多年持续不断的努力,中国的光伏、风电等新能源产业,已经居于全球产业竞争力的第一阵营,2020年很多新能源行业的上市公司也取得了优异的成绩。根据最新的预增公告,锦浪科技的利润同比增速137%~188%,上机数控的利润同比增长229%~262%,隆基股份今年预计全年利润增长62%,高达85亿元,特斯拉上海工厂的设立,拯救并直接引发其股价的大幅上涨,同时特斯拉也激活了中国的新能源车行业,以电池为代表的相关配套厂商获得了很大的进步。宁德时代充分利用资本市场的融资功能,不断扩大电池产能,2020年规划产能已经达到300G瓦,是2019年的5倍。

以石头扫地机器人为代表的家电企业,已经成为同类产品全球技术的引领者,并且通过跨境电商等多渠道得到了全球消费者的认可,预计2020年全年利润增加5.37亿~6亿元,同比增长68.61%~77.55%。这些有业绩、有技术、有市场的好企业都在国内的股票市场得以上市,给二级市场的投资人也带来丰厚的回报,共享了中国优秀企业增长的红利。中国股票市场在注册制的牵引下,定价效率应该会不断提升,激励和风险分担机制正吸引更多长期资本投入,在激发企业家精神的同时加速了创新资本形成,为中国经济转型中的创新驱动提供动能。新技术、新产品、新业态、新模式在中国股票市场将会得到更多的认可。

中国电影：
未来可期的全球最大票房市场

牛年伊始，中国电影市场迎来了"开门红"。截至2月18日，2021年春节档总票房累计超80亿元，总观影人次1.65亿，累计场次285.8万，创中国影史春节档累计票房、人次新纪录。档期内《唐人街探案3》《你好，李焕英》两部票房成绩最好，《唐人街探案3》同期票房位列中国影史票房纪录的第四名（前三名分别为《战狼2》《哪吒之魔童降世》《流浪地球》）。紧随其后的《你好，李焕英》根据真实故事改编，以其足够诚意温情的感人剧情，使首次尝试拍电影的贾玲一跃成为内地票房最高的女导演。2021年春节档影片异彩纷呈，在疫情防控的特殊时期，大多数人都选择了原地过年，使得春节黄金周中文化消费明显优于旅游消费，这也助推牛年电影春节档成为"史上最牛档期"。

牛年的"最火春节档"是近年来中国电影产业稳步发展的一个缩影。近十年国内的电影票房连创新高，从2010年的101.72亿元增长到2019年的642.66亿元，年均复合增长率达到22.73%。观影人次从2010年的2.81亿增长到2019年的17.27亿，年均复合增长率达到22.35%。2019年全美总票房为113.1亿美元，约合788亿元人民币，较2018年下跌了近4.9%，而我国电影市场在继续不断刷新纪录的同时，也在缩小与美国电影票房市场的差距。中国电影产业稳健增长的原因应该有以下一些综合因素的支持。

从政策面看，近年来电影及相关文化产业政策利好迭出。2017年3月1日，《电影产业促进法》生效，电影审查制度逐步完善，为电影行业发展理清了诸多政策盲区。《文化产业促进法》加快制定，奠定了文化产业长期健康繁荣的重要基础。从供给面层面，近年来国产电影产业在企业运营、影片制作、供给能力方面均得到长足进步。在制作水准方面，中国电影的制作水准，尤其是科技水准，逐渐接近国际先进水平。同时，一批优质的中国电影企业加速成长，逐步改变了市场资源分散、无序竞争、良莠不齐的现象。电影票房的头部效应在增强，超级爆款接连涌现。万达电影收购下游院线公司万达影视、浙报传媒投资唐人影视、猫眼与微影合并成立新猫眼微影，阿里巴巴集团也积极投身电影产业控股阿里影业在香港上市，受益于资本杠杆的积极介入，中国电影企业逐渐成型并具有全产业链能力。以2021年春节档为例，《唐人街探案3》背后，站着万达电影和中国电影；《你好，李焕英》投资方包括阿里影业、猫眼娱乐和北京文化；《侍神令》背后的主控方是华谊兄弟；《刺杀小说家》背后则有华策影视和阿里影业。

除了电影制片方的努力之外，电影银幕数量的迅猛增加，也为中国电影产业贡献了更多的渠道力量。2012年银幕数仅有13 118块，2018年全国银幕总数已突破6万块。

短短几年时间,银幕数增长了4倍有余。随着行业竞争的加剧和部分资本的退出,2019年银幕增速有所放缓,但仍然增长近1万块,全国银幕总数大约7万块,稳居世界电影银幕数量首位。电影院的快速建设,有效带动了观影人次的增加,同时也改变了中国电影产业的产业链格局,制片方、发行方和院线目前三足鼎立都很重要,成为一部电影成功缺一不可的要素。

中国电影市场的繁荣折射出居民的消费升级,从消费频次、票价、消费内容、消费人群等多方面都呈现新的变化。消费规模方面,观影人次由2012年的4.4亿人次增至2018年的17.16亿人次,扩大了4倍;选取票价最高阶段的春节档,近5年平均票价从2016年的36元上升到2021年的49元;观众们对国产电影需求明显增加,产量由2012年的893部增至2018年的1 082部,国产片票房收入占比由2012年的48%增至2019年的64%;三四线城市在票价、票房、院线及荧幕量方面均呈更快增长,且仍有巨大潜力可挖;"银发熟年"和"Z世代"的新电影消费群体一起涌现,"饭圈"影迷和全家观影同时并存。

中国电影产业和电影市场取得了长足的进步和发展,但差距和不足也比较明显。票房规模大幅增长的同时,优质影片依旧匮乏。春节档、暑期档、国庆档和贺岁档"四大档期"的票房收入占全年比重一半以上,这种强烈的假期脉冲效应,一定程度上反映了平时好电影相对较少的窘境。以豆瓣网电影的大众评分为例,近5年国产电影评分在8分以上的仅有6部,而每年我们拍摄的电影都在两三千部。

一部好电影的产生,背后有着诸多因素。从成功的美、日、韩经验可以发现,电影虽然属于文化产业,存在独特的个性化精神消费的属性,但在制作过程中工业化、标准化、规模化的要求越来越重要。电影生产全流程越来越需要专业化分工和规模效应。美国好莱坞有成熟的制片人中心负责制,由制片人对电影融资、创作、拍摄、剪辑和宣传发行统一负责,同时编剧、导演、摄影、演员、录音、美术、特效等一部电影的全流程都有特别细分的专业人才,其中每一个部分都不能疏忽。以融资为例,现在一部商业化电影的投资巨大,没有一个专业的融资团队,根本无法承担电影的巨额制作成本,而金融市场上债权融资的贷款和股权风险投资都在积极参与。如果是债权融资,通常要求制片方提供能证明偿付能力的担保品:预售合同为主的发行合同,电影公司已经拥有的电影IP版权等。而股权参与的风险投资,对抵押担保物的要求较少,但是高风险才有高收益,大制作《阿凡达》其中60%的制作成本由两家PE公司承担,最后的票房也让这两家投资机构获得了丰厚回报。好莱坞还将电影细分为不同类型,搭配不同的工业生产线模式,使得影片制作既能保持高质量水准,同时可以实现规模效应,降低每部影片的制作成本。

中国电影产业的后期衍生品开发得还非常不够,《星球大战》系列电影累计在全球获得近95亿美元票房,其周边衍生品应该在票房收入的4～5倍,高达400亿美元之多。迪士尼是对IP开发最为成功的电影公司,动画、电影、电视、电台、流媒体、主题乐园、衍生品IP授权等一体化产业链非常成熟。2020年一季度财报显示,其影视娱乐收入仅占15%,而衍生品收入高达85%。再以《玩具总动员3》为例,内容版权收入,主题乐园的门票收入,玩具开发收入累计是票房收入的 8 倍之多。以漫威超级英雄 IP 为例,迪士尼基于不同人物、故事进行内容创作,源源不断地挖掘 IP 内容价值,包括《钢铁侠》系列、《美国队长》系列、《蜘蛛侠》系列等,漫威宇宙系列已经以 310 亿美元位居 2019 年全球 IP 前 10。

欧美电影产业的成功离不开 IP 的成功打造。将一部小说改编成具有影视版权的电影,即为 IP 电影,如魔戒、哈利·波特,当然改编对象不止为小说,也可以为原创。IP 全称为 Intellectual Property,即知识财产,包含专利权、商标、著作权和版权。IP 的核心是好的故事,载体可以是文学作品、漫画、动画、电影、游戏,甚至是一个概念、一个热词。让优秀的内容通过诸多载体不断吸引粉丝,形成粉丝群体,在社会上引起高度关注打造高知名度,逐渐成为一种社会潮流。IP 打造的成功可以通过后续推出衍生电影、电视剧、文学、周边等文化产品不断发掘商业价值,也为新 IP 的打造筹资。

电影的诞生是人类在艺术道路上不断追求的结果,它融合了音乐、美术、文学等多种艺术形式,一部优秀的艺术电影具有的哲理内涵不亚于一部文学著作,追求艺术表现与人生哲理思辨的极致无疑是电影的使命之一。这一类艺术电影中的优秀作品有《老无所依》《海上钢琴师》等,最出名的无疑是《泰坦尼克号》,但这一类影片也会因理解门槛较高而限制受众范围,且主要通过票房盈利获得,不具备长期商业价值。同时,一部优秀的电影作品往往制作成本巨大,《泰坦尼克号》制作成本为 2.5 亿美元,《阿凡达》为 3 亿美元,《复仇者联盟》高达 3.54 亿美元,一部迪士尼动画电影的制作成本也近 2 亿美元。因此打造具有长期商业价值的 IP 电影,让 IP 电影成为聚宝盆以支持制作其他优秀影片,便成了各电影厂商的共同选择。这一过程逐渐形成了 IP 电影的竞争市场,如 20 世纪福克斯的加菲猫系列和华纳旗下的 DC 超级英雄系列,但其中最成功的无疑是拥有漫威超级英雄系列和一系列动画电影 IP 的迪士尼。

当下中国中小电影的平均制作成本大致为 5 000 万元人民币,较成功的科幻电影《流浪地球》制作成本为 3.2 亿元人民币。投入成本的不足和艺术表现的不成熟是国产电影总体表现不尽如人意的主要原因,其背后终究是缺乏成功 IP 电影带来的长期资金链供应。迪士尼打造自身诸多 IP 的过程和经验值得中国电影产业借鉴。

迪士尼对优秀制作工作室和电影产业相关企业集团的收购整合是其打造核心 IP、从技术和艺术上形成竞争力的基础。华特·迪士尼自 1929 年将米奇形象放上写字板后,迪士尼便开始进行产品授权,让米奇这一 IP 源源不断地为迪士尼赚钱至今。1994 年上映的《狮子王》成为迪士尼在动画电影中颠覆性的作品,2002 年和 2011 年两次重映后,《狮子王》全球总票房达到 9 亿 6 400 万美元,成为纯手绘动画史上票房最高的电影。《好莱坞的经济法则》作者爱德华曾评论"迪士尼创造了 20 世纪电影产业的商业法则"。然而事实上,90 年代的迪士尼已进入发展缓慢期,除了对 ABC 的收购使得 ESPN(娱乐与体育电视网)这一聚宝盆并入迪士尼旗下,迪士尼整体对作品的创作方向陷入迷茫。2004 年迪士尼股价跌入历史谷底,两年后迪士尼收购了皮克斯工作室,这次收购让迪士尼在七年后重回巅峰。

北美的圣诞季和中国的春节档相同,电影公司可以通过优秀作品激发人们进行个性化精神消费需求,同时也是打造自身知名IP,谋求长远商业价值的良机。2013年圣诞季,《冰雪奇缘》将安娜和艾莉莎两个虚拟公主形象以及背景歌曲 Let it Go 带入了人们的日常生活,为迪士尼创造了12.7亿美元票房的同时将迪士尼拉出谷底,收获了当年的金球奖和两个奥斯卡奖项,打造了继米奇、狮子王之后的迪士尼新一代IP。《冰雪奇缘》则让迪士尼再度得到商业魔杖。根据美国国家零售协会2015年的统计,沃尔玛和玩具反斗城分别拥有700种和300种冰雪奇缘的周边玩具,迪士尼两年内在北美售出300多万件与冰雪奇缘相关的服装,相当于美国4岁女孩的数量,创造了4.5亿美元的收益,在后续5年中平均每年衍生品收入近10亿美元。2020年11月上映的《冰雪奇缘2》再度激起人们对这一IP的热情,虽然口碑稍逊于第一部,上映首周全球票房还是突破了3.5亿美元。

继《冰雪奇缘》后,2014年圣诞季上映的《超能陆战队》、2016年的《疯狂动物城》和2017年的《寻梦环游记》让迪士尼接连成功打造了多个商业动画IP,2009年收购漫威后拍摄的一系列超级英雄电影《银河护卫队》也大获成功。秉持"创造力第一,商业第二"的原则,迪士尼计划在2020年至2027年间上线8部漫威电影、3部星球大战系列和4部阿凡达系列,以及皮克斯等知名IP的新作和续集。

迪士尼自2006年之后的三次收购无疑是成功的。2006年收购皮克斯以来,推出22部动画片,平均票房达6.9亿美元;2009年收购漫威以来,发行的18部英雄电影平均票房达9.6亿美元;2012年收购卢卡斯电影以来,4部星球大战系列电影平均票房达12亿美元。整体累计,2006年以来三大工作室共推出44部电影,总票房超370亿美元,平均每部8.5亿美元。

积极迎合时代潮流,调整适应新兴受众是迪士尼能长期维持IP影响力的关键。在美国"剪线族"群体日益扩大的形势下,迪士尼正积极打造自己的流媒体平台。所谓"剪线族",是指放弃传统有线电视转而通过网络和影音平台观看影视内容的阅听观众。当下迪士尼主打三大流媒体平台,有以合家欢为主的Disney+、对标YouTube的Hulu和体育频道ESPN+。Disney+将涵盖众多历久弥新并可持续发展的自有版权内容,包括辛普森家族、皮克斯动画片、漫威英雄电影、星球大战全系列和迪士尼经典动画片等。相比于美国另一大流媒体平台奈飞,迪士尼流媒体平台上原创内容更多,IP影响力更大。而同样电影管线储备丰富、拥有DC超级英雄系列和哈利·波特衍生电影(《神奇动物在哪里》)系列的华纳公司在IP质量方面远不及迪士尼。DC系列电影口碑往往褒贬不一,在模仿漫威合家欢风格时又想保持自己的差异化路线,使其票房水平和全球影响力远不及漫威。此外华纳电影还未能充分拥抱流媒体,摆脱疫情下传统大银幕衰落的影响。

文化产业(如主题公园、影像出版等)带来的充裕的现金流是迪士尼得以打造知名IP并对其进行长期运营盈利的基石。2010—2016年间迪士尼营业收入整体向好,稳定增长。2017年迪士尼营业收入出现负增长,降幅0.89%。由于2017年美国国内的业务运营收入减少,华特迪士尼度假区成本增加、游客夜间停留减少,二次消费刺激不足,相比之下,主题公园和度假村板块的国际业务上升明显,法国迪士尼和上海迪士尼营收贡献突出,游客量、游客消费及夜间停留均实现增长,营销成本有所下降。2019年热门电影的票房贡献和主题乐园新开发游乐项目,以及新推出流媒体平台,使得2019年营业收入达到695.70亿美元,增幅达到17.05%。

迪士尼的主题公园和衍生周边业务占其总收入的40%以上,主题公园和商品业务为迪士尼的创意提供可置身其中的互动体验,同时与其他业务形成具有协同效应、可相互共鸣并且变现能力强的闭环生态圈。这些业务服务主要包含:全球各地迪士尼主题乐园;夏威夷的迪士尼度假村、迪士尼度假俱乐部、迪士尼游轮等度假旅游服务;角色和商品名的版权或著作权的周边应用授权;零售商店运营和产品销售。主要收入为主题公园门票、食品和饮料贩售、实体商品销售、商品版权销售等。主题公园全球分布地区包含佛罗里达州、加州、巴黎、香港、上海、东京。

总的来说,迪士尼的核心优势来自独特的生态闭环和丰富的IP资源库。利用主题度假园区的套票消费,迪士尼乐园业务中衍生品及其特色服务持续刺激游客二次消费,提高园区过夜率;与此同时,借助专利技术实现虚拟游戏的实体化,打造线上线下双重游戏沉浸式互动。中国电影在技术层面已有所突破长进,但在艺术塑造、打造维护虚拟IP形象方面有所不足。近几年虽然出现了几部备受追捧的系列电影,如《唐人街探案》《长津湖》,中国电影仍然缺少完善的IP生态圈,未来应在不断打磨电影艺术渲染力、剧情表现力的同时构筑自己的电影宇宙,通过成功的IP电影形成长期商业价值,催生更多新IP电影与优秀的艺术性电影,让中国电影市场更加生机勃勃。

参考文献:

[1] 天风证券.迪士尼(DIS.UE)首次覆盖报告[R].2019.

[2] 天风证券.流媒体板块:迪士尼[R].2019.

[3] 西南证券.Disney:制造欢乐的梦想永动机[R].2020.

学区房"溢价"：
教育资源配置如何更公平？

《中华人民共和国义务教育法》第二章第十二条规定：适龄儿童、少年免试入学。地方各级人民政府应当保障适龄儿童、少年在户籍所在地学校就近入学。这应该是中国各地学区房政策的法律来源。学区制度并不是中国独有的，事实上学区制度起源于欧美国家，英美的公立学校遵从"分区划片、就近入学"，公立学校的办学经费和辖区内居民缴纳的房产税或物业税密切相关，包括校舍修理、校车接送、教师聘用、设备购买等，公立学校办学质量和该学区的住房市场价格存在正反馈的机制。为顾及公平性，英国出台了优先照顾低收入家庭学生的招生政策。美国实行人才流动激励，鼓励师资向薄弱学区流动。德国严格禁止学校分级排名，并严厉打击家长的各种择校行为。法国只有到高中阶段才被允许按一定比例自主招生。日本的公立学校较早地确立了教师的定期轮换制度，一定程度上平衡了不同学区的教育质量差异。

学校质量的差异通过学区资格绑定政策，最终通过学区房价格的差异给出量化的金额。美国布鲁金斯学会报告显示，金融危机后纽约市最好的 5 家公立学校学区房价是最差的 5 家公立学校学区房价的 2.4 倍。英国 2012—2013 年的调查显示，排名前 30 位公立学校的周边房价比其他地区的平均水平要高 12%。学校的标准成绩考试（SAT）分数每提高 10 分，周边住房的售价会有 3.3% 的涨幅。英国教育部 2017 年的调查显示，优质小学为周边房产平均带来 8% 左右的附加值，优质中学的增值能力约为 6.8%。法国 9 个城市调查结果是，名牌初中附近的住房价格比同一城市的平均房价贵 7%~27%，巴黎个别精英高中附近学区房的溢价率甚至高达 51%。

学区房价格溢价的存在，来自是否需要高考的竞赛和筛选。无论高考内容如何改革，即使像美国入学那样，大幅增加平时成绩和社会活动等比重，只要存在筛选和淘汰，就要有竞争和排序。学生个人的诸多排序结果，除了来自个人的努力之外，还有来自教师、同学、社会关系的关联，而这些就是学校、社区的重要性和差异性。目前需要解决的问题是，高考残酷的竞赛和淘汰机制，是否通过学区房机制向前传导到了中考，进一步传导到了小学的各类课外辅导班。其次，伴随城镇化进程加快，人口流动加速，越来越多的年轻人留在大城市。在庞大的需求背景下，优质教育资源的稀缺性越发凸显。

70 后、80 后的父母们普遍比父辈们拥有更高的学历，家庭中孩子数量减少，大量成为城市新移民的 70 后、80 后们，正是通过教育获得了社会阶层的跃升和命运的改变，他们有更多的资源与意愿进行下一代的教育投资。新技术和全球化，教育的投资回报率不断提升。1963 年美国大学毕业生的平均工资比高中毕业生的工资多 50%，这个溢价在 1980 年之后加速上扬,到 2012 年接近 100%,意味着四年大学教育的投资回报多挣了将近一倍的工资。有学者研究认为,中国目前一本和二本毕业生四年后的平均工资差额有 40% 之多。

放眼世界,学区这一概念起源于欧美,最开始是英美两国的地方教育行政区域,也是地方学区的通称。1789 年,美国麻州修正通过的州宪法规定,地方政府成立"学校委员会"负责教育事务。1826 年,该法再度修正,将学校委员会独立于地方政府之外,并享有教育行政权以及决定与课征教育税的权力。在美国,学区划分和行政区划分没有直接关系,学区内的一切教育事务都由学区政府管理,学区政府独立于行政区政府,就读的公立学校取决于学生所在的学区。此外,在美国同一个城市中各个街区的条件差别可以很大,建设的经费就来自辖区内的税收收入,纳税人不得不为了建设自己所在的区域而纳税。在教育方面的经费也如此,雇用教师、购买设备、校区修缮都需要用钱。和私立学校收取高昂学费不同,公立学校的大部分运营费用来自辖区内的税收,其中房地产税和物业税所占的比例不容小觑。若学区内房地产评估价值较高,则对应的房产税收入就会增加,可以用于公立学校教育经费的资金就相对较多,一定程度上会提升学区内公立学校的办学质量;而公立学校办学质量的提升,又会吸引更多关注教育的家长在学区内购买房产,对学区内住房市场形成正向反馈。但与中国制度不同的是,美国的学区划分的原则之一是"租售同权",意味着美国学区的标准不是产权,而是实际居住,租到好的学区也可以进入优质的公立学校。从美国的学区制度中,我们似乎看到学区房高溢价存在的必要性——为公立学校提供足够的经费来将学校建设得更好,使得孩子能够接收更好的教育。尽管存在着高房价与好学区的循环促进,但首先并不是房价因为学区的存在而有高溢价,而是高价的房子塑造了好的公立学校。

在德国的学区房风波完全是另外一种风景。德国的教育也是由各联邦州各自管辖,在大部分州,公立小学都遵循就近招生的原则。德国政府很注重教育公平,无重点和非重点之分,各个学校的师资力量相差不大,也没有可以参考的排名。即使是这样,德国的家长们仍然无法放下一颗为孩子前途担忧的心,他们关注的是硬性教育条件之外的软性条件。在德国未必有"近朱者赤,近墨者黑"的说法,但此道理同样适用于德国的学龄儿童,既然教育资源没有太大的差异,学习的环境和周围的同学素质就显得尤为重要,家长希望孩子们能够与同样出生在素质较高家庭的孩子共同成长。对于德国人来说如果房产所在的教育片区居住有大量外来的移民,孩子将要就读的小学的学生中会有很多母语为非德语的移民儿童,有部分德国家长不愿意。按照德国的规定,如果家长对划分好的学校有异议,可以向政府申请更改到其他学校,但这样的协议很难达成,部分家长为了将孩子送入好学校不惜铤而走险,谎称自己搬入中意的学区并提供相关证明,一旦教育部门查实,等待他们的处罚将是罚金和孩子退出对应的学校。德国家长的"孟母三迁"反映出学区房带来的软效益——高房价能够筛选同学的家庭背景。选择高价学区房可以让孩子与家境良好、素质优秀的同学相处,这对孩子的成长同样至关重要。

中国学区和学区房的产生也有较长的历史。1986年第六届全国人民代表大会第四次会议通过《中华人民共和国义务教育法》，规定：地方各级人民政府适当设置小学、初级中等学校，使儿童、少年就近入学。《义务教育法实施细则》第二十六条规定：实施义务教育学校的设置，由设区的市级或者县级人民政府统筹规划，合理布局。小学的设置应当有利于适龄儿童、少年就近入学。"就近入学"从此具备法律效力；1993年国务院颁布的《中国教育改革和发展纲要》中提出要建立小学毕业生就近入学、初中毕业生升学考试、高中毕业会考和高考的升学与考试制度；1994国家教委颁布的《关于全面贯彻教育方针，减轻中小学生课外负担过重的意见》中提到"要积极推动招生考试制度的改革。小学毕业考试权要逐步下放给学校。已经普及初中教育的地方，小学毕业生免试就近入学。"至此小学初中免试就近入学成为广为人知的政策。国家出台一系列法律及办法的目的是通过遏止学校收取择校费和"关系户"优先入校等现象来实现教育资源的公平分配，实现教育公平。此举意在缩小阶层之间获取优质教育资源的难度，防止因教育资源分配不公平而出现阶层固化。政策本身是好的，但却在住房市场化的浪潮中被迫走上了相反的方向。严格就近入学的政策限制了一所好学校所能对应的小区。在商品房时代，只有购买了学区房才能够获取优质教育资源，曾几何时，学区房炒作最热的时候，一线城市曝出的学区房价格令人瞠目结舌，低收入群体获得优质教育的可能性更小了，学区和学区房一定程度上扩大了因收入差距而造成的受教育机会不公平。

高房价与教育资源密切相关，房屋的持有成本并没有因优质的教育资源而增加，才导致了无数投机者趋之若鹜，带动学区房热。然而打压炒作学区房行为对于高价学区房现象只能是扬汤止沸，深究其高价的背后原因，是教育资源不足、教学质量有差异。根据南京市人民政府2018年发布的数据，2023年全市初中毕业生预计7万人，比2017年增加2.4万人，增幅达52%。诸多因素叠加，全市普通高中在校生学位缺口预计近3万个，需增加高中班级600个。因此，亟须通过新建或者扩建学校等方式，有规划、有步骤地扩大高中办学规模，满足未来激增的学龄人口入学需求。可见，"二孩政策"带来的婴儿潮在现阶段导致了学龄人口高峰，对学前教育至高中教育的需求比较旺盛。针对教育资源不足及分配不均的问题，各城市采取了鼓励名校建分校、强校兼并弱校、多校划片等一系列举措。有关学者对北京市2012—2016年新建小学的研究成果表明，新建小学使得周边原有学区房的溢价率显著下降了2.33个百分点。随着调控不断深入，教育资源分配不再与居住地直接挂钩，被市场视为学区房高溢价的终结。

教育的独特属性在于它在代际间的桥梁作用，好的教育被视为下一代成功的必要条件，学区房的出现恰好迎合了家长"不能让孩子输在起跑线上"的心理。全球范围内的高溢价告诉我们，家长为了保障学龄儿童的教学质量，为孩子提供良好的教学氛围，不惜花费高价入住优质学区。在中国，学区房又是社会公平和市场经济矛盾的集中体现，或许唯有真正解决教育资源分配问题，才能平息学区房热潮。

参考文献：

[1] 王羲泽.多维视角下学区房过热与溢价现象新探[J].经济研究导刊,2022,(04):84-87.

[2] 饶博,权香兰,柳丝."学区房"在国外也受追捧[J].共产党员(河北),2014,(10):56-57.

RCEP：
全球经贸关系"大群"的"小群"化趋势

2020年11月15日,《区域全面经济伙伴关系协定》(RCEP)正式签署。这个协定引起全球瞩目,它由东盟发起,中国积极参与并推进,成为超越欧盟自由贸易区的世界最大自由贸易协定。RCEP由东盟十国和中国、日本、韩国、澳大利亚以及新西兰五个伙伴国共同参与,其经济规模分别超越美墨加地区及欧盟区域2%和7%。2019年该区域人口总数大约是22亿,占世界总人口的30%;GDP大约是25万亿美元,占世界总量的29%。

RCEP具有"高质量""一体化"和"多样化"的特点。15个成员国均承诺最终实现区域内90%以上货物贸易零关税。同时,RCEP统一各国间贸易标准,打造了一体化"10+5"自贸区,降低了区域内贸易成本和风险。该项协定既涵盖发达国家,也涵盖最不发达国家,形成了完整的产业闭环,促进不同国家间的互利互惠。

RCEP的签署反映了世界经贸格局正在由"大群"走向"小群"的趋势,WTO体系似乎正在被不同的区域自由贸易协定替代。自特朗普上任以来,在其"美国优先"的贸易保护主义和单边主义原则下,美国不断挑战既定的世界贸易协定,并多次扬言退出协议,以争取更多的利益。这些举动威胁着包括其传统盟友在内的其他国家。以日本为例,奥巴马任期内曾促成包含日本、加拿大等国家的《跨太平洋伙伴关系协定》(TPP),然而特朗普上台后马上退出该协议,其他国家被迫形成新的CPTPP协议。日本分别与欧盟和英国签署了"全面战略伙伴关系协定"(EPA),这无疑是反对美国贸易保护主义的宣言。美国政府的强硬措施加速了世界贸易的碎片化。但是事实证明,完全退回没有跨国投资和贸易的世界是不现实的。即使是美国,也不断寻求新的区域合作,2020年1月29日,美国重新签署了新的美墨加贸易协议,同时,美国还在积极寻求与印度签署贸易协定。未来的世界贸易可能会形成"多足鼎立"的新格局。值此阶段,中国签署RCEP是在新的世界贸易格局中迈出的重要一步,也是对美国贸易保护主义和"逆全球化浪潮"的成功反击。

RCEP的成功签订,将为今后我国加入其他经贸协定奠定基础。2020年11月20日,习近平总书记在出席亚太经合组织领导人非正式会议时就指出,中方将积极考虑加入全面与进步跨太平洋伙伴关系协定(CPTPP)。RCEP还为中日韩贸易协定和中欧贸易协定的推进创造了良好条件。2019年,欧盟和日本分别位列我国贸易伙伴国第一和第四位。我国对欧盟进出口贸易达4.86万亿元,同比增长8%,相反,对美国进出口总额下降10.7%。因此,未来中欧和中日韩贸易协定的签署势必会给中国经济发展注入新动能,缓解中美贸易战带来的负面影响。中国和东盟诸国也欢迎印度加入RCEP。印度具有新兴市场规模大、人口红利高等优势,如果印度加入,RCEP成员国将共同享有这种优势,达到互惠互利。

中国致力于推动经济全球化和区域经济一体化,与其他各国互惠共赢。正如新加坡总理李显龙日前在接受采访时所说:"几乎没有国家愿意加入一个将中国排除在外的'联盟'"。中国加入RCEP开启了中国经济对外开放的第三次浪潮。前两次浪潮发生于1978年12月中共十一届三中全会召开至2012年11月中共十八大召开之间。1978年开始的改革开放到2001年中国成功加入WTO,是经济对外开放的第一波浪潮,这一时期开放程度有限,却调动了国民生产积极性,推动生产要素优化配置,贸易上充分发挥比较优势,1992年党的十四大明确了建立社会主义市场经济体制的目标,以浦东新区、深圳借点发力,深化对外开放程度,对外贸易使得中国经济飞速发展。第二次浪潮则是2001年中国在加入WTO后对外贸易体制、营商环境、货币金融体系的一系列改革完善,从此前的政策性、区域性、局部性开放转变为规则性、全方位的开放,成为WTO成员后,中国也积极与周边国家建立自由贸易区,引入外资的同时促使本国企业走出去,成为全球重要的对外直接投资国之一,内外双向的大力度发展让中国真正加入国际分工体系。此次第三次浪潮,是2008年金融危机爆发后全球经济陷入困境,美国实行贸易单边主义,尤其是在2020年疫情开始后逆全球化抬头的大背景下,中国继续致力构建更广泛、深入的多边贸易体制,扛起全球化大旗。高度的市场开放,市场经济体制趋同,知识产权、劳工保障等制度的全面完善,以及"三零贸易"(零关税、零壁垒、零补贴)的实现,可能成为未来国际贸易和一体化进程中的共同要求。

在我国正式加入CPTPP前,RCEP将依然是我国目前签署的最高标准自由贸易协定。从货物贸易而言,RCEP协定生效后最终零关税比重超90%,非关税壁垒也有大幅削减,且RCEP实施统一的原产地规则使得原本无法享受降税待遇的商品可被界定为原产商品,大大降低货物贸易成本,为包括中国在内的协定缔约方带来经济实惠。RCEP缔约方中许多国家为中国近邻,各方发展水平层次分明,协定带来充裕的技术、资本和劳动力,有利于中国构建与周边国家更为安全的产业链、供应链的国际循环体系,战略意义上也是对将来中美之间可能发生的脱钩的积极应对尝试,通过RCEP稳定周边国家关系,抵御美国对中国贸易活动的限制。从市场开放角度,美国主导的CPTPP注重服务业和投资的开放程度,RCEP相比CPTPP还包括了东盟等发展中国家,在这两方面的市场开放受制于经济水平程度不会很高,虽然名义上RCEP为中国第一个签订的以负面清单模式进行投资的协定,但中国在服务和投资方面对采用负面清单这一操作已不陌生,真正需要解决的是敏感行业(如跨境水资源开发、新闻传媒等)的开放。此外RCEP缔约方大部分还未加入世贸组织的《政府采购协定》,在政府采购中仅涉及原则性内容来让采购更加公平、透明,没有确定市场准入清单。制度规则方面,RCEP让我国在电子商务和知识产权等规则设立上迈进了一步,但在一些高标准规则(如国企、环境保护、劳工保障)上仍有所缺失,RCEP中的这些内容与CPTPP相比有较大差距,仅靠执行RCEP实现的制度改革还远远不够。

RCEP对中日韩自贸体系构建的推动作用不可忽视。中韩于2015年签订了中韩自贸协定,承诺20年内中国91%的产品对韩零关税,但两国均未对各自的高度敏感产品承诺零关税。据中国海关统计,从2015年协议生效至2021年1月,中国自韩国进口的减税产品累计4 851亿元,年均增长率17%。① 在三国加入RCEP前,中日、日韩之间未签署自贸协定,但都有与世界其他国家建立双边或多边自贸关系。RCEP签署后,日本出口至中国的商品中免税项目比例将从8%增加至86%,中国对日本的出口商品也有88%实行零关税,协定内商品将分别于未来第1年、第11年、第16年和21年降至零关税。② 日韩在签署RCEP后也达成了类似的自贸承诺。RCEP缔约各国中,中国为贸易第一大国,日本为贸易第二大国、投资第一大国,韩国则在贸易、投资上处于居中水平,三国GDP占RCEP整体的81.5%,中、日、韩自贸关系的深化有助于东亚经济一体化发展,完善RCEP的制度保障,改善营商环境。

2022年2月17日商务部召开的记者会上,发言人高峰表示,截至2022年2月,我国已与26个国家、地区签署了19个自贸协定,自贸伙伴遍布各大洲。2021年中国与自贸伙伴间的贸易额占对外贸易总额近35%,双方进出口总额合计10.8万亿元,同比增长23.6%。中国也正与CPTPP各成员国进行积极磋商,推进加入进程。

相比于RCEP,CPTPP的贸易协定在劳动环境、竞争政策、国有企业、知识产权等领域的相关内容规定设立了更高标准,在关税削减上不仅程度更高,相关规定也更全面,各成员国遵循统一的关税取消规则要求,且对某一成员国承诺的关税减免待遇可自动赋予其他成员国。RCEP仅在制造业、农业、林业、渔业和采矿业这五个非服务业领域采用负面清单方式作出开放承诺,CPTPP则全部采取负面清单,以一般化措施实行全面开放,开放领域增多也推动了跨国投资。CPTPP更注重服务业、知识产权领域的开放程度,当然也伴随着更高的贸易标准,尤其是电子商务方面促进信息和数据的充分流动交换。

中国加入CPTPP面临的主要挑战有国企改革、知识产权保护、劳工规则和数据流动。国有企业在经营中要调节盈利和公共政策的关系,易演化为政府对国企的间接干预,CPTPP则开创性地将国企和垄断作为单独章节,建立规则体系。中国国企改革仍在继续,2020年6月通过的《国企改革三年行动方案》从国企混改、改组整合等方面入手,标志改革进入新阶段。自20世纪80年代中国知识产权法治建设开启以来,中国一直在完善知识产权保护体系。2003年制定的《中华人民共和国知识产权海关保护条例》和2019年制定的《中华人民共和国外商投资法》分别完善了知识产权对海关和外商投资的保护制度。劳工保护方面,《中华人民共和国劳动法》条款与国际劳工组织标准基本一致,并不断完善劳工制度,加紧推动劳工标准改革。数据流动涉及数据流动性和隐私性的平衡问题,当前中国信息技术处于世界前沿,致力于跨境数据流动规格建设,

---

① 《中韩自贸协定生效以来我国自韩国享惠进口4 851亿元》,中国自由贸易区服务网,2021年1月27日,http://fta.mofcom.gov.cn/article/chinakorea/koreagfguandian/202101/44381_1.html[2021-01-28].

② 《区域全面经济伙伴关系协定》附件一《中国对日本关税承诺表》。

2019年,国家互联网信息办公室发布《数据安全管理办法(征求意见稿)》,旨在补充现行《网络安全法》,构建系统性跨境数据监管体系。

参考文献:

[1] 苏庆义.RCEP给中国带来的影响及中国的未来选择[J].新金融评论,2020(04):120-126.

[2] 刘文.RCEP框架下的中日韩产业合作[J].亚太安全与海洋研究,2021(03):93-111+4.

[3] 余淼杰,蒋海威.从RCEP到CPTPP:差异、挑战及对策[J].国际经济评论,2021(02):129-144+7.

[4] 王跃生,边恩民,张羽飞.中国经济对外开放的三次浪潮及其演进逻辑——兼论RCEP、CECAI、CPTPP的特征和影响[J].改革,2021(05):76-87.

经济危机：
1929年美国大萧条的"前车之鉴"

2008年美国金融危机以来，全球经济一直处于相对低迷的状况。2020年3月9日，美国华尔街三大股指齐齐熔断，紧接着3月12日、3月16日、3月18日，短短10天内美股接连四次熔断，标普500指数的每日涨跌幅度均超过4%，刷新了1929年10月底创造的连续6日超过4%的纪录。测量市场恐慌情绪的指数VIX达到历史最高75.47点，超过2008年金融危机时期的最高点58.89。近两年来的新冠疫情，对全球经济增长继续带来严重的负面冲击，衰退的概率越来越大。但是，越是危难时刻，越是需要领导人的高瞻远瞩，尤其不能在这个时刻，退回到孤立主义、民粹主义。大萧条的前车之鉴，历历在目！

美国国家经济研究局的数据表明，1854年至今美国一共经历了33次经济衰退（Recession），但是仅有一次从1929年延续到了1938年，长达9年，也只有这次衰退被称为大萧条（Great Depression）。原因是，这次发源于美国并后来波及全球大部分发达国家的经济危机，持续时间长，范围广，破坏力强。1933年，美国的国民生产总值几乎还不到1929年的1/3，一直到1938年仍有20%以上的劳动力失业，股票跌幅高达90%。从大衰退恶化到大萧条，最重要的原因就是当时美国政府应对的措施完全没有帮助而且昏招迭出。

1929年10月18日，美国华尔街股市突然放量大跌，从此一发不可收拾。6天后，著名的"黑色星期四"10月24日，天量交易额表明踩踏已经无法阻止，多位投资者自杀；28日再爆"黑色星期一"，股指下跌13%；29日，股市崩溃达到极点，再跌22%。截至11月中旬，一个月左右的时间，将此前7年的涨幅全部跌完。大萧条初始阶段是一场股票市场的高杠杆配资被反向做空后的流动性崩盘，但从一场股灾蔓延到金融危机，进而延续长达五年之久，带来近百年来最严重的全球经济大萧条，应该是有多种因素的综合影响。

股票市场的崩盘

股票上涨的牛市有着黄金增长的十年支撑。步入20世纪20年代的美国，经历了一轮长达10年的经济繁荣，史称"咆哮的20年代"。这十年是美国在经济、金融和科技三个方面全面超越欧洲的10年，凭借一战战胜国的优势，美国进一步获得了对欧洲的顺差优势，累积而来约全球1/3的黄金储备。凭借在一战中承担大量欧洲战争债的发行的优势，纽约逐步取代伦敦而成为全球金融中心，美元也逐步取代英镑成为全球交易和结算货币。更为重要的是第二次工业革命很多技术在家庭中普及,汽车、无线收音机、冰箱、飞机成为美国民众广泛使用的时髦新商品,电力和石油成为主要的新能源。福特、通用等大企业崛起,农业机械化后大量农民开始进城务工,广大中产阶级的崛起让经济进入消费拉动型增长。生产效率的提升,的确带来企业利润快速增加,也给股票市场带来更大信心。1913年,著名的福特T型车从流水线上量产成功,效率得到极大提升,一辆汽车的生产工时从12.5个小时缩小到1.5个小时,价格更是降低了2/3。

货币流动性宽裕,尤其是杠杆带来的配资,为股灾埋下伏笔。第一次世界大战及战后的大规模重建,给美国带来大量的出口订单,也获得巨额顺差,黄金源源不断地流向美国,美国的货币供给非常充裕。1927年之后,美国还下调了贴现率,从4%降低到2.7%,美国道琼斯指数从100点增至200点花了近22年的时间,但只用了一年多一点的时间就从200点攀升至300点。宽松的货币环境和低成本的信贷,为股市的上涨提供了便利。金融监管的宽松,催生出杠杆泡沫,大量资金通过10倍以上的杠杆疯狂进入股票市场。

累计的多次加息,通常会让杠杆推升的泡沫迅速破灭。1929年伦敦一起诈骗案引发英国通用证券倒闭,使他们原先计划收购美国钢铁(最为著名的美国蓝筹公司之一)的并购案失败。同时英国为防止黄金外流而开始加息,金本位制度下的连锁效应带动美国也跟随加息。从10月18日之后的9天中,美国股市系统性崩盘,其中杠杆配资带来的清盘压力使得很多抛售都是不计一切成本的,而利弗莫尔为代表的空头,抓住一切机会猛加杠杆攻击多方,在9天之内,仅利弗莫尔一人就获利9300万美元,相当于美国当年财政收入的1/3。

一百年来多次爆发的股灾,总有类似的形成路径。与1929年大萧条类似,美股从2009年低点开始,一路上涨,也有长达11年的牛市。以FAANG等明星企业为代表的互联网技术革命,也的确提升了很多行业的效率,其中的龙头企业更是利润增长丰厚。更为重要的,多年的低利率和持续不断的资金流入,使得股票上涨成为习惯。

金融市场流动性危机的扩散:银行危机

参与杠杆配资的商业银行,在股市崩盘后的统一反应,便是抓紧时间收回各类债权,从而带来市场普遍的流动性枯竭。更为麻烦的是,几家银行的丑闻曝光,引发普遍的储户挤兑风暴,1930到1933年的四年时间内,美国银行每年倒闭的比例高达5.6%、10.5%、7.8%和12.9%,到1933年年底,苟延残喘勉强经营的银行只有1929年的一半多。

美联储在关键时刻,维持高利率,并放任银行的倒闭,最终接近有10 000家银行倒闭,使得经济的整体信用基本冻结。第一次银行危机集中爆发在1930年11月到12月,使得从1929年第一波冲击中走出来的努力付诸东流,1931年年中和1933年的3月,两次银行危机再次打断了美国实体经济的复苏可能。银行的大量破产,完全瘫痪了正常的信用中介,银行不敢放贷,居民不敢把钱放在银行。而在危机前的消费浪潮中,消费信贷的作用功不可没,60%的汽车、90%的收音机消费来自消费贷款支持。

银行危机带来的另外一个问题就是坏债无法避免地不断攀升。债务合同签订的都是名义价格，而价格下降无疑增加了实际债务负担。债务本息占国民收入的比重从1929年的9%上升到1933年的20%。45%的农场主无法偿还债务，某些城市的房屋抵押贷款坏账率高达50%以上。

经济下行期的大忌：以邻为壑的贸易政策

股市的崩盘，银行的倒闭破产，感觉都是一些财富拥有者才会担心的事情，普通工薪阶层只需要有正常的工作收入，依然应该是岁月静好。但是研究1929年开始的大萧条，之所以到今天还是"宏观经济学的圣杯"，恰恰是因为从股市到银行深度影响了就业和企业。1932年年初，美国至少有1 500万人失业，占总人口的15%，到1932年9月，至少有4 500万美国人没有任何收入。

这么严重且长时间的实体经济萧条，很大程度上来自胡佛总统接二连三的错误政策。斯坦福大学的高才生，曾经在中国赚取了百万美金，然后又在一战中前往欧洲组织"救济委员会"，累积大量美誉的胡佛，于1928年大比例战胜对手，当选了美国第31任总统。宣誓就职后的当年，就遇到了美国历史上最严重的股市崩盘和经济危机。胡佛首先要求企业不得降低工资和裁员，1929年10月，他召集了福特汽车、杜邦、通用等大公司，要求他们承诺了一系列让劳动力市场失去弹性的条款。

1930年，他提升了关税。不顾1 000多名经济学家的联名反对、34个国家的抗议，还是在1929年通过《霍利斯穆特》法案，提高了近900种商品的进口关税，平均税率上升到53.2%以上。结果马上招致所有贸易国的报复，三年内，全球关税水平整体翻倍，而贸易量下降25%，1928年世界进口总量601亿美元，到了1938年降低到只有246亿美元。以邻为壑的贸易保护带来恶性竞争，使全球需求更加低迷。德国的损伤尤其严重，工业产量下降将近一半，不满的德国民众最终选出法西斯政党纳粹，以及总理希特勒。

不可忽视的时代特征：金本位及一战后遗症

从弗里德曼、舒瓦茨开始，到伯南克，他们都倾向性地认为货币政策或者说在1929年之后的货币紧缩，是实际经济萧条的重要原因。伯南克更明确强调，金本位制是1929年大萧条的罪魁祸首，起码是抑制总需求的主要原因。一次大战后，英国在1925年、法国在1928年以及欧美大多数国家都恢复和回归到了古典金本位制度，但金本位制下市场中的货币量并不完全等同于黄金储备量，市场中的货币供给量和黄金储备保持一个比值，这个比值受到公众选择的现金存款比、商业银行选择的准备金存款比、中央银行持有的其他资产与黄金储备比等众多比值影响。这里必然存在两个纳什均衡：存款人有信心，银行不会被挤兑的高黄金储备比供给均衡；恐慌、挤兑并自我实现的货币收缩、低黄金储备比货币供给均衡。1929年大萧条之后就是第二种均衡，金本位制下的所有国家都在1930到1932年间发生了货币供给量的被动减少，包括美国，这里不是他们的黄金储备量都消失了，而是他们市场中的货币量和黄金储备比值统一收缩了。

更为有趣的是,伴随取消金本位制度的先后时间不同,这些国家的货币供给量扩大的先后也存在不同,而且走出萧条的顺序也恰好一致。

金本位制,使央行失去了对外汇率调整和对内货币供给扩张的政策可能。汇率和银行业的双重危机,银行破产给本国银行带来的信用危机,大家希望能够在本国获得更多的黄金兑换,要求央行释放更多的货币缓解挤兑压力;而另外一个方面,大量资金可能会逃离本国,这时的央行似乎应该紧缩货币,减少黄金外流。

一战胜利后,法国和美国取代英国成为黄金的主要流入国,初为霸主的国家央行,对于黄金盈余和国家间的有效合作,明显经验不足。休谟早在1752年就提出的物价—现金流动机制(Price Specie-Flow Mechanism)认为,黄金流入的国家,应该通过通货膨胀来消化增加的黄金和货币供给,本国商品价格上升减少出口,进口增加让黄金再流出;对应的,逆差国的黄金流出会带来通货紧缩,商品价格的下跌增加出口竞争力,可以带来黄金的流入和货币供给的增加,从而达到全球的黄金价格自动调节机制。但是,实践中发现,逆差和通缩大多数国家难以避免,并且准备金要求是40%,黄金流出对国内货币供给的收缩效应应该是2.5倍。但一战后的黄金流入国美国和法国,他们两国一共持有了世界货币性黄金总量的60%,而很少有减少黄金积累的动作,全球其他国家通缩的序幕在所难免。更为麻烦的是,美国为了抑制股票投机,还在1928年收紧货币,马上引发全球的紧缩竞赛去抢夺总量不多的黄金。如果认为金本位制带来了货币紧缩的传染效应和债务危机加剧,那么放弃或从没采用过金本位制的国家反而会避免这一轮的全球紧缩萧条危机。一战后没有恢复金本位的西班牙和1931年放弃金本位的英国,相对而言他们的经济恢复的确更快也更强劲。

罗斯福新政做对了哪些

1932年年底,已经对胡佛完全失去信心的美国人推选了新总统罗斯福。他上任后采取了以改革和复兴为主要内容的"罗斯福新政",核心在于重新恢复经济的正常运转。

首先是恢复金融。上任后国会以非常快的速度就通过了《紧急银行法》,由美联储提供储蓄担保,恢复银行的正常运营,让居民的储蓄重新回到银行,不再拼命挤兑,让储蓄转换为投资的信用体系运转起来。之后又通过了《银行法》,建立正式的储蓄保险制度,降低了美国中小银行经常被挤兑而破产倒闭的情况。

第二,恢复民众信心。1933年3月12日,罗斯福通过收音机对全美居民进行了第一次"炉边谈话",重点是让大家恢复信心,放心把钱放回银行。他鼓励道:"在我们调整金融体制上,有一个因素要比货币更重要、比黄金更重要,这就是人民的信心。"

第三,恢复货币政策的调控自由度。在1933年4月宣布放弃金本位,摆脱了黄金本位的束缚,禁止美国人持有黄金,停止黄金的交付功能,通过《黄金储备法令》,金币停止流通;实行美元贬值,增加了货币政策调控的空间。

第四,恢复资本市场的优胜劣汰功能。1933年通过《美国1933年证券法》,又称证券真实法(Truth in Securities Law),成为第一部真实保护所有投资者的联邦立法,也是美国第一部有效的公司融资监管法规,其中最引人注目的是确立了信息披露制度,严查证券欺诈和内幕交易。1934年成立美国证券交易委员会(the U.S. Securities and Exchange Commission, SEC),这是直属美国联邦的独立准司法机构,负责美国的证券监督和管理工作,还任命了知名的市场投资者肯尼迪做首任主席。

第五,恢复工人和农民的劳动收入。控制农业实际耕种规模,通过《农业信贷法》《农场抵押法》《农作物贷款法》等法律,加强对农民的信贷扶持与政策支持。通过农业产品的收购价,保护农民的劳动收入,降低农民破产的可能。通过《社会保障法》对美国的养老、失业以及伤残保险制定了保障政策;通过《国家劳动关系法》,允许建立工会,鼓励通过劳资谈判来制定工资,让工人的权益得到基本的保障;通过《公平劳动标准法》,为工人设置了最低工资和最高工时制度。这一系列政策,恢复了美国中产阶层的收入,让美国经济的消费需求重新恢复了增长的拉动作用。

第六,通过各种政府支出的项目,恢复就业。美国联邦政府买单的很多项目都是在短期没有经济效益的,以防私人投资相互挤占。例如,"平民保育团",组织几十万19~24岁的失业男性到农村和边远地区进行自然资源保护工作,政府提供食宿、衣物,以及每月30美金的薪资,并在业余时间进行职业教育培训,这让城市失业率和犯罪率大幅下降的同时还让很多年轻人获得了职业技能。1935年,推出公共事业振兴署,建设高速公路,养护环境,兴修水利,再造森林,防控洪灾等。据不完全统计,当时的联邦政府在各类工程上的总支出差不多有180亿美元,兴建了约740万英亩的公园绿地、66.4万英里的公路、12.2万栋房屋、7.7万座大桥、1.2万个运动场和成百上千的机场、校舍、医院。旧金山金门大桥、纽约帝国大厦还有胡佛水坝和巴拿马运河,基本都是在这段时期建成的。

参考文献:

[1] 伯南克.大萧条[M].东北财经大学出版社,2007.

[2] [美]本·伯南克.行动的勇气:金融危机及其余波回忆录[M].北京:中信出版社,2016.

小微企业：
产业链的"毛细血管"

在疫情冲击之后，全球经济低迷的情况下，中国政府要进一步抓紧调查分析小微企业的客观需求，掌握已有政策落实情况和实际效果，进一步改进帮扶政策，吸取国外的各种优秀做法和经验，加大扶持力度，奋力实现经济社会发展目标任务。

"当前我国疫情防控阶段性成效进一步巩固，……要加大复工复产政策落实力度，加强对困难行业和中小微企业扶持。"复苏经济的核心是复苏企业，复苏企业的关键是保住小微企业。不同行业有不同的界定标准，在税收方面对小型微利企业需要同时满足三个标准：年度应纳税所得额不超过300万元、从业人数不超过300人、资产总额不超过5000万元。如果将个体工商户也合并统计，小微企业和个体工商户的数量将占我国企业数量90%以上。它们雇用了80%以上的就业人口，实现了一半以上的国民产值。小微企业不仅关乎几亿人的就业和家庭生活，也是产业链大动脉的毛细血管。每一家大型制造业的核心企业，通常都有两三百家小微企业或者配套企业，形成核心企业和产业链的生态系统。正是数量众多，灵活有竞争力的小微企业的存在，才确保了中国产业链弹性制造的全球竞争力。新冠疫情发生以来，小微企业受损很大，普遍面临生存危机，尤其在种植养殖、住宿餐饮、物流运输、文化旅游、制造出口等劳动密集型企业更为严重。

为解决广大小微企业面临的临时性困境，目前我国已经实施了很多的纾困托底政策。金融机构增加了3000亿元的低息贷款，定向支持个体工商户，给予企业一定期限的延期付息安排。全国从2020年2月至6月，免征中小微企业养老、失业、工伤保险单位缴费部分，减半征收医保单位缴费部分。对受疫情影响严重的住宿餐饮、文体娱乐、交通运输、旅游等行业纳税人，暂免征收2020年3个月或半年的房产税、城镇土地使用税。对增值税小规模纳税人，暂免征收2020年3个月或半年的房产税、城镇土地使用税。

各国和不同地区对小微企业的政策也可以多为借鉴。英国政府公布了300亿英镑的经济刺激计划，其中70万家小企业直接获得1万英镑补贴，零售、餐饮、娱乐等行业的企业直接获得2.5万英镑补贴。德国通过了总额高达1.2万亿欧元的经济刺激计划，其中500亿欧元用于小微企业和个体经营者。较为有特色的是，有些国家采取了直接的"保住工作"计划：英国政府为了确保企业在新冠肺炎期间不解雇员工，将支付所有企业员工80%的工资三个月，从今年3月初开始计算并可能在三个月后延长，但政府支付企业员工月工资最高额为2500英镑。新加坡政府提供190亿新元作为就业支持，通过增加工资补贴,来鼓励企业留住工人。加拿大政府会为受新冠肺炎疫情影响严重的企业提供高达75%的工资补贴,前提是企业不可以裁掉接受补贴的员工。澳洲政府承诺在6个月内会给留住员工的企业,每月发放3 000澳元补贴每个员工。中国香港准备推出800亿保就业计划,企业可以为雇员申请不超过9 000元一个月的工资补贴。

在国内疫情得到基本控制、全球疫情日渐严重的形势下,中国政府要进一步抓紧调查分析小微企业的客观需求,掌握已有政策落实情况和实际效果,进一步改进帮扶政策,吸取国外的各种优秀做法和经验,加大扶持力度,奋力实现今年经济社会发展目标任务。

我国在加强扶持小微企业上也做出了很多的努力,尽管各地存在不同的地域环境和经济发展程度,大体上仍可以做一个简单的分类。其一,给小微企业提供相应的财税支持。比方说,拨出财政资金用于支持小微企业,降低企业的税率和费率,提供更好的税费支持,延期收税款;在企业资金周转困难时,可以适当缓缴小微企业的员工社保、适当减少企业房租费用。其二,金融支持必不可少。小微企业资金链比较脆弱,常出现融资难的现状,政府所要做的是降低小微企业的融资成本,不断贷、不压贷,还要优化针对小微企业的金融服务。其三,小微企业在一定程度上需要降低要素的经营成本。对于制造企业而言,降低用电用气的成本颇为重要;其次要降低物流成本,提供更为便捷的物流渠道。采取灵活用工政策,允许调剂。最后,要优化政务服务,加大服务力度,提升政府办事效率。

在疫情暴发蔓延的这两年,我国经济尤其是实体经济受到了一定程度的影响,服务业面临更多的困难。近日我国推出了很多利好小微企业的政策,以服务业为例,政策推动了服务业企业稳定预期、渡过难关。由于疫情和国家防控政策的影响,我国消费市场受到很多影响,市场萎缩,订单减少,很大程度上减少了服务型企业的资金收入。从另一个角度看,由于疫情形势的严峻,要素成本增加,劳动力价格上涨,直接导致了服务业成本增加,使得小微企业资金周转困难,运营成本不断提升。其次,由于防疫管控的严格,很多服务型企业为了响应防控号召,增加了一部分的防疫开支,平台佣金也随之增加,导致现金流出现问题。从小微企业本身的角度来看,小微企业本身的脆弱性也就注定了它与大企业相比缺乏稳定性和抗风险性,会存在信息不对称、评估手续复杂等问题,进而导致了融资难、融资贵的后果。我国新出台的政策,提出了三个方面43项的政策,三个方面包括服务业普惠性纾困扶持措施,针对性政策措施,精准实施疫情防控措施,在原有的基础上着重强调了疫情防控的政策。政策主要包括财税的减费降税政策、就业扶持政策、房租减免政策、金融支持政策、行业针对性政策等。采取这些主要的针对性政策来帮助小微企业抵御疫情带来的经营压力。从财税政策角度延续了服务业增值税抵扣,降低税率和费率;通过就业扶持政策激励服务性小微企业发展。包括增加普惠性失业保险岗位,减免租金收受,增加金融支持,金融系统减费让利,降低服务业小微企业的融资压力。而这些政策预期能够给服务业小微企业带来很好的发展环境和发展趋势,"着力稳定宏观经济大盘,保持经济运行在合理区间","着力稳市场主体保就业,加大宏观政策实施力度。完善减负纾困等政策,夯实经济稳定运行、质量提升的基础"。

从上述的例证中，可以窥见国家的政策逻辑。从宏观角度来说，先稳定企业本身，再通过税费政策和金融手段创新增强就业，能够进一步带动经济发展。因此产生的良性循环，增加更多的就业机会，推出更多利好的政策，吸引更多的资金投入该市场。

减轻小微企业的压力也有很多创新性的政策，如可以建设帮扶小微企业园，这些小微企业园的建立能够有效地实施减免租金政策，也能够产生产业集聚效应，提供更集中的综合服务体系和高科技服务设施，提升政策的效应。针对疫情防护产品生产制造企业来说，要进一步提高防疫物资生产审批效率，开放一条安全的、快速的、一站式全链条的审批绿色通道，提供更多的科技资金支持，发挥大数据和人工智能优势，加快研发药品和技术。在对外出口的小微企业上，政策支持加快了审批的速度，降低了检疫的费用。协助企业解决物资保障、原材料供应的问题，确保企业能够在疫情防控达标的前提下正常生产。另一方面，可以利用互联网和5G技术，将更多人工服务事项转移至网络环境中，用互联网代替人工，提高效率降低成本。切实保供稳价，政府需要统筹批发市场和连锁超市不轻易提价。

银保监会针对科技创新型小微企业也加大了扶持力度。政府整合相关部门加强信用信息共享，监督银行提升体制机制和专业能力，进一步促进小微企业提升金融服务效用。增加小微企业活力，能够更有力地支持实体经济的经济恢复和未来高质量发展。在信息技术层面，由于金融科技产业越来越占据重要的地位，需要加快推进信息共享和拓展金融科技的应用。另外，银保监会也提出要和国家税务总局、发改委等推出更多的融资产品和融资新策，推动各地建设金融服务平台，运用金融科技来优化授信审批手段建设良好的风控模型，以期提高专业化服务水平。

提到外在的政策影响，小微企业的内生动力也不容忽视。在强有力的监督管控和外部的资金政策支持以外，小微企业自身的监管和创新尤为重要，政府应当督促内部建立行之有效的激励约束机制，增强内生动力。首先是在组织架构、人员配备、绩效考核等方面实现完整覆盖，用新兴的管理理念搭建完整的治理监督框架，完善内部的细则；其次是要实行有效的分类考核机制，结合外部的监管结果和改善建议，对该小微企业本身存在的问题进行查缺补漏，补短板，优化长板。

参考文献：

[1] 银保监会：加大对"专精特新"、科技型创新型小微企业支持力度[EB/OL].中国产业经济信息网.2022－03－18.http://www.cinic.org.cn/zgzz/fc/1260011.html.

[2] 曾金华.加强金融对实体经济有效支持——真金白银助企业纾困发展[EB/OL].中国经济网.2022－03－17.https://app.myzaker.com/news/article.php? f＝－zaker_live&pk＝6232f2c2b15ec057812c52be.

双循环经济：
内循环为主背景下的中国内需变革

中央部署以国内大循环为主体、国内国际双循环促进发展的新格局，意味着中国经济的发展方式将发生重大转型。"三驾马车"消费、投资和外贸中，外贸的作用将逐步下降，消费变革对中国经济增长的支撑和驱动作用将进一步释放。适应国内大循环趋势下的消费变革，激发下沉市场消费能力和消费需求至关重要。我国仍有相当比例的人群在三线以下城市，其消费主要在国内大循环中完成。降低内循环的交易成本是重中之重，网购、直播、团购等消费模式与中低收入群体对接是有效手段，加快新消费场景与"下沉市场"融合，充分激发国内供应链对大众消费的支持力度。可适度加大对中低收入群体的财政性收入补贴，提高福利消费能力，提高基础社会福利的托底作用。以拼多多为代表，它因为满足并激发了中低收入群体的消费需求，释放了国内供应链产能，近一年来有了突飞猛进的发展。

适应国内大循环趋势下的消费变革，要基于市场信心，实现投资与消费的良性循环。随着外贸贡献比例的下降，消费与投资在国内市场中的良性互动更为重要。无法引导消费的投资和不能刺激投资的消费，都无法对经济增长产生正向效益。越是外部环境不可控性上升，越要坚定国内市场的信心，持续优化国内营商环境，进一步减税降费，维护好民营经济市场地位和合法经营行为。

适应国内大循环趋势下的消费变革，要打破碎片化国内市场，配套推进区域经济布局调整。内循环的重要基础之一是统一的国内市场，长三角、粤港澳、长江经济带、雄安新区等重大区域战略调整有望形成人口更聚集、资源更集中、内部更协调、动力更强劲的大市场。

适应国内大循环趋势下的消费变革，要切实降低物流成本，加快国内市场要素和商品流通。通过高速铁路、航空、航运动脉、跨区域重大交通枢纽等全国性基础设施的完善，打通经济板块间的物流关卡，进一步降低商品和要素全国性流通的时间成本、经济成本。在全国高速统一收费的基础上逐步降低省市高速过境收费，适度降低部分已盈利高铁线路的货运收费。完善农村基础道路网络，降低农产品进城和大众消费下乡的物流门槛，鼓励电商进村、直播进村，促进农村人口收入增长和有效消费升级。

适应国内大循环下的消费变革，要把握小趋势，发挥新兴消费的作用。疫情期间，消费内容、场景和方式的网络化逐渐深入人心，出现了以5G和人工智能等新技术为代表推动的新兴消费。在消费主体方面，兼具工资性收入和继承性收入优势的"Z世代"，45岁至64岁家庭收入较好、生活稳定的中产实力群体，逐渐成为新兴消费的新生代。

在消费内容方面，大健康消费成为全社会持续关注的重点，由"医养"转为"生活"，其主要消费群体由"银发老人"向社会大众延展，其产品和服务覆盖到生产生活的方方面面；网络娱乐消费，呈现与知识消费、大众科普、家庭互动等深度融合的趋势，逐渐为社会大众所认可和接受；悦己消费方兴未艾，疫情过后，更多人侧重关注自我感受，偏好满足自身当下的需求，奢侈品、高档数码产品、定制化旅游、婚庆、医美、深度学习等高自我满足度的产品或服务。2020年的中国成为世界最大的零售消费市场，一个多世纪以来首次超越美国，以内循环为主，双循环相互促进，正是在这一背景下的深远战略布局。

发达国家消费结构中基本生活必需品支出比重较小，服务业、教育业、医疗保健业开支较大，发展中国家则恰好相反。我国自改革开放以来城镇居民的消费结构正朝着发达国家富裕型的消费结构转变，要实现消费变革就要让广大乡村家庭的消费结构从小康水平继续发展。中国于2020年实现全面小康社会，2021年实现全面脱贫，而由于居民的消费观念往往不能立刻转变，部分家庭仍处于温饱型和贫困型消费结构。

上述情况使我国整体市场消费结构呈现多层次性。长期以来居高不下的储蓄率抑制了居民消费，同时城镇人口生育率降低、人口老龄化、高房价导致的高负债率和民营企业的困难处境，这些问题亟待解决。在经济高速增长、社会快速发展的时代，如何提高居民的可支配收入，增加消费支出，实现消费升级是当前备受关注的学术问题和现实问题。

消费升级简单而言就是对居民消费结构和消费行为做出改善。《中国统计年鉴》中居民的生活消费大致分为食品烟酒、衣着、居住、生活用品及服务、交通和通信、教育文娱、医疗保健、其他用品和服务八个大类，居民支出在这八个部分中的比重发生变化时就是消费结构发生了改变。居民消费行为包括对消费类型的倾向和购买渠道的偏好。在满足了生活用品这类生存型消费支出后是否愿意将收入用于发展型和享乐型消费，是喜欢实体店还是线上网购，这些都是需要深入研究的消费行为。

2018年中共中央国务院印发的《关于完善促进消费体制，进一步激发居民消费潜力的若干意见》中将稳步提升居民消费率、优化消费结构和逐渐降低全国居民恩格尔系数作为发展目标。2021年《政府工作报告》中提出扩大内需，充分发挥国内消费潜力，通过改善就业状况和民生水平来提高民众消费意愿，改善消费结构。

对于中国居民的高储蓄率、低消费意愿这一现象，除了中国自古以来未雨绸缪的文化传统外，不健全的社会保障体系也是一个重要原因。医疗、养老、教育等保障体制的不完善导致中国居民对各类风险十分敏感，投入较多预防性储蓄。社会保障是收入再分配的重要手段，农村社保的不断完善体现出包容性增长的公平和效率，社会保障支出一定程度上刺激了城镇居民的消费意愿，"新农保"养老金收入的提升则改善了农村老年人生活状况。社会保障也是解决当前城乡差距、区域差距、行业差距等体制问题的有效举措。

从消费的个体单位而言，家庭负债和收入则对消费结构起主要影响。就家庭负债水平而言，2008年金融危机后，我国居民的负债总量逐年增加。至2020年年底，居民各类贷款总额高达63.2万亿元，占GDP比重的62%，这还没有包括P2P借贷和民间借贷等非正规渠道负债(王盼,2021)。从过往发达国家的家庭负债历史数据来看,家庭负债的过度积累将对总消费需求造成负面影响,可能导致经济滞胀。1989年日本银行的突然加息导致房地产价格大幅下滑,经济泡沫破裂,大范围违约发生。这表明过度的家庭负债伴随虚高的资产价格,还具有诱发金融危机和经济崩溃的风险。对家庭负债的研究通常结合"生命周期—持久收入"这一消费理论。该理论内容为消费者在确定性条件下通过信贷市场对整个生命周期的资产财富进行合理配置,达到效用最大化。而债务合同是对消费者未来财富进行跨期配置的金融交易,可增加当期收入和金融资产。我国金融市场的进一步发展完善对内需变革的作用不容小觑。

在建设社会主义现代化国家的新阶段,人民消费档次、水平的整体提高要求高质量的内循环。实施合理的竞争政策,促进市场中的有效竞争,淘汰低效企业以让好企业能够做大做强,使得供给与需求在国民经济循环中相匹配,在提升产业竞争力后相应提升国内商品质量和档次,满足消费者需求的多元性,变向激发消费需求实现内需变革。在外需比重下降的情况下,以出口产业为主要就业和收入来源的农村转移劳动力将受到明显影响,需要制度和政策的双向扶持保障其就业和收入,保证消费能力。城乡二元土地政策改革,农村集体建设用地入市和宅基地流转可赋予中国广大农村居民更多的财产收益,尽快使农村居民摆脱对土地保障的依赖,以完善的社保体系兜底提高农村居民的实际消费水平。推动人口城镇化也有利于构建高效有利的内循环体系,优化内需结构。根据国家统计局数据,2021年中国城市化率达到60%,但仅约40%为有城市户籍的常住居民。人数高达2.8亿的农民工占比20%,不能享受城市人口福利的同时,收入的不稳定导致农民工在城市中的消费仅供解决温饱,其余收入主要汇往农村进行宅基地扩建、改建。农民财产虽然增加但以固定资产为主,流动性差,不能获得资产的再收益。加快流动人口市民化,稼接好农村社保和城市社保体系,户籍制度逐渐转变为人口居住地等级制度,让农民工未来收入更加稳定,生活更加富足,释放大量的消费需求。

构建完善的内需体系不单单要从消费端入手,还应建设更高效公平的收入分配体系,培育出自主可控的产业技术创新机制。空间发展布局方面谋求优势互补、分工协调,资本市场坚持以实为本,矫正资源资本错配,降低中小微企业融资成本。同时也要确立统一开放、竞争有序的高标准市场体系,让知识、管理、技术和数据在数字时代充分发挥要素潜在价值。

当前,构建基于"双循环"的新发展格局,已成为推动我国开放型经济向更高层次发展的重大战略部署。此前,尤其是改革开放以来,中国逐渐打破几乎完全封闭的国内循环经济体系,深度融入国际循环。自加入WTO,以外贸、外资、外企、外需为代表的国际循环是中国经济发展的重要动力,呈现出国际循环重于国内循环、国际循环带动国内循环的格局。有学者曾经写论文认为:中国经济中存在大量为了出口的进口。

而中央提出"以国内大循环为主体",标志着我国参与国际经济大循环的程度、方式和战略发生重大转变,具有深刻的时代内涵。一是我国面临的国际环境发生了变化。我国虽然仍处于战略机遇期,但国际环境日趋复杂,不稳定性、不确定性明显增强。新冠肺炎疫情全球蔓延、中美关系非正常化、贸易保护主义抬头、新一轮科技与产业革命风起云涌,中国经济的外部机遇和挑战都有新的发展变化。二是我国经济的内部格局与条件发生了变化。从高速发展转为中高速发展,高质量发展成为核心要务,在全面实现小康的背景下释放中国的大国需求迫在眉睫。第三,我国同时兼具全门类的工业生产能力和超大规模的国内消费市场,具备以国内大循环为主的基础条件。实践证明,长期以来形成的、过度依赖参与国际经济大循环的发展方式,已不能解决当前和未来中国经济发展的核心问题。中国经济继续依赖要素成本优势、出口导向战略、模仿借鉴外国技术的空间越来越小,必须转变到构建完整内需体系、高水平创新产业链、优化区域经济布局、深度激发市场活力的内生驱动式道路。

"以国内大循环为主"具有深刻的实践指导意义。坚持国内大循环为主,是中央始终强调的"办好自己的事"的底线思维的体现。越是外部环境风险加剧,不可控性上升,越是要保持战略定力,稳住发展大局。十八大,特别是十九大以来,在经济建设中,中央连续布局供给侧改革、民营经济纾困、营商环境优化、区域布局调整、防范与化解系统性金融风险、新基建发展等重点领域,把激发内生动力、提高自主创新能力、提高经济运行安全放在重要位置,取得显著成效。

"以国内大循环为主"绝不等同于放弃参与国际经济循环的故步自封。国内大循环与国际大循环是中国经济的一体双翼,缺一不可。国内大循环为主体,是国内国际双循环相互促进的基础,在外部环境不可控性上升的大背景下,只有国内大循环高水平畅通,才能实现国内国际双循环相互促进,只有形成以高水平国内大循环为基础的高水平对外开放,才能有效反制贸易保护主义。实现"以国内大循环为主体,国内国际双循环相互促进",要抢占核心技术、核心地位、核心规则,以自主核心技术创新,促进国内外技术革命与创新网络深层次合作发展,促进国内外高技术产业深层次融合升级。深度参与国际经济与贸易核心规则修订,促进国内外经济市场深层次互动。

中国自改革开放后以年均近9.5%的高增速保持了40年。随着要素禀赋的改变,中国已进入了新时代发展阶段,在经济规模、贸易规模和资金跨国流动规模等方面都上升至世界前列。同时,国际局势纷繁变化,使得我国与发达经济体的关系由合作互补为主转变为合作与竞争并存,我国发展战略也转向"内循环为主、外循环赋能、双循环畅通高效"。

1987年之前,我国经济主要依托内循环发展,这一阶段我国发展了完备的农业、重工业体系,但二者之间经济循环效益不显著,缺少经济成果沟通的桥梁。1987年年底,时任国家计委经济研究所副研究员王建提出了国际大循环战略,即"大力发展劳动密集产品的出口,在国际市场换回外汇,为重工业发展取得所需资金与技术,再用重工业发展后所积累的资金回来支援农业,从而通过国际市场的转换机制,沟通农业与重工业的循环关系"。这一战略构想得到了中央决策者的高度重视,1988年3月十三届二中全会重点讨论了国际大循环下沿海发展战略的相关问题,最终决定利用我国充裕的劳动力资源禀赋大力发展劳动密集型产业,同时吸引外商直接投资,使中国经济尽快从国内大循环转为国际大循环。1992年邓小平视察南方讲话后,中国加快了融入世界经济发展的步伐,不断深化对外开放程度。1992年至2001年,中国累积实际利用外资资金

11.4万亿美元,同时从世界出口国排名第十二位迅速攀升为第一位,成为全球产业链的制造业中心(徐奇渊,2020)。这二十年间中国经济发展和产业体系的伟大跃迁使得中国摆脱了绝大多数发展中国家具有的外汇短缺、国民储蓄短缺的"双缺口"问题,中国也从全球产业链、全球金融市场、国际经济体系等维度全方位拥抱全球化浪潮。

中国改革开放后的三十年间外循环带来了巨大的社会经济效用。就业率方面,在外循环占比最高的2006年,出口产业百万元工业增加值的就业密度工业全行业平均为6.73,远高于面向国内的内需产业。外循环也明显增加了低收入者收入,在2004年沿海出口产业密集的六个城市中制造业工人的收入高出内地三分之一以上。同时出口赚来的外汇也部分用于进口中国相对短缺的生产要素,缓解了要素约束。此外,进口的先进技术设备提高了整体技术装备水平和最终产品质量。(江小涓,2021)

但是,在中国积极融入国际大循环的过程中,两头在外(原材料来自国外,产品出口国外)和出口与外资投入双驱动模式的经济运作也产生了一些弊端,国际上中国的国际收支严重失衡且因较高贸易额面临美国等发达国家政治施压,国内地区发展差距不断扩大,产业升级遭遇瓶颈且产生了一系列生态问题。2006年,中国进出口贸易依存度达到了64%的峰值,外向型特征显著,对大国而言这种缺乏内需推动的经济结构是不稳定的。2006年,"十一五"规划将扩大国内需求尤其是消费需求作为重点,经济发展从外需为主向投资、内外需相互协调的方向转变。2011年发布的"十二五"规划进一步明确"构建扩大内需长效机制,促进经济增长向依靠消费、投资、出口协调拉动转变"。2014年的中央经济工作会议提出了经济发展新常态的九大特征,其中有两点与内外需调整息息相关:一是人口老龄化加剧与农村人口减少,我国的劳动力生产要素禀赋驱动能力衰减,经济增长愈加以人才质量和技术创新为主要引擎;二是全球经济滞涨,总需求不振使得全球蛋糕无法继续做大,中国依旧可以保持出口的竞争优势,高水平引进来和大规模走出去同步进行。2014年后,中国在世界出口份额占比于2015年达峰值,并持续到2019年疫情前保持平稳。疫情之后逆全球化势力抬头,面对保护主义和单边主义的暗流,中国经济面临挑战的同时也具有稳定的国内基本盘,改革开放的四十多年里中国已努力开拓了外国市场,对国内市场的建设有所不足,此次疫情与逆全球化挑战使得中央更加注重国内经济运作的结构性问题,倒逼"国内大循环"体系发展完善。

实现内部经济可循环持续,国内市场规模巨大且供给能力充裕,能够以内循环带动外循环是大国经济的重要特征(刘鹤,2020)。构建内需的战略基点要更多依靠国内消费市场,同时也要从供给侧发力,完善供给体系,适配于国内具体需求情况。长期以来我国在宏观经济调控上往往以需求刺激的方式扩大消费,而真正抑制消费的因素却集中于供给侧,如供给不匹配、分配不平衡、流通不畅等。打通国内生产、分配、流通、消费这一过程中的诸多痛点,有助于构建协调于国际大循环的国内大循环体系。生产环节的关键在于创新链带动产业链与供应链升级,要摆脱过去以引进消化吸收再创新为主的技术追赶阶段,在面对美国推动与中国的技术脱钩压力下,增强技术创新能力和底层技术供给完善,补全不完整的产业链以应对疫情下多变的全球形式。分配则主要体现于居民收入分配和城乡收入差异,这需要加大收入分配改革力度。流通作为经济循环的大动脉,需要进一步完善现有流通体系,构建金融与实体经济的循环。近年随着流通领域新技术新业态的出现,商品和生产要素的流通机制有较大改善,但流通费用成本依然居高不下。跨界公路收费较高,2019年我国物流成本占GDP14.7%,较2018年有所下降,但仍高于发达国家8%~9%的平均水平(王一鸣,2020)。金融界中脱实向虚与资金空转的问题依然突出,资金的流通问题造成了中小微企业融资难、融资贵的状况。2021年北交所的上市、国家降准降息以及对金融界监管力度的加大等政策措施都是在疏通金融领域的资金流通渠道,让金融更好地为实体服务。最后,消费环节作为重点,也是内循环的动力之源,是释放经济活力的重要着力点,我国的城镇人口超过了欧洲总人口,但由于收入分配差距和社会保障不健全等问题,市场活力未充分释放发展。中国较早控制住了疫情,经济恢复也走在世界前列,但消费恢复则明显滞后。尽快实现消费升级,培育新型消费的同时构建规范的消费市场环境,使得居民能消费、敢消费,将显著提升内循环带来的经济效益。

参考文献:

[1] 江小涓,孟丽君.内循环为主、外循环赋能与更高水平双循环——国际经验与中国实践[J].管理世界,2021,37(01):1-19.

[2] 王一鸣.百年大变局、高质量发展与构建新发展格局[J].管理世界,2020,36(12):1-13.

[3] 徐奇渊.双循环新发展格局:如何理解和构建[J].金融论坛,2020,25(09):3-9.

[4] 林毅夫.论中国经济——挑战、底气与后劲[M].北京:中信出版集团,2021:187-202.

[5] 刘鹤.加快构建以国内大循环为主体、国内国际双循环相互促进的新发展格局[J].资源再生,2021(09):51-54.

[6] 王盼.中国城镇居民收入对消费升级的影响研究[D].济南:山东财经大学,2021.

[7] 颜隆忠,吴陈轩,鲁保林.加快培育完整内需体系:现实逻辑、科学内涵与政策体系[J].经济研究参考,2021(19):15-28.

扭住供给侧改革主线,注重需求侧管理

2020年的中央经济工作会议,其中提到"要紧紧扭住供给侧结构性改革这条主线,注重需求侧管理"。每年年底召开的中央经济工作会议,都是全球关注的焦点,因为它是目前中国召开的规格最高的经济会议。该会议自1994年以来每年举行一次,在总结当年经济工作成绩之后,会分析研判当前国际国内经济情况形势,提出未来经济工作的重点内容。

基于国内外形势发展变化,2013年年底的中央经济工作会议首次提出我国经济进入新常态的判断;2015年年底提出供给侧结构性改革的重大战略;接下来的几年,按照"三去一降一补"和"巩固、增强、提升、畅通"方针推进和深化供给侧结构性改革,有效改善了供求关系,改善了中国中上游制造业的行业竞争结构。结合全球政治经济环境出现的重大新变化、我国发展阶段的新特征,2020年年底的中央经济工作会议适时提出:加快构建以国内大循环为主体、国内国际双循环相互促进的新发展格局。而供给侧改革与需求侧管理的结合,是"新发展格局"的重要组成部分。

"需求侧管理",绝不意味着"供给侧"成为过去式,五年来供给侧结构性改革形成的宝贵成果,不能轻易失去,过剩产能更不能重复形成。同时供给侧与需求侧要相互促进、相互配合,需求牵引供给,为供给侧提供市场需求和消费导向;供给更要创造新需求,提供更多优质丰富的物质文化产品。

需求侧管理的提出是由我国既有的经济社会发展基础和今后一个时期的战略任务共同决定的。注重需求侧管理,是解决人民群众日益增长的美好生活需要和不平衡不充分的发展这一矛盾的重要手段。注重需求侧管理,是加快构建以国内大循环为主体、国内国际双循环相互促进的新发展格局的重要一环。注重需求侧管理,是应对疫情变化和外部环境不确定性,各类衍生风险仍然存在的重要举措。注重需求侧管理是巩固2015年以来供给侧改革成果,推动经济结构持续优化的重要方式。

会议中强调:扩大消费最根本的是促进就业,完善社保,优化收入分配结构,扩大中等收入群体,扎实推进共同富裕。需求侧管理的主要内容:释放需求潜力,调整需求结构。而扩大就业,提高收入水平,缩小财富差距是关键所在。教育、医疗、养老、育幼等行业的公共投入比例加大,给居民消费带来更大的乘数和扩散效应。完善职业技术教育体系,并充分发挥中国的工程师红利,实现更加充分、更高质量就业。大力发展数字经济,加大新型基础设施投资力度,在5G时代支持更多数字消费和新消费。希望能进一步放宽人口政策,鼓励生育,推行定向减税以降低生育、养育、教育成本;在农村土地

要素改革上有更大突破,在巩固提升精准扶贫的基础上充分挖掘县乡消费潜力等。

供给侧改革并不完全等同于美国的供给学派改革,美国的供给学派从19世纪法国经济学家萨伊的"萨伊定律"中寻找理论支持,即供给创造需求,这是古典经济学对供需关系的重要描述。萨伊定律本质强调政府应该做好"守夜人"的职责,维护自由市场而不干预价格的自动调节。这一思想在1929—1933年的大萧条中受到了巨大挑战,凯恩斯基于"有效需求不足"提出了以政府对市场进行需求管理为核心的凯恩斯主义经济学,其学派观点被施用于"罗斯福新政"中并有效化解了美国的经济危机。但美国在20世纪70年代,出现了高失业率和高通胀并发的经济"滞涨"现象,凯恩斯主义遭到质疑。自由主义学派认为是政府的干预抑制了市场活力,以蒙代尔和拉弗为代表的供给学派开始占主导,作为美国施行经济政策的主要学术依据。以"里根经济学"出名的里根政府施行的经济政策鼓励市场竞争,减税并降低公共开支,调整货币供应量以应对通货膨胀。这些主张在当时取得了不错的成效,明显抑制了通货膨胀但也使得美国财政赤字在里根执政期间不断恶化,社会的收入分配状况也在90年代中期走向恶化。历史经验表明,单握供给侧或需求侧中的"单一抓手"不能维持社会经济的长期稳定发展。

我国近年施行的供给侧结构性改革的深层目标是推进国企深化改革,加快政府职能转变,在价格、财税、金融、社保等基本领域取得成效。同时我国的供给侧结构性改革也与西方供应学派指导下的"里根经济学"有根本不同(黄奇帆,2020)。首先是宏观经济背景差异。美国在20世纪70年代末面临严重的"滞涨"问题,"里根经济学"政策目标首要为解决这一问题;我国所面临的是经济发展转换阶段中结构性调整遇到的瓶颈问题,当前的主要问题是结构性产能过剩造成的资源配置扭曲。除了宏观经济目标不同外,从发展阶段来看,我国经济结构与里根时代也有差异。1980年的美国作为第一大经济体,城镇化率为73.74%,服务业增加值达到63.57%,服务业就业比重为65.7%。我国2014年城镇化率为54.41%,服务业增加值占GDP的比重为48.2%,服务业就业比重为40.6%。应对不同的经济发展情形和发展瓶颈,里根政府政策的突出特点是减税和放宽市场管制;我国供给侧改革的核心是经济结构的整体调整和发展方式转变,提高全要素生产率。

十二五时期中国的经济增速明显放缓,在那一时期表面原因是需求不足,实际是供给侧失灵,因为做好供给端是策动需求端的必要条件。五年间第三产业占GDP比重从2010年44.2%上升至2015年前三季度的51.6%,为2015年年底提出的供给侧结构性改革创造了有利基础;同时较需求端而言供给端在十二五期间的结构性变化更大,资本形成总额占GDP的比重从2010年的47.2%仅下降到2014年的46.1%;居民消费需求占GDP的比重有所提高,从2010年的35.9%上升到2014年的37.7%,货物和服务的净出口对GDP增长的作用有限(胡鞍钢,2016)。十三五以来,供给侧改革前期担负着"三去一降一补"五大任务,丁志国(2020)的研究表明政府干预作用对地区差异呈倒U型关系,首先对落后地区的政府干预切实推动了当地产业发展,对较发达地区的政府干预也起到了"去产能"效果。当下"十四五"时期我国进入新常态阶段,在"去"的阶段结束后应进入"立"的阶段,培育新兴产业提升供给端质量。同时在新常态发展阶段尤其是疫情时代下扩大内需保障需求端稳定也尤为重要。

2022年4月10日,国务院发布了《中共中央国务院关于加快建设全国统一大市场的意见》,提出建设全国统一大市场是构建新发展格局的基础支撑和内在要求。"意见"明确要加快建立全国统一的市场制度规则,打破地方保护和市场分割,打通制约经济循环的关键堵点,促进商品要素资源在更大范围内畅通流动,加快建设高效规范、公平竞争、充分开放的全国统一大市场,全面推动我国市场由大到强转变,为建设高标准市场体系、构建高水平社会主义市场经济体制提供坚强支撑。加快建设全国统一大市场的工作原则是:立足内需,畅通循环;立破并举,完善制度;有效市场,有为政府;系统协同,稳妥推进。主要目标是持续推动国内市场高效畅通和规模拓展,加快营造稳定、公平、透明、可预期的营商环境,进一步降低市场交易成本,促进科技创新和产业升级,培育参与国际竞争合作新优势。总而言之,"意见"表明政府致力于打破地方保护主义的同时要建立一个内循环畅通且具有统一标准的国内大市场。这一举措或将有利于缩小地方发展差异,助力部分地区摆脱资源诅咒,促进经济发展和增加居民收入,开发潜在市场、扩大内需,巩固需求侧管理。

参考文献:

[1] 林毅夫.论中国经济——挑战、底气与后劲[M].北京:中信出版集团,2021:187-202.

[2] 黄奇帆.结构性改革:中国经济的问题与对策[M].北京:中信出版集团,2020:1-64.

[3] 朱方明,蔡彭真.供给侧结构性改革如何提升制造业供给质量?[J].上海经济研究,2022(03):63-76.

[4] 胡鞍钢,周绍杰,任皓.供给侧结构性改革——适应和引领中国经济新常态[J].清华大学学报(哲学社会科学版),2016,31(02):17-22+195.

[5] 丁志国,张炎炎,任浩锋.供给侧结构性改革的"去产能"效应测度[J].数量经济技术经济研究,2020,37(07):3-25.

图书在版编目(CIP)数据

经济学原理与中国案例解读 / 耿强著. —南京：南京大学出版社，2022.9
ISBN 978－7－305－25904－3

Ⅰ.①经… Ⅱ.①耿… Ⅲ.①经济学②中国经济－经济发展－概况 Ⅳ.①F0②F124

中国版本图书馆 CIP 数据核字(2022)第 117282 号

出版发行　南京大学出版社
社　　址　南京市汉口路 22 号　　　邮　编　210093
出 版 人　金鑫荣

书　　名　经济学原理与中国案例解读
著　　者　耿强
责任编辑　武坦　　　　　　　　　编辑热线 025－83592315
照　　排　南京开卷文化传媒有限公司
印　　刷　丹阳兴华印务有限公司
开　　本　787 mm×1092 mm　1/16　印张 19.25　字数 444 千
版　　次　2022 年 9 月第 1 版　2022 年 9 月第 1 次印刷
ISBN 978－7－305－25904－3
定　　价　68.00 元

网　　址：http://www.njupco.com
官方微博：http://weibo.com/njupco
微信服务号：njuyuexue
销售咨询热线：(025)83594756

* 版权所有，侵权必究
* 凡购买南大版图书，如有印装质量问题，请与所购
　图书销售部门联系调换